Hinweise zur Bearbeitung der Aufgaben

Die Aufgaben in diesem Buch beginnen mit einem sogenannten Operator. Das ist ein Verb, das genau beschreibt, was jeweils zu tun ist. Weil die Aufgaben einen unterschiedlichen Schwierigkeitsgrad besitzen, sind diese Operatoren in Gruppen zusammengefasst.

Die einfachen Aufgaben finden sich im Anforderungsbereich I. Hier sollt ihr bekannte Arbeitstechniken anwenden, z. B. den Umgang mit Texten oder Karten. Mit deren Hilfe könnt ihr Sachverhalte wiedergeben.

Bei den Aufgaben im Anforderungsbereich II sollen bekannte Inhalte selbstständig untersucht und danach erklärt werden.

Bei den schwierigen Aufgaben im Anforderungsbereich III sollt ihr euch mit neuen Inhalten und Problemen auseinandersetzen, um sie dann zu bewerten.

Die wichtigsten Operatoren sind in den drei folgenden Rubriken zusammengestellt.

Anforderungsbereich I

Beschreiben, darlegen, wiedergeben, aufzeigen, darstellen
(Sachverhalte wiedergeben, indem Wesentliches mit eigenen Worten dargestellt wird)

Nennen, kennen
(Sachverhalte ohne Erläuterung angeben)

Informationen entnehmen/gewinnen
(gezielt Fragen an eine Quelle richten und die Ergebnisse darstellen)

Anforderungsbereich II

Untersuchen, erkennen, sich erschließen, einordnen, zuordnen, auswerten, unterscheiden
(Materialien oder Sachverhalte nach Merkmalen gliedern)

Analysieren, charakterisieren
(systematisch untersuchen und bewerten)

Präsentieren, vorstellen
(einen Sachverhalt sachgerecht und adressatengerecht darstellen)

Erklären, erläutern
(Zusammenhänge, Beziehungsgeflechte darstellen)

Anforderungsbereich III

Argumentieren, bewerten, würdigen, diskutieren, erörtern, sich auseinandersetzen, Stellung nehmen, deuten
(über Pro- und Kontra-Argumente zu einer begründeten eigenen Meinung gelangen)

Prüfen, vergleichen
(Sachverhalte überprüfen und durch Vergleiche beurteilen)

Interpretieren
(Zusammenhänge untersuchen, erläutern und bewerten)

Durchblick

Geschichte | Politik 9|10
Differenzierende Ausgabe

Autoren:
Matthias Bahr
Sonja Giersberg
Uwe Hofemeister
Martin Lücke
Ulrike Lüthgen-Frieß
Torsten Steinberg
Carmen Weiß

westermann

Durchblick
Geschichte/Politik 9/10

Differenzierende Ausgabe

Mit Beiträgen von:
Klaus Langer †
Klaus Maiwald
Wolfgang Pankratz
Ralf Tieke †

© 2014 Bildungshaus Schulbuchverlage
Westermann Schroedel Diesterweg Schöningh Winklers GmbH,
Braunschweig
www.westermann.de

Das Werk und seine Teile sind urheberrechtlich geschützt. Jede Nutzung in anderen als den gesetzlich zugelassenen bzw. vertraglich zugestandenen Fällen bedarf der vorherigen schriftlichen Einwilligung des Verlages. Nähere Informationen zur vertraglich gestatteten Anzahl von Kopien finden Sie auf www.schulbuchkopie.de.
Für Verweise (Links) auf Internet-Adressen gilt folgender Haftungshinweis: Trotz sorgfältiger inhaltlicher Kontrolle wird die Haftung für die Inhalte der externen Seiten ausgeschlossen. Für den Inhalt dieser externen Seiten sind ausschließlich deren Betreiber verantwortlich. Sollten Sie daher auf kostenpflichtige, illegale oder anstößige Inhalte treffen, so bedauern wir dies ausdrücklich und bitten Sie, uns umgehend per E-Mail davon in Kenntnis zu setzen, damit beim Nachdruck der Verweis gelöscht wird.

Druck A^8 / Jahr 2020
Alle Drucke der Serie A sind im Unterricht parallel verwendbar.

Redaktion: form & inhalt verlagsservice Martin H. Bredol, Marburg
Herstellung: Andreas Losse
Layout und Umschlaggestaltung: Janssen Kahlert Design & Kommunikation, Hannover
Satz: UMP Utesch Media Processing GmbH, Hamburg
Druck und Bindung: Westermann Druck GmbH, Braunschweig

ISBN 978-3-14-110467-7

In diesem Buch findest du alles, was dir beim Lernen hilft und dir damit die Arbeit erleichtert …

– auf Seiten mit der Überschrift „Methoden erlernen"

– auf den Seiten 220 – 225 im Minilexikon

– auf dem vorderen und dem hinteren Innendeckel des Buches

– auf den Seiten mit der Überschrift „Wissen und Können"

Auf den Arbeitsseiten hilft es dir, wenn du die Farben und Zeichen beachtest.

Bei den Texten:
– Alle nicht besonders hervorgehobenen Texte haben wir, die Autorinnen und Autoren dieses Buches, geschrieben.

– Die gelb hinterlegten Texte stammen aus früheren Zeiten.

– Die blau hinterlegten Texte sind Berichte über vergangene oder gegenwärtige Ereignisse und Tatsachen. Sie stammen aus heutiger Zeit.

Bei den Aufgaben:
Die Aufgaben sind unterschiedlich schwer (differenziert).
– Diese Aufgaben sind relativ leicht zu lösen.

– Diese Aufgaben erfordern etwas Anstrengung.

– Diese Aufgaben sind ziemlich anspruchsvoll.

– Für diese Aufgaben brauchst du weitere Materialien, die du dir selbst beschaffen musst.

Auf dem Rand :
– Worterklärungen in blauer Schrift

– Wenn du dieses Zeichen auf dem Rand siehst, findest du unter www.westermann.de/links/110467 weiterführende Informationen zum Thema.

– Verweise führen zu anderen Seiten im Buch, auf denen du noch einmal etwas nachlesen kannst.

Eine Pro- und Kontra-Diskussion

Minilexikon

Vorsatz   Nachsatz

Der Weg zur deutschen Einheit

In der Volkskammer und den anderen Volksvertretungen saßen Abgeordnete verschie-

Ich teile die Sorge mancher europäischer Länder über ein wiedervereinig-

31. 8. 1988: Regierung und Gewerkschaft Solidarnosc verständigen sich

1 →

2

3 →

*Glasnost
Offenheit,
Transparenz*

www

→*Seite 34 – 37*

Inhalt

Die nationalsozialistische Diktatur — 8

Auf dem Weg zur totalen Macht 10
Methoden erlernen: Propagandatexte untersuchen 15
Alltag im Nationalsozialismus 16
Juden werden zu Feinden gemacht 22
Methoden erlernen: Textquellen auswerten 27
Der Zweite Weltkrieg 28
Die „Endlösung": Völkermord 34
Methoden erlernen: Fotos auswerten 35
Widerstand, Terror und Verfolgung 38
Methoden erlernen: Einen Erinnerungsort besuchen 41
Das Ende des Zweiten Weltkrieges 42
Die Alliierten regieren 44
↪ Rechtsextremismus und Gewalt 46
↪ Nationalsozialistische Ideen heute 47
Wissen und können: Die nationalsozialistische Diktatur . . . 48

Geteilte Welt und Kalter Krieg — 50

Die Spaltung der Welt 52
Konflikte im Kalten Krieg 56
Methoden erlernen: Filme analysieren 59
Deutschland zur Stunde null 60
Deutschland wird geteilt 66
Methoden erlernen: Zeitzeugen befragen 73
Entspannungspolitik 74
↪ Willy Brandt in Warschau 76
↪ Das Transitabkommen von 1971 77
Wissen und können: Geteilte Welt und Kalter Krieg 78

Der Weg zur deutschen Einheit — 80

Zwei Staaten in Deutschland: zwei Staatsformen 82
Alltag in beiden deutschen Staaten 84
Methoden erlernen: Schaubilder analysieren 88
Der Ostblock im Wandel 96
Der Niedergang der DDR 98
↪ Der friedliche Protest beginnt 102
↪ Die Montagsdemonstrationen in der DDR 103
Der Weg zur deutschen Einheit 104
Wissen und können: Der Weg zur deutschen Einheit 110

Begegnung der Kulturen in Europa — 112

- Christen und Muslime begegnen sich 114
- **Methoden erlernen:** Karten auswerten 114
- ↪ „Gott will es!". 118
- ↪ Mit Schwert und Feuer im Zeichen des Kreuzes gegen Andersgläubige 119
- Die Juden: eine Minderheit in Europa. 120
- Von Feinden zu Freunden: Deutsche und Franzosen. . . . 126
- **Wissen und können:** Begegnung der Kulturen in Europa . . . 130

Europäische Union — 132

- Europa und wir. 134
- Europa wächst zusammen 136
- ↪ Die Erweiterungen der Europäischen Union 140
- Die politische Organisation der EU. 142
- **Methoden erlernen:** Eine Pro- und Kontra-Diskussion führen 149
- Die wirtschaftliche Organisation der EU. 150
- ↪ Die Ausgaben der EU 153
- ↪ Die Eurokrise 155
- Die Zukunft Europas. 156
- **Wissen und können:** Europäische Union 158

Globalisierung — 160

- Globale Verflechtungen 162
- **Methoden erlernen:** Eine Karikatur auswerten 167
- Globale Organisationen. 170
- ↪ Die Welthandelsorganisation WTO 172
- ↪ Die Weltbank in der Kritik. 175
- Globalisierung konkret 178
- **Methoden erlernen:** Eine Fallanalyse durchführen. 179
- Globale Umweltpolitik. 180
- **Wissen und können:** Globalisierung 182

Internationale Sicherheit — 184

- Kriege und gewaltsame Konflikte heute. 186
- **Methoden erlernen:** Einen gewaltsamen Konflikt analysieren 189
- ↪ Kinder als Soldaten 193
- ↪ Cyberwar – verdeckter Krieg im Netz 195
- Konflikte im Nahen Osten. 196
- Die UNO: Frieden durch Zusammenarbeit 198
- **Methoden erlernen:** Ergebnisse präsentieren 207
- Akteure der Sicherheitspolitik. 208
- Deutschland als Akteur in der Sicherheitspolitik 214

Methoden erlernen: Placemat 217
Wissen und können: Internationale Sicherheit 218

Methoden erlernen auf einen Blick

Propagandatexte untersuchen 15
Textquellen auswerten 27
Fotos auswerten 35
Einen Erinnerungsort besuchen 41
Filme analysieren 59
Zeitzeugen befragen 73
Schaubilder analysieren 88
Karten auswerten 114
Eine Pro- und Kontra-Diskussion führen 149
Eine Karikatur auswerten 167
Eine Fallanalyse durchführen 179
Ein gewaltsamen Konflikt analysieren 189
Ergebnisse präsentieren 207
Placemat 217

Differenzierende Seiten auf einen Blick

↪ Rechtsextremismus und Gewalt 46
↪ Nationalsozialistische Ideen heute 47
↪ Willy Brandt in Warschau 76
↪ Das Transitabkommen von 1971 77
↪ Der friedliche Protest beginnt 102
↪ Die Montagsdemonstrationen in der DDR 103
↪ „Gott will es!" 118
↪ Mit Schwert und Feuer im Zeichen des Kreuzes
   gegen Andersgläubige 119
↪ Die Erweiterungen der Europäischen Union 140
↪ Die Ausgaben der EU 153
↪ Die Eurokrise 155
↪ Die Welthandelsorganisation WTO 172
↪ Die Weltbank in der Kritik 175
↪ Kinder als Soldaten 193
↪ Cyberwar – verdeckter Krieg im Netz 195

Hilfen auf einen Blick

Hinweise zur Bearbeitung der Aufgaben/
Hilfreiche Satzanfänge beim Bearbeiten
von Aufgaben . . . . Vorderer Innendeckel
Minilexikon 220
Hilfreiche Satzanfänge beim Bearbeiten
von Aufgaben . . . . Hinterer Innendeckel

Anhang

Textquellenverzeichnis 226
Bildquellenverzeichnis 230

Zeitfenster: 1933 – 1945

Die nationalsozialistische Diktatur

M2 Die Teilnehmer eines Sommer-Ferienlagers der Hitlerjugend sind in einer Formation angetreten (Sommer 1934)

M3 Die von Bomben zerstörte Stadt Hildesheim im März 1945

→ Wie gelang es den Nationalsozialisten, in Deutschland eine Diktatur zu errichten?
→ Warum hat Hitler den Zweiten Weltkrieg entfesselt?
→ Waren alle Deutschen Nazis?
→ Wie erging es jüdischen Mitbürgern und anderen Minderheiten während der Zeit des Nationalsozialismus?

M1 Großkundgebung der Nationalsozialisten im Berliner Sportpalast am 5. Juni 1943

Auf dem Weg zur totalen Macht
Gegner der Demokratie gewinnen die Oberhand

> Wir gehen in den Reichstag hinein, um uns im Waffenarsenal der Demokratie mit deren eigenen Waffen zu versorgen. Wir werden Reichstagsabgeordnete, um die Weimarer Gesinnung mit ihrer eigenen Unterstützung lahmzulegen. Wenn die Demokratie so dumm ist, uns für diesen Bärendienst Freikarten und Diäten zu geben, so ist das ihre eigene Sache ... Uns ist jedes gesetzliche Mittel recht, den Zustand von heute zu revolutionieren. Wir kommen als Feinde!

M1 NSDAP-Propagandaleiter Joseph Goebbels (1928)

Reichspräsident von Hindenburg am 30.01.1933 den Führer der NSDAP, Adolf Hitler, zum Reichskanzler eines Präsidialkabinetts. Führende Persönlichkeiten aus der Wirtschaft, der Reichswehr und aus nationalkonservativen Kreisen unterstützten Hitler in dem Glauben, ihn „zähmen" zu können. Sie sollten sich täuschen.

> Ich glaube den Nationalsozialisten, dass sie die Arbeitslosigkeit ... von sechs Millionen Menschen beseitigen würden. Ich glaube, dass sie das deutsche Volk aus der Zersplitterung von mehr als vierzig politischen Parteien zu einer Einheit zusammenführen und dass sie die Folgen des Versailler Diktates überwinden würden.

M2 Die Zeitzeugin Melita Maschmann schrieb über ihre Erlebnisse in der NS-Zeit ein Buch (1963).

Nach der Weltwirtschaftskrise von 1929 herrschte in Deutschland Massenarbeitslosigkeit und Armut in weiten Kreisen der Bevölkerung. Die radikalen, demokratiefeindlichen Parteien wollten die Demokratie abschaffen und so die bestehenden Probleme lösen. Die KPD wollte eine kommunistische Diktatur nach dem Vorbild der Sowjetunion errichten. Die NSDAP forderte einen Führerstaat. Kampfgruppen dieser extremen Parteien lieferten sich Straßenschlachten.

Die demokratischen Parteien waren sich über Wege aus der Krise nicht einig. Es kam keine Stimmenmehrheit für eine Regierungsbildung im Reichstag zustande, deshalb wurden ab 1930 die Reichsregierungen vom Reichspräsidenten ernannt und waren nur ihm verantwortlich (Präsidialkabinette). Reichskanzler Brüning regierte so zwei Jahre, danach wechselten die Kanzler in schneller Folge. Die Lage schien aussichtslos. Schließlich ernannte

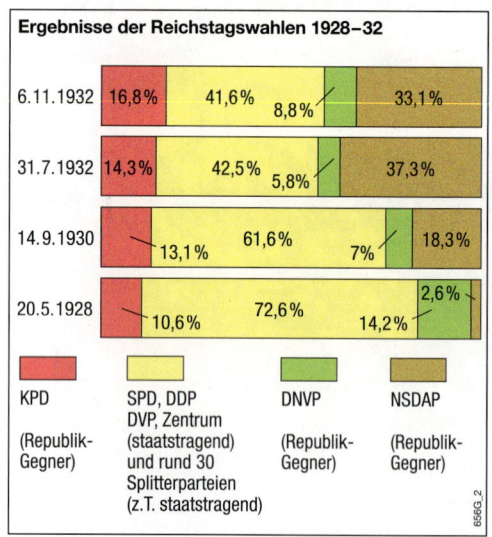

M3 Ergebnisse der Reichstagswahlen 1928 bis 1932

1. Nimm Stellung zu den politischen Zielen, die in M1 und M2 zum Ausdruck kommen. Berücksichtige dabei insbesondere die Haltungen zur Demokratie.
2. Die Basis der Demokraten wurde von Wahl zu Wahl immer schmaler. – Erkläre (M3).
3. Erläutere, wie Hitler Reichskanzler wurde (Text).
4. Benenne die Erwartungen, die Menschen beim Antritt der Regierung Hitler hatten (M2).

Die Grundrechte werden abgeschafft

Hitler hoffte darauf, bei der nächsten Wahl die absolute Mehrheit für seine Partei zu erringen. Deshalb drängte er Reichspräsident von Hindenburg zu Neuwahlen. Dieser beugte sich schließlich Hitlers Willen und setzte Neuwahlen für den 5. März 1933 an.

Am Abend des 27. Februar 1933 brannte das Reichstagsgebäude nach einer Brandstiftung nieder. Hitler vermutete dahinter eine Aktion von Kommunisten. Er nahm dieses Ereignis zum Vorwand, die in der Weimarer Verfassung garantierten Grundrechte mit der „Verordnung zum Schutze von Volk und Staat" außer Kraft zu setzen und brutal gegen seine politischen Gegner vorzugehen. SA-Hilfspolizisten und Polizei verhafteten ohne richterlichen Beschluss ca. 10000 Kommunisten und Sozialdemokraten und verschleppten sie ohne Gerichtsverfahren in Gefängnisse und neu eingerichtete Konzentrationslager.

Die Menschen in Deutschland waren von nun an schutz- und rechtlos der nationalsozialistischen Gewalt ausgeliefert.

M5 SS-Männer stürmen am 9. März 1933 ein Gebäude der SPD in Braunschweig. Ein SPD-Mann wird erschossen, Akten auf offener Straße verbrannt.

Reichstagsbrand → www

> Auf Grund des Artikels 48 Absatz 2 der Reichsverfassung wird zur Abwehr kommunistischer staatsgefährdender Gewaltakte angeordnet: … Es sind …
> 5 Beschränkungen der persönlichen Freiheit, des Rechts der freien Meinungsäußerung einschließlich der Pressefreiheit, des Vereins- und Versammlungsrechts, Eingriffe in das Brief-, Post-, Telegraphen-
> 10 und Fernsprechgeheimnis, Anordnungen von Haussuchungen und von Beschlagnahmen sowie Beschränkungen des Eigentums auch außerhalb der sonst hierfür bestimmten gesetzlichen Grenzen zulässig.

M4 Aus der „Verordnung zum Schutze von Volk und Staat" (28.02.1933)

> *Artikel 48*
> *(2) Der Reichspräsident kann, wenn im Deutschen Reiche die öffentliche Sicherheit und Ordnung erheblich gestört oder gefährdet wird, die zur Wiederherstellung der öffentlichen Sicherheit und Ordnung nötigen Maßnahmen treffen, erforderlichenfalls mit Hilfe der bewaffneten Macht einschreiten. Zu diesem Zwecke darf er vorübergehend die in den Artikeln 114 (Freiheit der Person), 115 (Unverletzlichkeit der Wohnung), 117 (Briefgeheimnis), 118 (Meinungsfreiheit), 123 (Versammlungsfreiheit), 124 (Bildung von Vereinen) und 153 (Vertragsfreiheit bei Geschäften) festgesetzten Grundrechte ganz oder zum Teil außer Kraft setzen.*

M6 Art. 48 Abs. 2 der Weimarer Reichsverfassung

ⓘ Konzentrationslager

wurden von den Nationalsozialisten ab 1933 eingerichtet, um politische Gegner und Menschen, die zu Gegnern erklärt wurden (Juden, Sinti und Roma), gefangen zu halten, sie als Zwangsarbeiter einzusetzen, zu foltern und zu ermorden.

---

5 → Nenne Hitlers Mittel zur Ausschaltung seiner Gegner (Text, M5).
6 Ordne die Einschränkungen der „Verordnung zum Schutze von Volk und Staat" den entsprechenden Artikeln der Weimarer Verfassung zu (M4, M6).
7 ↪ Beschreibe die Folgen der Verordnung für Hitlers politische Gegner (Text, M5, M6).

M1 Eine Lehrerin verabschiedet sich von ihren Schülern mit dem Hitlergruß (1933).

Deutschland wird zu einer Diktatur

> *Gleichschaltung will erreichen, ... dass es in Deutschland nur eine Meinung, eine Partei, eine Überzeugung gibt, dass diese Meinung, dieses Volk, diese Überzeugung sich nicht gegen den Staat richten darf, dass der Staat die oberste Organisation des öffentlichen wie des privaten Lebens ist, dass der Staat das Volk darstellt und dass alle Kräfte des öffentlichen Lebens sich in den Staat ein- und sich ihm unterordnen müssen.*

M2 Reichspropagandaminister Goebbels am 12. Juni 1933

Bereits im Februar 1933 begannen die Nationalsozialisten mit der sogenannten Gleichschaltung: In allen gesellschaftlichen Bereichen wie Arbeitswelt, Kultur oder Massenmedien wurden nationalsozialistische Organisationen geschaffen. Wer z. B. als Schauspieler arbeiten wollte, musste Mitglied in der Reichskulturkammer sein. Wurde man nicht aufgenommen, konnte man seinen Beruf nicht ausüben. Gewerkschaften, kirchliche oder sonstige Vereine und andere politische Parteien lösten sich selbst auf, oder sie wurden verboten.

Mit zahlreichen gesetzlichen Bestimmungen und anderen Maßnahmen der Regierung wurde die Gleichschaltung in ganz Deutschland durchgeführt.

> 28.02.33: SA und SS erhalten Polizeivollmacht.
> 13.03.33: Bildung eines Ministeriums für Volksaufklärung und Propaganda.
> 07.04.33: „Gesetz zur Wiederherstellung des Berufsbeamtentums": Jeder Beamte muss nachweisen, dass er kein Jude ist und eine nationale Gesinnung besitzt.
> 02.05.33: Die Gewerkschaften werden zerschlagen, ihre Führer verhaftet.
> 04.05.33: Schaffung der „Deutschen Arbeitsfront" (DAF). Arbeitnehmer und Arbeitgeber sind in einer Organisation zwangsweise zusammengeschlossen. Der Staat bestimmt die Löhne.
> 10.05.33: Die SA verbrennt in Berlin und anderen Städten Bücher, die nicht der NS-Ideologie entsprechen.
> 22.06.33: Verbot der SPD, „freiwillige" Auflösung der Parteien.
> 22.09.33: Gründung der Reichskulturkammer, die dem Propagandaministerium untersteht. Sie kontrolliert Musik, Literatur, bildende Kunst, Theater, Film, Rundfunk und Presse. Was mit der NS-Ideologie nicht übereinstimmt, gilt als „entartet" und wird verboten.

M3 Zeittafel zur Gleichschaltung

ⓘ Hitlergruß
Von 1933 bis 1945 war er der offizielle Gruß. Man hob den rechten Arm und sagte „Heil Hitler!". Wer „Guten Tag" wünschte, machte sich verdächtig, ein Gegner Hitlers zu sein. In der Bundesrepublik Deutschland ist die Verwendung des Hitlergrußes gesetzlich verboten.

---

[1] *Berichte, was Goebbels a) unter Gleichschaltung und b) unter der Rolle des Staates versteht. Gib seine Worte mit eigenen Worten wieder und nimm Stellung dazu (M2).*

[2] ↪ *Notiere zu jedem Ereignis der Zeittafel (M3), welche Absicht die Nationalsozialisten mit der jeweiligen Maßnahme verfolgen.*

[3] ↪ *Stell dir vor, es wären nur noch Volksmusik und klassische Musik zugelassen. Nimm Stellung zu den Folgen.*

Das Parlament schafft sich selbst ab

Bei der Reichstagswahl am 5. März 1933 hatte die NSDAP mit 43,9 % der Stimmen die absolute Mehrheit verfehlt. Dennoch wollten die Nationalsozialisten die Macht für sich allein. Bereits am 23. März 1933 ließ Hitler den Reichstag über das sogenannte „Ermächtigungsgesetz" abstimmen. Mit Versprechungen überredete Hitler die bürgerlichen Parteien zur Zustimmung. Mit diesem Gesetz verzichteten die Abgeordneten des Reichstages auf ihr Recht, Gesetze zu beschließen. Dieses Recht wurde der Reichsregierung übertragen. Die Gewaltenteilung war damit zum Teil aufgehoben.

Die KPD-Abgeordneten konnten nicht mit abstimmen. Sie waren zum Teil verhaftet, andere waren auf der Flucht. Nur die SPD stimmte gegen das Gesetz.

M5 SA-Angehörige marschieren in die Krolloper, in der die Sitzung des Reichstages am 23. März 1933 stattfand. Von diesen NS-Schlägertrupps sollten die Abgeordneten eingeschüchtert werden.

> Noch niemals, seit es einen Deutschen Reichstag gibt, ist die Kontrolle der öffentlichen Angelegenheiten in solchem Maße ausgeschaltet worden, wie es jetzt geschieht und wie es durch das Ermächtigungsgesetz noch mehr geschehen soll. Eine solche Allmacht der Regierung muss sich umso schwerer auswirken, als auch die Presse jeder Bewegungsfreiheit entbehrt. Wir deutschen Sozialdemokraten bekennen uns in dieser geschichtlichen Stunde feierlich zu den Grundsätzen der Menschlichkeit und Gerechtigkeit, der Freiheit und des Sozialismus. Kein Ermächtigungsgesetz gibt Ihnen die Macht, Ideen, die ewig und unzerstörbar sind, zu vernichten.

M4 Otto Wels (SPD) in der Reichstagsdebatte am 23. März 1933

> Artikel 1. Reichsgesetze können außer in dem in der Reichsverfassung vorgesehenen Verfahren auch durch die Reichsregierung beschlossen werden …
> Artikel 2. Die von der Reichsregierung beschlossenen Reichsgesetze können von der Reichsverfassung abweichen, soweit sie nicht die Einrichtung des Reichstags und des Reichsrats als solche zum Gegenstand haben. Die Rechte des Reichspräsidenten bleiben unberührt.
> Artikel 3. Die von der Reichsregierung beschlossenen Reichsgesetze werden vom Reichskanzler ausgefertigt … Sie treten … mit dem auf die Verkündung folgenden Tage in Kraft.

M6 „Gesetz zur Behebung der Not von Volk und Reich" (Ermächtigungsgesetz) vom 23. März 1933

M7 Otto Wels, SPD (1873 – 1939)

Ermächtigungsgesetz →

4 Beschreibe die Veränderungen, die das Ermächtigungsgesetz (Text, M6) bewirkte.

5 Nimm Stellung dazu, wie sich das Ermächtigungsgesetz (M6) auf die Gewaltenteilung und die Demokratie in Deutschland auswirkte.

6 Hitler konnte das Ermächtigungsgesetz durchsetzen, indem er die Reichstagsabgeordneten am 23. März 1933 in zweierlei Weise beeinflusste (Text, M5). Berichte.

7 Nenne die Gefahren, auf die Otto Wels in seiner Rede hinweist (M4), und nimm Stellung zu seiner Haltung. Berücksichtige auch die Situation, in der die Rede gehalten wurde.

Abgebildet sind von links nach rechts: die SPD-Politiker Ernst Heilmann und Friedrich Ebert jun., daneben die bekannten Rundfunkgrößen Alfred Braun, Heinrich Giesecke, Kurt Magnus und Hans Flesch

M1 NS-Gegner werden in das KZ Oranienburg eingewiesen (August 1933).

Die letzten Schritte zur totalen Macht

1934 kam es zwischen SA-Chef Ernst Röhm und Hitler zu einem Konflikt. Hitler fürchtete, dass Röhm und die SA zu mächtig werden könnten. Deshalb beschuldigte er die SA, einen Umsturz zu planen und ließ Röhm, sämtliche SA-Führer und Politiker anderer Parteien von der SS festnehmen und ohne ein Gerichtsverfahren erschießen. Hitler hatte damit den Befehl zum vielfachen Mord gegeben. Er hatte nun keine innerparteilichen Gegner mehr.

Stationen auf dem Weg in die Diktatur
30. Januar 1933
24. März 1933
3. Juli 1934
2. August 1934

Gestapo
Abkürzung für Geheime Staatspolizei; Politische Polizei der Nationalsozialisten zur Ausschaltung aller Gegner

> Die Reichsregierung hat folgendes Gesetz beschlossen …
> Die zur Niederschlagung hoch- und landesverräterischer Angriffe am 30. Juni, 1. und 2. Juli 1934 vollzogenen Maßnahmen sind als Staatsnotwehr rechtens.

M2 Aus dem Gesetz über Maßnahmen der Staatsnotwehr vom 3. Juli 1934

Röhm-Putsch → www

Die SS unter Heinrich Himmler wurde am 20. Juli 1934 zu einer eigenständigen Organisation innerhalb der NSDAP mit besonderen Machtbefugnissen. Der SS unterstanden verschiedene Ämter, ab 1936 gehörte dazu auch die Gestapo. Die SS wurde zu Hitlers schlimmstem Terrorinstrument; sie war z. B. für die Konzentrationslager zuständig.

> Wenn mir jemand den Vorwurf entgegenhält, weshalb wir nicht die ordentlichen Gerichte zur Aburteilung herangezogen hätten, dann kann ich ihm nur sagen: In dieser Stunde war ich verantwortlich für das Schicksal der deutschen Nation und damit des deutschen Volkes oberster Gerichtsherr.

M3 Auszug aus Hitlers Reichstagsrede am 13. Juli 1934, in der er sich zum sogenannten „Röhm-Putsch" äußerte

Nach Hindenburgs Tod am 2.8.1934 übernahm Hitler das Amt des Reichspräsidenten. Damit war er nun auch Staatsoberhaupt und Oberbefehlshaber der Wehrmacht. Die Soldaten wurden auf ihn vereidigt und mussten ihm unbedingten Gehorsam leisten.

> Unter die Zuständigkeit der Gestapo fiel die systematische Bekämpfung von … Gegnern des NS-Regimes. Bis 1939 waren dies … Kommunisten und Sozialdemokraten, die in „Schutzhaft" genommen wurden. (Ohne richterlichen Beschluss) … konnten die Gestapo-Beamten Aussagen oder Geständnisse von Häftlingen auch durch Folter erwirken. Vor allem die Gestapo-Zentrale in der Berliner Prinz-Albrecht-Straße war … ein Ort staatlichen Terrors und Durchgangsstation in die Konzentrationslager (KZ).

M4 Auszug aus dem Internetlexikon LeMO

1. → Berichte, wie die SS und die Gestapo die Menschen terrorisierten (M1, M4, Text).
2. Erkläre, wie Hitler die richterliche Gewalt übernahm (Text, M2, M3).
3. Stelle die „Stationen auf dem Weg in die Diktatur" in einer Übersicht zusammen.
4. Erläutere den Begriff „Nationalsozialistische Diktatur" anhand von Hitlers Vorgehen (Seiten 10 bis 14), indem du zu Machtverteilung, Machtkontrolle und Bürgerrechten Stellung nimmst.
5. → Beschafft euch Informationen über Goebbels, Himmler, Göring und Heß. Stellt die Personen in Kurzreferaten vor.
6. Untersuche den Text auf der Titelseite der NS-Zeitung (M5).

Propagandatexte untersuchen

Eine Propagandaschrift will Menschen in ihrem Denken und Handeln beeinflussen. Sie dient dem Kampf gegen einen politischen oder auch militärischen Gegner und nicht der Information.
In Propagandatexten wird die eigene Position immer positiv dargestellt. Kritik an der eigenen Position gibt es nicht. Der politische Gegner oder andere Staaten jedoch werden geringschätzig, abwertend oder als Feinde dargestellt. Sachverhalte werden dabei verfälscht oder sogar in ihr Gegenteil verkehrt.

So gehst du vor:

Schritt 1 ●

Den geschichtlichen Hintergrund erforschen

- → Informiere dich über die allgemeine Situation zur Entstehungszeit des Textes.
- → Um welche Textsorte handelt es sich (Plakat, Flugblatt, Zeitungsbericht ...)?
- → Wer hat den Text geschrieben?
- → An wen richtet er sich?
- → Warum hat der Autor ihn geschrieben?
- → Wann und wo wurde er verfasst?
- → Um was geht es im Text?

Schritt 2 ●●

Den Inhalt analysieren

- → Kläre dir unbekannte Begriffe in einem Lexikon ab.
- → Wer wird im Text als Gegner oder als Feind dargestellt?
- → Was wird dem Gegner unterstellt oder vorgeworfen?
- → Wird die Wirklichkeit verfälscht, übertrieben oder verzerrt?

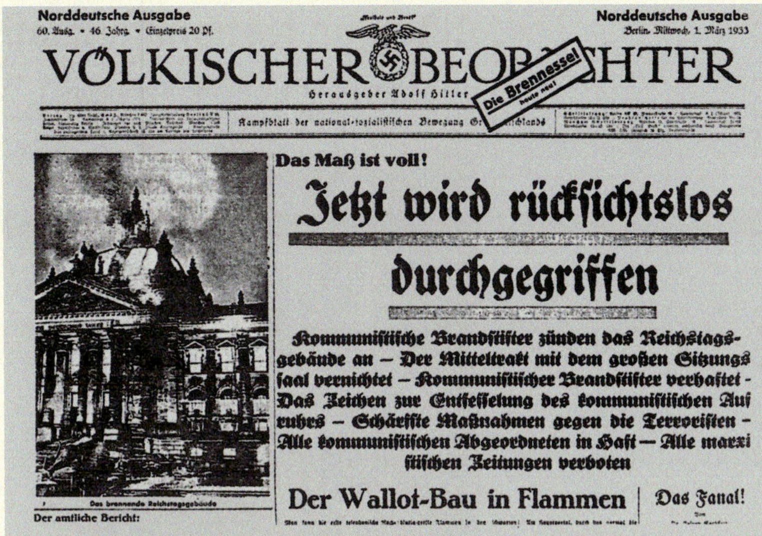
Norddeutsche Ausgabe
Norddeutsche Ausgabe
VÖLKISCHER BEO... HTER
Die Brennessel
Herausgeber Adolf Hitler
Kampfblatt der national-sozialistischen Bewegung Gr...
Das Maß ist voll!
Jetzt wird rücksichtslos durchgegriffen
Kommunistische Brandstifter zünden das Reichstagsgebäude an – Der Mitteltrakt mit dem großen Sitzungssaal vernichtet – Kommunistischer Brandstifter verhaftet – Das Zeichen zur Entfesselung des kommunistischen Aufruhrs – Schärfste Maßnahmen gegen die Terroristen – Alle kommunistischen Abgeordneten in Haft – Alle marxistischen Zeitungen verboten
Der amtliche Bericht:
Der Wallot-Bau in Flammen
Das Fanal!

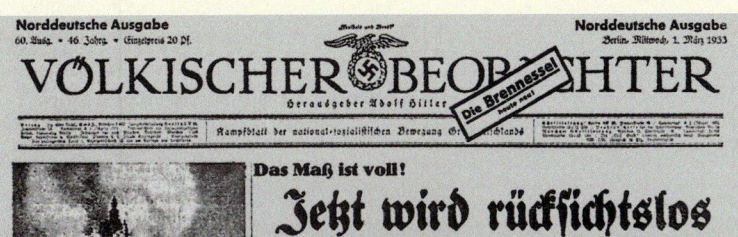

Jetzt wird rücksichtslos durchgegriffen
Kommunistische Brandstifter zünden das Reichstagsgebäude an – Der Mitteltrakt mit dem großen Sitzungssaal vernichtet – Kommunistischer Brandstifter verhaftet – Das Zeichen zur Entfesselung des kommunistischen Aufruhrs – Schärfste Maßnahmen gegen die Terroristen – Alle kommunistischen Abgeordneten in Haft – Alle marxistischen Zeitungen verboten

M5 Titelseite der NS-Zeitung „Völkischer Beobachter" vom 1. März 1933 (Im Textkasten unten steht der Text neben dem Foto in heutiger Schrift.)

Schritt 3 ●●●

Die Sprache untersuchen

- → Wer soll mit dem Text angesprochen werden?
- → Welche Absichten sind damit verbunden?
- → Welche Ausdrücke werden benutzt, um das Feindbild zu verstärken (Sprache des Militärs oder der Gerichte)?
- → Welche Begriffe sind aggressiv oder diffamierend?

ⓘ Propaganda

Totalitäre Regierungen versuchen, Meinungen und Verhaltensweisen in ihrem Sinne systematisch zu beeinflussen; dies geschieht durchWort, Schrift, Bild, Musik oder Veranstaltungen mithilfe von Vereinfachungen, Schlagworten und Schwarz-Weiß-Malerei.

Alltag im Nationalsozialismus

Die nationalsozialistische Ideologie

M1 NS-Propagandaplakat über die Vereinigung der Ämter von Reichskanzler und Reichspräsident (August 1934)

> Mit Stolz sehen wir: Einer bleibt von aller Kritik ausgeschlossen, das ist der Führer. Das kommt daher, dass jeder fühlt und weiß: Er hatte immer recht, und er wird immer recht haben. In der kritiklosen Treue, in der Hingabe an den Führer, die nach dem Warum im Einzelfall nicht fragt, in der stillschweigenden Ausführung seiner Befehle liegt unser aller Nationalsozialismus verankert. Wir glauben daran, dass der Führer einer höheren Berufung zur Gestaltung des deutschen Schicksals folgt. An diesem Glauben gibt es keine Kritik.

M2 Rudolf Heß, Stellvertreter Hitlers in der NSDAP, im Kölner Rundfunk 1934

Während er im Gefängnis saß, verfasste Hitler im Jahre 1924 das Buch „Mein Kampf" und beschrieb darin seine Weltanschauung. Die Gesellschaft sollte nach dem Führerprinzip organisiert werden. Hitler war der Ansicht, dass das stärkste Volk das Recht habe, andere Völker zu unterwerfen. Dazu vertrat er die Meinung, dass es unterschiedlich wertvolle Menschenrassen gebe. Die wertvollste Rasse waren für ihn die Arier, zu denen er auch die Deutschen zählte. Die Juden sah er als „minderwertige" Rasse an. Dieser Antisemitismus und die Eroberung von Lebensraum durch Krieg gegen Russland waren Hitlers Hauptziele.

„Mein Kampf" erschien 1925. Ab 1936 erhielten Brautpaare das Buch bei der standesamtlichen Trauung geschenkt. Die Gesamtauflage lag 1943 bei fast zehn Millionen Exemplaren.

Antisemitismus rassistisch begründete Judenfeindlichkeit

> **Artikel 1**
> (1) Die Würde des Menschen ist unantastbar. Sie zu achten und zu schützen ist Verpflichtung aller staatlichen Gewalt.
> (2) Das Deutsche Volk bekennt sich darum zu unverletzlichen und unveräußerlichen Menschenrechten als Grundlage jeder menschlichen Gemeinschaft, des Friedens und der Gerechtigkeit in der Welt.
> (3) Die nachfolgenden Grundrechte binden Gesetzgebung, vollziehende Gewalt und Rechtsprechung als unmittelbar geltendes Recht.

M3 Aus dem Grundgesetz der Bundesrepublik Deutschland

ⓘ Ideologie

Weltanschauung, die Vorstellungen vom Aufbau eines Staates oder einer Gesellschaft beschreibt. Oft erhebt sie Anspruch auf Allgemeingültigkeit und vertritt unwahre und einseitige Gedanken. Um eine Ideologie durchzusetzen, wird häufig Gewalt gegen Andersdenkende angewandt.

1. „Einer bleibt von aller Kritik ausgeschlossen, das ist der Führer." Nimm Stellung zu dieser Aussage von Rudolf Heß (M2). Berücksichtige dabei M1 und das Grundgesetz (M3).
2. ⇨ Beschreibe Hitlers „Bodenpolitik der Zukunft" (M5) und die Mittel, mit denen er sie durchsetzen will (M4); erkläre, wie das Grundgesetz dazu steht (M8).

M4 Titelseite einer NS-Broschüre, während des Russlandfeldzuges 1942 veröffentlicht

M7 Verbrennungsöfen im KZ Majdanek nach der Befreiung durch die Rote Armee (1944)

> Deutschland wird entweder Weltmacht oder überhaupt nicht sein ... Wenn wir ... von neuem Grund und Boden reden, können wir ... nur an Russland ... denken. Wenn uns der Ural mit seinen unermesslichen Rohstoffschätzen und die sibirischen Wälder zur Verfügung stehen und wenn die endlosen Weizenfelder der Ukraine zu Deutschland gehören, wird unser Land im Überfluss schwimmen.

M5 „Ein Volk ohne Raum" (Auszug aus Hitlers „Mein Kampf")

> Artikel 87a
> (1) Der Bund stellt Streitkräfte zur Verteidigung auf. Ihre zahlenmäßige Stärke und die Grundzüge ihrer Organisation müssen sich aus dem Haushaltsplan ergeben.
> (2) Außer zur Verteidigung dürfen die Streitkräfte nur eingesetzt werden, soweit dieses Grundgesetz es ausdrücklich zulässt.

M8 Aus dem Grundgesetz der Bundesrepublik Deutschland

Nationalsozialistische Ideologie → [www]

> Würde man die Menschen in drei Arten einteilen, Kulturbegründer, Kulturträger und Kulturzerstörer, dann kämen als Vertreter der ersten wohl nur die Arier in Frage. (Der Arier) ... liefert die gewaltigen Bausteine und Pläne zu allem Fortschritt ... Den gewaltigsten Gegensatz zum Arier bildet der Jude. Die feindliche Haltung des Judentums gegenüber dem deutschen Volke und Reich ... erfordert entschiedene Abwehr und harte Sühne.

M6 „Herrenmenschen" (Auszug aus Hitlers „Mein Kampf")

> Artikel 3
> (1) Alle Menschen sind vor dem Gesetz gleich.
> (2) Männer und Frauen sind gleichberechtigt. (3) Niemand darf wegen seines Geschlechtes, seiner Abstammung, seiner Rasse, seiner Sprache, seiner Heimat und Herkunft, seines Glaubens, seiner religiösen oder politischen Anschauungen benachteiligt oder bevorzugt werden. Niemand darf wegen seiner Behinderung benachteiligt werden.

M9 Aus dem Grundgesetz der Bundesrepublik Deutschland

3 *Beurteile Hitlers Feindbild (M6). Berücksichtige dabei unsere Grundrechte (M9) und stelle einen Bezug her zu M7.*

M1 Eintopfessen vor dem Berliner Rathaus, Foto, um 1938

Eintopfsonntag wurde in Deutschland am 1. Oktober 1933 durch das NS-Regime als ein Zeichen der Solidarisierung mit der Volksgemeinschaft eingeführt.

„Ein Volk, ein Reich, ein Führer"

Die alljährlichen Reichsparteitage in Nürnberg oder auch die Erntedankfeste auf dem Bückeberg bei Hameln organisierten die Nationalsozialisten als riesige Propagandaveranstaltungen. Mehrere Hunderttausend Mitglieder von NS-Organisationen marschierten jeweils dort auf. So sollte bei den Menschen der Wunsch geweckt werden, zu einer großen Gemeinschaft zu gehören.

Propaganda – → Seite 15

Reichsparteitagsgelände heute → www

> Der Nationalsozialismus ... rückt bewusst in den Mittelpunkt seines ganzen Denkens das Volk. Dieses Volk ist für ihn eine blutsmäßig bedingte Erscheinung, in der er einen von Gott geweihten Baustein der menschlichen Gesellschaft sieht. Das einzelne Individuum ist vergänglich, das Volk ist bleibend. Wenn die liberale Weltanschauung in ihrer Vergötterung des einzelnen Individuums zur Zerstörung des Volkes führen muss, so wünscht dagegen der Nationalsozialismus das Volk zu schützen, wenn nötig auf Kosten des Individuums.

M3 Hitler am 1. Oktober 1933 beim Erntedankfest auf dem Bückeberg bei Hameln

> Während ... des Reichsparteitages ist Nürnberg eine Stadt, in der nur Freude herrscht, eine Stadt, die unter einem Zauber steht. Diese Atmosphäre und die Schönheit der Darbietungen und einer großzügigen Gastfreundschaft beeindruckten die Ausländer stark; und das Regime vergaß nie, sie zu dieser jährlichen Tagung einzuladen. Es ging davon eine Wirkung aus, der nicht viele widerstehen konnten; wenn sie heimkehrten, waren sie verführt und gewonnen.

M2 Erinnerungen des französischen Botschafters A. Francois-Poncet (1947, bearbeitet)

M4 Werbung für den günstig angebotenen „Volksempfänger". 1933 besaßen 25 % der Haushalte ein Radio, 1941 waren es 65 %.

1. Beschreibe M1 und M4. Erkläre, was die Bilder mit Führerkult und Propaganda zu tun haben.
2. Berichte, wie der französische Botschafter die Reichsparteitage erlebte und welche Gefahren seiner Meinung nach von diesen Veranstaltungen ausgingen (M2).
3. ↪ Nimm Stellung zu M3, indem du Hitlers Auffassung über Volk und Individuum und die Aufgabe der Propaganda untersuchst.

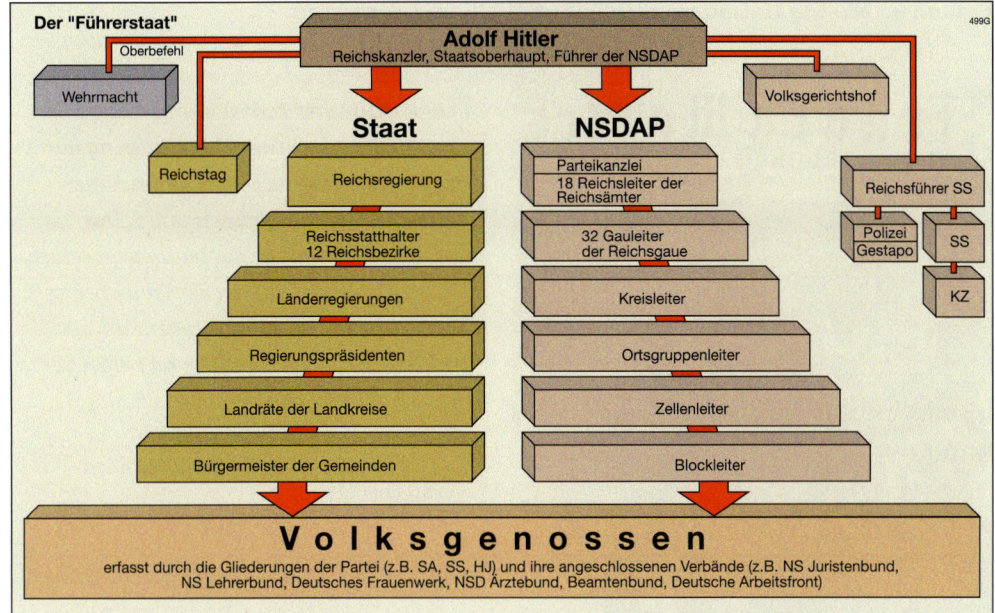

M5 Der Aufbau des Führerstaates

> Soweit ich es beurteilen konnte, hat man es eben als eine unerfreuliche Begleiterscheinung der so genannten nationalen Revolution gesehen, und hat eigentlich die, die verhaftet wurden ... insoweit bedauert, als sie eben vorsichtiger sein sollten, oder wie man auf schwäbisch sagt: Die hättet die Gosch halte könne, wie es die Anderen auch gemacht haben, da wäre ihnen ja ... nichts passiert.

M6 Herbert K. über Verhaftungen von NS-Gegnern

Adolf Hitler bezeichnete sich als „Werkzeug der göttlichen Vorsehung". Jeder Einzelne musste ihm gehorchen. Die Nationalsozialisten wollten eine große „Volksgemeinschaft" aufbauen. Dazu wollten sie alle Lebensbereiche kontrollieren und so ihr Ziel erreichen. Wer sich nicht einfügen wollte, wurde öffentlich gedemütigt. Ausgeschlossen aus der Volksgemeinschaft und verfolgt wurden nach der Ideologie der Nationalsozialisten z. B. Juden, Sinti und Roma sowie politische Gegner der NSDAP.

M7 Die 31-jährige Martha V. wird auf dem Marktplatz von Altenberg kahl geschoren. Auf dem Schild steht „Ich bin aus der Volksgemeinschaft ausgestoßen!". Die Frau war von der Gestapo verhaftet worden, weil ihr intime Kontakte zu einem Polen (Fremdarbeiter) vorgeworfen wurden (1941).

[4] *Erläutere den Aufbau des Staates, der NSDAP und Hitlers Stellung in diesem Gefüge (M5).*
[5] *Nimm Stellung dazu, wie die Nationalsozialisten sich gegenüber politischen Gegnern verhielten und wie Teile der Öffentlichkeit dies beurteilten (M6).*
[6] *Beschreibe, wie die NS-Ideologie in das Alltagsleben der Menschen eindrang (M7).*

Frauen im NS-Staat: Gebären für Führer, Volk und Vaterland

M1 Titelbild der NS-Frauenzeitschrift zum Tag der Arbeit am 1. Mai 1940

Erst in unserer Zeit ist Klarheit darüber entstanden, dass Gleichberechtigung nur möglich ist, wenn die Frau ihrem naturgesetzten Leben in Freiheit und Selbstständigkeit folgt, wie der Mann dem seinen. Das naturgesetzte Leben der Frau aber ist das Reich des Hauses, der Innenwelt, des Muttertums, der liebenden und helfenden Kameradin des Mannes.

M2 Auszug aus einem Ehe- und Familienratgeber (1940)

Zur Stellung der Frau im NS-Staat 1933–1938

- Nur 5 % der NSDAP-Mitglieder dürfen Frauen sein.
- Nur 10 % der Studierenden dürfen Frauen sein.
- Ehestandsdarlehen gibt es nur, wenn die Frau ihre Arbeit aufgibt. Bei Geburt des vierten Kindes gilt das Darlehen als getilgt.
- Es gibt finanzielle Hilfe für kinderreiche Familien.
- Alle verheirateten Beamtinnen werden entlassen.
- Frauen verlieren das passive Wahlrecht, also das Recht, gewählt zu werden.
- Frauen dürfen nicht mehr als Richterinnen, Staatsanwältinnen oder Rechtsanwältinnen arbeiten.
- Berufstätigkeit ist für Frauen erst nach einem Pflichtjahr in Haus- oder Landwirtschaft möglich.
- Ab 1939 müssen auch Frauen zum Reichsarbeitsdienst.

NS-Frauenpolitik → www

Planmäßig verdrängten die Nationalsozialisten Frauen weitgehend aus der Berufs- und Arbeitswelt. Sie sollten künftig nur noch in ihrer Rolle als Hausfrau und Mutter wirken. Kinderreichtum wurde belohnt: Für Frauen mit mehr als drei Kindern gab es ab 1938 sogar einen Orden: das Mutterkreuz.

1. → Beschreibe das Titelbild der Frauenzeitschrift (M1) und erkläre, wie in dem Bild die Vorstellungen der Nationalsozialisten zur Rollenverteilung zwischen Mann und Frau deutlich werden.
2. → Belege, welche Bereiche der Frau zugeordnet und welche Rechte ihr verweigert wurden (Info-Text).
3. Überprüfe, ob der Begriff „Gleichberechtigung" zutrifft.
4. Nimm Stellung zur Rolle der Frau im Nationalsozialismus (M2, Info-Text).
5. Erläutere die Chancen von Frauen auf dem Arbeitsmarkt (Info-Text).
6. ↪ a) Während des Zweiten Weltkrieges arbeiteten Frauen auch in typischen Männerberufen, z. B. in der Rüstungsindustrie. Vergleiche mit dem Info-Text, beschreibe die Veränderungen und nimm zu den Ursachen Stellung.
   ↪ b) Erläutere, welche Schlussfolgerungen sich über die nationalsozialistische Frauenpolitik ziehen lassen.

Gleichgeschaltete Jugend

Hitler wollte mithilfe der Jugend die Zukunft des Nationalsozialismus sichern. Deshalb mussten alle Jugendlichen Mitglied in der Hitlerjugend (HJ) oder dem Bund deutscher Mädel (BDM) sein. 1936 wurde die HJ zur Staatsjugend erklärt. Damit gab es nur noch die NS-Jugendorganisation. Jugendverbände mit anderen Vorstellungen und Zielen waren verboten.

Durch Freizeitangebote wie Zeltlager, Lagerfeuer, Geländespiele, Sport und Heimabende gewannen HJ und BDM die Jugendlichen für sich und erzogen sie im Geist des Nationalsozialismus. Die Mädchen wurden auf ihre Rolle als Frau und Mutter vorbereitet; die Jungen lernten, mit Waffen umzugehen.

M4 HJ marschiert (1938).

M5 BDM-Zeltlager (1938)

> Die Jungen wurden von Anfang an zu Helden erzogen, zu Tapferkeit, zu Soldaten, zur Fahne und Treue und so. Und wir Mädchen, wir wurden als Mutter erzogen: Kinder haben, sauber und ehrlich sein. Als ich noch in der Volksschule war in Haverlah, da kam von Salzgitter die BDM-Gruppe und hat in einer Scheune so ein Lager gemacht, die (Mädchen) übernachteten im Stroh. Das war während der Ferien, da musstest du einfach dran teilnehmen. Ja, und diese Marschkolonnen und dieses Gruppenbewusstsein, das wurde ja sehr unterstützt. Besonders bei den Jungens, die wurden ja direkt gedrillt, in 3er-Reihen zu marschieren. Wir (Mädchen) haben auch gelernt, in Marschkolonnen zu marschieren. (Sich einer solchen Sache zu verweigern), hängt auch von der Erziehung im Elternhaus ab.

M3 Zeitzeugin Lotte Mannel berichtet über den BDM (bearbeitet).

> Diese Jugend, die lernt ja nichts anderes als deutsch denken, deutsch handeln. Und wenn so diese Knaben, diese Mädchen mit ... zehn Jahren in unsere Organisationen hineinkommen und dort ... zum ersten Mal überhaupt eine frische Luft bekommen, dann kommen sie vier Jahre zum Jungvolk und dann in die Hitlerjugend, und da behalten wir sie wieder vier Jahre. Und wenn sie dort noch nicht ganze Nationalsozialisten geworden sein sollten, dann kommen sie in den Arbeitsdienst und werden da weitere drei Jahre geschliffen ... und sie werden nicht mehr frei ihr ganzes Leben.

M6 Hitler in einer Rede am 2. Dezember 1938

7 Erkläre anhand von M3–M5, weshalb die HJ und der BDM für Jugendliche so interessant waren.

8 Beschreibe M4 und M5 und erläutere, welchen Eindruck die Fotos vermitteln sollen.

9 Erläutere, auf welche Art und Weise und mit welcher Absicht Hitler die Jugend für den Nationalsozialismus gewinnen wollte (Text, M6).

M1 Anzeige in der „Göttinger Zeitung" vom 1. August 1934

M3 Praxisschild eines deutschen jüdischen Arztes nach dem Entzug der allgemeinen Zulassung als Arzt im Jahr 1938

Juden werden zu Feinden gemacht

Entrechtet, ausgegrenzt und ausgebeutet

M2 NS-Aufkleber (1934)

Im April 1933 riefen die Nationalsozialisten erstmals zum Boykott jüdischer Geschäfte auf. SA-Leute zogen vor die Geschäfte und hielten Menschen vom Einkauf ab. Dem widersetzten sich nur wenige Menschen. Dies bestärkte die Nazis, in kurzen Zeitabständen weitere Maßnahmen gegen die Juden zu ergreifen. Sie sprachen Berufsverbote gegen jüdische Ärzte, Apotheker, Rechtsanwälte, Künstler und Wissenschaftler aus. Eine Folge dieser Maßnahmen war, dass 1933 von den 540 000 in Deutschland lebenden Juden (0,8 % der Gesamtbevölkerung) 33 000 ins Ausland gingen, unter ihnen auch berühmte Deutsche wie der Physiker Albert Einstein, die Schriftsteller Elias Canetti, Alfred Döblin und Stefan Zweig, der Komponist Kurt Weill, der Psychoanalytiker Erich Fromm, der Philosoph Max Horkheimer oder der Schachweltmeister Emanuel Lasker.

Boykott Zwangs- oder Druckmittel, durch das eine Person, ein Unternehmen oder ein Staat vom regelmäßigen Geschäftsverkehr ausgeschlossen wird

> Hannover: Der Klempnermeister Jahnke auf der Celler Straße 10a zu Hannover bedient sich des jüdischen Rechtsanwalts Berkowitz.

M4 Anzeige aus der NS-Wochenzeitung „Der Stürmer" (1934)

> (Mir wurde mitgeteilt), dass der Pfarrer Hering sich in einem Kirchengebet besonders für das Volk der Juden eingesetzt habe. Diese nicht alltägliche Stellungnahme des Pfarrers für das Judentum, die den heutigen Staatsgrundsätzen vollkommen zuwiderläuft, ist meines Erachtens so ungeheuerlich, dass ich hiermit Anzeige gegen den Pfarrer Hering erstatte.

M5 Anzeige eines NSDAP-Ortsgruppenleiters aus Hüttenrode im Harz (1936)

1. Liste tabellarisch auf, wer Vorteile und wer Nachteile vom April-Boykott hatte (Text, M1, M3, M4).
2. ↪ Beschreibe, wie die Nationalsozialisten die Bevölkerung unter Druck setzten, damit sie die Maßnahmen gegen die Juden unterstützte (M2–M5).
3. Diskutiert, was die Nationalsozialisten mit diesem Boykott bei allen Beteiligten erreichen wollten.
4. ↪ Erörtert, welche Folgen die Auswanderung der jüdischen Mitbürger für Staat und Gesellschaft hatte.

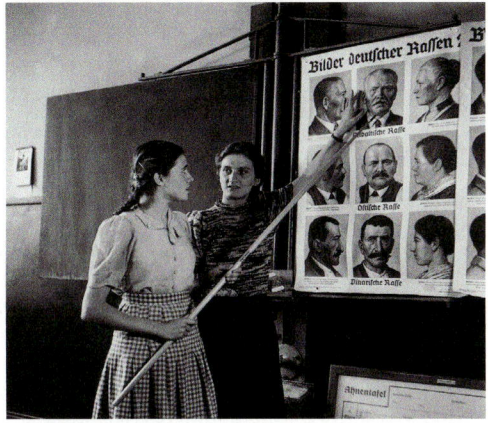
M6 Eine Schulhelferin wird in die Rassenkunde eingewiesen (1935).

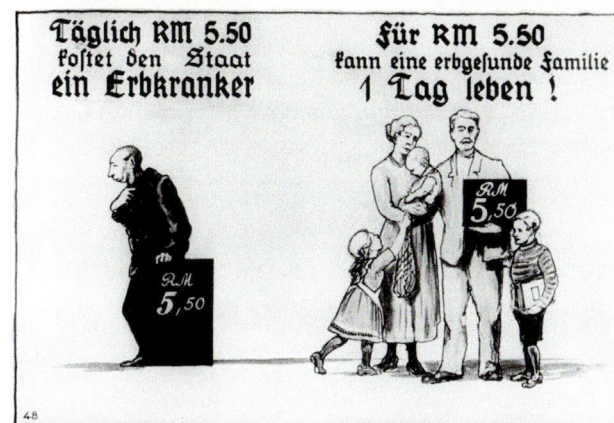
M7 Aus der Diaserie „Blut und Boden" für den Schulunterricht (um 1935)

Nationalsozialistische Rassenlehre

Ein Hauptbestandteil der NS-Ideologie war die sogenannte Rassenlehre. Bereits in seiner Schrift „Mein Kampf" (1925) formulierte Hitler seine rassistischen Gedanken: In seinem Weltbild bestand die Menschheit aus unterschiedlichen Rassen. Dabei war die weiße Rasse („Arier") die Herrenrasse, während andere Rassen, insbesondere die Juden, als minderwertig galten. Diese Überzeugungen fanden breite Unterstützung in der Bevölkerung. Die Nazis verstanden es geschickt, bestehende Vorurteile gegenüber den jüdischen Mitbürgern auszunutzen.

> Die Geschichte der Juden zeigt, dass sie zur Staatenbildung unbrauchbar sind ... Ihr Geist ist kritisch, zerstörend und zersetzend ... In den Erzählungen des Alten Testaments finden wir ... viel Mord, Hinterlist, feigen Verrat und eine maßlose Grausamkeit. Es ist daher kein Wunder, wenn im Verbrechertum aller Zeiten und Völker der Jude an der Spitze steht.

M8 Aus einem NS-Biologiebuch (1942)

> Die völkische Weltanschauung glaubt keineswegs an eine Gleichheit der Rassen, sondern erkennt mit ihrer Verschiedenheit auch ihren höheren oder minderen Wert ...

NS-Ideologie → Seiten 16/17

M9 Aus Hitlers „Mein Kampf"

> ... und fühlt sich durch diese Erkenntnis verpflichtet, ... den Sieg des Besseren, Stärkeren, zu fördern, die Unterordnung des Schlechteren, Schwächeren zu verlangen. Sie huldigt damit prinzipiell dem ... Grundgedanken der Natur.

M10 Aus Hitlers „Mein Kampf"

ⓘ Euthanasie

Mit diesem Begriff, der wörtlich übersetzt so viel wie „schöner Tod" bedeutet, verschleierten die Nazis die Ermordung unheilbar Kranker und Behinderter. Insgesamt haben die Nazis in verschiedenen geheimen Maßnahmen über 100 000 kranke Menschen ermordet, darunter etwa 5000 Kinder.

---

5. Berichte, wie Kindern und Jugendlichen die NS-Rassenlehre vermittelt wurde (M6–M10).
6. ↪ Informiere dich im Lexikon und im Internet über das Euthanasie-Programm der Nationalsozialisten (Info-Text) und berichte der Klasse. *Aufgabe 6 → Seite 39*
7. Vielleicht hast du schon von Vorurteilen gegenüber Juden oder anderen Bevölkerungsgruppen gehört.
    a) Tragt solche Vorurteile in eurer Klasse zusammen.
    b) Sucht nach Erklärungen dafür, wie und warum sie entstanden sein könnten.
    c) Widerlegt die Vorurteile gemeinsam.

Verbannung aus dem öffentlichen Leben

M1 Christine Neemann und Julius Wolff werden durch die Stadt Norden getrieben (Ostfriesische Tageszeitung vom 24.07.1935).

Anfang Juli 1935 wurde ich von sechs SA-Männern aus der Wohnung meiner Mutter geholt, weil ich mit einem Juden, Wolff, verlobt war. Man hat uns zusammen durch die Straßen geführt, jeder ein Plakat um den Hals: Rasseschänder. Auf offener Straße hat man mich geschlagen und die Haare aus dem Kopf gerissen und dann ins Gefängnis gebracht. Von dort bin ich ins KZ Moringen (bei Göttingen) gekommen. Mein Arbeitgeber ... musste mich entlassen. Ende August kam ich aus dem Lager, wurde (1936) abermals ins Gefängnis Oldenburg gebracht, weil ich gesagt hätte, die Gestapo hätte mich misshandelt. Ich war staatsfeindlich gesinnt und bekam neun Wochen Gefängnis.

M3 Christine Neemann (Aussage, Februar 1946)

Um die Juden schrittweise aus der Gesellschaft auszugrenzen, erließen die Nationalsozialisten 1935 die „Nürnberger Gesetze" und weitere Maßnahmen, die die Diskriminierung rechtlich absicherten.

„Gesetz zum Schutze des deutschen Blutes und der deutschen Ehre"
§ 1 (1) Eheschließungen zwischen Juden und Staatsangehörigen deutschen und artverwandten Blutes sind verboten. Trotzdem geschlossene Ehen sind nichtig ...
§ 2 Außerehelicher Verkehr zwischen Juden und Staatsangehörigen deutschen oder artverwandten Blutes ist verboten.

„Reichsbürgergesetz"
§ 2 (1) Reichsbürger ist nur der Staatsangehörige deutschen oder artverwandten Blutes, der durch sein Verhalten beweist, dass er gewillt und geeignet ist, in Treue dem deutschen Volk und Reich zu dienen.

M4 Auszüge aus den Nürnberger Gesetzen von 1935

M2 Plakat in Nürnberg

> *Plötzlich hatte ich Lehrer in „brauner Uniform" vor mir. Mein Klassenlehrer präsentierte sich ebenfalls in der Nazi-Uniform und signalisierte dadurch sehr deutlich, dass er als Nazi keine jüdische Schülerin in seiner Klasse billigen würde. Dieses zeigte sich, als er damit anfing, mich vor der ganzen Klasse zu demütigen, indem er meinen Mitschülerinnen sagte, dass Juden Menschen zweiter Klasse wären. Ab jetzt musste ich immer an einer Extrabank neben dem Lehrer sitzen, weil, wie er sagte, „es keinem Deutschen zugemutet werden kann, neben einem dreckigen Juden zu sitzen".*

M5 Trudy Galetzka über ihre Schulzeit in Bückeburg (1997)

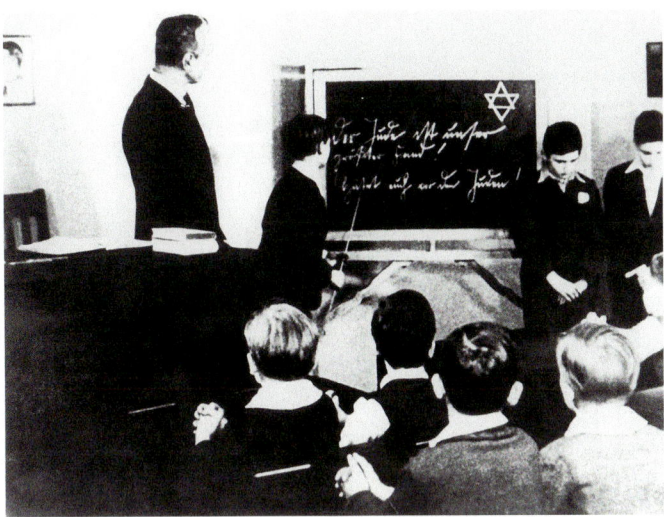

M7 An einer Schule in Wien: An der Tafel steht: „Der Jude ist unser größter Feind! Hütet euch vor den Juden!" (1938).

Jüdische Kinder litten in der Schule unter den neuen Anordnungen. Das Schulwesen wurde nach der NS-Ideologie ausgerichtet. Viele Lehrer zwang man zur Mitgliedschaft in der NSDAP. Jüdische Lehrer wurden entlassen. Fanatische Schulleiter legten Wert darauf, ihre Schule „judenfrei" zu melden. Seit November 1933 mussten jüdische Schülerinnen und Schüler immer öfter auf gesonderte Judenschulen gehen.

M6 Straßenschild am Ortseingang von Braunschweig (1935)

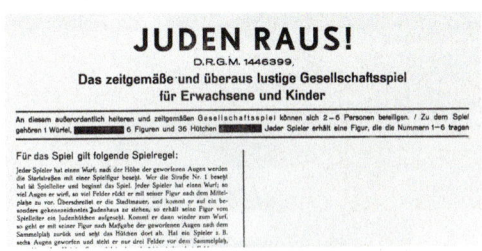

M8 „Juden raus" – Judenvertreibung nach Palästina als Gesellschaftsspiel, hergestellt von einer Firma in Sachsen (1939/1940)

1. Notiere stichwortartig die Geschichte Christine Neemanns (M1, M3).
2. Erläutere, gegen welches Gesetz Christine Neemann und Julius Wolff verstoßen haben (M4).
3. Betrachte das Bild M1. Was glaubst du: Wie hättest du reagiert, wenn du die Situation miterlebt hättest? Begründe deine Vermutungen.
4. Zeige anhand der Quellen M1–M8 auf dieser Doppelseite, wie die Juden immer stärker aus der Gesellschaft ausgegrenzt wurden.
5. Beschreibe und bewerte den Schulalltag von jüdischen Kindern in der NS-Zeit (M5, M7).

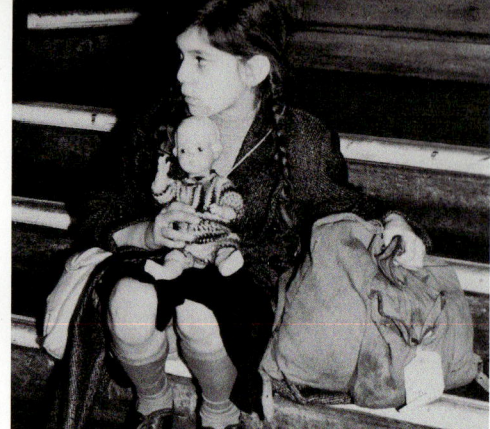

M1 Verhaftete Juden nach den Novemberpogromen in Stadthagen (10.11.1938)

M3 Die 8-jährige Josepha Salmon bei ihrer Ankunft in Harwich in England. Sie war das erste von 5000 jüdischen Kindern, die aus Deutschland ins sichere Ausland gebracht wurden (Dezember 1938).

Von den Novemberpogromen zur Deportation

Am 7. November 1938 erschoss der 17-jährige polnische Jude Herschel Grynszpan einen deutschen Diplomaten in Paris. Seine Familie gehörte zu den 17 000 Juden polnischer Nationalität, die in besonders rücksichtsloser Weise aus Deutschland ausgewiesen worden waren. Angeblich aus Rache brannten SA- und SS-Männer daraufhin in Deutschland über 250 Synagogen nieder und zerstörten mehr als 7000 jüdische Geschäfte.

Die Bilanz dieser Novemberpogrome vom 9. und 10. November 1938, von den Nazis verharmlosend „Reichskristallnacht" genannt, war erschütternd: Hunderte Menschen verloren ihr Leben durch Mord oder als Folge von Misshandlungen.

Novemberpogrome Bezeichnung für die von den Nationalsozialisten organisierten Gewaltmaßnahmen gegen Juden im Deutschen Reich am 9./10. November 1938

> Dass es Menschen gibt, die eine solche Verwüstung anrichten können, hielt ich nicht für möglich, es müssen Bestien gewesen sein, die in ihrem Hass keine Grenzen mehr sahen … Im Wohnzimmer lagen die Scherben so hoch, dass man kaum zu gehen vermochte … Dr. Weinstock konnte es nicht überwinden, dass man ihn … wie einen Verbrecher behandelte, einzig und allein seiner Abstammung wegen. Er nahm sich das Leben.

M4 Augenzeugenbericht über das Schicksal einer Nürnberger Arztfamilie

M2 Die Synagoge in Rostock, 10.11.1938

> § 1 (1) Juden ist vom 1. Januar 1939 ab der Betrieb von Einzelhandelsverkaufsstellen, Versandgeschäften oder Bestellkontoren sowie der selbstständige Betrieb eines Handwerkes untersagt.
> (2) Ferner ist ihnen mit Wirkung vom gleichen Tage verboten, auf Märkten aller Art, Messen oder Ausstellungen Waren oder gewerbliche Leistungen anzubieten, dafür zu werben oder Bestellungen darauf anzunehmen.

M5 „Verordnung über die Ausschaltung der Juden aus dem Wirtschaftsleben" vom 12. November 1938

Das „Gesetz über Mietverhältnisse mit Juden" vom 30. April 1939 erleichterte die Kündigung jüdischer Mieter. Die Nationalsozialisten begannen damit, jüdische Familien in sogenannten Judenhäusern unterzubringen. Viele jüdische Bürger flohen. Als der Krieg am 1. September 1939 ausbrach, war dadurch fast jeder Fluchtweg abgeschnitten. Ab 1941 wurden den jüdischen Deutschen die deutsche Staatsangehörigkeit und ihre Vermögen entzogen, dann wurden sie in Vernichtungslager deportiert.

ⓘ Judendeportationen in Wunstorf

Am 18. Oktober 1941 wurde den Juden in Deutschland die Ausreise untersagt. Seit dem 15. Oktober begann die massenhafte Deportation deutscher Juden in die Vernichtungslager im Osten. Die Wunstorfer Juden hatten nach Erhalt der in M7 abgedruckten Verfügung nur wenige Tage bis zum Abtransport, durften in dieser Zeit aber ihre Wohnungen nicht verlassen. Ihr gesamtes Vermögen wurde beschlagnahmt und versteigert. Alle 41 Juden, die aus Wunstorf deportiert wurden, kamen in Vernichtungslagern ums Leben.

Judenstern
Ab dem 1. September 1941 mussten jüdische Bürger ab sechs Jahren in der Öffentlichkeit einen Judenstern tragen.

Deportation zwangsweise Verschickung

1 Sie haben zu der bevorstehenden Evakuierung sofort einen Koffer ... mit Bekleidungs- und Ausrüstungsstücken wie Anzüge, Kleider, Mäntel, Wäsche, Bettzeug
5 mit Decken (ohne Federbett) fertig zu packen (Höchstgewicht 50 kg insgesamt), Essgeschirr mit Löffel (ohne Messer und Gabel). Vollständige Bekleidung und gute Schuhe ... Für 6 Tage Verpflegung ... Außerdem haben Sie Ihre sämtlichen Lebensmittel ... zur Mitnahme bereitzuhalten. Weiter haben Sie Ihr sämtliches Bargeld, Wertpapiere ... Schmucksachen, Ringe ... bei der Evakuierung ... mit einer Aufstellung doppelter Ausfertigung bei sich zu führen.

M7 Judenstern

M6 Deportationsverfügung an die Wunstorfer Juden (1942)

⚙ Methoden erlernen: Textquellen auswerten

Schriftliche Quellen gehören zu den wichtigsten Zeugnissen der Vergangenheit.
So gehst du vor, um sie sinnvoll auszuwerten:

Schritt 1 ●
Die Quelle beschreiben
→ Schlage dazu alle Textstellen nach, die dir unbekannt sind.
→ Gliedere längere Quellen, indem du für die einzelnen Abschnitte Zwischenüberschriften formulierst.
→ Fasse abschließend den Inhalt der Quelle in eigenen Worten zusammen.

Schritt 2 ●●
Die Quelle einordnen
Um eine Textquelle richtig beurteilen zu können, ist es sehr hilfreich, zusätzliche Informationen zusammenzutragen. Dies können Kenntnisse über den Verfasser, über den bzw. die Adressaten der Quelle oder auch über den Abstand zwischen Entstehungszeit und berichtetem Ereignis sein.

Schritt 3 ●●●
Die Quelle beurteilen
Abschließend bewertest du die Quelle hinsichtlich der Absicht des Autors und seiner Haltung zum berichteten Geschehen. Gehe dazu auch auf den historischen Zusammenhang ein, in dem die Quelle steht.

1 *Fasse die Ereignisse der Novemberpogrome zusammen und beschreibe die Folgen für die Betroffenen (Text, M1–M5).*
2 *Werte M6 mithilfe der Arbeitsschritte oben aus; beachte dabei den Info-Text.*
3 *↪ Nutze die Materialien der Seiten 22–27, um zu beurteilen, ob Deutsche während der NS-Herrschaft nichts von den Judenverfolgungen wissen konnten.*

M1 Reichsarbeitsdienst auf Neuwerk (1934)

M2 Militärkolonne auf der Autobahn (1937)

Der Zweite Weltkrieg

Schritt für Schritt in den Krieg

Von Anfang an wollte Hitler Deutschland auf einen Krieg vorbereiten. Darauf zielten alle wirtschaftspolitischen Maßnahmen ab. Frauen wurden planmäßig aus der Arbeitswelt verdrängt und machten Arbeitsplätze für Männer frei. Arbeitslose Männer wurden im Reichsarbeitsdienst (RAD) zusammengefasst. So wurde die Arbeitslosenstatistik geschönt. Die Männer des RAD sanierten Straßen und öffentliche Gebäude und bauten die ersten Autobahnen. Dabei waren diese Verkehrswege für den damaligen Personen- und Gütertransport nicht notwendig. Für Militärtransporte im Krieg jedoch waren sie äußerst wichtig. Maschinen wurden beim Bau kaum eingesetzt, um möglichst vielen Menschen Arbeit zu geben.

Darüber hinaus vergab die Hitler-Regierung Großaufträge zum Bau von Panzern und schweren Waffen an die Rüstungsindustrie. Für die Aufrüstung mussten Metalle, Erdöl, Textilfasern und Gummi eingeführt werden. Deshalb forderte Hitler, dass die deutsche Wirtschaft die Rohstoffeinfuhren drastisch senken, von Einfuhren unabhängig werden und sich selbst versorgen müsse (Autarkie). Hitlers Wirtschaftspolitik führte zur totalen Überschuldung des Staates und einer neuerlichen Geldentwertung. Diese neue Inflation wollte Hitler ausgleichen, indem er nach einem Krieg die eroberten Länder ausbeuten wollte.

Ziel der NS-Regierung war es, die Bestimmungen des Versailler Vertrages auch mit Gewalt umzukehren. Sie konnte dabei mit breiter Unterstützung in der Bevölkerung rechnen. Die Abstimmung im Saargebiet im Januar 1935 verlief noch vertragsgemäß. Dabei folgten die Saarländer Hitlers Parole „Heim ins Reich" mit 91 Prozent.

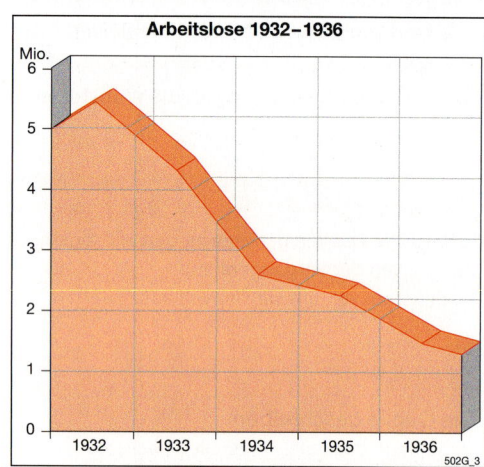

M3 Arbeitslosenstatistik 1932–1936

Ähnlich der militärischen und politischen Aufrüstung hat eine wirtschaftliche zu erfolgen. Wir sind übervölkert und können uns auf der eigenen Grundlage nicht ernähren. Die endgültige Lösung liegt in einer Erweiterung des Lebensraumes bzw. der Rohstoff- und Ernährungsbasis unseres Volkes. Ich stelle folgende Aufgabe: I. Die deutsche Armee muss in vier Jahren einsatzfähig sein. II. Die deutsche Wirtschaft muss in vier Jahren kriegsfähig sein.

M4 Geheime Denkschrift Hitlers (gekürzt, 1936)

Die nationalsozialistische Diktatur

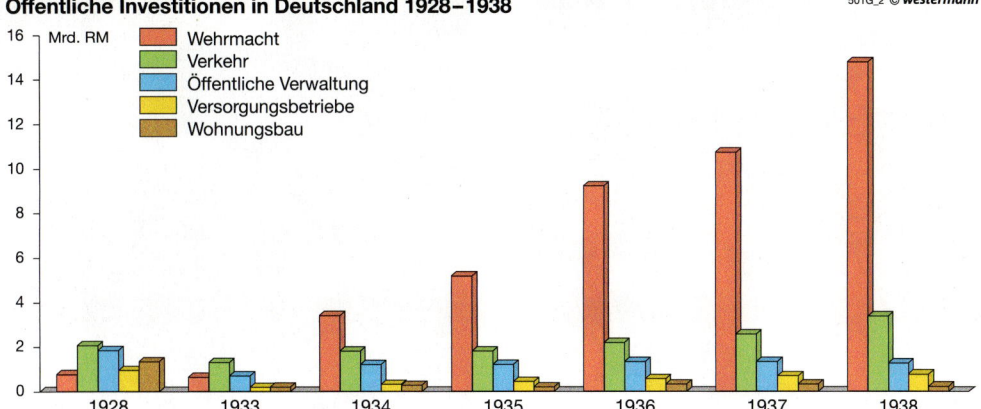

M5 Staatliche Investitionen in Deutschland

Mit der Besetzung des entmilitarisierten Rheinlandes durch deutsche Truppen begann eine Reihe von Verletzungen des Versailler Vertrages, gegen welche Frankreich, Belgien und Großbritannien aus Sorge um den Frieden nichts unternahmen.

Meldungen aus dem Rheinland: Alles hat herrlich geklappt. Am ganzen Rhein ein Rausch der Begeisterung … Auslandsstimmen glänzend. Frankreich will Völkerbund befassen. Recht so! Es wird also nicht handeln. Das ist die Hauptsache … Abgehörte Telefonate ergeben: die Diplomatie ist ganz ratlos. Und das Rheinland ein Freudenmeer. Der Einmarsch planmäßig verlaufen. Dem Mutigen gehört die Welt … England bleibt passiv. Frankreich handelt nicht allein, Italien ist enttäuscht und Amerika uninteressiert. Wir haben wieder die Souveränität über unser eigenes Land.

M6 Aus dem Tagebuch von Joseph Goebbels (8. März 1936)

7. 3. 36: Deutsche Truppen besetzen das entmilitarisierte Rheinland.
12. 3. 38: In einer Blitzaktion wird Österreich von deutschen Truppen besetzt. Hitler verkündet den Anschluss Österreichs an das Deutsche Reich.
Sommer 1938: Hitler fordert unter Androhung militärischer Gewalt von der Tschechoslowakei die Abtretung des Sudetenlandes, wo ca. 3 Mio. Deutsche leben.
29. 9. 38: Auf der Münchener Konferenz beschließen Großbritannien, Frankreich – um Hitler zu beschwichtigen – sowie Italien und Deutschland in einem Abkommen, dass die Tschechoslowakei die sudetendeutschen Gebiete abtreten muss.
1. 10. 38: Beginn des Einmarsches in das Sudetenland.
15. 3. 39: Deutsche Truppen besetzen die restliche Tschechoslowakei. – Verletzung des Versailler Vertrages

M7 Zeittafel mit Verletzungen des Versailler Friedensvertrages

Anschluss Österreichs

1. „Hitler hat die Arbeitslosen von der Straße geholt." – Entlarve dieses Vorurteil, indem du Ursachen und Wege von Hitlers „Wirtschaftsaufschwung" beschreibst (M1, M2, M3, M5).
2. Hitler verfolgte mit der Autarkie zwei Ziele. Erläutere dies mithilfe von M4 und dem Text.
3. Fertige mithilfe des Geschichtsatlas eine Skizze an, die Deutschland, Österreich, Polen und die Tschechoslowakei im Jahre 1933 zeigt. Schraffiere in unterschiedlichen Farben die Gebiete, die Hitler von 1936 bis 1939 besetzen ließ (M7). – Beschreibe das Ergebnis.
4. Begründe, warum England und Frankreich nicht gegen Hitler-Deutschland vorgingen (Text).
5. Das Verhalten des Auslandes gegenüber Hitlers Politik wird Appeasement genannt. Diskutiert, ob das Verhalten der europäischen Staaten aus damaliger Sicht richtig war.

M1 „Someone is taking someone for a walk" – Karikatur des Briten D. Low (1939)

M3 „End of act I" – Karikatur des US-Amerikaners D. R. Fitzpatrick (1939)

Vom Überfall auf Polen zum Vernichtungskrieg in Russland

Generalgouvernement Bezeichnung für Gebiete in Polen, die im Zweiten Weltkrieg von deutschen Truppen besetzt waren und nicht dem Deutschen Reich angegliedert wurden

> *Die Umstände haben mich gezwungen, jahrzehntelang fast nur vom Frieden zu reden. Nur unter der fortgesetzten Betonung des deutschen Friedenswillens und der Friedensabsichten war es mir möglich, dem deutschen Volk Stück für Stück die Freiheit zu erringen und ihm die Rüstung zu geben, die immer wieder für den nächsten Schritt als Voraussetzung nötig war ... Es war nunmehr notwendig, das deutsche Volk psychologisch allmählich umzustellen und ihm langsam klarzumachen, dass es Dinge gibt, die nicht mit friedlichen Mitteln durchgesetzt werden können, (die) mit den Mitteln der Gewalt durchgesetzt werden müssen ...*

M2 Hitler vor Zeitungsredakteuren am 10. November 1938

Überfall auf Polen → www

Am 1. September 1939 überfiel die deutsche Wehrmacht auf Hitlers Befehl das Nachbarland Polen. Sofort erfüllten Frankreich und England ihre Zusage vom 31. März 1939, dass sie Polen schützen würden, wenn es von Deutschland angegriffen werde. Sie erklärten Deutschland den Krieg, eröffneten aber keine Kampfhandlungen gegen Deutschland, wozu sie militärisch in der Lage gewesen wären. Die USA verhielten sich neutral.

In einem fünfwöchigen Blitzkrieg besiegten die deutsche Truppen Polen und teilten es auf. Der Westteil wurde dem Deutschen Reich angegliedert. Das restliche von der Wehrmacht besetzte Gebiet wurde unter der Bezeichnung „Generalgouvernement" wie eine Kolonie behandelt. Im Gegenzug besetzte die UdSSR Ostpolen. So hatten es Hitler und Stalin im August 1939 in einem Geheimvertrag, dem sogenannten Hitler-Stalin-Pakt, vereinbart.

Der Erfolg der Wehrmacht entfesselte in Deutschland eine Welle der Begeisterung für Hitlers Kriegspolitik. Kritik an Hitler oder Widerstand gegen seine Politik hatten keine Chance.

> *31.03.1939: Frankreich und Großbritannien versprechen Polen, Rumänien, Griechenland und der Türkei ihren militärischen Schutz bei einem Angriff Hitler-Deutschlands.*
> *28.04.1939: Hitler kündigt den Nichtangriffspakt mit Polen und das Flottenabkommen mit England.*
> *23.08.1939: Abschluss des Hitler-Stalin-Pakts – Der Nichtangriffspakt zwischen Deutschland und der UdSSR sieht in einem geheimen Zusatzprotokoll die Aufteilung Polens zwischen den beiden Ländern vor.*
> *01.09.1939: Mit dem deutschen Überfall auf Polen beginnt der Zweite Weltkrieg.*

M4 Zeittafel zum Weg in den Zweiten Weltkrieg

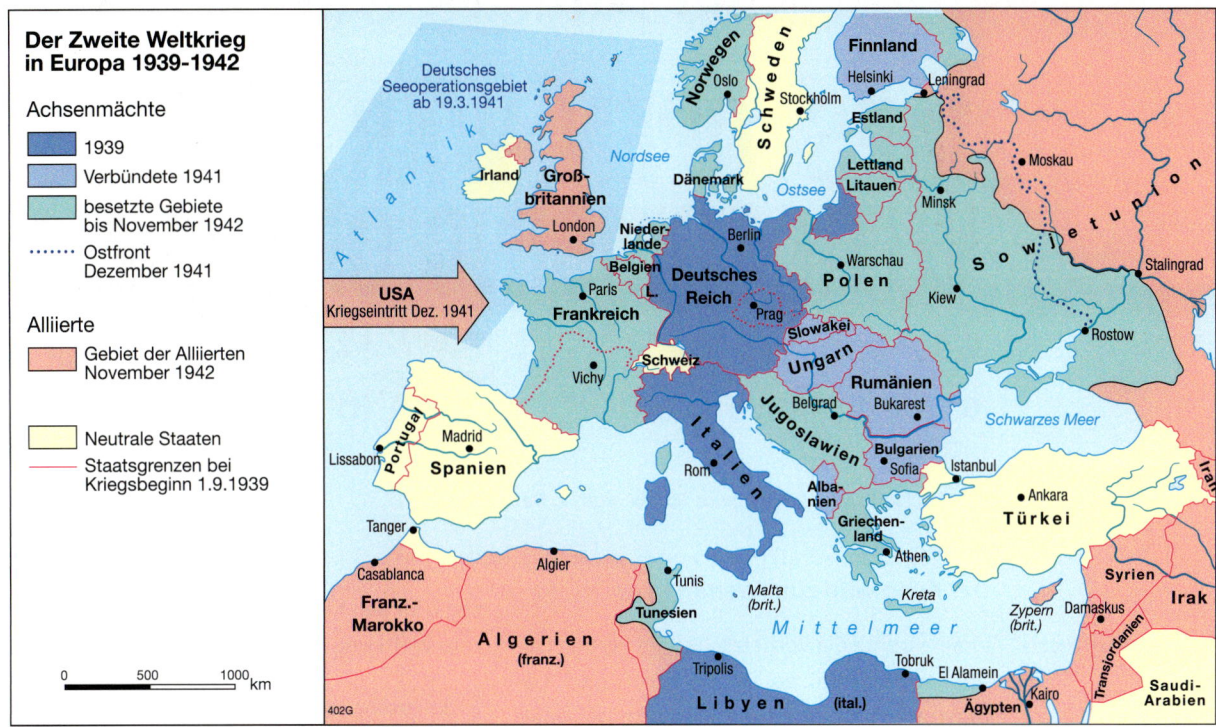

M5 Der Zweite Weltkrieg in Europa bis 1942

1940 besetzten deutsche Truppen Dänemark, Norwegen, die Beneluxstaaten und Teile Frankreichs. Danach griff die deutsche Luftwaffe in England militärische Ziele an, sie flog aber auch Einsätze gegen Städte wie London und Coventry. Da Großbritannien den Angriffen trotzte, musste Hitler die Pläne für eine Invasion aufgeben.

Mit dem Angriff auf die UdSSR am 22. Juni 1941 wollte Hitler „Lebensraum im Osten" gewinnen und den Kommunismus bekämpfen. Wehrmacht und Waffen-SS führten einen brutalen Vernichtungskrieg: Zivilisten wurden willkürlich ermordet, politische Kommissare der Roten Armee sofort erschossen. SS und Wehrmachtseinheiten begannen mit dem Massenmord an Juden.

Massenmord an Juden
→ S. 34–37

> *Politische Kommissare ... sind aus den Kriegsgefangenen sofort, d. h. noch auf dem Gefechtsfelde abzusondern... Diese Kommissare werden nicht als Soldaten anerkannt; der für Kriegsgefangene völkerrechtlich geltende Schutz findet auf sie keine Anwendung. Sie sind nach durchgeführter Absonderung zu erledigen.*

M6 Der sogenannte „Kommissarbefehl" für die Wehrmacht vom 6. Juni 1941

1. Hitler redet vom Frieden und will Krieg. Belege dies anhand von Textstellen aus M2.
2. Beschreibe und deute die Karikaturen von D. Low und D. R. Fitzpatrick (M1, M3).
3. Erläutere die Absichten der jeweils Beteiligten für die Maßnahmen vom 31. 3.1939, 28. 4.1939 und 23. 8.1939 (M4).
4. Fertige eine Zeittafel der wichtigsten Ereignisse des Krieges von 1939 bis 1941 an.
5. Nimm dazu Stellung, wie sich die anfänglichen Kriegserfolge Hitlers bis Mitte 1941 (Text und M5) auf die Position seiner Kritiker auswirkten.
6. Erkläre den Zusammenhang zwischen der NS-Ideologie (vgl. S. 17, M5) und dem Russlandfeldzug.
7. Polit-Kommissare waren Offiziere. Weise nach, wie mit dem Kommissarbefehl (M6) Völkerrecht gebrochen wurde. Recherchiere dazu im Internet.

M1 Titelseite der „Los Angeles Times" vom 8. Dezember 1941

Der Krieg wird zum Weltkrieg

Pearl Harbor
→ www

Japan strebte die Vorherrschaft im Fernen Osten und im Pazifik an. Um Rohstoffe und „Lebensraum" zu erbeuten, besetzte Japan ab 1937 Korea, Teile Chinas sowie Inseln im Westpazifik und beutete diese Länder brutal aus. Seit 1940 war Japan mit Deutschland und Italien verbündet. Als am 7. Dezember 1941 japanische Bomber den US-Stützpunkt Pearl Harbor im Pazifik überfielen, erklärte US-Präsident Roosevelt dem japanischen Kaiserreich den Krieg. Deutschland erklärte kurz darauf den USA den Krieg. Der europäische Krieg war zum Weltkrieg geworden.

> **Kriegsbündnisse im Zweiten Weltkrieg**
>
> Alliierte
> – Frankreich
> – Großbritannien
> – USA
> – UdSSR
> – und weitere Staaten
>
> Achsenmächte
> – Deutsches Reich
> – Italien
> – Japan

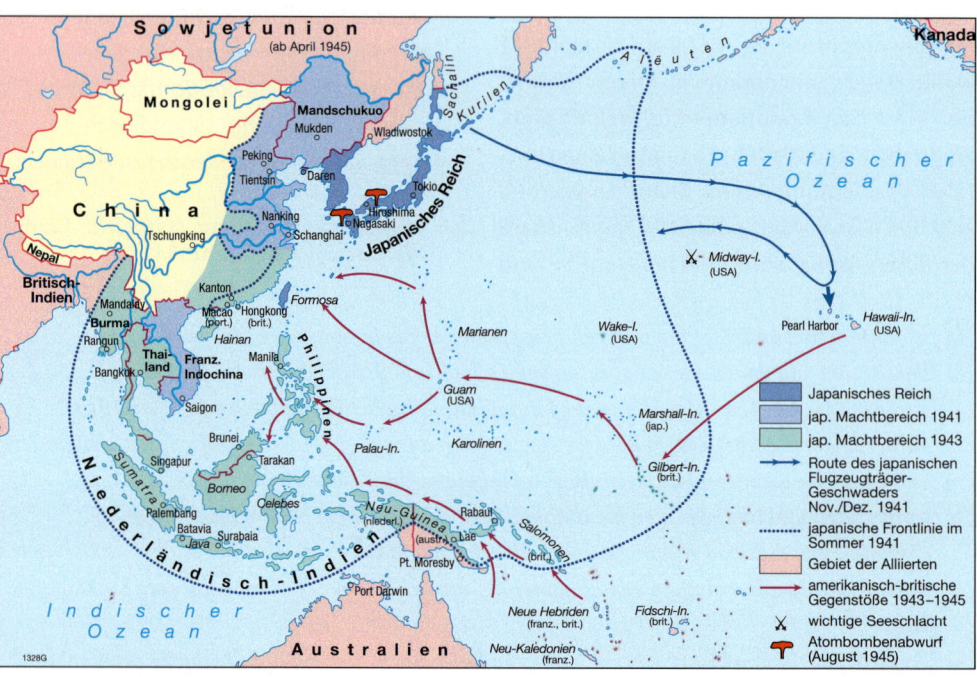

M2 Der Krieg im Pazifik

M3 Verwundete Flakhelfer bei einer NS-Feier in München (November 1943)

M4 Stalingrad: Sowjetischer Stoßtrupp in Wintertarnung stürmt einen zerstörten Häuserblock (Januar 1943)

Der totale Krieg

Im November 1942 schlossen sowjetische Truppen die deutsche 6. Armee in Stalingrad ein. Bald war die Lage aussichtslos, weil es keinen Nachschub mehr gab. Hitler befahl dennoch, die Stellungen zu halten und verbot einen Ausbruch der 280 000 deutschen Soldaten aus der Umzingelung. Im Winter 1942/43 herrschten grauenhafte Zustände. Zehntausende kamen im Kampf, durch Verhungern und Erfrieren um. Nach der Kapitulation der 6. Armee rief Propagandaminister Goebbels im Berliner Sportpalast am 18. Februar 1943 den „totalen Krieg" aus.
Aber die Alliierten rückten vor. Amerikanische und britische Luftstreitkräfte verstärkten die Bombardierung deutscher Städte.
Die Menschen lebten in steter Angst vor Bombenangriffen. In ihren Wohnungen standen Koffer mit den lebensnotwendigsten Dingen, die sie bei Alarm in den Luftschutzkeller mitnahmen. Die Versorgung der Bevölkerung brach zusammen. Lebensmittel und Brennstoffe wurden rationiert. Schüler und ältere Männer, die nicht mehr kriegstauglich waren, mussten die Flugabwehrkanonen (Flak) gegen die alliierten Bombenflugzeuge bedienen oder wurden zum letzten Aufgebot des Volkssturms befohlen.

Völkischer Beobachter nationalsozialistische Parteizeitung, erschien von 1923 bis 1945 täglich

> Der Heldenkampf um Stalingrad hat sein Ende gefunden. In mehrtägiger Trauer wird das deutsche Volk seiner tapferen Söhne gedenken, die bis zum letzten Atemzug und bis zur letzten Patrone ihre Pflicht getan und damit die Hauptkraft ... gegen die Ostfront gebrochen haben. Der Heldenkampf um Stalingrad wird nunmehr zum Heldenlied der deutschen Geschichte werden.

M5 Bericht aus dem „Völkischen Beobachter" vom 4. Februar 1943

1. Vergleiche die Außenpolitik Hitlers in Europa (S. 17, M5 und S. 28/29) mit der Politik Japans in Ostasien (Text). Nenne den Verursacher des dortigen Krieges.
2. Recherchiere im Internet, welche Staaten außer den im Info-Text genannten im Zweiten Weltkrieg miteinander verbündet waren.
3. Weise nach, dass der Krieg ab 1941 ein Weltkrieg war (M2, Info-Text, Atlas).
4. Notiere mögliche Gedanken und Gefühle eines Jungen, der als Flakhelfer eingesetzt ist (M3).
5. Fotos, die eigene Niederlagen zeigten, wurden von der NS-Propaganda zensiert. – Erkläre.
6. Untersuche M5 und verfasse dann einen Bericht über den Ausgang der Schlacht von Stalingrad aus sowjetischer Sicht.

M1 In Lemberg wurden unmittelbar nach der Einnahme durch die Wehrmacht am 7. Juli 1941 Massenerschießungen jüdischer Bürger durchgeführt. Männer und Frauen suchen unter den Toten nach Angehörigen.

M3 Aus Bremen deportierte jüdische Frauen bei der Zwangsarbeit am Bahnhof in Minsk (1942)

Die „Endlösung": Völkermord

Von der Wannseekonferenz zum Völkermord

Auf der Wannseekonferenz in Berlin am 20. Januar 1942 beschlossen SS-Angehörige und NSDAP-Funktionäre die „Endlösung der Judenfrage". Einen schriftlichen Befehl Hitlers dazu gibt es nicht, doch es ist undenkbar, dass eine so weitreichende Entscheidung ohne seine Zustimmung erfolgte.

Mehr als elf Millionen Juden Europas sollten systematisch ermordet werden. Zum Zeitpunkt der Konferenz lief die Judenvernichtung bereits auf Hochtouren. Dieser Massenmord an einem Volk konnte auch aufgrund der Erfahrungen mit Massentötungen aus dem Euthanasie-Programm verwirklicht werden. Bei diesen Aktionen hatten SS-Angehörige und Polizisten auf Befehl Hitlers etwa 100 000 Behinderte, Geisteskranke und Schwererziehbare durch Giftgase und in umgebauten Lastkraftwagen mit Abgasen getötet.

Euthanasie → S. 23

> 1 Unter entsprechender Leitung sollen nun im Zuge der Endlösung die Juden in geeigneter Weise im Osten zum Arbeitseinsatz kommen. In großen Arbeitskolonnen,
> 5 unter Trennung der Geschlechter, werden die arbeitsfähigen Juden Straßen bauend in diese Gebiete geführt, wobei zweifellos ein Großteil durch natürliche Verminderung ausfallen wird. Der allfällig verblei-
> 10 bende Restbestand wird, da es sich bei diesem zweifellos um den widerstandsfähigsten Teil handelt, entsprechend behandelt werden müssen, da dieser, eine natürliche Auslese darstellend, bei Freilas-
> 15 sung als Keimzelle eines neuen jüdischen Aufbaus anzusprechen ist.
> Im Zuge der praktischen Durchführung wird Europa von Westen nach Osten durchkämmt. Das Reichgebiet wird ...
> 20 vorweggenommen werden müssen.

M2 Auszug aus dem Protokoll der Wannseekonferenz (1942)

1 Gib wieder, welche Maßnahmen auf der Wannseekonferenz beschlossen wurden (Text, M2).
2 Charakterisiere die Sprache, die in M2 verwendet wird und versuche, zu erklären, warum dies so ist.

Hinter der Armee folgten ab September 1939 spezielle Mordkommandos, die sogenannten Einsatzgruppen. Sowohl diese als auch Angehörige der Wehrmacht ermordeten nach dem Überfall auf die Sowjetunion bis April 1942 fast 560 000 Menschen; die meisten waren Juden.

ⓘ Vernichtungslager

Ab 1941 richtete die SS in Polen Vernichtungslager ein, die allein der Ermordung von Menschen dienten (Auschwitz, Treblinka, Belzec, Lublin-Majdanek, Sobibor). Insgesamt wurden 5 bis 6 Millionen Juden und etwa 500 000 nichtjüdische Menschen getötet (Roma, Sinti, Zeugen Jehovas, Kommunisten, Geistliche, Homosexuelle).

> *Die Juden mussten sich mit dem Gesicht zur Erde an den Muldenwänden hinlegen. Dort befanden sich drei Gruppen mit Schützen ... Gleichzeitig sind ... von oben her laufend Juden zugeführt worden. Die nachfolgenden Juden mussten sich auf die Leichen der zuvor erschossenen Juden legen. Die Schützen standen jeweils hinter den Juden und haben diese mit Genickschüssen getötet ... Man kann sich nicht vorstellen, welche Nervenkraft es kostete, diese schmutzige Tat auszuführen.*

Einsatzgruppen Zusammengestellt wurden diese aus Angehörigen der Waffen-SS, der Gestapo, der Kriminalpolizei und anderen Sicherheitsorganen.

M4 Aussage eines Mitglieds eines Einsatzkommandos in der Ukraine (30. 09. 1949)

⚙ Methoden erlernen: Fotos auswerten

Fotografien können die historische Wirklichkeit oft besonders eindrücklich wiedergeben. Um sie auszuwerten, gehst du in folgenden Arbeitsschritten vor:

Schritt 1 ●

Beschreiben
Gib die Details des Fotos möglichst genau wieder. Achte dabei darauf, dass du eine einmal gewählte Beschreibungsrichtung einhältst.

Schritt 2 ●●

Einordnen
Versuche Einzelheiten herauszufinden:
→ Aus welchem Anlass ist das Foto entstanden?
→ Gab es einen Auftraggeber?
→ Wenn ja: Welche Gründe hatte dieser für seinen Auftrag?

Diese Informationen helfen dir, darüber zu entscheiden, ob das Foto die Wirklichkeit abbildet oder den Betrachter beeinflussen soll.

Schritt 3 ●●●

Deuten
Erläutere abschließend, welche Erkenntnisse durch das Foto vermittelt werden. Prüfe dabei auch, welche Fragen mit dem Foto allein nicht beantwortet werden können.

M5 Massenhinrichtung der jüdischen Bevölkerung von Liepaja in Lettland durch Angehörige der deutschen Einsatzgruppe A (Foto, 15. 12. 1941)

3 Werte M5 nach Arbeitsschritten des Methodenkastens aus.
4 „Die Wehrmacht ist im Krieg sauber geblieben. Die Ermordung der Juden war Sache der SS." Nimm Stellung zu dieser Behauptung (Text, M1, M3, M4, M5).

M1 Selektion ungarischer Juden, die aus den Eisenbahnwaggons ausgestiegen sind, an der Rampe in Auschwitz (1942)

Massenmord in Auschwitz

> Die zur Vernichtung bestimmten Juden wurden möglichst ruhig – Männer und Frauen getrennt – zu den Krematorien geführt. Nach der Entkleidung gingen die Juden in die Gaskammern, die, mit Brausen und Wasserleitungsröhren versehen, völlig den Eindruck eines Baderaumes machten. Zuerst kamen die Frauen mit den Kindern hinein, dann die Männer. Die Tür wurde nun schnell zugeschraubt und das Gas sofort ... in die Einwurfluken durch die Decke der Gaskammer in einen Luftschacht bis zum Boden geworfen. Nach spätestens zwanzig Minuten regte sich keiner mehr.

M2 Aussage des Auschwitz-Kommandanten Rudolf Höß (1946)

> Unser Lager liefert allein 10 000 Arbeitskräfte, die aus allen Nationen kommen. Wir sind die Sklaven der Sklaven, denen jedermann befehlen kann; unser Name ist die Nummer, die wir auf den Arm tätowiert und auf die Brust genäht haben.

M3 Primo Levi, italienischer Jude und Auschwitz-Häftling

In Auschwitz errichteten die Nationalsozialisten die größte Ausbeutungs- und Todesfabrik. Bis 1945 wurden hier schätzungsweise 2,5 bis 4 Millionen Menschen umgebracht. Alles war bis ins Kleinste organisiert, von der Tötung durch Gas bis zur „Verwertung" der letzten Habseligkeiten der Ermordeten (Zahngold, Haare, Schuhe, Kleidung, Brillen).

Nach Ankunft im Lager sortierte die SS die arbeitsfähigen Menschen aus, die übrigen – etwa 90 Prozent – ermordete sie sofort in den Gaskammern.

Deutschen Großkonzernen wurden jüdische Häftlinge zu Billigstpreisen zur Verfügung gestellt, um sie hier in ihren Zweigwerken oder in der Rüstungsindustrie im Deutschen Reich einzusetzen.

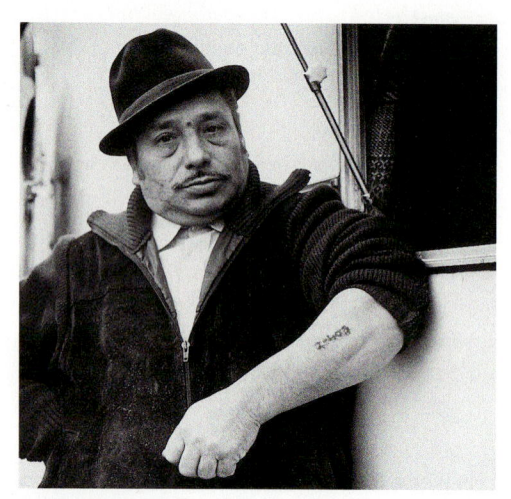

M4 Zeichnung einer 16-Jährigen, die in Auschwitz inhaftiert war

M5 Ein überlebender Sinto mit eintätowierter KZ-Nummer (Foto von 1981)

> Mengele war einer der gefürchtetsten Lagerärzte von Auschwitz. Neben allem anderen, was SS-Lagerärzte ... verbrochen haben, hat er an Krüppeln und Zwillingen Versuche unternommen. Auch meine Cousinen, die Zwillinge waren, dienten ihm als „Versuchskaninchen".
> Nachdem er an ihnen verschiedene Messungen und Injektionen vorgenommen hatte, wurden sie vergast.

M6 Bericht einer Inhaftierten im „Zigeunerlager" in Auschwitz aus dem Jahr 1943

> Wir sind die Schuhe,
> wir sind die letzten Zeugen.
> Wir sind Schuhe von Großvätern und Enkeln.
> Aus Prag, Paris und Amsterdam.
> Und weil wir nur aus Stoff und Leder gemacht sind
> und nicht aus Fleisch und Blut,
> ist jedem von uns das Feuer der Hölle erspart geblieben.

M7 Gedicht des Auschwitz-Überlebenden Moses Schulstein

Im Herbst 1944 sprengte die SS in Auschwitz Gaskammern und Krematorien, um die Spuren ihrer Verbrechen vor der heranrückenden sowjetischen Armee zu beseitigen.
Im Januar 1945 trieb die SS die Häftlinge von Konzentrationslager zu Konzentrationslager. Auf diesen Todesmärschen starben Zehntausende der entkräfteten Menschen.

Bei der Befreiung von Auschwitz am 27. Januar 1945 trafen die Sowjets nur noch auf wenige Überlebende.

> Den Tag der Befreiung werde ich nie vergessen. Am Morgen hörte man keine Pfiffe mehr, die uns zum Zählappell riefen. Wir hatten Angst, herauszugehen, weil wir dachten, dass sie vielleicht mit Maschinengewehren auf uns warten. Wir warteten bis zum Mittag, bis eine der Frauen es nicht mehr aushielt. Sie rannte hinaus, ging zum Umschlagplatz, drehte sich um und lief schreiend zu uns zurück: „Nazi kaputt!".

M8 Bericht Renée Firestones, die Auschwitz überlebte

M9 Nach der Befreiung des KZ Buchenwald: ein jüdischer Häftling und einer seiner Aufseher (April 1945)

1. „Vom Namen zur Nummer" – Beschreibe das System Auschwitz mithilfe von M1–M8.
2. Begründe, warum Auschwitz oft stellvertretend für alle Vernichtungslager genannt wird (Text, M1 bis M8).
3. Interpretiere das Gedicht M7.
4. → Versetze dich in die Rolle des befreiten Juden und beschreibe deine Gefühle nach der Befreiung (M9).
5. Der 27. Januar ist der „Tag des Gedenkens für die Opfer des Nationalsozialismus". Bereitet einen Projekttag vor. Folgendes könnt ihr dabei machen: eine Lesung, eine Ausstellung, eine Zeitzeugenbefragung, einen Stadtrundgang auf den Spuren der NS-Opfer eurer Stadt, einen Gedenkstättenbesuch. Ladet zu eurem Projekt auch die örtliche Presse ein.

Ein verwundeter Luftwaffenoffizier liegt im Sterben und will wissen, wofür er stirbt. Die Krankenschwester antwortet: „Sie sterben für Führer und Volk." Der Offizier bittet daraufhin um ein Bild Hitlers und eins des Luftwaffenchefs Göring. Die Schwester stellt Hitlers Bild zur Rechten und Görings Bild zur Linken des Sterbenden auf. Daraufhin sagt der Soldat: „Jetzt sterbe ich wie Christus!"

(Anmerk.: Jesus Christus wurde zwischen zwei Schwerverbrechern gekreuzigt.)

M1 Pfarrer Joseph Müller (links) wurde wegen des Erzählens eines politischen Witzes (rechts) zum Tode verurteilt und 1944 hingerichtet.

Widerstand, Terror und Verfolgung

Der Widerstand hat viele Gesichter

1938 wurde ich bei der Allgemeinen Ortskrankenkasse (AOK) in Hildesheim eingestellt. Da kamen einige Kollegen sogar in brauner Uniform zum Dienst, andere trugen das Parteiabzeichen am Jackett. Kurz darauf wollte mich mein Chef zum Eintritt in die Partei bewegen. „Das wird auch Ihr beruflicher Schaden nicht sein", meinte er und legte mir eine Eintrittserklärung für die NSDAP auf den Schreibtisch. Ich habe das Formular beiseitegelegt und nicht reagiert. In der Folgezeit wurde ich wegen meiner ablehnenden Haltung zunehmend unter Druck gesetzt. Darum habe ich dann auch gekündigt und bis Kriegsbeginn in einer Druckerei gearbeitet. In die Partei bin ich nie eingetreten.

M2 Alfred Lücke (1909–1989) über die Arbeit bei der AOK

Als Hitler an die Macht kam, bin ich – um der Verhaftung zu entgehen – sofort illegal untergetaucht. Unsere Aufgabe als Widerstandskämpfer war ein gut verfasstes Flugblatt, eine illegale Zeitung, die dem Hitler die Maske herunterriss, seine Diktatur darstellte, die ganze Unterdrückung zeigte, das haben wir gemacht.

M3 Adolf Maislinger (KPD) saß von 1934 bis 1942 im Gefängnis, dann im KZ Dachau. Er überlebte. (bearbeitet)

Wenn ich heute auf mein Leben zurückblicke, so waren es ... diese Frauen aus der Kolonie „Dreieinigkeit", deren Hilfe es mir bis heute möglich gemacht hat, nach dieser für uns jüdische Menschen so furchtbaren Zeit unbefangen in Deutschland zu leben, mich als Deutscher zu fühlen, ohne Hass ein Bürger dieses Landes zu sein. Denn diese Frauen haben ihr Leben für mich gewagt.

M4 ZDF-Showmaster Hans Rosenthal über die Frauen, die ihn in einer Kleingartenkolonie vor den Nationalsozialisten versteckten

Menschen, die mit den Nationalsozialisten und ihrer Politik nicht einverstanden waren, gab es in allen gesellschaftlichen Schichten. Zwischen 1933 und 1945 verschleppten Gestapo und SS ohne Gerichtsverfahren rund 1,1 Millionen Menschen als Regimegegner vorübergehend oder auf Dauer in die Konzentrationslager. Von 1933 bis 1944 ließen deutsche Gerichte insgesamt 11 881 Todesurteile vollstrecken, viele davon an Widerstandskämpfern.

Gestapo → Seite 14

M5 Briefmarken erinnern an die Widerstandskämpfer Bonhoeffer und von Galen.

Die Kirchen suchten zunächst den Ausgleich mit Hitler, um ihre Interessen zu schützen. Kritische Geistliche beider Konfessionen wandten sich aber schon sehr früh gegen den Nazi-Terror. Die evangelischen Theologen Martin Niemöller und Dietrich Bonhoeffer gründeten die „Bekennende Kirche". Sie kritisierten die NS-Regierung und den Ausschluss von Menschen jüdischen Glaubens aus dem öffentlichen Leben. Niemöller wurde 1937 verhaftet, ins KZ verschleppt und erst 1945 befreit. Bonhoeffer wurde 1943 verhaftet und 1945 im KZ Flossenbürg ermordet.

Der katholische Bischof von Münster, Clemens August Graf von Galen, predigte gegen die Ermordung von psychisch Kranken (Euthanasie) und erstattete Strafanzeige gegen die Gestapo. Wegen seiner großen Beliebtheit trauten die Nazis sich nicht, ihn zu verhaften.

> Nach mir zugegangenen Nachrichten soll im Laufe dieser Woche ... eine große Anzahl Pfleglinge der Provinzialheilanstalt bei Mariental in Münster als so genannte „unproduktive Volksgenossen" nach der Heilanstalt Eichberg überführt werden, um dann alsbald ... vorsätzlich getötet zu werden.

M6 Aus der Anzeige des Bischofs von Galen

Als deutlich wurde, dass Deutschland den Krieg verlieren würde, planten führende Offiziere um die Generäle von Witzleben und Beck sowie Oberst Graf Schenk von Stauffenberg, Hitler umzubringen und die Diktatur zu beseitigen. Die von Stauffenberg am 20. Juli 1944 gelegte Bombe verletzte Hitler nur leicht. Kurz nach dem gescheiterten Attentat wurden die beteiligten Offiziere, die Mitglieder des „Kreisauer Kreises" und anderer Widerstandsgruppen verhaftet, vom Volksgerichtshof zum Tode verurteilt und hingerichtet.

> 1. Das zertretene Recht muss wieder aufgerichtet ... werden ...
> 2. Die Glaubens- und Gewissensfreiheit wird gewährleistet ...
> 3. Brechung des totalitären Gewissenszwangs und Anerkennung der unverletzlichen Würde der menschlichen Person

M7 Grundsätze des „Kreisauer Kreises" (1943)

> ... entscheidend ist die Unerträglichkeit, dass seit Jahr und Tag im Namen des deutschen Volkes Verbrechen auf Verbrechen und Mord auf Mord gehäuft wird, und dass es sittliche Pflicht ist, mit allen verfügbaren Mitteln diesen im Namen Deutschlands geübten Verbrechen Einhalt zu tun.

M8 Generaloberst Beck, Mitverschwörer des 20. Juli 1944

> Widerstand Einzelner
> „Goederler-Kreis"
> „Kreisauer Kreis"
> „Weiße Rose"
> Kommunistischer Widerstand
> Gewerkschaftlicher Widerstand
> Militärischer Widerstand

M9 Formen des Widerstands gegen den Nationalsozialismus

M10 Generaloberst Ludwig Beck (1880–1944)

M11 Claus Schenk Graf von Stauffenberg (1907–1944)

1. Beschreibe die Formen des Widerstands gegen den Nationalsozialismus (M1–M9, Text).
2. Nenne die Rechte, die der Kreisauer Kreis zurückforderte (M7). Stelle fest, wann sie außer Kraft gesetzt wurden (vgl. S. 10–14).
3. Nenne die Gründe des Widerstandskämpfers Beck (M8) für den Attentatsplan gegen Hitler.
4. Recherchiere im Internet über verschiedene Widerstandsgruppen im Nationalsozialismus (M9). Wähle eine Gruppe aus und stelle deine Ergebnisse der Klasse vor.
5. Suche in deinem Heimatort nach Quellen über Menschen, die Widerstand gegen den Nationalsozialismus geleistet haben.

M1 Helmuth Hübener (1925–1942)    **M3** Hans und Sophie Scholl (Foto vom 22. Juli 1942)

Jugendliche im Widerstand

Der sechzehnjährige Helmuth Hübener hört regelmäßig ausländische Rundfunksender und verbreitet wichtige Meldungen als Streuzettel weiter. Im Sommer 1941 gewinnt er den sechzehnjährigen Rudolf Wobbe sowie Karl-Heinz Schnibbe und Gerhard Düwer, beide 17 Jahre, als Gesinnungsfreunde. Sie verteilen Flugblätter in Hamburger Arbeitervierteln. Im Winter 1941 sehen die Freunde um Hübener bereits die militärische Niederlage voraus und wollen die Menschen über die Lage aufklären. Deshalb konzipiert Hübener mehr als 20 Flugblätter. Ende Januar 1942 werden Düwer und Hübener denunziert und am 5. Februar 1942 von der Gestapo verhaftet, die wenige Tage später auch Schnibbe und Wobbe festnimmt. Die Jugendlichen werden schwer misshandelt. Am 11. August 1942 wird Helmuth Hübener vom Berliner Volksgerichtshof trotz seines Alters von 17 Jahren zum Tode verurteilt und am 27. Oktober 1942 in Berlin-Plötzensee ermordet. Seine drei Freunde erhalten lange Freiheitsstrafen. Sie können das Kriegsende überleben.

Volksgerichtshof
Er wurde 1934 als Sondergericht für Fälle von Hoch- und Landesverrat eingerichtet und war ein politisches Gericht zur Ausschaltung der Gegner des Nationalsozialismus.

Im Jahre 1942 hatten in München mehrere Studenten um die Geschwister Scholl die Widerstandsgruppe „Weiße Rose" gegründet. Mit Wandparolen und Flugblättern protestierten sie gegen den Krieg, Judenverfolgung und Hitlerdiktatur. Als sie am 18. Februar 1943 Flugblätter in den Lichthof des Universitätsgebäudes warfen, wurden sie vom Hausmeister entdeckt. Dieser denunzierte die Studenten bei der Gestapo, und sie wurden verhaftet. Die Geschwister Scholl und drei weitere Mitglieder der „Weißen Rose" wurden am 22. Februar 1943 vor dem Volksgerichtshof unter dem Vorsitz von Roland Freisler wegen Hochverrats zum Tode verurteilt und noch am selben Tage hingerichtet.

Im Namen des ganzen deutschen Volkes fordern wir vom Staat Adolf Hitlers die persönliche Freiheit, das kostbarste Gut des Deutschen, zurück, um das er uns in der erbärmlichsten Weise betrogen hat ... Der deutsche Namen bleibt für immer geschändet, wenn nicht die deutsche Jugend endlich aufsteht, rächt und sühnt zugleich, ihre Peiniger zerschmettert und ein neues geistiges Europa aufrichtet.

M2 Gedenkstätte Deutscher Widerstand Berlin über Helmuth Hübener (bearbeitet)

M4 Letztes Flugblatt der „Weißen Rose" von 1943 (Auszug).

1. ➔ Nenne die „Vergehen", für die die Gruppe um Helmuth Hübener angeklagt wurde (M2), und nimm Stellung zu den Urteilen.
2. Berichte über die „Weiße Rose" und ihre Ideale (M4).
3. ➔ Die Geschwister Scholl und andere starben für ihre Ideale. Nenne Argumente, die für ihr Vorgehen sprechen.

M5 Das jüdische Mahnmal und die Inschriftenwand in der Gedenkstätte Bergen-Belsen

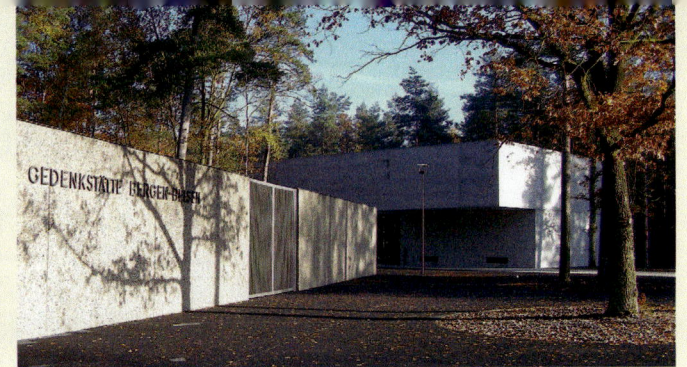

M6 Der Eingang zur Gedenkstätte in Bergen-Belsen

Einen Erinnerungsort besuchen

In erreichbarer Nähe eurer Schule findet ihr Museen, Ausstellungen, Gedenkstätten und Mahnmale. Der Besuch eines Erinnerungsortes kann euch helfen, vieles über die Vergangenheit zu erfahren, insbesondere Tatsachen, die man entweder gar nicht oder nur schwer in Büchern findet. Bei den Museen unterscheidet man zwischen solchen, die über die Vergangenheit eines Ortes, einer Stadt oder Region informieren und Museen, die auf bestimmte Themen ausgerichtet sind, z. B. Industrie- und Verkehrsmuseen.

In den Medien werden regelmäßig Ausstellungen angekündigt, die sich mit historischen Themen beschäftigen.

Eine besondere Art der Begegnung mit der Vergangenheit findet in Gedenkstätten statt. Hier ist vieles zu sehen, was aus der damaligen Zeit stammt. Sehr häufig befinden sich Gedenkstätten an dem Ort des damaligen Geschehens.

So geht ihr vor:

Schritt 1 ●
Planung und Vorbereitung des Besuchs
→ Klärt ab, welche Einrichtung besucht werden soll und warum. Beachtet, welche Zeit euch insgesamt zur Verfügung steht.
→ Beschafft euch Informationen vorab (Internet, Büchereien, Medien).
→ Nehmt Kontakt mit der Einrichtung auf und klärt die Öffnungszeiten ab. Fragt, ob die Möglichkeit zum Gespräch mit Zeitzeugen oder Mitarbeitern der Einrichtung besteht. Erkundigt euch nach Führungen.
→ Bereitet Fragen und Arbeitsaufträge vor und verteilt sie auf verschiedene Gruppen.
→ Überlegt, wie ihr die Erkundungsergebnisse sichern wollt: als handschriftliche Notizen, durch Fotos oder Video- und Tonaufnahmen oder mithilfe von Informationsmaterial der Einrichtungen. Beschafft die entsprechenden Geräte für die Gruppen.

Schritt 2 ●●
Durchführung des Besuchs
→ Verschafft euch vor Ort einen Überblick, wenn möglich im Rahmen einer Führung.
→ Bearbeitet eure Gruppenaufgaben.
→ Dokumentiert eure Arbeit.
→ Beachtet während des Besuchs von Gedenkstätten, dass an diesem Ort Menschen gelitten haben und umgekommen sind.

Gedenkstätten → www

Schritt 3 ●●●
Ergebnisse auswerten und präsentieren
→ Jede Gruppe präsentiert ihre Ergebnisse in der Klasse. Diskutiert darüber.
→ Bewertet den Besuch und die historischen Ereignisse, über die ihr Näheres erfahren habt.
→ Macht eure Ergebnisse einer größeren Öffentlichkeit zugänglich (z. B. PowerPoint-Präsentation, Elternabend, örtliche Presse, Schulhomepage).

Seite 41 → www

M1 Die Innenstadt von Frankfurt bei Kriegsende (1945)

Das Ende des Zweiten Weltkrieges

Der Sieg der Alliierten

Kapitulation der deutschen Streitkräfte → www

Atombombe Massenvernichtungsmittel; durch eine atomare Kettenreaktion wird eine gewaltige Explosion erzeugt, die große Flächen völlig zerstört; die dabei entstehende Radioaktivität verseucht die betroffene Gegend.

> 1. Wir, die hier Unterzeichneten, handelnd in Vollmacht für und im Namen des Oberkommandos der deutschen Wehrmacht, erklären hiermit die bedingungslose Kapitulation aller am gegenwärtigen Zeitpunkt unter deutschem Befehl stehenden oder von Deutschland beherrschten Streitkräfte auf dem Lande, auf der See und in der Luft gleichzeitig gegenüber dem Obersten Befehlshaber der alliierten Expeditionsstreitkräfte und dem Oberkommando der Roten Armee …
> Unterzeichnet zu Berlin am 8. Mai 1945
> gez. v. Friedeburg
> gez. Keitel
> gez. Stumpff …

M2 Aus der Kapitulationsurkunde vom 8. Mai 1945

Nach der Landung britischer und amerikanischer Truppen in der Normandie (Frankreich) im Juni 1944 drängten die alliierten Truppen Deutschland an allen Fronten zurück. Im April eroberten die Alliierten Deutschland. Während der Schlacht um Berlin beging Hitler am 30. April 1945 Selbstmord.
Admiral Dönitz, den Hitler zu seinem Nachfolger bestimmt hatte, ließ am 4., 7. und 9. Mai die bedingungslose Kapitulation gegenüber Briten, Amerikanern und Russen unterzeichnen. Damit war der Krieg in Europa beendet. Obwohl Japans Lage aussichtslos war, weigerte sich die japanische Führung, zu kapitulieren. Da gab US-Präsident Truman den Befehl zum Einsatz von Atombomben. Im August 1945 warfen US-Flugzeuge je eine dieser neuen Bomben über den japanischen Städten Hiroshima und Nagasaki ab. 150 000 Menschen wurden dadurch sofort getötet. Zehntausende starben später an den Folgen. Japan kapitulierte am 2. September 1945.

> Plötzlich erschreckte mich ein jäh aufblitzender Lichtschein … Instinktiv versuchte ich zu fliehen … Was war … geschehen? Die ganze Seite meines Körpers war zerschnitten und blutete … Ich traf viele …, die von den Hüften aufwärts verbrannt waren. Die Haut hatte sich abgeschält, ihr Fleisch war nass und schwammig … Und – sie hatten keine Gesichter! Ihre Augen, Nasen und Münder waren weggebrannt, und die Ohren schienen förmlich abgeschmolzen zu sein. Kaum konnte ich die Vorderseite vom Rücken unterscheiden.

M3 Ein Überlebender berichtete über die Folgen des Atombombenabwurfs auf Hiroshima.

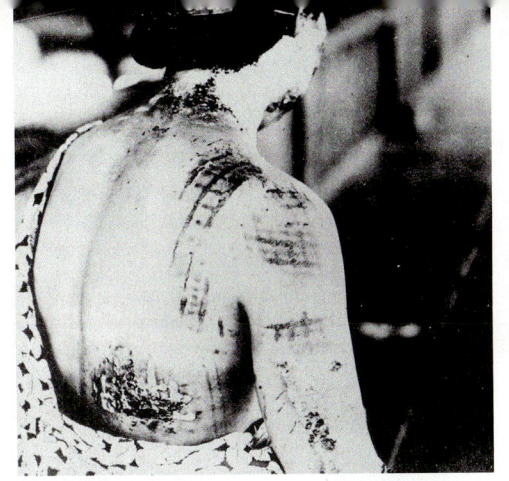

M4 Die Hitze der Explosion der Atombombe hat einer Frau auf der Haut das Muster des Kimonos eingebrannt. Aufnahme aus Hiroshima oder Nagasaki (1945)

M6 Bewohner vor ihrem von Bomben zerstörten Haus in Berlin (Mai 1945)

> *Ich frage die Frau (die in München gewesen war), ob sie etwas von Hitler und den anderen Großen der NSDAP gehört habe; nein, danach zu fragen hatte sie gar keine Zeit gehabt, anders ausgedrückt: Das interessierte sie nicht mehr. Das „Dritte Reich" ist schon so gut wie vergessen, jeder ist sein Feind gewesen, „immer" gewesen.*

M5 Tagebucheintrag vom 11. Mai 1945 von Victor Klemperer, der von den Nationalsozialisten verfolgt wurde, weil er jüdischer Herkunft war. Er schrieb den Text auf der Flucht in Aichach.

M7 Menschen auf der Flucht aus den deutschen Ostgebieten (Foto vom 18.2.1945)

Am Ende des Krieges hatten viele Menschen in den Städten durch die Bombardierungen ihre Wohnungen, Möbel und Bekleidung verloren. Eine große Zahl von Menschen war unterwegs: Aus den deutschen Ostgebieten flohen rund 14 Millionen Menschen vor der russischen Armee, oder sie wurden vertrieben. Dabei wurden auch Familien auseinandergerissen, Kinder von ihren Müttern getrennt.

Die Menschen in Deutschland erlebten den Tag der Kapitulation durchaus unterschiedlich. Für die einen war es der Tag der Befreiung von der Hitler-Diktatur. Andere waren zutiefst enttäuscht und verzweifelt angesichts der vollständigen Niederlage Deutschlands, weil sie geglaubt hatten, für eine gute Sache zu kämpfen. Nun mussten sie erkennen, dass sie einer verbrecherischen Regierung gedient hatten.

Insgesamt hatte der Zweite Weltkrieg, der nun zu Ende gegangen war, über 55 Millionen Menschen das Leben gekostet. Davon waren 29,2 Millionen Zivilisten und ca. 25,8 Millionen Soldaten.

1. Vervollständige deine Zeitleiste zum Zweiten Weltkrieg ab 1941.
2. Beschreibe und kommentiere die Bilder M1, M4, M6 und M7.
3. Erkläre, worauf der Tagebucheintrag von Klemperer anspielt (M5).
4. Begebt euch auf Spurensuche in eurem Ort und findet Quellen oder Überreste von Vertreibung und Zerstörungen sowie Gedenktafeln getöteter Soldaten und Zivilisten.
5. Befragt Zeitzeugen nach ihren Erinnerungen an den 8. Mai 1945.

Vier „D's"

Demilitarisierung
Alle militärischen Einrichtungen und Verbände werden aufgelöst, die Rüstungsindustrie beseitigt, alle Waffen eingezogen.

Denazifizierung
Alle NS-Organisationen werden zerschlagen. NS-Gesetze aufgehoben, führende Nazis werden festgenommen; gegen die Hauptkriegsverbrecher werden Gerichtsverfahren eröffnet.

Demontage
Deutschland hat den Siegern Wiedergutmachung zu leisten. Die Besatzungsmächte können Industrieanlagen demontieren und in ihre Länder überführen.

Demokratisierung
Das politische Leben soll auf demokratischer Grundlage wieder möglich werden, vorerst wird aber keine deutsche Zentralregierung errichtet.

M1 Auf der Potsdamer Konferenz 1945 hatten die vier Siegermächte die vier D's beschlossen.

Die Alliierten regieren

Entnazifizierung

Entnazifizierung → www

Entnazifizierung Maßnahmen der USA, Großbritanniens, Frankreich und der UdSSR nach dem Zweiten Weltkrieg, um Deutschland vom Nationalsozialismus zu befreien

Deutschland war jetzt in eine amerikanische, eine britische, eine französische und eine sowjetische Besatzungszone geteilt. Sofort begannen die Siegermächte mit der Entnazifizierung: Alle erwachsenen Deutschen mussten über ihre Rolle im NS-Staat Auskunft geben. Ehemalige Nationalsozialisten, Mitglieder von SA, SS und anderen NS-Organisationen wurden aus politischen und wirtschaftlichen Positionen entfernt, zur Rechenschaft gezogen und bestraft. 1949 war dieses Verfahren abgeschlossen.

In der Bundesrepublik wurden die Strafen bald gemildert oder aufgehoben, weil Fachleute für den Neuanfang gebraucht wurden. Richter und Staatsanwälte, die in der NS-Zeit sogar an Todesurteilen gegen Widerstandskämpfer beteiligt waren, kehrten in ihren Beruf zurück. Auch hohe Beamte und führende Männer der Wirtschaft mit NS-Vergangenheit bekleideten bald wieder führende Positionen. Die Alliierten förderten den politischen Neubeginn: Gemeinderäte und Landtage wurden gewählt und neue Zeitungen als Zeichen der neuen Pressefreiheit zugelassen.

SBZ Abkürzung für: Sowjetische Besatzungszone

In der SBZ dagegen verloren fast ein Drittel der ehemaligen NS-Parteimitglieder ihren bisherigen Arbeitsplatz.

a) Es muss den Deutschen klar gemacht werden, dass Deutschlands rücksichtslose Kriegsführung und der fanatische Widerstand der Nazis die deutsche Wirtschaft zerstört und Chaos und Leiden unvermeidlich gemacht haben, und dass sie nicht der Verantwortung für das entgehen können, was sie selbst auf sich geladen haben …
c) Das Hauptziel der Alliierten ist es, Deutschland daran zu hindern, je wieder eine Bedrohung des Weltfriedens zu werden …

M2 Richtlinien für die US-Besatzungstruppen in Deutschland (1945)

Ergebnisse der Entnazifizierung in den Westzonen

Gruppe	Anteil
I und II: Hauptschuldige und Belastete	0,7 %
III: Minderbelastete	4,1 %
IV: Mitläufer	27,5 %
V: Entlastete	33,2 %
Verfahren eingestellt	34,5 %

M3 Ergebnisse der Entnazifizierung

---

1. ↪ Erkläre den Sinn der vier D's der Entnazifizierung (M1).
2. Gib die Richtlinien für die US-Besatzungstruppen mit eigenen Worten wieder (M2).
3. Ehemalige Nationalsozialisten gelangten nach 1949 wieder in Führungspositionen. Erkläre.
4. ↪ Untersuche M3 und nimm zum Ergebnis der Entnazifizierungsverfahren Stellung.

1 Dönitz (Kriegsmarine),
2 Göring (Innenminister, Luftwaffen-Chef),
3 Heß (Hitlers Stellvertreter),
4 von Ribbentrop (Außenminister),
5 Keitel und
6 Jodl (Wehrmacht),
7 Rosenberg (NS-Ideologe),
8 Speer (Architektur, Rüstung),
9 Streicher (Herausgeber des „Stürmers", SA-General).
Vorne: die Verteidiger.

M4 Die Anklagebank beim Hauptkriegsverbrecherprozess in Nürnberg

Kriegsverbrecherprozesse

Von 1945 bis 1946 zogen die Alliierten in einem Prozess in Nürnberg die Hauptverantwortlichen des NS-Staates zur Rechenschaft. Dazu verständigten sich die Alliierten auf eine gemeinsame Satzung zur Aburteilung der Kriegsverbrecher.

Im Nürnberger Prozess wurden zwölf Angeklagte zum Tode verurteilt, sieben Haftstrafen zwischen zehn Jahren und lebenslänglich verhängt. Drei Männer wurden freigesprochen. NSDAP, SS und Gestapo erklärte das Gericht zu verbrecherischen Organisationen.

> Art. 6: Der Gerichtshof hat das Recht, alle Personen abzuurteilen, die eines der folgenden Verbrechen begangen haben:
> a) Verbrechen gegen den Frieden: ... Planen, Vorbereitung, Einleitung oder Durchführung eines Angriffskrieges oder eines Krieges unter Verletzung internationaler Verträge oder Zusicherungen ...
> b) Kriegsverbrechen: nämlich Verletzungen der Kriegsgesetze oder -gebräuche. Solche Verletzungen umfassen Mord, Misshandlungen oder Deportation zur Sklavenarbeit ...
> c) Verbrechen gegen die Menschlichkeit: nämlich: Mord, Ausrottung, Versklavung, Deportation oder andere unmenschliche Handlungen, Verfolgung aus politischen, rassischen oder religiösen Gründen ...

M5 Aus dem Statut des Internationalen Militärgerichtshofs (1945)

> Es ist das Jahr der Greise – die letzte Runde der strafrechtlichen Aufarbeitung von Naziverbrechen durch die deutsche Justiz. In München steht die Urteilsverkündung gegen den 90-jährigen Josef Scheungraber bevor, der ein von deutschen Gebirgsjägern veranstaltetes Massaker in Italien befohlen haben soll. Ebenfalls in München wartet John Demjanjuk, 89, der als Aufseher im Vernichtungslager Sobibor an der Vernichtung von 29 000 Juden beteiligt gewesen sein soll, auf seinen Prozess.
> Nun steht in Aachen ein weiterer Prozess gegen einen sehr alten Mann bevor: Heinrich Boere, 88, wird beschuldigt, 1944 in den von den Deutschen besetzten Niederlanden drei unschuldige Zivilisten erschossen zu haben.

M6 Zeitungsmeldung vom 9. Juli 2009

[5] Informiere dich über einen der Angeklagten (M4). Berichte der Klasse über seinen Werdegang und welcher Anklagepunkte er sich schuldig gemacht hat (M5).

[6] Sühne für Kriegsverbrechen auch noch nach über 60 Jahren oder alles vergessen (M6)? Nimm Stellung und begründe deine Meinung.

[7] Auch Hitler wäre, hätte er nicht Selbstmord verübt, angeklagt worden. Erstelle anhand von M5 und den Informationen aus diesem Kapitel eine Anklageschrift gegen ihn.

M1 Gedenktafel für die NSU-Mordopfer auf dem Halitplatz in Kassel

M3 Haus der Familie Genç in Solingen. Darin kamen bei einem Brandanschlag am 29. Mai 1993 fünf Angehörige einer türkischstämmigen Familie ums Leben.

Rechtsextremismus – Neonazis heute

Rechtsextremismus und Gewalt

Trotz der Schrecken des Nationalsozialismus gibt es auch heute noch Menschen, die NS-Gedanken vertreten und Gewalttaten verüben. Sie haben sich in Jugendgruppen, politischen Parteien oder Gruppen zusammengeschlossen. Bei Brandanschlägen rechtsradikaler Täter 1992 in Mölln und 1993 in Solingen kamen insgesamt acht Menschen aus türkischstämmigen Familien ums Leben. Einer Mordserie der rechtsextremistischen Terrorgruppe „Nationalsozialistischer Untergrund" (NSU) fielen zwischen 2000 und 2007 neun Menschen mit Migrationshintergrund sowie eine Polizistin zum Opfer.

Rechtsextreme Parteien
NPD, DVU, Junge Nationaldemokraten, pro NRW, Ring Nationaler Frauen, Die Rechte und weitere Kleinstgruppierungen

> Menschen, die Extremisten sind, lehnen die Regeln ab, nach denen unser demokratischer Staat funktioniert. Sie wollen sie sogar abschaffen. Wer extremistisch ist, will keine Toleranz und Offenheit gegenüber Menschen, die anderer Meinung sind. Rechtsextremisten wollen den Staat mit Gewalt verändern. Sie treten meistens in kleinen Gruppen auf, sind sehr oft gewalttätig, tragen Kleidung und Frisuren, die nach Stärke und Macht aussehen sollen (Glatzen, Springerstiefel) und schreien ausländerfeindliche Parolen. (...) Vorbilder für diese menschenverachtende Einstellung sind häufig der Nationalsozialismus (...). Daher spricht man bei rechtsextremistischen Gruppen heute oft von Neonazis (neuen Nationalsozialisten).

M2 Lexikonartikel zu „Rechtsextremismus"

> Bereits seit den 1990er-Jahren waren Uwe Böhnhardt, Uwe Mundlos und Beate Zschäpe in der Neonazi-Szene Thüringens aktiv. Sie gehörten zum Thüringer Heimatschutz (THS), einer Kameradschaft, die unter anderem Kontakte zur NPD pflegte. (...) Erst im November 2011 flog der NSU auf, die rassistische Terrorserie wurde erst jetzt als solche erkannt, zuvor war in den Medien von „Döner-Morden" die Rede. Nach und nach wurde deutlich, wie die Sicherheitsbehörden, Wissenschaft und Medien beim Rechtsterrorismus geschlafen hatten. Seit Monaten wird die Terrorserie aufgearbeitet, bislang sind vier Untersuchungsausschüsse damit beschäftigt, mehrere Bücher wurden bereits zum NSU-Skandal veröffentlicht.

M4 Ein Bericht der Tagesschau über den NSU

Aufgabe 2

1. Berichte, wie sich Rechtsextremismus in Deutschland zeigt (Text, M1–M4).
2. Recherchiere über ein rechtsradikales Ereignis oder eine Partei (M1–M4) im Internet und berichte der Klasse.
3. Versuche zu begründen, warum NS-Ideen heute immer noch Anhänger finden.

Nationalsozialistische Ideen heute

"Die Nationalsozialisten haben endlich mal auch die Frauen und Mütter geschätzt und geehrt. Sie haben viel für die Familien unternommen und sich um die Kinder gekümmert."

"Im Hitlerdeutschland konnte man sich noch sicher fühlen! Da herrschte noch Recht und Ordnung."

"Durch den Versailler Vertrag war Deutschland gedemütigt. Erst die Nazis haben Deutschland wieder groß gemacht."

"Der Führer hat verhindert, dass das linke Pack an die Macht kam. Außerdem hat er seine Politik konsequent durchgezogen anstatt nur rumzulabern."

"Mensch, unter Hitler hätte es nicht so viele Arbeitslose wie heute gegeben. Der hätte schon längst die Arbeitslosigkeit beseitigt!"

"Die Bombardierung deutscher Städte, die Vertreibung von Millionen Deutschen - diese Kriegsverbrechen der Alliierten waren viel schlimmer als die angeblichen Untaten der Nazis. Ganz zu schweigen von all den anderen grausamen Verbrechen in der Geschichte."

"Tja, man kann wirklich nicht sagen, dass alles am Nationalsozialismus falsch war."

"Damals waren doch alle von Hitler begeistert. Wenn man nur an die Bilder von den jubelnden Massen denkt!"

M5 Die Sprüche der „Ewiggestrigen"

4 → Auf dieser Seite findest du Aussagen von Menschen, die auch heute noch positive Seiten der NS-Diktatur sehen. Widerlege die Parolen mit Gegenbeispielen. Verwende dazu z. B. die Seiten 10/11, 12/13, 20/21, 28, 34/35, 36/37, 42/43.

Die nationalsozialistische Diktatur

Die nationalsozialistische Diktatur

1 Der Weg in die Diktatur
Übertrage die Tabelle in deine Geschichtsmappe und ergänze die freien Felder.

Adolf Hitler			
30.01.1933			02.08.1934
Reichskanzler			
Regierungsgewalt		Richterliche Gewalt	
EXEKUTIVE	LEGISLATIVE		

2 Ein Schaubild zeichnen
Bereits ab 1933 und in den Folgejahren begann Hitler mit der planmäßigen Vorbereitung des Krieges. Bestimme zu den nachfolgenden Ereignissen Jahreszahlen oder genaue Daten und ordne sie in chronologischer Reihenfolge auf einer ansteigenden Kurve an (vgl. S. 28).

Zerschlagung der Tschechoslowakei – Anschluss des Sudetenlandes – Aufrüstung – Besetzung des entmilitarisierten Rheinlandes – Einführung der allgemeinen Wehrpflicht – Anschluss Österreichs

3 Werte das Bild aus.

A. Paul Weber: Deutsches Verhängnis (1931/1932)

30.01.1933 Hitler wird Reichskanzler
28.02.1933 Reichstagsbrandverordnung
23.03.1933 Ermächtigungsgesetz
01.04.1933 Boykott jüdischer Geschäfte

Januar 1935 Saarland zu Deutschland
1935 Nürnberger Gesetze

29.09.1938 Münchener Abkommen
09./10.11.1938 Pogromnacht

02.07.1934 Röhm-Putsch
02.08.1934 Hitler wird Reichspräsident

23.08.1939 Hitler-Stalin-Pakt
01.09.1939 Deutscher Überfall auf Polen

1933 1934 1935 1936 1937 1938 1939 1940

4 Einen Text untersuchen

Werte den Text aus.

Seit dem Kriegsausbruch (1. September 1939) zeichneten sich indessen die nationalsozialistischen Ziele Schritt für Schritt deutlicher ab: Nach dem Aufbau „Großdeutschlands" ging es zunächst um die Liquidierung Polens, begleitet von den ersten völkischen Ausrottungsmaßnahmen; sodann setzte der Kampf um die Vormachtstellung des Reiches in Mitteleuropa ein, der mit den militärischen Erfolgen von April bis Juni 1940 (Norwegen- und Westfeldzug) siegreich beendet zu sein schien. Aber als Hitler sich außerstande sah, England zur Anerkennung seiner politischen und militärischen Eroberungen zu zwingen und eine Kontinentalkoalition gegen Großbritannien im Sinne seiner Zielsetzung aufzubauen, fasste er den Entschluss, die „Konsolidierung" Europas, das heißt die von ihm und seinen engsten politischen Mitarbeitern geplante Neuordnung des Kontinents im Geiste der nationalsozialistischen Ideologie, mittels Gewalt zu „vollenden". ... Nach allen bis heute vorliegenden Zeugnissen ist aber festzuhalten: Der seit Juli 1940 geplante und im Juni 1941 ausgelöste deutsche Angriff gegen die Sowjetunion war kein Präventivkrieg; Hitlers Entschluss zur Offensive entsprang nicht der tiefen Sorge vor einem drohenden, bevorstehenden sowjetischen Angriff, sondern war letzten Endes Ausdruck seiner Aggressionspolitik, wie sie seit 1938 immer deutlicher zum Ausdruck gekommen war.

Der Historiker Hans-Adolf Jacobsen über die nationalsozialistische Politik (1967)

5 Eine Tabelle analysieren

Werte die folgende Tabelle aus. Sie verzeichnet die Kriegsopfer ausgewählter Staaten.

	gefallene Soldaten	zivile Opfer
China	6 400 000	5 400 000
Deutschland	4 750 000	500 000
Japan	1 200 000	600 000
Polen	5 700 000	350 000
Frankreich	340 000	470 000
Sowjetunion	14 600 000	7 000 000
Insgesamt kostete der Zweite Weltkrieg 55 Millionen Menschen das Leben.		

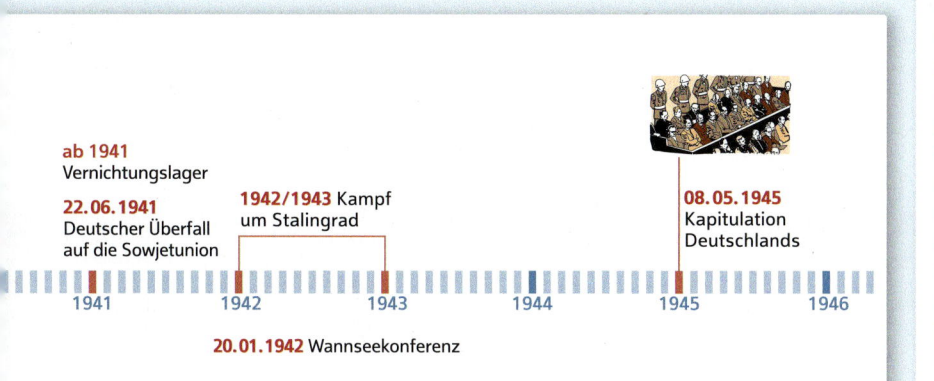

ab 1941 Vernichtungslager
22.06.1941 Deutscher Überfall auf die Sowjetunion
1942/1943 Kampf um Stalingrad
20.01.1942 Wannseekonferenz
08.05.1945 Kapitulation Deutschlands

1941 | 1942 | 1943 | 1944 | 1945 | 1946

Grundbegriffe:

Antisemitismus
Deportation
Entnazifizierung (Denazifizierung)
Gleichschaltung
Hitler-Stalin-Pakt
Konzentrationslager
Machtergreifung
Münchener Abkommen
Nürnberger Prozesse
Rassenlehre
Reichspogromnacht
Widerstand
Wannseekonferenz
Zweiter Weltkrieg

Geteilte Welt und Kalter Krieg

Zeitfenster: 1917 – 1973

Geteilte Welt und Kalter Krieg

M2 Sowjetische Mittelstreckenraketen auf Kuba 1962 (Foto der US-Aufklärung vom 23. Oktober 1962)

→ Was bedeutet „Kalter Krieg"?
→ Wer waren die Gegner im Kalten Krieg?
→ Gab es einen Sieger im Kalten Krieg?
→ Welche Rolle spielte Deutschland im Kalten Krieg?

M1 Amerikanische und sowjetische Panzer stehen sich am 25. Oktober 1961 am Kontrollpunkt „Checkpoint Charlie" in Berlin gegenüber.

Die Spaltung der Welt

Weltmacht USA

> *Folgende Wahrheiten erachten wir als selbstverständlich: dass alle Menschen gleich sind; dass sie von ihrem Schöpfer mit gewissen unveräußerlichen Rechten ausgestattet sind und dass dazu Leben, die Freiheit und das Streben nach Glück gehören; dass zur Sicherung dieser Rechte Regierungen unter den Menschen eingesetzt werden, die ihre rechtmäßige Gewalt aus der Zustimmung der Regierten herleiten; dass, wann immer eine Regierungsform diesen Zielen zu schaden droht, es das Recht des Volkes ist, sie zu ändern oder abzuschaffen und eine neue Regierung einzusetzen.*

M1 Aus der Unabhängigkeitserklärung der USA von 1776

Die Vereinigten Staaten von Amerika waren die erste Demokratie der Neuzeit. 1776 hatten sich die 13 britischen Kolonien als von England unabhängig erklärt, die Menschenrechte in ihrer Unabhängigkeitserklärung verkündet und damit ein Vorbild für viele europäische Verfassungen gegeben.

Im 19. Jahrhundert dehnten die USA ihr Staatsgebiet bis zur Pazifikküste aus. Millionen von Menschen kamen in dieser Zeit aus politischen Gründen oder wirtschaftlicher Not als Einwanderer aus Europa nach Nordamerika. In dem rohstoffreichen Land entstanden große Industriegebiete. Dies führte zu einem gigantischen Wirtschaftsaufschwung, sodass die USA bereits vor dem Ersten Weltkrieg die stärkste Wirtschaftsmacht der Welt wurden.

In den 1920er-Jahren konnten sich die Amerikaner immer mehr leisten, zum Beispiel Autos, Kühlschränke und Staubsauger. Mit dem Zusammenbruch der amerikanischen Aktienkurse 1929 begann die Weltwirtschaftskrise. Millionen Menschen wurden arbeitslos. Armut, soziales Elend und Hunger verbreiteten sich.

Erst ab 1933 erreichte US-Präsident Roosevelt mit einem staatlichen Hilfsprogramm, dass sich die Wirtschaft langsam erholte.

Im Ersten und Zweiten Weltkrieg war die Wirtschaftskraft der USA kriegsentscheidend. Die US-Industrie lieferte den Alliierten moderne Waffensysteme, Transportmittel und Versorgungsgüter. Mit dem Abwurf zweier Atombomben auf die japanischen Städte Hiroshima und Nagasaki durch US-Bomber im August 1945 endete der Zweite Weltkrieg auch in Ostasien. Die USA besaßen als einziger Staat diese Massenvernichtungswaffe und beanspruchten für sich den Rang einer Weltmacht. Seither wollen die USA der Idee von wirtschaftlicher und politischer Freiheit in möglichst vielen Staaten der Welt Geltung verschaffen.

Diese Politik führte zu Konfrontation und Konflikten mit der anderen Weltmacht, der UdSSR, die andere politische Ziele verfolgte.

> *Das Gesetz des Wettbewerbs ... mag zwar für den Einzelnen gelegentlich hart sein, für die Menschheit ist es jedoch zum Besten, weil es auf jedem Gebiet das Überleben der Tüchtigen sicherstellt. Daher ... begrüßen wir große Ungleichheit der Lebensbedingungen, die Konzentration von Industrie und Handel in den Händen von wenigen.*

M2 Der Industrielle Andrew Carnegie über das US-Wirtschaftssystem (1889)

Angaben in Mrd. Dollar	1897	1914	1970
gesamt	0,68	3,51	71,00
davon			
Europa	0,15	0,69	21,60
Asien	0,02	0,25	3,30
Süd- und Mittelamerika	0,31	1,65	13,80
Kanada	0,19	0,87	21,10

M3 Auslandsinvestitionen der US-Wirtschaft in anderen Weltregionen

Weltmacht UdSSR

Das russische Zarenreich reichte um 1900 von der Grenze zu Deutschland im Westen bis an den Pazifik, vom Nordmeer bis zum Schwarzen Meer im Süden. Die Menschen arbeiteten in der Landwirtschaft, waren oftmals noch Leibeigene von Großgrundbesitzern und lebten in ärmlichsten Verhältnissen. Ende des 19. Jahrhunderts begann in Russland die Industrialisierung. Aber von diesem Fortschritt profitierten nur die Unternehmer. Arbeiter und Bauern lebten in Armut. Diese Missstände führten zu Unruhen vor und während des Ersten Weltkrieges. Nach der Oktoberrevolution von 1917 übernahmen die Kommunisten unter Lenin die Macht und errichteten ein kommunistisches System.

> Kommunismus – das ist Sowjetmacht plus Elektrifizierung des ganzen Landes. Wir sind schwächer als der Kapitalismus. Erst dann, wenn die Industrie, die Landwirtschaft und das Verkehrswesen eine moderne großindustrielle technische Grundlage erhalten, werden wir endgültig gesiegt haben. Dann wird unser kommunistischer Wirtschaftsaufbau zum Vorbild für das kommende sozialistische Europa und Asien werden.

M4 Aus einer Rede Lenins im Dezember 1920

Lenins Nachfolger Stalin führte als Regierungschef der UdSSR (Union der sozialistischen Sowjetrepubliken) die Planwirtschaft ein, verstaatlichte die Landwirtschaft und trieb die Industrialisierung voran. Seine innerparteilichen Gegner und andere Kritiker ließ er verhaften. Viele wurden in Schauprozessen zum Tode verurteilt, andere mussten in Straflagern Zwangsarbeit leisten. Stalin gelang es im Zweiten Weltkrieg zusammen mit den Westalliierten, Deutschland zu besiegen. Er unterstrich damit den Anspruch der UdSSR, neben den USA als zweite Weltmacht zu gelten. Der Kommunismus würde sich nach der Überzeugung der Sowjets letztlich in der ganzen Welt als das überlegene System durchsetzen.

> Wir arbeiten und bauen unter den Bedingungen der kapitalistischen Einkreisung. Das ist der Rahmen, innerhalb dessen der Kampf der beiden Systeme vor sich gehen muss, des sozialistischen Systems und des kapitalistischen Systems. Wir müssen unsere Wirtschaft so aufbauen, dass unser Land nicht zu einem Anhängsel des kapitalistischen Weltsystems wird.

M5 Stalin vor dem 14. Parteitag der KPdSU (1925)

M6 Militärparade auf dem Roten Platz in Moskau anlässlich des 50. Jahrestages der Oktoberrevolution (Foto, 1967)

5 *Kommunismus Ideologie mit der Forderung nach der Gleichheit aller Menschen, erreichbar durch die Abschaffung des Privateigentums an Produktionsmitteln*

---

1. *Beschreibe die unterschiedlichen Wege der USA (M1–M3) und der UdSSR (M4–M6) auf dem Weg zur Weltmacht.*
2. *Informiere dich über die Grundideen des Kommunismus und seine Umsetzung in der Sowjetunion und berichte der Klasse.*

M1 Entwurf für ein Siegerdenkmal – Karikatur: von links: Stalin, Truman und Churchill; Schlangenkopf: Hitler (11. April 1945)

Machtblöcke entstehen

*Imperialismus
Die kommunistischen Staaten sahen im Imperialismus einen Baustein im Gesamtsystem kapitalistischer Unterdrückung. Als bedeutendsten kapitalistischen Staat sahen sie die USA an.*

Nach der Kapitulation Deutschlands bestätigten die „Großen Drei", der britische Premierminister Churchill, US-Präsident Truman und der sowjetische Staats- und Parteichef Stalin, auf der Potsdamer Konferenz am 2. August 1945 die Aufteilung Deutschlands und Berlins in vier Besatzungszonen. Jede Besatzungsmacht sollte in ihrer Zone die im Alliierten Kontrollrat beschlossenen Maßnahmen umsetzen. Gemeinsam sollten Fragen geklärt werden, die Deutschland als Ganzes betreffen.

Auf der Potsdamer Konferenz einigten sich die Alliierten auch auf ein gemeinsames Abkommen, aber erste politische Gegensätze waren bereits erkennbar. Fortan wuchs das Misstrauen zwischen den Verbündeten von einst, den Westmächten USA, Frankreich und Großbritannien auf der einen und der UdSSR auf der anderen Seite. Beide Seiten fühlten sich vom jeweils anderen militärisch bedroht und betrieben ein immer schnelleres Wettrüsten. Die Westmächte befürchteten eine Ausbreitung des Kommunismus und die Errichtung kommunistischer Diktaturen in den Nachbarstaaten der UdSSR; die UdSSR ihrerseits fürchtete die ständig wachsende Wirtschaftskraft der USA, die den sowjetischen Einfluss in der Welt zurückdrängen wollte.

> Während der Krieg im Gang war, marschierten die Alliierten im Kampf gegen Deutschland und Japan zusammen und bildeten ein einziges Lager. Nichtsdestoweniger bestanden sogar während des Krieges ... Meinungsverschiedenheiten ... Dieser Unterschied in der Definition der Kriegsziele und der Aufgaben der Nachkriegsregelung begann in der Nachkriegsperiode deutlich zu werden. So sind zwei Lager entstanden: das imperialistische, antidemokratische Lager, dessen Hauptziel darin besteht, die Weltvormachtstellung des amerikanischen Imperialismus zu erreichen und die Demokratie zu zerstören, und das antiimperialistische, demokratische Lager, dessen Hauptziel es ist, den Imperialismus zu überwinden, die Demokratie zu konsolidieren und die Überreste des Faschismus zu beseitigen.

M2 Andrej Shdanow, ein enger Mitarbeiter Stalins, über die Lage im September 1947

> Ich bin der Ansicht, dass es die Politik der Vereinigten Staaten sein muss, die freien Völker zu unterstützen, die sich der Unterwerfung durch bewaffnete Minderheiten oder durch Druck von außen widersetzen ... Ich bin der Ansicht, dass unsere Hilfe in erster Linie in Form wirtschaftlicher und finanzieller Unterstützung gegeben werden sollte ... Die Saat der totalitären Regimes gedeiht in Elend und Mangel ... Sie wächst sich vollends aus, wenn in einem Volk die Hoffnung auf ein besseres Leben ganz erstirbt. Wir müssen diese Hoffnung am Leben erhalten. Die freien Völker blicken auf uns und erwarten, dass wir sie in der Erhaltung der Freiheit unterstützen. Wenn wir in unserer Führung zögern, können wir den Frieden der Welt gefährden und werden mit Sicherheit die Wohlfahrt unserer Nation gefährden.

M3 US-Präsident Truman über die Politik der USA in einer Rede am 12. März 1947

Die Welt im Ost-West-Konflikt nach 1949

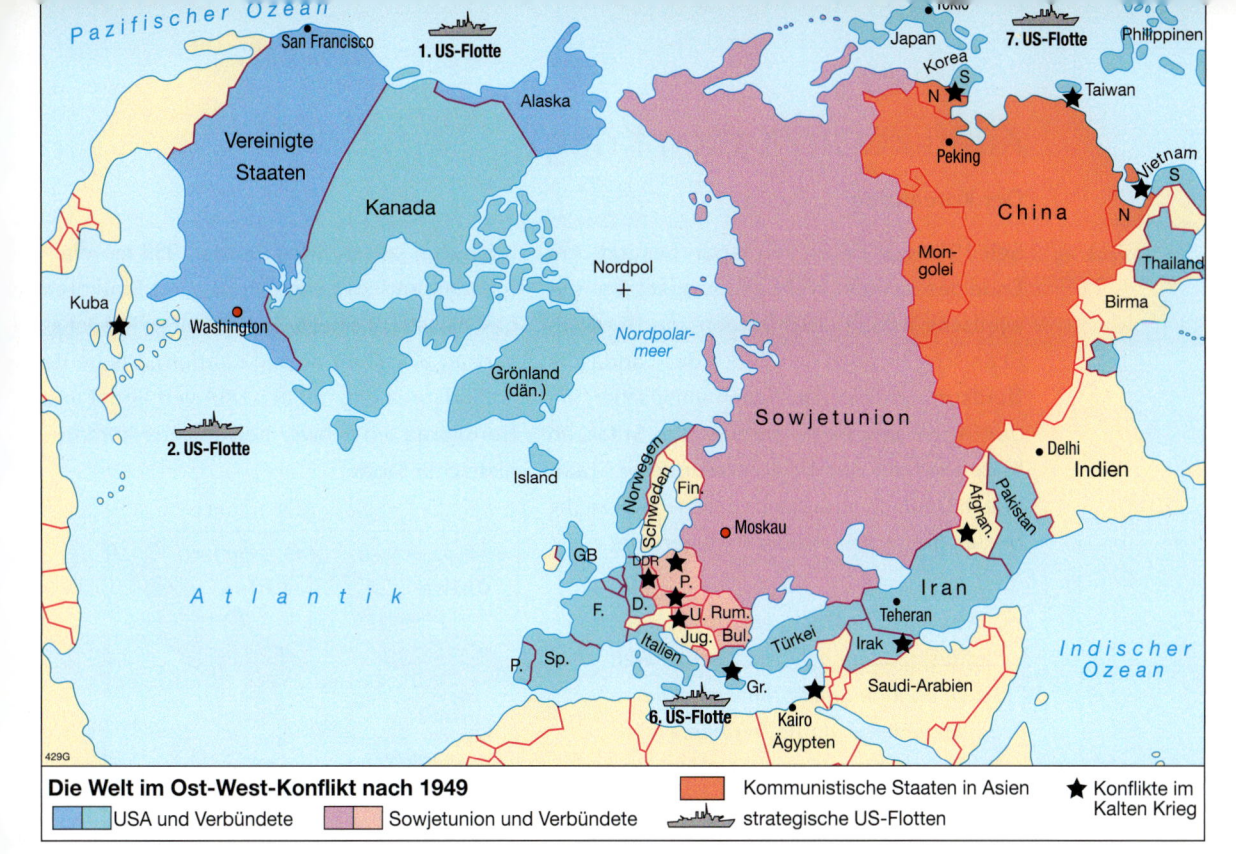

- USA und Verbündete
- Sowjetunion und Verbündete
- Kommunistische Staaten in Asien
- strategische US-Flotten
- ★ Konflikte im Kalten Krieg

M4 Geteilte Welt

Unter der Führung der USA schlossen sich zunächst zwölf westliche Staaten, darunter Großbritannien, Frankreich, die Beneluxstaaten, Portugal, Island, Norwegen, Dänemark, Italien und Kanada, ab 1949 zur Nordatlantischen Verteidigungsgemeinschaft (NATO) zusammen. Heute umfasst die NATO 28 Mitgliedsstaaten, darunter auch die Bundesrepublik. Als militärisches Gegenbündnis entstand unter der Führung der UdSSR im Jahre 1955 der Warschauer Pakt mit Polen, Ungarn, Bulgarien, Rumänien, Albanien, der DDR sowie der Tschechoslowakei.

NATO

(North Atlantic Treaty Organization, Nordatlantikpakt) 1949 gegründetes Militärbündnis der USA und weiterer, meist westeuropäischer Staaten. Wichtigster Zweck waren gegenseitiger Beistand und gemeinsame Verteidigung bei einem Angriff der Sowjetunion.

Warschauer Pakt

1955 in Warschau gegründetes Militärbündnis osteuropäischer Staaten unter Führung der Sowjetunion.

---

1. ⇨ Kläre die Zuständigkeiten der Besatzungsmächte für Gesamtdeutschland und für die Besatzungszonen gemäß dem Potsdamer Abkommen (Text).
2. ⇨ Beschreibe M1 und erläutere die Aussage der Karikatur.
3. Beschreibe die zwei Lager, die sich nach dem Zweiten Weltkrieg bildeten.
4. ⇨ Erläutere die Attribute „imperialistisch und antidemokratisch" sowie „antiimperialistisch und demokratisch" aus Sicht des Verfassers (M2).
5. a) US-Präsident Truman spricht von Völkern, die sich gegen „Unterwerfung durch bewaffnete Minderheiten oder Druck von außen" widersetzen. Erkläre, wer damit gemeint ist (M3).
   b) Beschreibe die Mittel, mit denen die USA diesen Völkern helfen wollen (M3).
6. Erläutere den Führungsanspruch der USA und nimm dazu Stellung (M3).
7. ⇨ Beurteile das Gefühl wechselseitiger Bedrohung von West und Ost im Kalten Krieg (M4).

Konflikte im Kalten Krieg

Der Koreakrieg

Koreakrieg → www

Seit 1910 war Korea von Japan besetzt. Am Ende des Zweiten Weltkrieges besetzten sowjetische Truppen den Norden und US-amerikanische Truppen den Süden des Landes. In Nordkorea entstand ein kommunistischer, mit der UdSSR und China verbündeter Staat, im Süden ein mit den USA befreundeter Staat. Wie in Deutschland standen sich in Korea die beiden großen Machtblöcke gegenüber.

Nach drei Jahren Krieg wurde 1953 ein Waffenstillstand zwischen Nord- und Südkorea geschlossen. Bis heute gibt es keinen Friedensvertrag zwischen beiden Ländern. Bis heute ist Südkorea eng mit den USA verbündet und Nordkorea ein schwer bewaffneter kommunistischer Staat.

> 1 Was Korea heute ist, entstand als Zufallsprodukt nach dem Zweiten Weltkrieg. Truman und Stalin legten den 38. Breitengrad als die Trennlinie ihrer
> 5 Besatzungszonen fest. Weder der eine noch der andere hatte gesteigertes strategisches Interesse an diesem Land. Für Stalin war Europa wichtiger, viel wichtiger, genauso wie für Harry Truman.
> 10 Am 25. Juni 1950 brach der Krieg aus. Der Norden ... überfiel den Süden. Die ruhmreiche Sowjetunion stellte Ausbilder, Panzer, Granaten, Flugzeuge, Gewehre. China war damals schon die Schutzmacht, bereit zum
> 15 Eingreifen, falls der Süden sich erfolgreich wehren oder das ganze Land unter seiner Vorherrschaft vereinigen würde ...
> Von nun an ging es um Prestige, Selbstbehauptung und den Kampf der Ideologien.
> 20 Da standen sie sich gegenüber, Amerika und die Sowjetunion, dazu (das ebenfalls kommunistische) China: die Avantgarde des Kapitalismus gegen die Avantgarde des Kommunismus.

M1 Der Journalist Gerhard Spörl im SPIEGEL über Korea (18. Mai 2009)

Der Koreakrieg 1950–1953
- Südkorea
- Nordkorea
- Demarkationslinie bis 25.6.1950 (38. Breitengrad)
- Demarkationslinie vom 27.11.1951, seit dem Waffenstillstand vom 27.7.1953 Grenze

M2 Koreakrieg 1950–1953

1. Beschreibe den Verlauf des Koreakrieges (M1, M2, Text).
2. „Korea – ein weltpolitisch unwichtiges Zufallsprodukt des Zweiten Weltkrieges wird zum Konfliktfall". – Erkläre mithilfe von M1.
3. Begründe, warum der Koreakrieg auch als Stellvertreterkrieg bezeichnet wird.
4. Recherchiere im Internet über die heutige Lage in Korea und berichte über das Verhältnis zwischen Nord- und Südkorea sowie über das Atomprogramm Nordkoreas.

Die Kubakrise

Im Jahre 1959 wurde Fidel Castro Staatschef Kubas, nachdem er mit seinen Revolutionären den bisherigen Diktator Battista gestürzt hatte. Castro verbündete sich mit der UdSSR. Mit großem Misstrauen beobachteten die USA diese Vorgänge. Am 16.10.1962 entdeckten US-Aufklärungsflugzeuge, dass die UdSSR auf Kuba Atomraketen stationierte, welche fast jedes Ziel in den USA erreichen konnten. Eine Woche später verhängte US-Präsident Kennedy eine totale Seeblockade gegen Kuba und verlangte, dass die UdSSR binnen 24 Stunden diese Raketen abbaute. Andernfalls würden die USA militärisch eingreifen. Die Welt stand am Rande eines Dritten, atomaren Weltkrieges.

In zähen Verhandlungen wurde diese Gefahr abgewendet und folgender Kompromiss gefunden: Die UdSSR baut die Raketen auf Kuba ab; im Gegenzug ziehen die USA ihre Raketen aus der Türkei ab, mit denen sie die UdSSR bedrohen konnten. Zusätzlich wurde für den Fall künftiger Krisen eine direkte Telefonverbindung zwischen Moskau und Washington eingerichtet.

M4 „Einverstanden, Herr Präsident, wir wollen verhandeln!" (britische Karikatur, 1962)

Was hätte sich ereignen können, wenn wir nicht gegenseitige Zugeständnisse gemacht hätten. Das hätte eine Situation geschaffen wie in jenem Märchen, in dem sich zwei Ziegenböcke auf einer kleinen Brücke über einem Abgrund begegnen und die Hörner gegeneinander stemmen, weil jeder sich weigert, dem anderen Platz zu machen. Bekanntlich stürzen beide in den Abgrund. Ist es vernünftig, dass Menschen so handeln?

M5 Chruschtschow im Dezember 1962 über die Kubakrise (bearbeitet)

M3 Reichweiten der sowjetischen Atomraketen auf Kuba

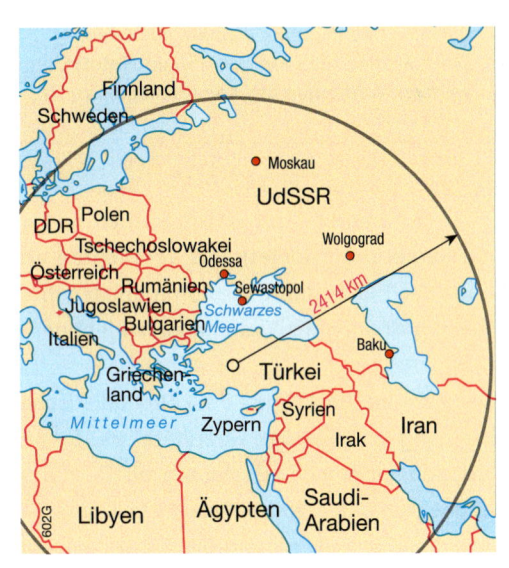

M6 Reichweiten der amerikanischen Atomraketen in der Türkei

5 → Beschreibe und erkläre die Karikatur (M4).
6 Erläutere, was Chruschtschow mit der Fabel aussagen wollte (M5).
7 → Der ausgehandelte Kompromiss gestattete beiden Seiten, ihr Gesicht zu wahren. – Erkläre.
8 Finde Gründe für die Raketen-Aufrüstung der USA und der UdSSR (Text, M3, M6).

M1 Kinder fliehen vor dem Angriff südvietnamesischer Truppen bei der Eroberung des Dorfes Trang Bang (Foto, 8. Juni 1972).

M2 Vietnamkrieg 1964–1973

Der Vietnamkrieg

> **Der Vietnamkrieg 1964–1975**
>
> **Vorgeschichte des Vietnamkrieges**
> – 1945 Ende der japanischen Besatzung – kommunistischer Vietminh proklamiert die Unabhängigkeit Vietnams.
> – Konflikt mit Frankreich, das auf seine ehemalige Kolonie Anspruch erhebt: Indochina-Krieg endet 1954 mit der Niederlage Frankreichs.
> – Genfer Indochinakonferenz: Waffenstillstand und Teilung in kommunistische Demokratische Republik Vietnam im Norden unter Präsident Ho Chi Minh und Republik Vietnam im Süden. Diese wird ab 1955 von den USA unterstützt, um weiteres Vordringen des Kommunismus zu verhindern.

Vietnamkrieg → www

Trotz der amerikanischen Unterstützung für die Regierung Südvietnams versuchten ab Ende der 1950er-Jahre die Kommunisten ihre Herrschaft auf ganz Vietnam auszudehnen.

Den Krieg ab 1964 führte der kommunistische Vietcong mithilfe der Guerillataktik. Seine Truppen nutzten den Dschungel als Deckung und legten bambusnadelbewehrte Tigergruben an. Die Truppenstärke betrug bis zu 248 000 Mann. Den Nachschub organisierten sie über den Ho-Chi-Minh-Pfad, ein Wege- und Tunnelsystem von 16 000 km Länge.

Die USA kämpften einerseits mit Bodentruppen, andererseits entlaubte die US-Luftwaffe Wälder durch Versprühen von dioxinhaltigem Gift und warf Napalmbomben ab. Von Februar 1965 bis Oktober 1968 flog die US-Luftwaffe 107 700 Luftangriffe und warf dabei 2,5 Millionen Tonnen Bomben auf Nachschublager, Militäreinheiten und Zivilbevölkerung ab. Der Höchststand der amerikanischen Truppen betrug 543 000 Mann.

Die USA mussten erkennen, dass der Krieg mit militärischen Mitteln nicht zu gewinnen war. Zudem gab es in den USA eine breite Protestbewegung gegen die Weiterführung des Krieges. Ab 1968 zogen sich die Amerikaner nach und nach zurück. Der Sicherheitsberater von Präsident Nixon, Henry Kissinger, handelte 1973 mit Nordvietnam ein Waffenstillstandsabkommen aus. Nach dem Abzug der US-Soldaten eroberte die Nordvietnamesische Volksarmee bis 1975, unterstützt von der Sowjetunion und der Volksrepublik China, nach und nach Südvietnam.

Vietcong Bezeichnung für die Guerillakämpfer der „Nationalen Befreiungsfront"

1. Beschreibe den Verlauf des Vietnamkrieges (Text, M1, M2)
2. Berichte über die Kriegsführung der USA und des Vietcong (Text).
3. Informiere dich im Internet und berichte über die Auswirkungen des Vietnamkrieges auf die USA und die Bundesrepublik.

M3 Napalmbomben explodieren in der Nähe von patrouillierenden US-Soldaten (1966)

M4 Szenenfoto aus „Platoon", einem Spielfilm über den Vietnamkrieg (1986)

Filme analysieren

Filme mit historischen Themen gibt es in großer Anzahl. Dabei unterscheidet man zwischen zwei Arten: Spielfilme handeln von einem historischen Ereignis oder einer Person. Das Drehbuch ist so gestaltet, dass die Handlung weitgehend die historischen Umstände wiedergibt. Dabei können jedoch Drehbuchautor und Regisseur erfundene Personen und Handlungsstränge sowie eigene Interpretationen einfließen lassen.

Für Dokumentarfilme wird nur originales Filmmaterial verwendet. Die historischen Bilder werden erläutert oder kommentiert. Allerdings findet auch hier eine Deutung durch die Auswahl des Materials statt.
So gehst du vor:

Schritt 1 ●

Sich über Entstehung des Films anhand von Leitfragen informieren
→ Um welche Filmgattung handelt es sich?
→ Wie lange dauerten die Dreharbeiten zum Film?
→ An welchen Orten wurde der Film gedreht?
→ Wer war an der Herstellung des Films beteiligt? (Namen von Drehbuchautor, Regisseur, Schauspieler und Schauspielerinnen)
→ Wie hoch waren die Produktionskosten?
→ Hatten die Beteiligten eine besondere Beziehung zum Thema des Films?

Schritt 2 ●●

Analyse von Handlung und Gestaltung
→ Untersuche, wie die Handlung in das historische Geschehen einbettet ist.
→ Schätze den Anteil fiktiver Handlung zu historisch belegten Szenen.
→ Belege, ob die Handlung als Drama, Komödie oder Satire gestaltet ist.
→ Überprüfe, ob Kulisse, Requisiten und Kostüme zeitgenössisch detailgerecht gestaltet sind.
→ Stelle fest, ob die Filmmusik auch zeitgenössische musikalische Anteile aufweist.
→ Halte fest, welche Wirkung die Filmmusik jeweils auf dich ausübt.
→ Prüfe den Film im Hinblick auf Besonderheiten beim Einsatz filmischer Mittel: Szene in der Totalen (Übersicht über das gesamte Geschehen), Halbtotalen oder in Nahaufnahmen, Kamerawinkel (frontal, von oben, von unten) und beschreibe die Wirkung auf den Betrachter.

Schritt 3 ●●●

Bewertung des Films
→ Bezieht der Film Stellung zu einem historischen Ereignis oder einer Person? Wenn ja, wie?
→ Untersuche die Absicht des Films (Information? Unterhaltung? Propaganda?) und seine Aussage.

M1 Dr. Saunders, ein leitender Mitarbeiter von „CARE", übergibt Pakete mit Lebensmitteln an Berliner Kinder (1948).

M3 Ein Zug mit Hamsterern kehrt nach Berlin zurück (1945).

*CARE
Um die Not im zerstörten Europa zu lindern, gründeten 22 US-amerikanische Wohlfahrtsverbände am 27. November 1945 in Washington die private Hilfsorganisation CARE, „Cooperative for American Remittances to Europe".*

Deutschland zur Stunde null

Hunger überall

M2 Lebensmittelkarte für Kinder und Jugendliche, Januar 1950 (Ausschnitt)

*Stunde null
→ www*

Am 8. Mai 1945 war der Zweite Weltkrieg in Deutschland beendet. Das öffentliche Leben war zum Stillstand gekommen. Die Versorgung der Menschen mit Lebensmitteln war zusammengebrochen. Überall herrschte Hunger, weil die Landwirte, bedingt durch den Krieg, kaum noch Getreide anbauen oder Schlachtvieh erzeugen konnten. Die Alliierten verteilten Lebensmittelrationen. Diese konnten jedoch den täglichen Bedarf nicht decken. Deshalb unternahmen die Städter Fahrten in die Dörfer und tauschten bei Bauern Wertgegenstände gegen Lebensmittel ein (Hamsterfahrten). Für die Kinder gab es kostenlose Schulspeisungen. Auf diese Weise wollte man Unterernährung und Mangelkrankheiten vorbeugen. Die Notlage der deutschen Bevölkerung in den Jahren 1945 bis 1947 führte in den USA zu einer Welle der Hilfsbereitschaft. Millionen von CARE-Paketen aus den USA mit Nahrungsmitteln und Bekleidung wurden von dort nach Deutschland geschickt und sollten die schlimmste Not lindern.

> Der Völkerbund hatte 1936 Richtlinien festgelegt, nach denen ein Mensch, der 8 Stunden arbeitete, 3000 Kalorien pro Tag und bei völliger Ruhe immer noch 1600 Kalorien zum Leben brauchte. Die Briten setzten die tägliche Minimalration auf 1150 Kalorien fest, auch sie wurde in der Praxis weit unterschritten. Im Juli 1945 ... erhielt zum Beispiel jeder Erwachsene in Essen nur 700–800 Kalorien pro Tag; ... zwei Scheiben Brot, einen Löffel Milchsuppe, zwei kleine Kartoffeln. In Köln litten Ende 1946 88 % der Kinder unter Untergewicht.

M4 Der Historiker Rolf Steininger zur Versorgungslage 1945–1946 (1983)

[1] → Beschreibe die Hungersnot der Jahre 1945/1946 (Text, M1–M3).
[2] Berichte über die schlechte Versorgungslage 1945/1946 (Text, M1–M4).
[3] Vergleiche den Kalorienbedarf eines Menschen mit der Zuteilung nach dem Krieg (M4).

M5 Trümmerfrauen im Einsatz (Foto um 1948)

M7 Die Innenstadt von Nürnberg (Foto, Ende März 1945)

Zerbombte Städte und wertloses Geld

In den zerbombten Städten hausten die Menschen in Notunterkünften; dort lebten zum Teil vier bis sechs Personen in einem Raum zusammen. Frauen verrichteten Schwerstarbeiten als Trümmerfrauen beim Wiederaufbau. Zusätzlich mussten sie ihre Familien versorgen, weil viele Männer gefallen oder in Kriegsgefangenschaft waren.

Hitlers Wirtschaftspolitik und der Krieg hatten in Deutschland zu einer Geldentwertung geführt. Güter des täglichen Bedarfs waren nicht frei zu kaufen, man erhielt sie nur gegen Lebensmittelkarten. Auf dem Schwarzmarkt aber bekam man im Tausch gegen amerikanische Zigaretten fast alles.

M8 Schwarzmarkt – Zigaretten als Ersatzwährung (Berlin, Januar 1949)

Stadt	zerstörte Wohnungen insgesamt	in %
Emden	7 000	74 %
Braunschweig	27 000	52 %
Hannover	75 400	51 %
Hildesheim	8 700	43 %
Osnabrück	16 875	55 %
Wilhelmshaven	17 700	60 %

M6 Kriegsschäden in niedersächsischen Städten

> In Hannover lag die Zahl der völlig unbeschädigten Häuser unter 1 %. Nicht nur die Großstädte, auch kleinere Städte wie Hildesheim, Heilbronn, Paderborn hatten schwer gelitten … Obdachlosigkeit wurde zum Massenproblem. Im Trümmerhaufen Deutschland standen 14 Millionen Haushaltungen nur 8 Millionen Wohnungen gegenüber. Das bedeutete Überbelegung des Wohnraumes oder Lagerleben.

M9 Der Historiker Rolf Steininger über die Lage in den Städten (1983)

---

4 *Beschreibe die Auswirkungen der Zerstörungen auf das Leben der Menschen (M5–M9).*

5 a) ↪ *Berechne, wie viele Wohnungen es in den Städten vor der Zerstörung gab (M6).*
b) ↪ *Erstelle zu den Städten vergleichende Säulendiagramme (Wohnungen vor der Zerstörung – zerstörte Wohnungen).*

6 → *Nenne Ursachen des Schwarzmarkthandels (Text).*

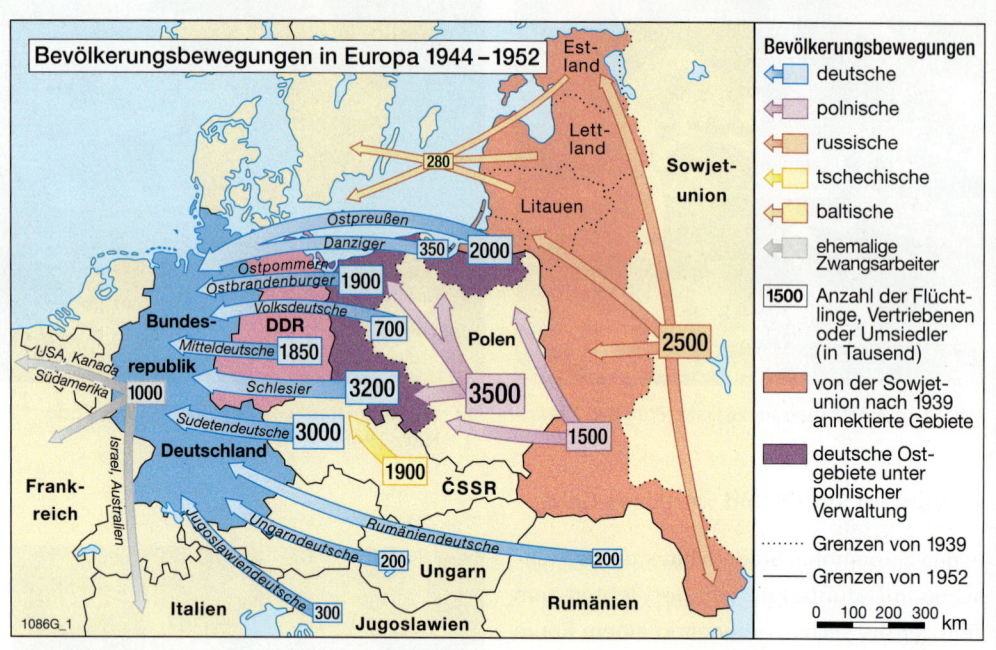

M1 Folgen des Zweiten Weltkrieges – Bevölkerungsverschiebungen in Europa

Flucht und Vertreibung

Flucht und Vertreibung → www

Oder-Neiße-Linie Grenze zwischen Deutschland und Polen, die überwiegend entlang der Flüsse Oder und Lausitzer Neiße verläuft. Sie wurde im Potsdamer Abkommen festgelegt und später von Deutschland und Polen als Grenze anerkannt.

Bereits in den letzten Kriegsmonaten waren viele Menschen aus den Ostgebieten vor der nahenden Front nach Westen geflüchtet. Im Potsdamer Abkommen waren die deutschen Gebiete östlich der Oder-Neiße-Linie unter polnische Verwaltung gestellt und Ostpolen dem Gebiet der UdSSR zugeschlagen worden. Damit hatte eine Westverschiebung Polens stattgefunden.

Für die in den Gebieten östlich der Oder-Neiße-Linie, im Sudetenland und anderen Staaten Osteuropas verbliebenen Deutschen bestimmte das Potsdamer Abkommen, dass diese ihre Heimat verlassen mussten. Bis 1950 wurden etwa zwölf Millionen Menschen aus ihrer Heimat vertrieben. Entgegen den Vertragsbestimmungen gingen diese Umsiedlungen in vielen Fällen nicht „ordnungsgemäß" und „human" vonstatten. Zwei Millionen Menschen überlebten ihre Flucht oder Vertreibung nicht.

Die vertriebenen und geflohenen Deutschen suchten in den vier Besatzungszonen eine neue Bleibe, die meisten davon in den drei Westzonen. Neben den Ausgebombten brauchten jetzt auch diese Menschen Wohnraum. Familien, deren Wohnungen im Krieg nicht beschädigt worden waren, mussten zwangsweise Flüchtlinge aufnehmen.

Wut und Zorn der Russen, Polen oder Tschechen richteten sich jetzt gegen die Deutschen, die während des Krieges als „Herrenmenschen" großes Leid über diese und andere Völker gebracht hatten.

> Die drei Regierungen haben die Frage in all ihren Aspekten beraten und erkennen an, dass die Überführung der deutschen Bevölkerung oder Bestandteile derselben, die in Polen, der Tschechoslowakei und Ungarn zurückgeblieben sind, nach Deutschland durchgeführt werden muss. Sie stimmen darin überein, dass jede derartige Überführung, die stattfinden wird, in ordnungsgemäßer und humaner Weise erfolgen soll.

M2 Aus dem Potsdamer Abkommen (2. August 1945)

Im August des Jahres 1947 versuchten wir nicht zu flüchten – wir wurden vertrieben. Innerhalb einer guten Stunde hatten wir mit einem Handgepäck das Haus zu verlassen. Das Ziel war unsere Kreisstadt Regenwalde, ca. 20 km von Pinnow entfernt. Alte gebrechliche Leute wurden gefahren, alle übrigen gingen zu Fuß. In Regenwalde wurden wir sofort in Güterwagen verfrachtet: ca. 15 Personen in einem Waggon. Transporte, wie sie auch aus der Judendeportation bekannt sind. Eine menschenunwürdige Unterbringung für 14 Tage. Das Ziel der Reise erfuhren wir erst kurz vor unserer Ankunft. Der Zug fuhr über Stettin—Posen—Wittenberg nach Magdeburg.
Verpflegung gab es nur unregelmäßig durch das DRK, wenn der Zug auf einem Bahnhof anhielt. Es kam auch vor, dass wir für 1 oder 2 Tage von der Lok abgekoppelt wurden. Kam der Zug unterwegs vor einem Haltsignal mal zum Stehen, sprangen die Menschen aus den Waggons, um auf den Feldern etwas Essbares zu ergattern oder um auch ihren natürlichen Bedürfnissen nachzukommen. Es kam auch öfter vor, dass einzelne Wagen verschlossen wurden, um Fluchtversuche zu vereiteln. Wo bleibt der Unterschied zu einem Gefangenentransport? Geschlafen haben wir auf unserem Gepäck, notdürftig in Decken, soweit vorhanden, gehüllt. ... In Magdeburg angekommen, wurden wir ... in Barackenlagern untergebracht .... Das Leben war erträglicher geworden, gemessen daran, was wir in den vergangenen 2 Wochen im Viehwaggon erdulden mussten.

M3 Vertreibung aus Pommern, das heute zu Polen gehört (Zeitzeugenbericht)

M4 Flüchtlinge in Ostpreußen (Anfang 1945).

M5 Sudetendeutsche werden unter Bewachung tschechischer Milizen in Böhmen zur Grenze geführt (Mai 1945).

ⓘ Integration der Vertriebenen

Obwohl für viele Vertriebene der Anfang in der neuen Heimat schwierig war und sie zunächst z. B. in Lagern oder Behelfsunterkünften wohnen mussten, gelang im Lauf der Jahre die Integration in die neue Umgebung. Durch das Lastenausgleichsgesetz von 1952 wurden die Vertriebenen für ihre Schäden und Verluste finanziell entschädigt. Die Integration der Vertriebenen in die Gesellschaft gilt als große Leistung der jungen Bundesrepublik.

1. Nenne die Ursachen (Text, M2) und Folgen (Text, M1) der Flüchtlingsströme und der Vertreibung.
2. Berichte über Völkerrechtsverletzungen, die im Augenzeugenbericht (M3) angesprochen werden.
3. ⊝ Schreibe auf, was du, wenn du nur eine Stunde Zeit zum Packen hättest, in ähnlicher Situation aus deiner Wohnung mitnehmen würdest.

Der politische Neubeginn in den Westzonen

Bereits im Spätsommer 1945 begann die britische Militärregierung damit, in ihrer Zone politische Aktivitäten zu erlauben. Die Deutschen sollten an demokratische Strukturen herangeführt werden. Bürgermeister, Landräte, Gemeinde-, Stadt- und Kreisverwaltungen wurden von den Briten eingesetzt. Sie hatten zunächst nur die Aufgabe, die Anweisungen der Besatzungsmacht auszuführen.

1946 verfügte die Militärregierung die Bildung folgender Länder: Land Niedersachsen, bestehend aus den ehemaligen Ländern Braunschweig, Hannover, Freistaat Oldenburg und Schaumburg-Lippe, Land Nordrhein-Westfalen, bestehend aus der Provinz Westfalen und dem Nordteil der Rheinprovinz und dem Land Lippe, Land Schleswig-Holstein, bestehend aus Schleswig und Holstein, sowie der Stadtstaaten Bremen und Hamburg. In ähnlicher Weise verfuhren die Siegermächte USA und Frankreich in ihren Besatzungszonen. Im Zuge des Neubeginns wurde die Gründung von politischen Parteien in den Zonen der Westalliierten und in der SBZ ab 1945 erlaubt.

Parteienbildung und Gründung zweier deutscher Staaten → www

Im Ergebnis entstand so ... eine Parteien-Vierergruppe im Gebiet der späteren Bundesrepublik:
1. *Die „Christlich-Demokratische Union" (CDU), in Bayern „Christlich-Soziale Union" (CSU): Sie verstand sich ... als überkonfessionelle christliche Partei („Union") und zugleich als Partei aller sozialen Schichten ... Der Vorsitzende der Partei in der britischen Zone (war) der ehemalige Kölner Oberbürgermeister Dr. Konrad Adenauer ...*
2. *Die „Sozialdemokratische Partei Deutschlands" (SPD): Sie war die Wiederbegründung der Weimarer SPD unter Einschluss einiger sozialistischer Splittergruppen. Die Partei fand in Kurt Schumacher rasch ihren unbestrittenen Vorsitzenden ... ihre Politik zielte auf sofortige Sozialisierungen der Großindustrie und eine Rahmenplanung der Wirtschaft.*
3. *Die „Freie Demokratische Partei" (FDP) ...: Die FDP vertrat als liberale Partei zunächst allein konsequent eine freie Marktwirtschaft auf der Grundlage des Privateigentums ... Erster Bundesvorsitzender wurde der ehemalige Reichstagsabgeordnete der DDP, Prof. Theodor Heuss.*
4. *Die „Kommunistische Partei Deutschlands" (KPD): Die KPD führte die Weimarer Partei gleichen Namens fort. Sie überraschte zunächst durch die Mäßigung, mit der sie ihre Forderungen nach sozialer und wirtschaftlicher Neuordnung vortrug. Ihre uneingeschränkte Unterstützung der sowjetischen Politik und der Entwicklung in der sowjetischen Zone isolierte sie allerdings zunehmend von allen anderen politischen Kräften.*

Gründung des Landes Niedersachsen 1946
Im Land Niedersachsen aufgegangene ehemalige Länder: Braunschweig, Freistaat Oldenburg, Schaumburg-Lippe, Hannover

M1 Das am 1. November 1946 durch eine Verordnung der britischen Militärregierung begründete Land Niedersachsen

M2 Der Politikwissenschaftler Wolfgang Rudzio über die in den Westzonen neu entstandenen Parteien (1977)

1 → *Nenne die Ursprungsländer Niedersachsens (Text, M1).*
2 *Lege mithilfe von M2 eine Tabelle an (Name der Partei, Kürzel, Ziele, ggf. Vorsitzender).*

Kommunistische Ausrichtung der SBZ

Als am 2. Mai 1945 die letzten Teile der Wehrmacht kapitulierten, traf die sogenannte „Gruppe Ulbricht" in Berlin ein. Hierbei handelte es sich um deutsche Kommunisten um Walter Ulbricht, die während der NS-Zeit in die UdSSR emigriert waren und die nun im Auftrag der UdSSR in der sowjetischen Besatzungszone (SBZ) die Errichtung eines kommunistischen Staates vorbereiten sollten.
Wegen der engen Zusammenarbeit der KPD mit den sowjetischen Besatzern verlor die KPD an Rückhalt, während die SPD an Zustimmung gewann. Eine Vereinigung von KPD und SPD bot sich den Kommunisten als Lösung des Problems an; diese Idee fand Zustimmung, u. a. weil beide Parteien in der NS-Zeit unter der Verfolgung durch die Nationalsozialisten gelitten hatten. Am 21./22. 04. 1946 verbündeten sich unter dem Druck der UdSSR die KPD und die SPD in der SBZ zur „Sozialistischen Einheitspartei Deutschlands" (SED). Dieser Vorgang wurde von der SPD in den Westzonen und Westberlin verurteilt.

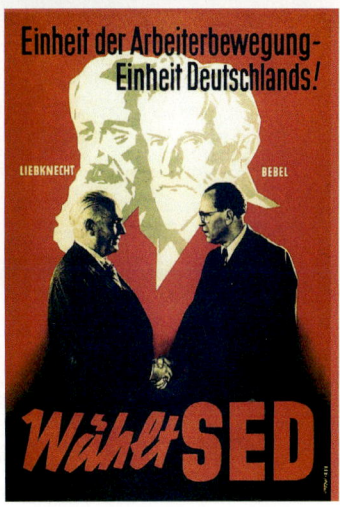

M4 Plakate zum Zusammenschluss von SPD und KPD zur Sozialistischen Einheitspartei Deutschlands (SED) in der SBZ

M5 Die Länder in der sowjetischen Besatzungszone bis 1952

> Es sollten ein Bürgermeister für jeden Bezirk, zwei Stellvertreter und dann Dezernenten für Ernährung, Wirtschaft, Soziales, Gesundheit, Verkehr, Arbeit, Volksbildung ... ausfindig gemacht werden. Und davon sollten nur der stellvertretende Bürgermeister, der gleichzeitig für Personalfragen zuständig war, der Dezernent für Volksbildung sowie der Chef der Bezirkspolizei unbedingt und überall in Händen der Kommunisten sein. ...Walter Ulbricht gebrauchte (dafür) den berühmten Satz: „Es muss demokratisch aussehen, aber wir müssen alles in der Hand haben."

M3 Der ehemalige Kommunist Wolfgang Leonhard erinnert sich (1968).

> Die Parteibeschlüsse haben ... für alle Parteimitglieder Gültigkeit ... Die Duldung von Fraktionen und Gruppierungen (mit abweichenden Meinungen) innerhalb der Partei ist unvereinbar mit ihrem marxistisch-leninistischen Charakter. (Die SED) erkennt die führende Rolle der Sowjetunion und der KPdSU ... an.

M6 Entschließung auf der 1. Parteikonferenz der SED (1949)

3 *Erkläre Ulbrichts Ausspruch: „Es muss demokratisch aussehen, aber wir müssen alles in der Hand haben." (M3).*
4 *Erkläre mithilfe von M6, wie es um Meinungsvielfalt und Unabhängigkeit in der SED stand.*
5 *↪ Nimm Stellung zu den Vorgängen um die Gründung der SED (Text, M4).*

M1 Feierliche Übergabe von 75 Güterwagen am Bahnhof von Furth i. Wald, 14. Juni 1949.

M3 Plakat der FDJ während der Leipziger Herbstmesse 1948 in der SBZ

Deutschland wird geteilt

Marshallplan und Währungsreform

Deutschland wurde als Verursacher des Zweiten Weltkrieges für die Kriegsfolgen haftbar gemacht und musste für die verursachten Kriegsschäden Reparationen leisten.

Die Reparationszahlungen wurden den einzelnen Besatzungszonen auferlegt. Die geforderten Leistungen erfolgten von dort an die jeweilige Besatzungsmacht und wurden im Wesentlichen durch die Demontage von Industrieanlagen erbracht. Die Sowjetische Besatzungszone (SBZ) musste an die UdSSR 66,4 Milliarden Reichsmark zahlen. In den Westzonen wurde der Gegenwert von etwa 16 Milliarden Mark aufgebracht.

Reparationen Wiedergutmachungszahlungen und Schadenersatz für Kriegsschäden

Marshallplan → www

> Außer den Fabriken wurden auch öffentliche Einrichtungen wie Telefonämter, Materiallager der Post, Eisenbahnwerkstätten, Transporteinrichtungen und Kabelleitungen, ja auch Universitätslaboratorien ... abgebaut. Beherrschender Gesichtspunkt war bei den direkten Demontagen der Bedarf der Sowjetunion. Das scheint vor allem für einen großen Teil der Schwerindustrie, insbesondere für den Maschinenbau, die Eisenerzeugung und die Fahrzeugindustrie zuzutreffen.

Marshallplan/ERP Im Rahmen des European Recovery Program leisteten die USA Zahlungen in Höhe von 13,1 Milliarden Dollar an europäische Staaten.

M2 Ein Historiker über Demontagen in der sowjetischen Zone (1993)

Nach dem Ende des Zweiten Weltkrieges hatte die UdSSR in ihren europäischen Nachbarstaaten kommunistische Diktaturen errichtet und ihren Einfluss nach Westen ausgedehnt. Dies sahen die USA, Großbritannien und Frankreich mit Misstrauen.

US-Präsident Truman verfolgte jetzt die Strategie, die übrigen Staaten Europas durch Wirtschaftshilfen an die USA zu binden und den Aufbau von Demokratien nach westlichem Vorbild zu fördern (Truman-Doktrin).

> Jede Regierung, die willens ist, bei der Aufgabe des Wiederaufbaues mitzuwirken, wird seitens der Regierung der Vereinigten Staaten volle Unterstützung erfahren. Eine Regierung, welche den Wiederaufbau anderer Länder zu verhindern sucht, kann keine Hilfe von uns erwarten.

M4 US-Außenminister Marshall im Juni 1947

Die drei Westzonen wurden nun am amerikanischen Wiederaufbauprogramm für Europa (Marshallplan/ERP) beteiligt, um den Aufbau der Wirtschaft zu fördern und um sie an den Westen zu binden. Die UdSSR lehnte den Marshallplan ab und untersagte der SBZ und den osteuropäischen Staaten die Teilnahme an diesem Wiederaufbauprogramm.

M5 Schaufenster vor der Währungsreform (1947)

M6 Schaufenster unmittelbar nach der Währungsreform (1948)

Die Reichsmark hatte nur noch Wert in Verbindung mit Lebensmittelkarten. Das Geld wurde nicht mehr als Tauschmittel akzeptiert. Eine Währungsreform sollte den Handel auf dem Schwarzmarkt beenden und die deutsche Wirtschaft wieder in Schwung bringen. Die UdSSR lehnte diese Maßnahme ab. Deshalb ordneten die Westmächte die Einführung der D-Mark am 20. Juni 1948 nur für ihre Zonen und die drei Westsektoren Berlins an. Daraufhin führte die UdSSR am 24. Juni 1948 in der SBZ eine Währung mit dem Namen „Deutsche Mark" ein.

Die Währungsreform in den Westzonen und die Bestrebungen der Westalliierten, in ihren Zonen einen Staat zu gründen, nahm die UdSSR zum Anlass, die Zufahrtswege nach Westberlin zu blockieren. Westberlin war nur noch auf dem Luftwege erreichbar. Zwei Millionen Westberliner wurden nun über eine Luftbrücke der Westalliierten, vor allem der Amerikaner, mit Nahrungsmitteln, Bekleidung und Brennstoffen aus den Westzonen versorgt. Am 12. Mai 1949 hob die UdSSR die Berlin-Blockade auf Druck der UNO auf.

M7 US-Versorgungsflugzeug („Rosinenbomber") im Anflug auf Berlin-Tempelhof (Juli 1948)

1. → Beschreibe die Folgen der Reparationen für den Wiederaufbau in der SBZ (Text, M2).
2. Erläutere die Ziele des Marshallplanes und beurteile das Vorgehen der USA (Text, M4).
3. → Beschreibe und interpretiere M1 und M3.
4. Nenne Ziele und Folgen der Währungsreform (Text, M5, M6).
5. ↪ „Wer Berlin hat, hat Deutschland, und wer Deutschland hat, hat Europa!" (Lenin)
   – Bewerte die politische Bedeutung Berlins. Berücksichtige die geopolitische Lage Berlins.

Aufgabe 5
→ Seite 62, M1

Die zwei deutschen Staaten 1949–1990

M1 Deutschland 1949

Am 23. Mai 1949 wurde für das Gebiet der Trizone das Grundgesetz verkündet und damit die Bundesrepublik Deutschland mit einer demokratischen Verfassung nach westlichem Vorbild gegründet. Bonn wurde Bundeshauptstadt.

Die UdSSR reagierte binnen weniger Monate auf diese von den Westmächten betriebene Staatsgründung. Sie gab den Weg frei für die Gründung der Deutschen Demokratischen Republik (DDR) auf dem Gebiet der Sowjetischen Besatzungszone am 7. Oktober 1949. Ostberlin wurde Hauptstadt des zweiten deutschen Staates, der eng mit der UdSSR verbündet war und sich zu einer kommunistischen Ein-Parteien-Diktatur der SED entwickelte.

Zwei Staaten auf deutschem Boden

Gründung der beiden deutschen Staaten → www

1945 hatten die Alliierten im Potsdamer Abkommen vereinbart, dass die endgültige Umgestaltung des politischen Lebens in Deutschland auf demokratischer Grundlage und eine eventuelle friedliche Mitarbeit Deutschlands am internationalen Leben vorzubereiten sei. Diese Vereinbarung ließ unterschiedliche Deutungen zu. Sie wurde von den USA, Großbritannien und Frankreich einerseits und der UdSSR andererseits in unterschiedlicher Weise in die Tat umgesetzt.

Im Jahre 1947 waren die britische und amerikanische Besatzungszone zur Bizone vereinigt worden. Durch den Beitritt der französischen Zone wurde diese im April 1949 zur Trizone erweitert.

Trizone einheitlicher Wirtschaftsraum, seit März 1948 bestehend aus der amerikanischen, britischen und französischen Besatzungszone

Seit dem 1. September 1948 tagte in Bonn der Parlamentarische Rat. Er bestand aus 65 gewählten Abgeordneten der Westzonen und fünf nicht stimmberechtigten Vertretern aus Berlin (West). Der Parlamentarische Rat arbeitete im Auftrag der Westalliierten eine Verfassung für einen deutschen Staat auf dem Gebiet der Trizone aus.

> *Die grundlegenden politischen Weichenstellungen waren bereits Ende der vierziger Jahre, vor und mit der Gründung der Bundesrepublik Deutschland, vorgenommen worden. Im Grundgesetz, das am 23. Mai 1949 nach Genehmigung durch die Westalliierten in Kraft trat, finden sich die Prinzipien der neuen bundesstaatlichen parlamentarisch-demokratischen Republik. Schon zuvor, mit der Währungsreform in den Westzonen und Westberlin am 20. Juni 1948, war die Entscheidung für ein marktwirtschaftliches System gefallen und mit dem Marshallplan hatte die Einbeziehung in die westliche Weltwirtschaft begonnen ...*
>
> *Der neue westliche Teilstaat beanspruchte, alleiniger Rechtsnachfolger des Deutschen Reiches zu sein. In der Präambel der als provisorisch bezeichneten Verfassung hieß es, man habe „auch für jene Deutschen gehandelt, denen mitzuwirken versagt war. Das gesamte Deutsche Volk bleibt aufgefordert, in freier Selbstbestimmung die Einheit und Freiheit Deutschlands zu vollenden".*

M2 Der Historiker Axel Schildt über die Gründungsphase der Bundesrepublik (2009)

Konrad Adenauer (1876–1967). Ab 1917 war er Oberbürgermeister von Köln, ab 1920 Präsident des Preußischen Staatsrates. 1933 wurde er von den Nationalsozialisten aus allen Ämtern entlassen, 1944 war er vorübergehend in Haft. Nach dem Krieg wurde er Vorsitzender der CDU und 1949–1963 erster deutscher Bundeskanzler.

Kurt Schumacher (1895–1952). Er war Mitglied des Reichstages (SPD) von 1930–1933. 1933–1943 und 1944–1945 wurde er von den Nationalsozialisten ins Konzentrationslager verschleppt. Die Zeit dort hatte ihm gesundheitlich sehr zugesetzt. Schumacher war ab 1949 SPD-Vorsitzender und Oppositionsführer der SPD-Bundestagsfraktion.

Walter Ulbricht (1893–1973). Er war seit 1928 Mitglied des Reichstags für die KPD, wanderte 1933 nach Prag bzw. Moskau aus. Kehrte mit der „Gruppe Ulbricht" zurück und organisierte die Neugründung der KPD. Als Mitbegründer der SED, dann als Generalsekretär (1950) und Erster Sekretär des SED-Zentralkomitees (1953–1971) war er der mächtigste Mann der DDR.

M3 Maßgebliche deutsche Politiker des Jahres 1949 aus West und Ost

Die DDR wurde in den Herrschaftsbereich der UdSSR eingebunden. Damit verlief die Grenze zwischen den Machtblöcken des Kalten Krieges mitten durch Deutschland.
Das Verhältnis zwischen beiden deutschen Staaten war gekennzeichnet durch gegenseitige Vorwürfe und Unterstellungen sowie die Frage, welcher von beiden Staaten ganz Deutschland repräsentieren und für das ganze Deutschland sprechen durfte.

> In der Sowjetzone gibt es keinen freien Willen der deutschen Bevölkerung. Die Bundesrepublik Deutschland stützt sich ... auf die Anerkennung durch den frei bekundeten Willen von rund 23 Millionen stimmberechtigter Deutscher ... (Sie) fühlt sich auch verantwortlich für das Schicksal der 18 Millionen Deutschen, die in der Sowjetzone leben. (Die Bundesrepublik) ist allein befugt, für das deutsche Volk zu sprechen.

M4 Bundeskanzler Konrad Adenauer am 21. Oktober 1949 über die DDR

> Die Bildung der Deutschen Demokratischen Republik bedeutet einen Wendepunkt für ganz Deutschland.
> Durch die Bildung der Republik und die Schaffung der großen Nationalen Front des demokratischen Deutschland wurde den anglo-amerikanischen Imperialisten und ihren deutschen Helfershelfern ein für allemal der Weg zur Versklavung Deutschlands versperrt. ... Sie haben Deutschland gespalten und die Bonner Protektoratsverwaltung als ihr deutsches Werkzeug eingesetzt. ... Sie wollen aus Westdeutschland eine Kolonie machen, einen strategischen Aufmarschplatz für den verbrecherischen amerikanischen Welteroberungsplan. Von Westdeutschland aus planen sie den Krieg zur Vernichtung Europas. Zu diesem Zwecke treiben sie eine wilde Hetze gegen die von der Deutschen Demokratischen Republik als Friedensgrenze anerkannte Oder-Neiße-Linie.

M5 Aus dem Programm der Nationalen Front der DDR 1950 (Auszug)

Alleinvertretungsanspruch
Seit ihrer Gründung bis zum Jahr 1969 erhob die Bundesrepublik diesen Anspruch, weil sie sich als einzige rechtmäßige Vertretung des deutschen Volkes betrachtete.

Nationale Front
Die politischen Parteien und Massenorganisationen waren in der DDR zur „Nationalen Front" zusammengeschlossen. Es war gut für die berufliche Karriere, Mitglied der SED, einer anderen Partei oder Massenorganisation zu sein.

1. Erkläre den Begriff „Alleinvertretungsanspruch" (M2, M4, Text).
2. Informiere dich über Adenauer, Schumacher und Ulbricht und berichte.
3. Nimm Stellung zu den Argumenten von Bundeskanzler Adenauer (M4) und zu dem Konflikt, der sich zwischen der DDR und der Bundesrepublik damit zwangsläufig ergab.
4. Nenne sechs Vorwürfe, welche die „Nationale Front" gegen die Bundesrepublik und die Westalliierten richtete (M5), und beurteile sie.

M1 Der Mauerbau beginnt: Stacheldraht trennt den Potsdamer Platz ab (13. August 1961).

M2 Mauerbau in Berlin an der Harzer Straße (18. August 1961)

Flüchtlingsstrom und Mauerbau

Berliner Mauer → www

Schon ab 1952 hatte die DDR die innerdeutsche Grenze zur Bundesrepublik abgeriegelt. Nach und nach wurde sie durch Stacheldraht und Minenfelder unüberwindbar gemacht. Das Verlassen des Landes war den Bürgern der DDR seit 1957 bei Strafandrohung verboten.

Nur in Berlin, das mitten in der DDR lag, konnten täglich etwa 50 000 Menschen aus Ostberlin die Sektorengrenze ungehindert passieren, um in Westberlin zu arbeiten. Hier sahen sie ein reichhaltiges Warenangebot in den Kaufhäusern und erlebten die Vorzüge der Freiheit in einer Demokratie.

Den einzigen offenen Übergang von Ost nach West nutzten bis 1961 immer mehr DDR-Bürger zur Flucht. Zumeist junge und gut ausgebildete Menschen verließen die DDR. Dort fehlten sie beim Aufbau der Wirtschaft.

Bis Anfang August 1961 schwoll der Flüchtlingsstrom aus der DDR nach Westberlin so stark an, dass die DDR-Regierung den wirtschaftlichen Zusammenbruch ihres Staates befürchtete. Daher beschloss sie zusammen mit den anderen Regierungen des Warschauer Paktes die totale Abgrenzung der DDR gegenüber dem Westen.

Am 13. August 1961 wurden die drei Westsektoren Berlins durch den Bau einer Betonmauer von Ostberlin und der DDR abgeriegelt. Damit war die letzte Fluchtmöglichkeit für DDR-Bürger verbaut.

Jahr	Anzahl
1949	129 245
1950	197 788
1951	165 648
1952	182 393
1953	331 390
1954	184 198
1955	252 870
1956	279 189
1957	261 622
1958	204 092
1959	143 917
1960	199 188
1961	155 402

M3 Flüchtlinge, die aus der DDR in die Bundesrepublik kamen

1. → Stelle die Entwicklung der Flüchtlingszahlen in einem Säulendiagramm dar (M3).
2. Erkläre die Ursachen der Flüchtlingszahlen des Jahres 1953. Berücksichtige S. 88/89.
3. Beschreibe, welche Folgen die Flüchtlingsströme für die Wirtschaft der DDR hatten (Text).

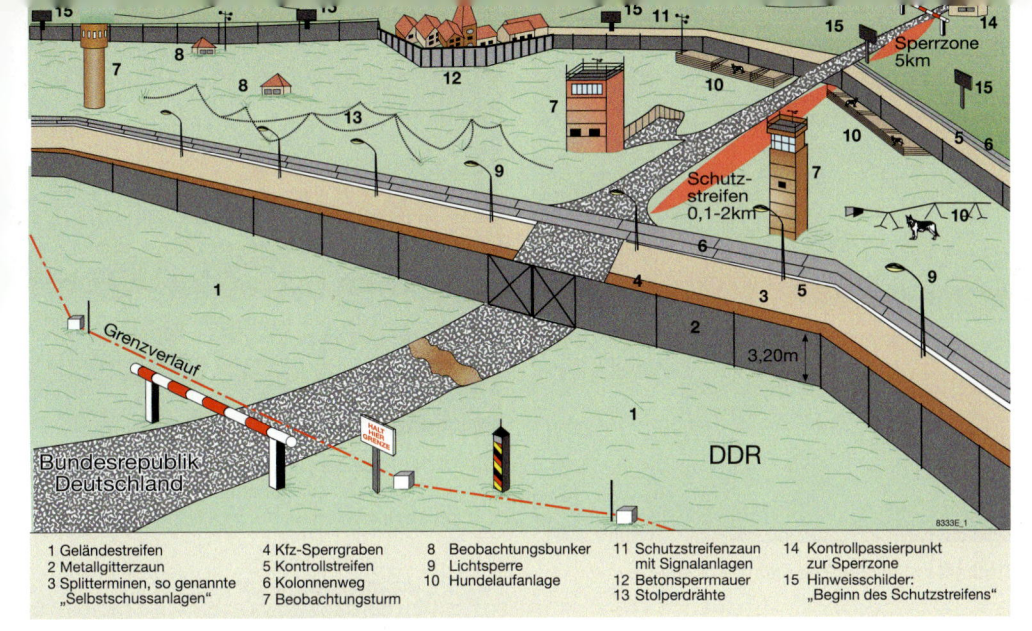

1 Geländestreifen	4 Kfz-Sperrgraben	8 Beobachtungsbunker	11 Schutzstreifenzaun mit Signalanlagen	14 Kontrollpassierpunkt zur Sperrzone
2 Metallgitterzaun	5 Kontrollstreifen	9 Lichtsperre	12 Betonsperrmauer	15 Hinweisschilder: „Beginn des Schutzstreifens"
3 Splitterminen, so genannte „Selbstschussanlagen"	6 Kolonnenweg	10 Hundeauflaganlage	13 Stolperdrähte	
	7 Beobachtungsturm			

M4 Die Grenzanlagen an der innerdeutschen Grenze bis 1989

Wenige Monate nach dem Bau der Berliner Mauer wurde im November 1961 die „Zentrale Beweismittel- und Dokumentationsstelle der Landesjustizverwaltungen" in Salzgitter eingerichtet. Hier wurden alle Todesfälle und vereitelte Fluchtversuche von DDR-Bürgern an der innerdeutschen Grenze dokumentiert. Insgesamt kamen 872 Menschen ums Leben.

> Ich beobachtete, wie Betonpfeiler und Fertigteile abgeladen wurden. Dabei sagte ein Kamerad, dass jetzt wohl eine Mauer gebaut würde. Ich dachte: „Jetzt mauern die uns ein. Wenn du in den Westen fliehen willst, dann jetzt." Ich sah die anderen Wachposten und wartete einen günstigen Moment ab. Mit dem Fuß drückte ich an einer Stelle den Stacheldraht so weit runter, dass er nur noch kniehoch war. ... In der Sekunde, bevor ich losrannte, fühlte ich, wie meine Knie weich wurden, ich habe gezittert. Da sprang ich und rannte auf die Westberliner Polizisten zu. Einer von ihnen klopfte mir auf die Schulter und sagte: „Willkommen im Westen, junger Mann."

M5 DDR-Soldat C. Schumann über seine Flucht am 13. August 1961

M6 Die Flucht des DDR-Soldaten Schumann

4 → Werte M2, M5 und M6 aus. Beschreibe mögliche Beweggründe, Gedanken und Gefühle von DDR-Flüchtlingen.

5 Erläutere die Maßnahmen, mit denen die DDR-Regierung ein Verlassen des Landes unmöglich machen wollte (M1, M2, M4).

6 → „Am 13. 08. 1961 wurde das Schlupfloch Berlin verschlossen." – Erkläre.

M1 Hochzeitsgesellschaft an der Berliner Mauer (1962)

M3 In der Passierscheinstelle Berlin-Wilmersdorf nehmen Ostberliner Postbeamte Anträge entgegen (Foto 15. 12. 1963).

M4 Der 18-jährige Peter Fechter wird am 17. 8. 1962 bei der Flucht von DDR-Grenzsoldaten angeschossen; er verblutet, weil die Grenzer nicht zu Hilfe kommen.

Leben im geteilten Berlin

Durch den Mauerbau am 13. August 1961 wurden von einem Tag auf den anderen Familien auseinandergerissen. Erstmals zu Weihnachten 1963 durften Westberliner mit Passierscheinen Verwandte im Osten der Stadt besuchen. Für die Menschen aus Ostberlin und der DDR blieben Mauer und innerdeutsche Grenze unüberwindbar. Wer die Flucht riskierte, musste damit rechnen, von DDR-Grenzsoldaten verhaftet oder gar erschossen zu werden.

Schießbefehl Anordnung der DDR-Regierung (gültig bis 1989), dass auf jeden, der die Grenzanlagen überwinden will, zu schießen ist

> Um sich ... wenigstens noch von Weitem sehen zu können, sind damals manche zur Schwedter Straße gefahren. Dort hatten welche einen Berg ... aufgeschippt. Da standen die Ostler. Die Westler hatten ja andere Möglichkeiten. Die holten eine Leiter oder was, dass sie die Köpfe sehen konnten. Dann wurde hin und her gewinkt ... Im Osten (kam) aber immer gleich die Polizei: Nicht stehen bleiben! Verboten! Gehen Sie weiter! ... Und wenn (man) dann (ging), war man natürlich immer in Tränen aufgelöst.

M2 Eine Ostberlinerin berichtet über die Zeit nach dem 13. August 1961 (1992).

> Mit dem Passierscheinabkommen vom 17. Dezember 1963 gelingt es in Berlin erstmals, die Mauer durchlässiger zu machen. 28 Monate nach dem Mauerbau können Westberliner über Weihnachten 1963 wieder ihre Verwandten im Ostteil der Stadt besuchen. Vom 19. Dezember bis zum 5. Januar kommen etwa 1,2 Millionen Besuche von insgesamt über 700 000 Westberlinern zustande. Insgesamt handeln Vertreter des Westberliner Senats und der DDR vier Passierscheinabkommen aus, die teilweise noch größere Besucherzahlen zur Folge haben.

M5 Ein Text des Hauses der Geschichte der Bundesrepublik (2009)

1. Beschreibe die Folgen des Mauerbaus auf das Leben der Berliner (Text, M1–M5).
2. Berechne anhand der ausgegebenen Passierscheine, wie viele Westberliner (Westberlin hatte ca. 2 Mio. Einwohner) mindestens von der Teilung familiär betroffen waren (M5).

Zeitzeugen befragen

Bei einer Zeitzeugenbefragung erfahrt ihr, wie Menschen Vergangenes erlebt, wie sie dies damals bewertet haben und es heute beurteilen. So geht ihr vor:

Schritt 1 •

Eingrenzung des Themas und Vorbereitung
→ Verständigt euch auf ein Thema (z. B. Mauerbau).
→ Beschafft möglichst viele Informationen zum Thema. (Was ist wann, wo, wie, warum geschehen?)

Schritt 2 ••

Zeitzeugen finden
→ Sucht nach Zeitzeugen: im Bekanntenkreis, in der Familie usw.
→ Wenn ihr Probleme bei der Suche habt, bittet Museen, Geschichtsvereine oder Kirchen um Hilfe bei der Kontaktaufnahme zu einem Zeitzeugen.

Schritt 3 •••

Fragen an den Zeitzeugen
→ Erarbeitet euch vor dem Interview Fragen und ordnet sie (z. B.: An welche Einzelheiten erinnern Sie sich? Waren Sie Beteiligter oder Beobachter? Wo hielten Sie sich zur Zeit des Geschehens auf? Wie erlebten Sie das Geschehen? Welches waren Ihre Gedanken und Gefühle? Wie war Ihre Meinung zum Geschehen damals, und wie ist sie heute?).
→ Vereinbart einen Termin mit dem Zeitzeugen.
→ Tipp: Zeichnet das Interview mit einem Smartphone oder einer Kamera auf.

Schritt 4 ••••

Auswertung der Aussagen
→ Hört oder seht euch eure Aufzeichnung an.
→ Spürt Übereinstimmungen oder Widersprüche auf.
→ Respektiert die Berichte trotz möglicher Widersprüche.

→ Fertigt eine Dokumentation an, z. B. als Wandzeitung oder als Reader. (Achtung: Für eine solche Veröffentlichung benötigt ihr vom Zeitzeugen eine schriftliche Genehmigung.)

Welche Erinnerungen verbinden Sie mit dem 13. 08. 1961?
Am Freitag, dem 11. August feierten wir mit meiner Freundin Marianne meinen 13. Geburtstag. Sie wohnte im Ostteil der Stadt und ich im Westteil. Marianne war für das Wochenende zu Besuch gekommen, und wir spielten auch in einem Waldstück. Genau dort verlief später die Grenze.

Was haben Sie am 13. 08. erlebt?
Der 13. August war ein Sonntag. Die Unruhe auf den Straßen verstanden Marianne und ich nicht so genau. Es hieß, eine Stacheldraht-Grenze wird um Westberlin gezogen. Wir fuhren mit den Rädern zur Grenze. Da sahen wir die Militärwagen mit riesigen Rollen von Stacheldraht. Alles wurde ausgerollt, sodass kein Mensch mehr durchkonnte. Dann hörten wir, alle „Ost-Besucher" müssen eilig zurück, die Züge halten nicht mehr an den Bahnhöfen in Ostberlin.

Und was tat ihre Freundin?
Marianne packte hektisch alles zusammen. Ich brachte sie noch zur Bahnstation. Damals wussten wir noch nicht, dass wir uns nie wiedersehen werden. Zwei Briefe schrieb mir Marianne noch, und seitdem habe ich bedauerlicherweise nie mehr etwas von ihr gehört.

M6 Die Zeitzeugin, Frau Ginzel, berichtet Schülerinnen und Schülern der Klasse 10a der Renataschule Hildesheim über den 13. August 1961.

M7 Auszug aus dem Interview mit der Zeitzeugin Frau Ginzel

Methoden erlernen

Entspannungspolitik

Die neue Ostpolitik der Regierung Brandt

M1 Bundeskanzler Brandt am Fenster des Hotels Erfurter Hof (19. März 1970); oben links ein vergrößerter Ausschnitt

Die CDU-geführten Regierungen unter Adenauer und Erhard hatten auf dem Alleinvertretungsanspruch und einer Politik der Unnachgiebigkeit gegenüber der DDR beharrt. Dagegen forderte Egon Bahr von der SPD einen „Wandel durch Annäherung", um das Verhältnis zwischen den beiden deutschen Staaten und zum Ostblock zu verbessern. Ab 1969 wurde diese Politik von der Regierung unter Bundeskanzler Willy Brandt (SPD) und Außenminister Walter Scheel (FDP) umgesetzt.

Am 19. März 1970 trafen Bundeskanzler Brandt und DDR-Ministerpräsident Stoph in Erfurt und am 21. Mai 1970 in Kassel zusammen. Es wurden gegenseitige Erklärungen des guten Willens abgegeben, konkrete Ergebnisse wurden aber noch nicht erreicht.

Entspannungspolitik → [www]

> Wir sind bereit, einen Vertrag über völkerrechtliche Beziehungen unverzüglich zu unterzeichnen. Das wäre der gangbare Weg, um solche Beziehungen zwischen unseren Staaten zu ermöglichen, die zu einem Verhältnis der friedlichen Koexistenz zwischen DDR und BRD führen können …

M2 Willy Stoph bei seinem Gegenbesuch in Kassel (21. Mai 1970)

> 19. 03. 1970: Treffen von Bundeskanzler Brandt und DDR-Ministerpräsident Stoph in Erfurt
> 21. 05. 1970: Gegenbesuch von DDR-Ministerpräsident Stoph in Kassel
> 17. 12. 1971: Transitabkommen I zwischen der DDR und der Bundesrepublik: Die DDR garantiert den ungehinderten Verkehr zwischen der Bundesrepublik und Westberlin durch die DDR.
> 20. 12. 1971: Transitabkommen II: Westberliner können nach Ostberlin und in die DDR reisen.
> 21. 12. 1972: Grundlagenvertrag: Das Verhältnis zwischen den beiden deutschen Staaten wird grundsätzlich neu geregelt. Die Bundesrepublik Deutschland und die DDR verpflichten sich, zueinander normale, gleichberechtigte und gutnachbarschaftliche Beziehungen auf der Grundlage der Gleichberechtigung aufzubauen. Die Unverletzlichkeit der bestehende Grenzen, die Unabhängigkeit und Selbstständigkeit beider Staaten werden gegenseitig ausdrücklich anerkannt.
> 18. 09. 1973: Aufnahme der Bundesrepublik Deutschland und der DDR in die UNO.

M3 Entspannungspolitik (Zeittafel)

> Die Bundesregierung bietet dem Ministerrat der DDR erneut Verhandlungen beiderseits ohne Diskriminierungen auf der Ebene der Regierungen an, die zu vertraglich vereinbarter Zusammenarbeit führen sollen. Die völkerrechtliche Anerkennung der DDR durch die Bundesrepublik kann nicht in Betracht kommen. Auch wenn zwei Staaten in Deutschland existieren, sind sie füreinander nicht Ausland.

M4 Bundeskanzler Willy Brandt vor dem Bundestag (28. 10. 1969)

M5 „Die Unterschrift des Jahres" – die Karikatur von Hanns Erich Köhler zeigt Willy Brandt (1970).

M6 Karikatur von Wolfgang Hicks zur Unterzeichnung des Grundlagenvertrages zwischen der Bundesrepublik Deutschland und der DDR; links Willy Brandt, daneben Egon Bahr (1972)

Entspannung durch Verträge

Vor einem Vertragsabschluss mit der DDR musste sich die Regierung von Bundeskanzler Brandt und Außenminister Scheel zunächst mit der UdSSR einigen, da diese immer noch Besatzungsmacht in der DDR war.

Am 12. August 1970 wurde der Moskauer Vertrag geschlossen, in dem die Bundesrepublik die seit 1945 in Osteuropa bestehenden Grenzen anerkannte; beide Seiten vereinbarten den Verzicht auf Gebietsansprüche und auf die Anwendung militärischer Gewalt.

Im Warschauer Vertrag vom 7. Dezember 1970 zwischen der Bundesrepublik Deutschland und Polen erkannte die Bundesrepublik die Unverletzlichkeit der polnischen Westgrenze entlang der Oder-Neiße-Linie an.

Am 3. September 1971 schlossen die vier Siegermächte ein Abkommen über Berlin: Verantwortlichkeiten und Rechte der vier Siegermächte werden bestätigt, die Zufahrtswege von der Bundesrepublik nach Westberlin von der UdSSR garantiert.

In den folgenden Jahren schlossen die beiden deutschen Staaten mehrere Verträge. Gleichzeitig konnte sich die DDR international als souveräner Staat profilieren.

Der Bundesausschuss der CDU, das höchste Beschlussgremium zwischen den Parteitagen, hat am Montag einstimmig entschieden, die Verträge mit Moskau und Warschau abzulehnen. Damit hat sich die CDU in dieser Frage jetzt auch formell festgelegt. Als Begründung für den Beschluss gab der CDU-Vorsitzende Barzel an, es sei der Bundesregierung mit den Verträgen nicht gelungen, die Anerkennung des Selbstbestimmungsrechts aller Deutschen durch Moskau und Warschau unmissverständlich durchzusetzen und größere Freizügigkeit in ganz Deutschland zu erreichen.

M7 Aus einem Artikel in DIE ZEIT vom 28.01.1972

1 Die neue Ostpolitik war in der Bundesrepublik heftig umstritten. Nenne die zwei Gründe, mit denen die CDU die Ostpolitik der Regierung Brandt/Scheel ablehnt (M7).

2 Erläutere die unterschiedlichen Erwartungen von Bundesrepublik und DDR an die innerdeutschen Verhandlungen (M2, M4).

3 Erkläre, warum viele Bundesbürger mit dem Warschauer Vertrag von 1970 nicht einverstanden waren.

Aufgabe 3 → Seite 62, M1

4 Nimm Stellung zur Entwicklung der Annäherung zwischen der Bundesrepublik und der DDR durch Verträge (M3).

5 Beschreibe und interpretiere die Karikaturen (M5, M6).

6 Ziehe eine Bilanz der Ostpolitik der Regierung Brandt, indem du zusammenstellst, was sie erreicht und was sie nicht erreicht hat.

Stationen der Entspannungspolitik
Willy Brandt in Warschau

Kniefall vor der Geschichte

M1 Der Kniefall von Willy Brandt in Warschau

Kniefall vor der Geschichte → www

Es war eine Geste, die die Welt bewegte. Vor vierzig Jahren kniete Bundeskanzler Willy Brandt in Warschau vor dem Mahnmal für die Opfer des Aufstandes im Warschauer Getto. Für seinen Mut wurde der Sozialdemokrat von der Welt gefeiert – nur die Deutschen reagierten skeptisch.
Ein feuchter, grauer Tag ist es, als Willy Brandt am 7. Dezember in der Hauptstadt Polens das Mahnmal für die Opfer des Aufstands im Warschauer Getto besucht. Mit ernstem, fast maskenhaftem Gesichtsausdruck schreitet er zu dem expressionistischen Bronzedenkmal und legt einen großen Kranz mit weißen Nelken nieder. Brandt zupft die Schleife zurecht, tritt ein paar Schritte zurück, dann sinkt er unvermittelt auf die Knie. Bundesaußenminister Walter Scheel, der rechts hinter ihm steht, ist ebenso überrascht wie der polnische Ministerpräsident Jozef Cyrankiewicz; selbst Brandts engster Vertrauter, Staatssekretär Egon Bahr, ist irritiert.
Brandts Blick geht in die Ferne. Er wirkt wie versteinert. Etwa eine halbe Minute kniet er vor dem Mahnmal. Die Fotografen und Kameramänner wissen, dass sie Bilder machen, die um die Welt gehen werden. „Brandt braucht Sekunden", so Hans Ulrich Kempski, damals Chefreporter der „Süddeutschen Zeitung", „die den Zeugen der Szene endlos erscheinen, bis er wieder steht. Es sieht aus, als brauche er alle Kraft, um Tränen niederzukämpfen."
Die Bilder des auf dem Platz der Helden des Gettos knienden Bundeskanzlers, des Deutschen, der sich vor den Opfern der Deutschen verneigt, bergen eine Dramatik, die in der Politik selten ist. Es ist kein Zufall, dass es Willy Brandt war, der diese aufwühlende Geste der Empathie wählte. Kein Politiker hat die westdeutsche Republik so polarisiert, aber auch so viele Menschen begeistert wie Willy Brandt. (...)
Ein Jahr später bekam er (...) den Friedensnobelpreis verliehen.

M2 Michael Sontheimer auf Spiegel.de in der Reihe „Eines Tages" über den 7. Dezember 1970

1. ↪ Informiere dich im Internet über das Warschauer Getto und berichte.
2. ↪ Erkläre, warum die umstehenden Politiker beim Kniefall Brandts irritiert und überrascht sind. Denke daran, wie sonst die üblichen Kranzniederlegungen ablaufen.
3. ↪ Beschreibe, was Willy Brandt mit dieser Geste ausdrücken wollte.
4. ↪ „Die Fotografen und Kameramänner wissen, dass sie Bilder machen, die um die Welt gehen werden." – Nimm Stellung zu dieser Aussage.

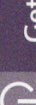

Das Transitabkommen von 1971

Ein Vertrag des Übergangs

Es war der erste Vertrag zwischen der Bundesrepublik und der DDR – ermöglicht durch die neue Ostpolitik der Regierung Willy Brandts. Das Transitabkommen erleichterte Bundesbürgern die Reise nach Westberlin und den Westberlinern einen Besuch in Ostberlin.

17. Dezember 1971: Reporter aus der ganzen Welt beobachten Egon Bahr (rechts) und Michael Kohl (links). Die beiden Staatssekretäre unterzeichnen das Transitabkommen im Palais Schaumburg in Bonn. Zähe Vertragsverhandlungen finden endlich ihren Abschluss. 15 Monate hatten sie gedauert, mehr als 75 Treffen waren der Unterzeichnung vorausgegangen. Und mehrmals standen die Verhandlungen auf der Kippe – schließlich saßen hier eher Gegner als Partner am Verhandlungstisch. Ein Streitpunkt war beispielsweise, ob die Bonner Regierung überhaupt für Westberlin verhandeln dürfe. Streit gab es auch über die Frage der aus der DDR Geflohenen: Durften sie, die sich in den Augen der DDR strafbar gemacht hatten, die Transitwege durch das DDR-Gebiet benutzen? Bundesaußenminister Walter Scheel bestand persönlich darauf, dass nur Gewaltverbrecher von der Benutzung der Transitwege ausgeschlossen werden. Die DDR-Führung stimmte schließlich zu. Flüchtlinge, die während ihrer Flucht kein Verbrechen begangen hatten, konnten die Transitwege ungehindert nutzen. Die mit dem Abkommen für die Bundesbürger erzielten Erleichterungen galten allerdings nur für den „spezifischen" Transitverkehr von und nach Westberlin. Wurde die DDR als Durchreiseland genutzt, etwa um nach Polen oder in die Tschechoslowakei zu reisen, kontrollierten die DDR-Grenzer nach wie vor mit der ihnen eigenen Strenge. Insgesamt betrafen die Regelungen des Abkommens über 1000 Kilometer Straße, gut 1200 Kilometer Zugstrecken und knapp 600 Kilometer Flüsse. Am 3. Juni 1972 trat das Abkommen in Kraft. (…)

Viele Bundesbürger nutzten die neuen Freiheiten und reisten in die DDR – meist, um dort Verwandte zu besuchen. Die Statistiken verzeichnen etwa zehn Millionen Besuchsreisen jährlich.

Kosten des Abkommens
Zwischen 1972 und 1975 überwies die Bundesregierung für Visa und Schienennutzung durch Bundesbürger knapp 250 Millionen DM an die DDR. Insgesamt zahlte die Bundesregierung bis 1989 über zwei Milliarden DM für die Instandhaltung der Transitwege.

Transitabkommen → www

M4 Egon Bahr (rechts) und Michael Kohl (links) unterzeichnen das Transitabkommen.

M3 Ein Artikel auf mdr.de zur Reihe „Damals im Osten" über den 17. Dezember 1971

5 → Stelle die wichtigsten Fakten über den Abschluss des Transitabkommens vom 17. Dezember 1971 zusammen (beteiligte Politiker, Dauer der Verhandlungen, Anzahl der Sitzungen).

6 → Berichte über die beiden Hauptstreitfragen im Laufe der Verhandlungen.

7 → Erkläre den Unterschied zwischen „spezifischem Reiseverkehr" und „anderem Durchreiseverkehr" sowie die damit verbundenen Formen der unterschiedlichen Kontrollen.

8 → Kritiker des Abkommens sahen „nur eingeschränkte Erleichterungen". – Nimm begründet dazu Stellung, wer vom Transitabkommen profitierte und wer keinen Nutzen daraus zog.

Geteilte Welt und Kalter Krieg

1 Eine Karte auswerten
Bearbeite die Karte nach der Anleitung für die Interpretation von historischen Karten (siehe S. 114).

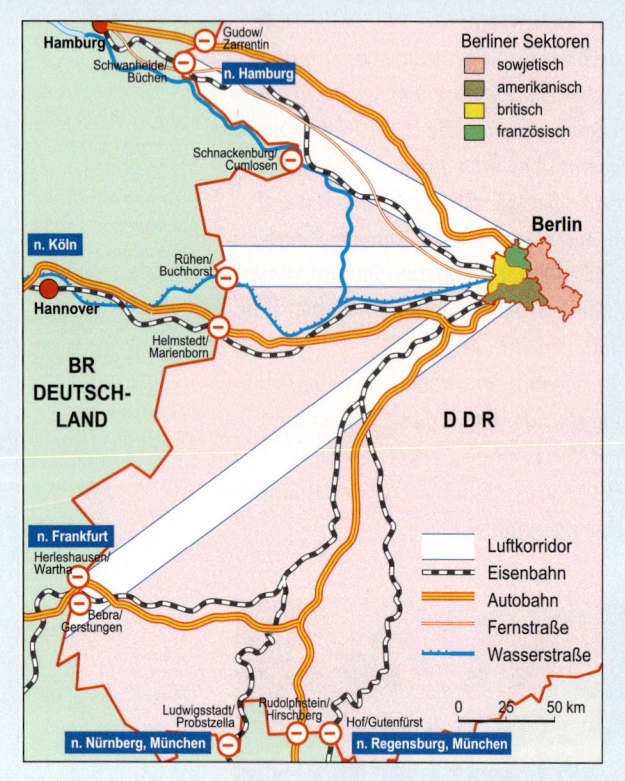

2 Zusammenhänge herstellen
1 Suche jeweils den Begriff, der nicht zu den andern passt, und begründe deine Wahl.

2 Finde jeweils eine Überschrift, die zu den anderen Begriffen passt.

a) *Moskauer Vertrag – Wandel durch Annäherung – Alleinvertretungsanspruch – UNO-Mitgliedschaft der beiden deutschen Staaten – Warschauer Vertrag – Grundlagenvertrag*

b) *Schwarzmarkt – Hamsterfahrten – Trümmerfrauen – Atombombe – Vertreibung – Schulspeisung – Trizone*

c) *Koreakrieg – Berlin-Blockade – Eiserner Vorhang – Vietnamkrieg – Marshallplan – Kubakrise*

3 Politikerrätsel
Ordne die nachfolgenden Politiker dem westlichen oder östlichen Einflussbereich zu:

John F. Kennedy – Walter Ulbricht – Konrad Adenauer – Josef Stalin – Kurt Schumacher – Nikita Chruschtschow – Harry S. Truman – Willy Brandt – Winston Churchill – George C. Marshall – Willi Stoph – Walter Scheel – Andrej Shdanow

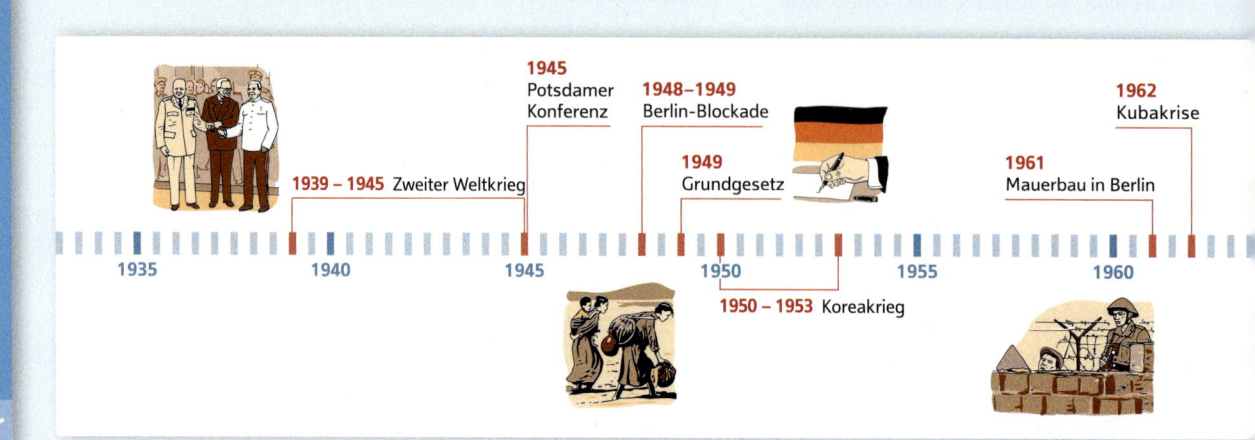

Zeitleiste:
- 1939 – 1945 Zweiter Weltkrieg
- 1945 Potsdamer Konferenz
- 1948–1949 Berlin-Blockade
- 1949 Grundgesetz
- 1950 – 1953 Koreakrieg
- 1961 Mauerbau in Berlin
- 1962 Kubakrise

4 Eine Tabelle erstellen

Entspannungspolitik – Ordne die jeweils in Klammern stehenden Daten Verträge und Inhalte in einer Tabelle nach dem folgenden Muster in zeitlicher Reihenfolge einander zu.

Daten	Verträge	Inhalte

a) (18.09.1973) – (03.09.1971) – (20.12.1971) – (17.12.1971) – (21.12.1972) – (12.08.1970) – (07.12.1970)

b) (Transitabkommen II) – (Grundlagenvertrag) – (Aufnahme von Bundesrepublik und DDR in die UNO) – (Viermächteabkommen über Berlin) – (Transitabkommen I) – (Warschauer Vertrag) – (Moskauer Vertrag)

c) (Anerkennung der Grenzen in Osteuropa, Verzicht auf Gebietsansprüche und auf militärische Gewaltanwendung) – (Verpflichtung zu gut nachbarschaftlichen und gleichberechtigten Beziehungen zueinander sowie zur Unverletzlichkeit der bestehenden Grenzen) – (Reisemöglichkeit für Westberliner nach Ostberlin und in die DDR) – (Bestätigung der Rechte der Siegermächte über Berlin und Garantie der Zufahrtswege seitens der UdSSR) – (Anerkennung der Unverletzlichkeit der polnischen Westgrenze) – (Garantie des ungehinderten Verkehrs von der Bundesrepublik nach Westberlin und umgekehrt durch die DDR) – (Bundesrepublik und DDR als gleichberechtigte Mitglieder der internationalen Völkergemeinschaft)

5 Einen Bericht schreiben

Bringe die einzelnen Blöcke in die richtige Reihenfolge, sodass sie die Ereignisse um den Bau der Berliner Mauer wiedergeben.

Alle Verbindungen von Ost nach West sind unterbrochen.	Die innerdeutsche Grenze wird von der DDR unüberwindbar gemacht.	Am 13.08.1961 beginnt die DDR-Regierung mit dem Bau der Berliner Mauer.	Republikflucht wird als Verbrechen ins Strafgesetzbuch der DDR aufgenommen.
Die DDR befürchtet ein wirtschaftliches „Ausbluten".	Der Übergang von Ost- nach Westberlin ist noch frei.		Flüchtlingsströme aus der DDR über Berlin steigen an.

1965 – 1973 US-Vietnamkrieg

1970 Kanzler Brandt in Polen

Grundbegriffe:

Berlin-Blockade
Berliner Mauer
Kommunismus
Koreakrieg
Kubakrise
Luftbrücke
Marshallplan (ERP)
NATO
Ostblock
Ostverträge
UNO
Vietnamkrieg
Warschauer Pakt

Der Weg zur deutschen Einheit

Zeitfenster: 1949 – 1990

Der Weg zur deutschen Einheit

M2 Das Brandenburger Tor im Jahr 1988

M3 Das Brandenburger Tor im Jahr 1998

→ Wie entwickelten sich zwei deutsche Staaten?
→ Wie kam es zum Fall der Berliner Mauer?
→ Welche Rolle spielte dabei die Bevölkerung der DDR?
→ Warum hat die UdSSR die Entwicklung in der DDR nicht gestoppt?
→ Wie kam es zur deutschen Wiedervereinigung?

M1 Das Brandenburger Tor am 10. November 1989

Zwei Staaten in Deutschland: zwei Staatsformen

Das Grundgesetz der Bundesrepublik Deutschland

M1 Der zukünftige Bundespräsident Theodor Heuss unterzeichnet das Grundgesetz (23. Mai 1949).

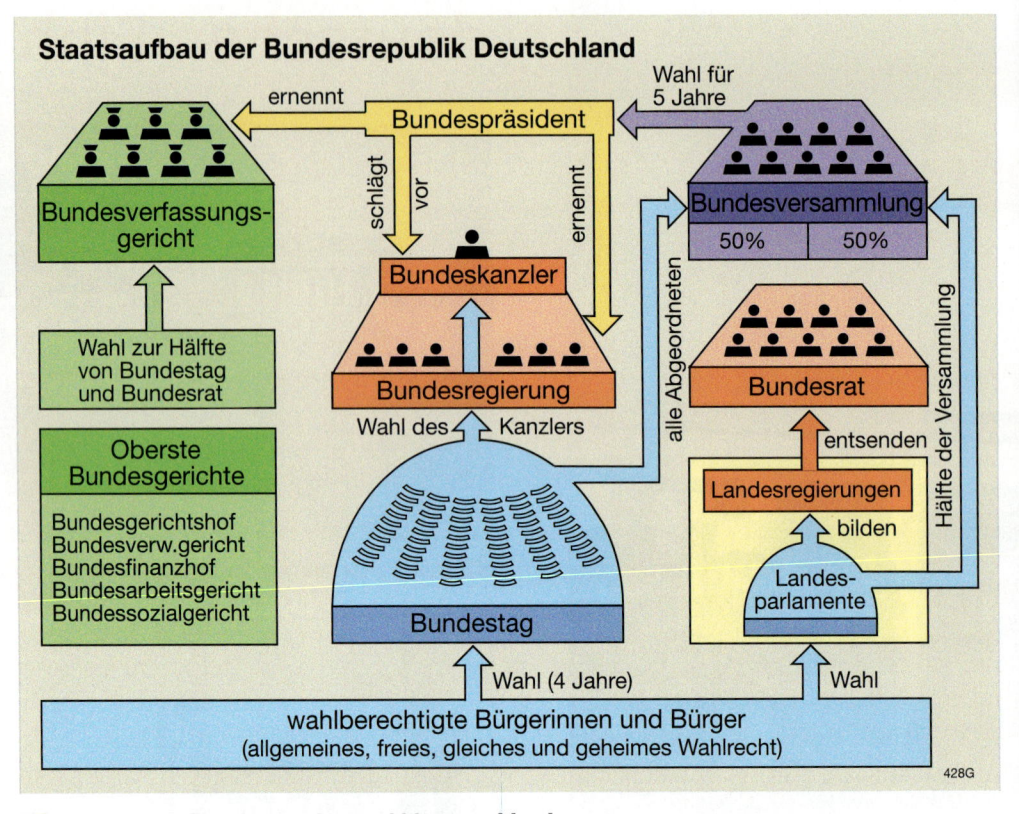

M2 Der Staatsaufbau der Bundesrepublik Deutschland

Parlamentarischer Rat
Die Mitglieder des Parlamentarischen Rates wurden aus dem Kreis der Abgeordneten der elf Landtage der Trizone gewählt.

Im September 1948 trat in Bonn der Parlamentarische Rat zusammen. Er hatte von den westlichen Besatzungsmächten den Auftrag erhalten, eine demokratische Verfassung nach westlichem Vorbild für einen deutschen Staat auf dem Gebiet der Trizone auszuarbeiten.
Am 23. Mai 1949 wurde diese Verfassung, das Grundgesetz, feierlich verkündet; damit war die Bundesrepublik Deutschland gegründet. Kennzeichen des Grundgesetzes sind die besondere Stellung der Grund- und Menschenrechte im ersten Abschnitt mit den Artikeln 1 bis 19, die Errichtung eines Mehrparteiensystems sowie die Festschreibung der Gewaltenteilung und der gegenseitigen Kontrolle von Legislative, Exekutive und Judikative. Bundespräsident wurde Theodor Heuss, erster Bundeskanzler Konrad Adenauer.

Grundgesetz → www

> Im Bewusstsein seiner Verantwortung vor Gott und den Menschen, von dem Willen beseelt, seine nationale und staatliche Einheit zu wahren und als gleichberechtigtes Glied in einem vereinten Europa dem Frieden der Welt zu dienen, hat das Deutsche Volk ... um dem staatlichen Leben für eine Übergangszeit eine neue Ordnung zu geben, kraft seiner verfassungsgebenden Gewalt dieses Grundgesetz der Bundesrepublik Deutschland beschlossen. Es hat auch für jene Deutsche gehandelt, denen mitzuwirken versagt war.

M3 Präambel des Grundgesetzes in der Fassung vom 23. Mai 1949 (Auszug)

1 → Erkläre den letzten Satz der Grundgesetz-Präambel von 1949 (M3).

Die Verfassung der DDR

Die Entwicklung in der Sowjetischen Besatzungszone (SBZ) wurde seit 1945 von einer Gruppe deutscher Kommunisten unter Leitung von Walter Ulbricht geprägt. Dabei galt Ulbrichts Leitsatz: „Es muss demokratisch aussehen, aber wir müssen alles in der Hand haben." So wurden in der SBZ 1949 die Wahlen zum Volkskongress, der eine Verfassung beschließen sollte, gefälscht. Mit der Annahme der Verfassung am 7. Oktober 1949 war die DDR gegründet.

In der DDR wurde der gesamte Staatsaufbau von der Sozialistischen Einheitspartei Deutschlands (SED) beherrscht. Obwohl die DDR vorgab, eine Demokratie zu sein, war sie in Wirklichkeit eine Einparteiendiktatur mit der SED als Staatspartei. Von den verschiedenen Organen der SED wurden Weisungen oder Beschlüsse zur Ausführung an die Regierungsgremien gegeben.

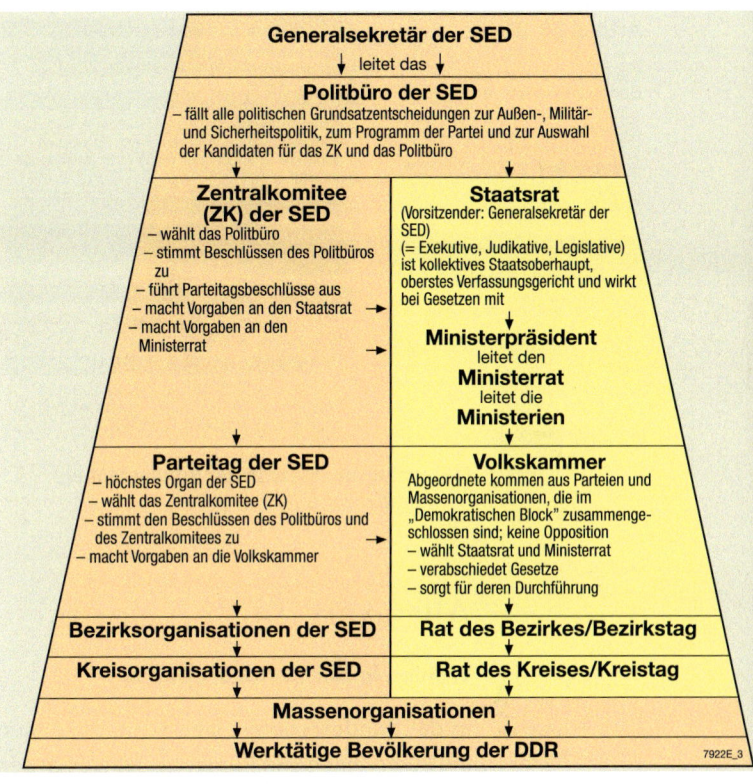

Generalsekretär der SED
↓ leitet das ↓
Politbüro der SED
– fällt alle politischen Grundsatzentscheidungen zur Außen-, Militär- und Sicherheitspolitik, zum Programm der Partei und zur Auswahl der Kandidaten für das ZK und das Politbüro

Zentralkomitee (ZK) der SED
– wählt das Politbüro
– stimmt Beschlüssen des Politbüros zu
– führt Parteitagsbeschlüsse aus
– macht Vorgaben an den Staatsrat
– macht Vorgaben an den Ministerrat

Staatsrat
(Vorsitzender: Generalsekretär der SED)
(= Exekutive, Judikative, Legislative) ist kollektives Staatsoberhaupt, oberstes Verfassungsgericht und wirkt bei Gesetzen mit

Ministerpräsident
leitet den **Ministerrat**
leitet die **Ministerien**

Parteitag der SED
– höchstes Organ der SED
– wählt das Zentralkomitee (ZK)
– stimmt den Beschlüssen des Politbüros und des Zentralkomitees zu
– macht Vorgaben an die Volkskammer

Volkskammer
Abgeordnete kommen aus Parteien und Massenorganisationen, die im „Demokratischen Block" zusammengeschlossen sind; keine Opposition
– wählt Staatsrat und Ministerrat
– verabschiedet Gesetze
– sorgt für deren Durchführung

Bezirksorganisationen der SED | **Rat des Bezirkes/Bezirkstag**
Kreisorganisationen der SED | **Rat des Kreises/Kreistag**
Massenorganisationen
Werktätige Bevölkerung der DDR

M5 Staatsaufbau der DDR

SED:	127 Abgeordnete
CDU:	52 Abgeordnete
DBD: (Demokratische Bauernpartei Deutschlands)	52 Abgeordnete
LDPD: (Nationaldemokratische Partei Deutschlands)	52 Abgeordnete
FDGB: (Freier Deutscher Gewerkschaftsbund)	68 Abgeordnete
FDJ: (Freie Deutsche Jugend)	40 Abgeordnete
DFD: (Demokratischer Frauenbund Deutschlands)	35 Abgeordnete
KB: (Kulturbund)	22 Abgeordnete

M4 Die Zusammensetzung der Volkskammer der DDR

In der Volkskammer und den anderen Volksvertretungen saßen Abgeordnete verschiedener Parteien und Massenorganisationen der DDR. Sie wurden nach einem festgelegten Schlüssel entsandt; das Sagen hatte allerdings in allen Gremien die SED.

> **ⓘ Verfassung der DDR**
>
> Am 15. April 1948 begann in der SBZ ein Verfassungsausschuss die Arbeit an einer deutschen Verfassung. Die SED gab auch in diesem Gremium den Ton an. Nach der Zustimmung der sowjetischen Besatzungsmacht konstituierte sich am 7. Oktober 1949 eine Provisorische Volkskammer und erklärte die „Verfassung der Deutschen Demokratischen Republik" zu geltendem Recht.

Wahlfälschungen
Nach dem Ende der DDR fanden sich in Archiven Hinweise auf wiederholte Fälschungen bei Wahlen, so auch bei den Wahlen 1949.

Verfassung der DDR → www

2 → Beschreibe, wie
  a) die Gründung der Bundesrepublik Deutschland und
  b) die Gründung der DDR jeweils verlief (Text).

3 „Vom Volk ausgehende Staatsgewalt", „Mehrparteiensystem", „Gewaltenteilung", „Unabhängigkeit der Gerichte" und „Wirksame Opposition" sind wichtige Grundsätze eines demokratischen Rechtsstaates. Untersuche, ob diese Grundsätze im Staatsaufbau der beiden deutschen Teilstaaten verwirklicht waren (Text, M1 und M5).

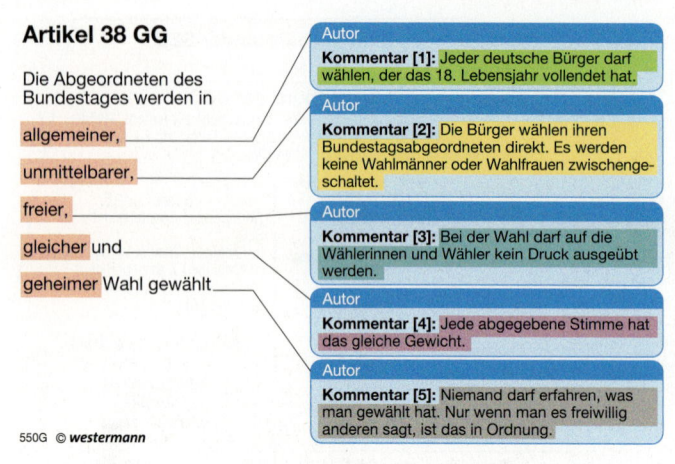

Artikel 38 GG

Die Abgeordneten des Bundestages werden in

allgemeiner,

unmittelbarer,

freier,

gleicher und

geheimer Wahl gewählt

Autor
Kommentar [1]: Jeder deutsche Bürger darf wählen, der das 18. Lebensjahr vollendet hat.

Autor
Kommentar [2]: Die Bürger wählen ihren Bundestagsabgeordneten direkt. Es werden keine Wahlmänner oder Wahlfrauen zwischengeschaltet.

Autor
Kommentar [3]: Bei der Wahl darf auf die Wählerinnen und Wähler kein Druck ausgeübt werden.

Autor
Kommentar [4]: Jede abgegebene Stimme hat das gleiche Gewicht.

Autor
Kommentar [5]: Niemand darf erfahren, was man gewählt hat. Nur wenn man es freiwillig anderen sagt, ist das in Ordnung.

550G © westermann

M1 Wahlgrundsätze in der Bundesrepublik Deutschland

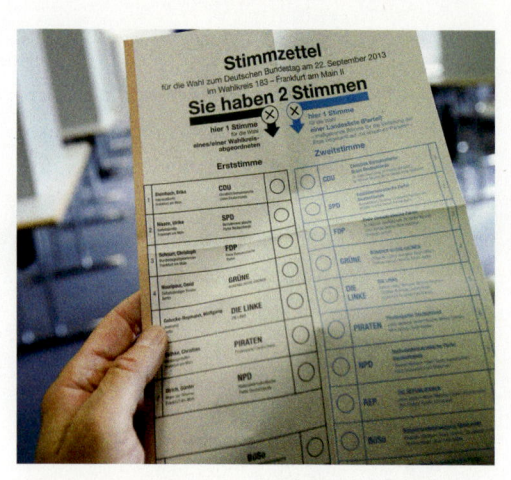

M3 Stimmzettel für die Bundestagswahl 2013 in einem Frankfurter Wahlbezirk

Alltag in beiden deutschen Staaten

Wahlen in der Bundesrepublik

Wahlsystem in der Bundesrepublik
→ www

In der Bundesrepublik Deutschland können die Bürgerinnen und Bürger bei Wahlen in den Gemeinden, Ländern und auf Bundes- oder Europaebene politisch mitbestimmen. Die für vier oder fünf Jahre gewählten Abgeordneten der Parteien setzen sich in den verschiedenen Parlamenten für die Interessen ihrer Wählerschaft ein. Die Wähler wiederum üben die Kontrolle aus, indem sie bei der nächsten Wahl die Abgeordneten wiederwählen oder sich für andere Kandidaten entscheiden. Die Teilnahme an den Wahlen ist grundsätzlich freiwillig. Eine Wahlpflicht besteht nicht. Kommunal-, Landtags-, Bundestags- und Europawahlen müssen nach den Bestimmungen der Artikel 28 und 38 des Grundgesetzes durchgeführt werden.

Seit vielen Jahren werde ich bei den verschiedensten Wahlen als Wahlvorsteher eingesetzt. Ich muss dafür sorgen, dass die Wahlhandlung im Wahllokal streng nach Vorschrift verläuft. Noch vor Öffnung des Wahllokals muss ich darauf achten, dass in unmittelbarer Nähe keine Wahlplakate der Parteien hängen. Im Wahllokal selbst dürfen sich weder die Wahlhelfer noch Wähler politisch äußern. Dies alles wäre Wahlbeeinflussung und gegen den Grundsatz der Wahlfreiheit gerichtet. Dann müssen die Wahlkabinen so aufgestellt sein, dass niemand die Stimmabgabe beobachten kann. Es darf sich immer nur ein Wähler in der Wahlkabine aufhalten und niemand außerhalb der Kabine seinen Stimmzettel ausfüllen. Dies verstieße gegen den Grundsatz der geheimen Wahl. Nach Schließung des Wahllokals müssen alle Stimmen gezählt und deren Anzahl mit den Vermerken im Wählerverzeichnis abgeglichen werden. Jede Stimme wird berücksichtigt: Das garantiert der Grundsatz der Gleichheit.

M2 Wählerinnen bei der Stimmabgabe in einem Wahllokal in Hamburg

M4 Zeitzeugenbericht über die Wahlen in der Bundesrepublik (2009)

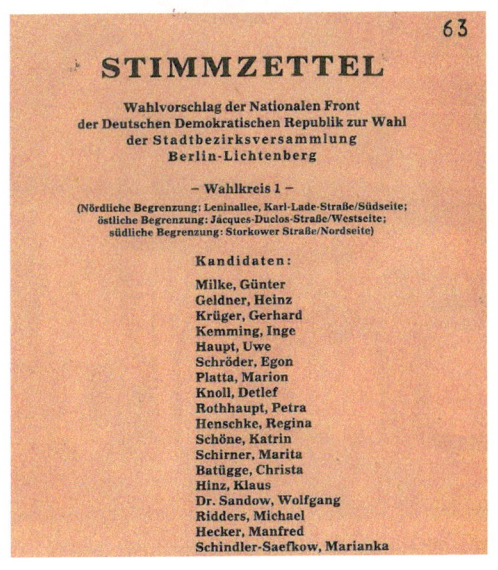

M5 Stimmzettel für die Einheitsliste bei der Kommunalwahl im Mai 1989 (Ausschnitt)

M7 Der Staatsratsvorsitzende Erich Honecker und weitere hochrangige Politiker der SED geben ihre Stimme zur Volkskammerwahl 1981 ab.

Wahlen in der DDR

In der DDR stellte die SED die Kandidaten für die Wahlen auf. Es bestand Wahlpflicht. Als Wähler erhielt man im Wahlraum einen Wahlschein, den man dann in die Wahlurne einwarf. Eine Entscheidung zwischen verschiedenen Parteien und Kandidaten war nicht möglich. Die Einheitsliste der „Nationalen Front" erhielt auf diese Weise immer etwa 99 % der Stimmen.

Nationale Front → Seite 69

Wahlsystem in der DDR → www

> 1 Ich trug mich mit der festen Absicht, mich ... der Stimme zu enthalten. „Entschuldigen Sie, ich möchte mich der Stimme enthalten, was soll ich denn da mit diesen (Wahl-)
> 5 Zetteln machen?" Wahlhelfer Nr. 2 nahm die Brille ab. „Wie bitte? Ich verstehe Sie wohl nicht richtig?" Wahlhelfer Nr. 3: „Sie müssen die Zettel jetzt zusammenfalten und in die Wahlurne stecken!" „Nein, ich möchte mich
> 10 doch der Stimme enthalten, ich hab doch die Kandidaten gar nicht kennenlernen können." (Ein) scharfer Typ von Wahlhelfer zeckte los. „Auf unsere Kosten studieren und sich dann der Stimme enthalten! Das werden wir mal der Schule schreiben, wie
> 15 dieser Bürger sich hier gegen seinen Staat stellt!"
> Am Nachmittag (kamen) zwei Herren. Der eine trug ... die Wahlurne. „Wir zwei sind von der Ortsparteileitung der SED! Sie sollten zur
> 20 Staatsmacht mehr Vertrauen haben! Unsere Kandidaten sind doch alle vorher geprüft und ausgesucht worden. Sie sollten ihnen Ihr Vertrauen einfach schenken."

M6 Zeitzeugenbericht über die Wahlen in der DDR (1981)

1. Erläutere die Wahlgrundsätze der Bundesrepublik (M1, M2, M3, M4).
2. ⊙ Vergleiche die Wahlverfahren und nenne Unterschiede zwischen den Wahlmöglichkeiten in der Bundesrepublik und der DDR (Text, M2, M3, M4, M5, M6, M7).
3. Stellt die Wahlvorgänge in der Bundesrepublik und der DDR nach (M2, M7) und beurteilt sie anhand von M1.
4. ↪ DDR-Bürger bezeichneten das Wählen ironisch als „Falten gehen". – Erkläre.

M1 Der Kurfürstendamm in Berlin (um 1959)

M3 Titelseite einer Kundenzeitschrift (1955)

Wirtschaftswunder im Westen

Ludwig Erhard, der erste Wirtschaftsminister der Bundesrepublik, führte die soziale Marktwirtschaft ein. In diesem System sind Fabriken, Handwerks- und Handelsbetriebe im Privatbesitz, und die Wahl des Arbeitsplatzes ist frei. Es werden möglichst alle Güter hergestellt und angeboten, für welche die Verbraucher ein Kaufinteresse zeigen. Nach dem Motto „Konkurrenz belebt das Geschäft" herrscht ein freier Wettbewerb, in dem das Verhältnis von Angebot und Nachfrage die Preise bestimmt. Der Staat greift mit Regelungen in das Wirtschaftsgeschehen ein, um die Bürger gegen existenzielle Risiken, wie z. B. Arbeitslosigkeit, abzusichern.

Wirtschaftswunder → www

Angekurbelt und unterstützt durch Hilfen aus dem Marshallplan, führte die soziale Marktwirtschaft in den 1950er-Jahren zu einem wirtschaftlichen Aufschwung, der auch im Ausland als „Wirtschaftswunder" bezeichnet wurde. Immer mehr Menschen konnten sich nach und nach nicht nur mit den wichtigsten Gütern des täglichen Lebens versorgen, sondern auch bis dahin unerfüllbaren Luxus leisten: einen eigenen Pkw oder eine Urlaubsreise, bisweilen sogar ins Ausland.

> Das westliche Deutschland sollte so
> schnell wie möglich in das westliche
> Wirtschaftssystem Europas eingegliedert
> werden ... Der einzig mögliche Weg, auf
> 5 dem man Deutschland einen kann, ist der,
> im Westen Europas einen Zustand zu
> schaffen, der so attraktiv ist, der für den
> Osten eine solche Anziehungskraft hat,
> dass die Sowjets nicht in der Lage sind, den
> 10 Osten Deutschlands einzubehalten.

M2 US-Politiker J. F. Dulles zur deutschen Einheit (1948)

> Mit Schlagsahne und Schinkenbrötchen, 1
> Schokolade und Räucheraal sind auch die
> Sorgen um die schlanke Linie wieder
> aufgetaucht. Sorgen ... darüber, dass wir in
> der Freude über die wieder erschienenen 5
> guten Dinge etwas über die Stränge
> geschlagen haben ... Unser Gesicht nähert
> sich dem Vollmondformat, aus einem Kinn
> sind mindestens zwei geworden ... und Herr
> Müller muss immer sein Söhnchen fragen, 10
> ob seine Schuhe staubig sind, denn der
> Bauch versperrt jede Sicht nach unten ...

M4 Im Rausch des Wirtschaftswunders (Glosse von 1950)

M5 Bundeswirtschaftsminister Ludwig Erhard (Karikatur von 1959)

M8 Werbung für eine Fernsehtruhe (1955)

> Seit fünf Jahren wächst die westdeutsche Wirtschaft so rasch, dass es die Welt erstaunt. Am eigenen Leib, an Kleid und Nahrung hat's jeder von uns erfahren.
> 1948: Ein zerstörtes Land, ein durch Hunger geschwächtes Volk, eine zerrüttete Währung. Mit schnellem Entschluss zerreißt Ludwig Erhard am Tage der Währungsreform die Karten und Bezugsscheine der Zwangswirtschaft. Seine Ideen feuern die Wirtschaft an: Nur freier Wettbewerb steigert die Produktion und die Qualität der Erzeugnisse. Nur harte Konkurrenz drückt die Preise und erhöht die Kaufkraft des Geldes.
> 1953: Fünf Jahre harter Arbeit liegen hinter uns. Das graue Gespenst der Arbeitslosigkeit wurde gebannt. Fast drei Millionen neue Arbeitsplätze wurden geschaffen. Wohnungen für über fünf Millionen wurden gebaut. Die D-Mark ist heute so kerngesund wie der Dollar. Der deutsche Export ist in vier Jahren um das Siebenfache gestiegen. In Deutschland ist der Mensch nicht verstaatlicht, sondern Staat und Wirtschaft sind dem Menschen dienstbar gemacht worden!

M6 Der Historiker Werner Abelshauser über die „langen 50er-Jahre" (Auszug)

Jahr	Arbeitslose	in %	Jahr	Arbeitslose	in %
1950	1 584 000	11,0 %	1956	765 000	4,4 %
1951	1 435 000	10,4 %	1957	759 000	3,7 %
1952	1 385 000	9,5 %	1958	780 000	3,7 %
1953	1 265 000	8,4 %	1959	540 000	2,6 %
1954	1 225 000	7,6 %	1960	271 000	1,3 %
1955	935 000	5,6 %	1961	181 000	0,8 %

M7 Entwicklung der Arbeitslosenzahlen in der Bundesrepublik

1. Erkläre mit eigenen Worten die Funktionsweise der sozialen Marktwirtschaft (Text) und nenne Beispiele für die einzelnen Grundsätze dieses Wirtschaftssystems.
2. Gib die politischen Ziele der USA gegenüber Deutschland mit eigenen Worten wieder (M2).
3. → Werte die Materialien M1, M3, M4, M6, M7 und M8 aus und beschreibe den Aufschwung in der Bundesrepublik der 1950er-Jahre.
4. → Nimm Stellung zum neuen Lebensgefühl in den 1950er Jahren (M1, M3, M4, M7 und M8).
5. → Interpretiere die Karikatur M5.

Planwirtschaft – Mangelwirtschaft im Osten

M1 Warteschlange vor einem HO-Geschäft (Handelsorganisation) in Leipzig (1959)

nossenschaften umgewandelt. In Fünfjahresplänen legte das DDR-Planungsministerium fest, wo investiert werden sollte, was und wie viel zu produzieren war, wie hoch Löhne und Preise und wie lange die Arbeitszeit sein sollten. Fehlender Wettbewerb wurde durch Belobigungen der Werktätigen ersetzt.

Weil der Aufbau der Schwerindustrie Vorrang hatte, musste die Bevölkerung auf viele Konsumgüter verzichten. Dafür stand nicht genügend Produktionskapazität zur Verfügung. Grundnahrungsmittel wurden bis 1958 rationiert und staatlich zugeteilt. Bestimmte Lebensmittel, wie z. B. Südfrüchte, gab es auch nach Wegfall der Rationierung nur selten oder gar nicht zu kaufen.

Seit ihrer Gründung litt die DDR unter den Kriegsfolgen. Die UdSSR hatte die Teilnahme am Marshallplan verboten und verlangte Reparationszahlungen, z. B. in Form demontierter Industrieanlagen.

Planwirtschaft → www

Die Einführung einer staatlich kontrollierten Planwirtschaft sollte nun den Aufschwung bringen. Industriebetriebe wurden verstaatlicht und landwirtschaftliche Betriebe zu Ge-

> *Die Läden sind schäbig mit geschmacklosen Artikeln von mittelmäßiger Qualität. Es gibt ganze Straßen mit zerbombten Gebäuden ... Die Menschen leben (darin) zusammengedrängt in den unteren Stockwerken, ohne sanitäre Anlagen und ohne Wasser ... Nachts leuchtet anstelle der Leuchtreklamen (Westberlins) auf der Ostseite der rote Stern.*

M2 Ein kolumbianischer Reporter berichtete aus Ostberlin (1959).

Methoden erlernen: Schaubilder analysieren

Schaubilder veranschaulichen stark vereinfacht Zusammenhänge in einer übersichtlichen Form. So gehst du vor:

Schritt 1 ●

Das Schaubild begreifen
→ Was ist Thema des Schaubildes (Zeitraum, was ist abgebildet)?
→ Was sagen Überschrift und Legende aus (Bedeutung von Farben, Linien, Pfeilen usw.)?

Schritt 2 ● ●

Die Zusammenhänge beschreiben
Beschreibe die Zusammenhänge, indem du auf die Bedeutung der Pfeile, Farben, Symbole und der Beschriftung eingehst und möglichst genau berichtest, was du siehst..

Schritt 3 ● ● ●

Die Information bewerten
→ Beurteile die dargestellten Zustände oder Entwicklungen.
→ Stelle einen Zusammenhang zu anderen Quellen her.
→ Äußere deine eigene Meinung.

M3 Das System der zentralen Planwirtschaft in der DDR

M4 Demonstranten am 17. Juni 1953 in Ostberlin

Der Umbau der Wirtschaft nach sowjetischem Vorbild hatte die DDR in wirtschaftliche Schwierigkeiten gebracht. Als Ende Mai 1953 die SED-Führung die Arbeitszeit um etwa zehn Prozent bei gleicher Entlohnung erhöhte, protestierten am 16. Juni spontan Arbeiter in Ostberlin. Am 17. Juni 1953 weiteten sich die Demonstrationen zu Protestaktionen und Streiks in der ganzen DDR aus, an denen fast 400 000 Menschen teilnahmen. Die Demonstranten forderten die Rücknahme der Arbeitszeitverlängerung, eine bessere Versorgung der Bevölkerung mit Konsumgütern, den Rücktritt der Regierung und freie Wahlen.

Die Volkspolizei war den Unruhen nicht gewachsen. Die sowjetischen Behörden verhängten daraufhin in Ostberlin und der DDR den Ausnahmezustand und ließen den Aufstand mit Panzern blutig niederschlagen. Rund 200 Demonstranten kamen ums Leben, Hunderte erhielten Gefängnisstrafen.

Die wirtschaftliche Entwicklung verlief vielen Menschen in der DDR weiterhin zu langsam, zumal sie über die Massenmedien vom Wohlstand in der Bundesrepublik erfuhren. Die Schwächen der Planwirtschaft führten schließlich zu massiven wirtschaftlichen Problemen in der DDR Ende der 1980er-Jahre.

17. Juni 1953
→ www

---

1. Untersuche das Schaubild und erkläre dann mit eigenen Worten das Prinzip der Planwirtschaft (Text, M3).
2. → Beschreibe die Auswirkungen der Planwirtschaft auf das Leben der Menschen (M1 und M2).
3. → Informiere dich anhand von Lexika und des Internets über die Situation von Staaten, die noch heute die Planwirtschaft anwenden, und berichte der Klasse.
4. a) Berichte über die Ereignisse des 17. Juni 1953 (Text, M4).
   b) Nenne die Ursachen für den Aufstand.
5. Vergleiche das System der Planwirtschaft (M3) mit dem der sozialen Marktwirtschaft. Berücksichtige auch die vorhergehenden Seiten.

Halbstarke → [www]

M1 Titel der Zeitschrift BRAVO (26. 08. 1956)

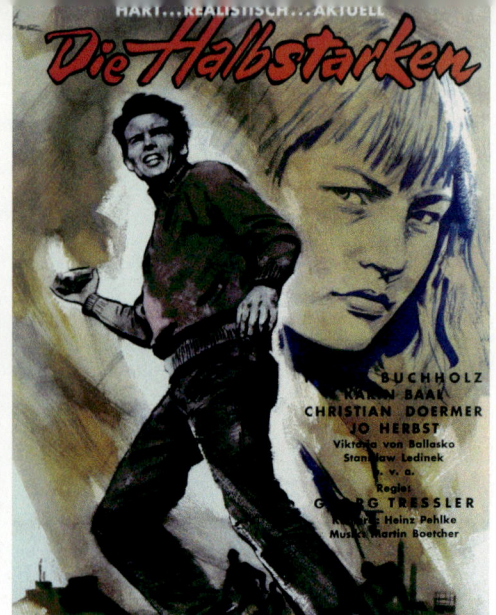

M3 Filmplakat (1956)

Jugend in der jungen Bundesrepublik

In den 1950er-Jahren wurden in Familie und Schule Werte wie Gehorsam, Ordnung, Fleiß, Pünktlichkeit und Sauberkeit hochgehalten. Dagegen begehrten die Jugendlichen auf ihre Weise auf, indem sie Rock 'n' Roll tanzten und sich für neue Idole wie Elvis Presley, Bill Haley oder Little Richard begeisterten, die bei ihren Auftritten die Fans faszinierten. In den Gaststätten standen Musikboxen, die die neue Musik spielten.

Wie die Musik kam auch die Mode aus den USA: Man trug Bluejeans, genannt „Nietenhosen". Beliebt waren Lederjacken, die man nicht nur zum Motorradfahren trug. Pettycoats waren der letzte Schrei bei jungen Frauen. Coca-Cola wurde zum bevorzugten Getränk.
Aber auch in Fragen, „was sich gehört" oder „was man nicht tut", entwickelten die Jugendlichen eigene Vorstellungen – Konflikte mit den Eltern blieben da nicht aus.

M2 Schild vor einem Restaurant (um 1958)

Mein Verlobter und ich – er ist 20 Jahre, ich bin 18 Jahre alt – wollen den Sommerurlaub auf einem Campingplatz bei Venedig verbringen. Monatelang haben wir gespart, haben von der großen Reise geträumt. Als ich jetzt meine Eltern in den Plan einweihte, platzte die Bombe: Sie verboten mir die gemeinsame Urlaubsfahrt. Ihre Begründung: „Solange ihr nicht verheiratet seid, gibt es keinen Urlaub zu zweit – das schickt sich nicht!" ... Ist ... die Meinung meiner Eltern nicht unfair, ungerecht, egoistisch – lebensfremd?

M4 Eine Leserzuschrift an die BRAVO (1961)

M5 Aufmarsch der FDJ in Dresden (1951)

M6 Colosseum Filmtheater in Ostberlin (1957)

Jugend in der jungen DDR

In der DDR versuchte die Regierung, die Kinder und Jugendlichen in Kinderkrippen, der Schule und in Jugendorganisationen zu sozialistischen Persönlichkeiten zu erziehen.

Kinder bis zu 14 Jahren waren in der Organisation der Jungen Pioniere zusammengefasst, danach konnten sie der FDJ beitreten. Mit Sportfesten, Ferienlagern und anderen Veranstaltungen sollte die FDJ in enger Bindung an die SED und den FDGB die Jugendlichen im Sinne der Partei erziehen, sie ideologisch und vormilitärisch ausbilden.

Aber auch Jugendliche in der DDR begehrten gegen ihre Eltern auf, hörten gern Musik oder gingen ins Kino.

> Seid ihr bereit als junge Bürger unserer Deutschen Demokratischen Republik mit uns gemeinsam, getreu der Verfassung für die große und edle Sache des Sozialismus zu arbeiten und zu arbeiten und zu kämpfen ... das revolutionäre Erbe des Volkes in Ehren zu halten ... nach hoher Bildung und Kultur zu streben ... die feste Freundschaft mit der Sowjetunion weiter zu vertiefen ... den Frieden zu schützen und den Sozialismus gegen jeden ... Angriff zu verteidigen, so antwortet: Ja, das geloben wir!

M7 Gelöbnis bei der Jugendweihe in der DDR

---

1. *Erläutere die Positionen der Eltern und der Verlobten (M4). Beurteile den Konflikt aus heutiger Sicht.*
2. *„Bis jetzt hatten wir immer nur zu hören bekommen: Dafür bist du noch zu jung! – Mit Elvis in den Ohren konnten wir zurückbrüllen: Dafür seid ihr schon zu alt!" – Erkläre anhand dieses Zitats von Udo Lindenberg, wie die Jugendlichen gegen ihre Eltern „aufmuckten" (Text, M1, M2, M3, M4).*
3. *Beschreibe, wie in der DDR die Jugendlichen an den Staat gebunden wurden (Text, M5, M7) und welche Mittel dabei angewendet wurden.*
4. *Vergleiche das Leben von Jugendlichen in der DDR mit deinen eigenen Vorstellungen und berichte darüber (Text, M5, M6, M7).*
5. *Recherchiere in Lexika oder im Internet über FDGB, Junge Pioniere und FDJ und berichte der Klasse.*

M1 Wahlplakat (1980er-Jahre)

M2 Stern 6/1971 zur Diskussion um den § 218

Im Westen: Die Gesellschaft ändert sich

Friedensbewegung in der Bundesrepublik → www

Durch den wachsenden Wohlstand konnten sich die Menschen in der Bundesrepublik der Siebziger- und Achtzigerjahre größere Wünsche erfüllen. Man zeigte, dass man sich etwas leisten konnte: Neubausiedlungen mit Einfamilienhäusern wuchsen am Rande der Städte und Dörfer. Um völlig mobil zu sein, brauchte man ein Auto oder gar einen Zweitwagen. Durch gezielte Werbung wurde der Konsum von Luxusartikeln gesteigert. Die Deutschen entwickelten sich zu Weltmeistern im Verreisen. Flugreisen in den sonnigen Süden wurden auch für Menschen mit schmalerem Geldbeutel erschwinglich.

In den 1970er-Jahren war Willy Brandt mit seiner Forderung „Mehr Demokratie wagen!" Kanzler geworden. Vor allem junge und kritische Bürger, die nicht in Parteien aktiv waren, wandten sich neuen Themen wie z. B. dem Umweltschutz zu. Sie organisierten sich dafür beispielsweise in Bürgerinitiativen. Die neu entstandene Frauenbewegung engagierte sich für die Gleichstellung der Frau im Arbeitsleben und kämpfte für die Abschaffung des § 218, der Abtreibung unter Strafe stellte.

Die Friedensbewegung demonstrierte in den großen Städten gegen das Wettrüsten der Großmächte. Aus den verschiedenen Protestbewegungen entstand eine neue Partei, die Grünen. Sie machte sich vor allem für den Schutz der Umwelt, die Rechte der Frauen und gegen Atomkraftwerke stark.

M3 Werbung für den VW Käfer (1970)

Bürgerinitiative Gruppe, die aufgrund eines konkreten Anlasses ein politisches Anliegen durchsetzen möchte und dazu Selbsthilfe organisiert

1. → Beschreibe, wie sich Wohlstand in der Bundesrepublik zeigte (Text, M3).
2. ↪ Recherchiere im Internet und nenne dann die wichtigsten Ziele und Aktivitäten a) der Frauenbewegung, b) der Friedensbewegung und c) der Antiatomkraftbewegung in den 70er- und 80er-Jahren.

Im Osten: Konsumverzicht und verordnete Gleichheit

In der DDR wurden die Lebensbedingungen durch den Staat bestimmt. Die Wohnungsgröße richtete sich nach der Größe der Familie. Die Kosten für Mieten und Grundnahrungsmittel wurden durch staatliche Vorgaben niedrig gehalten. Kaffee, Kakao, Schokolade und Südfrüchte aber waren teure Luxusartikel. Aber auch das war bereits seit den 1960er-Jahren DDR-Realität: Frauen waren in der Arbeitswelt gleichberechtigt und in sogenannten Männerberufen anzutreffen. Für berufstätige Mütter gab es z. B. ein bezahltes Babyjahr, Plätze für die Kinder in Kinderkrippen, Kindergärten und Horte sowie verkürzte Wochenarbeitszeiten bei vollem Lohn.

M4 DDR-Pkw Trabant – Lieferfrist: 12 Jahre

	DDR	BRD
Damenkleid (Mischgewebe)	210 M 41:35 h	70 DM 5:39 h
Fernseher (schwarz-weiß)	2050 M 405:56 h	348 DM 28:04 h
Pkw	19 800 M 3920 h	9300 DM 750 h
Wochenkarte Zug	2,50 M 0:30 h	16,50 DM 1:20 h
Roggenbrot (1 kg)	0,52 M 0:06 h	2,65 DM 0:13 h

M5 Kaufkraft 1980 im Vergleich (Stundenangaben = Arbeitszeit, die ein Kunde zum Erwerb der Ware aufwenden musste)

> Man kann pädagogische Fragezeichen hinter dieses System setzen, in dem Kindern ... von Krippe, Kindergarten, Schule, Pionierorganisation und FDJ bis zum Ende ihrer Ausbildung der Weg vorgeschrieben wird, auf den die Eltern nur bedingt Einfluss haben. ... Und sie (die DDR-Regierung) ermöglicht Frauen, zugleich berufstätig und Mutter zu sein. Das gilt besonders auch für Unverheiratete. Mit dem unerwarteten und von offizieller Seite nur verschämt zugegebenen Nebeneffekt, dass inzwischen fast jedes dritte Kind in der DDR „unehelich" zur Welt kommt. ... Die Paare leben eben ohne Trauschein zusammen, nutzen die besonderen Vergünstigungen für ledige Mütter und lassen Vater Staat einen guten Mann sein.

M6 Der westdeutsche Journalist Wolfgang Klein zur Rolle der Frau in der DDR (1985)

> Der Stand hinsichtlich der sozialen Gleichstellung von Frauen und Männern vor der Wende war äußerst widersprüchlich. Einerseits wurden im Laufe der mehr als vier Jahrzehnte separater Entwicklung im Osten Deutschlands wesentliche Schritte in Richtung auf mehr Selbstbestimmung der Frauen gegangen. (...) Andererseits blieben die Frauen (und Männer) in vielem dem traditionellen Geschlechterverhalten verhaftet, sodass vielfältige Benachteiligungen von Frauen bestehen blieben (...). Damit einher ging die weitgehende Ausgrenzung von Frauen aus den Macht- und Entscheidungsstrukturen (...) Politik wurde fast ausschließlich von Männern gemacht.

M7 Die Ökonomin Christina Klenner (1992)

1 Rolle der Frau in der DDR → www

3 → Beschreibe die Lebensbedingungen in der DDR (Text).
4 Vergleiche die Preise für die Waren und die jeweiligen Arbeitszeiten zum Erwerb (M5).
5 Erkläre, wie in der DDR die Gleichberechtigung von Mann und Frau umgesetzt wurde (M6, M7, Text).

M1 Demonstration gegen die Notstandsgesetze am 15. Mai 1968 in Düsseldorf

M2 Arbeitgeberpräsident Hanns Martin Schleyer in der Gewalt der RAF – er wurde am 18. Oktober 1977 ermordet.

Protest im Westen: die 68er und die APO

Seit 1966 war eine Regierung aus CDU/CSU und SPD im Amt. Sie wurde von Bundeskanzler Kiesinger (CDU) und Außenminister Brandt (SPD) geführt. Gegen die Mehrheit dieser Großen Koalition war eine wirkungsvolle Oppositionsarbeit nicht mehr möglich.

Kritik und Protest gegen die Regierungspolitik verlagerten sich vom Parlament auf die Straße. In vielen Städten demonstrierten Schüler und Studenten als „Außerparlamentarische Opposition" (APO) gegen die USA und den Vietnamkrieg. Sie warfen der Bevölkerung der Bundesrepublik vor, dass sie nur an Wohlstand und Konsum dachte, nur Althergebrachtes für gut und richtig hielt, neue Ideen ablehnte und auch die jüngste deutsche Vergangenheit, die Zeit des Nationalsozialismus nicht angemessen aufarbeitete, sondern lieber verdrängte. Nachdem der Student Benno Ohnesorg bei einer Demonstration im Juni 1967 von einem Polizisten erschossen worden war, weitete sich der Protest aus. Er richtete sich vor allem gegen die Notstandsgesetze, die von der Großen Koalition mit einer Grundgesetzänderung durchgesetzt wurden.

Eine kleine radikale Gruppe spaltete sich 1970 von der APO ab; sie ging zu offener Gewalt über. Die Gruppe verübte 1968 Brandanschläge auf Kaufhäuser in Frankfurt und anderen Großstädten sowie auf das Verlagsgebäude des Springer-Verlages (BILD-Zeitung) in Berlin, da sie als Symbole des „Konsumterrors" und der Massenbeeinflussung galten. In den Siebziger- bis Neunzigerjahren tötete diese Gruppe, die sich „Rote Armee Fraktion" (RAF) nannte, bei mehreren Terroranschlägen insgesamt 34 Menschen. Unter ihnen befanden sich der Präsident der Bundesvereinigung der deutschen Arbeitgeberverbände Hanns Martin Schleyer, die Bankiers Jürgen Ponto und Alfred Herrhausen sowie der Generalbundesanwalt Siegfried Buback.

Außerparlamentarische Opposition → [www]

Notstandsgesetze Damit wollte die Bundesregierung Vorkehrungen für Krisenfälle treffen. Vor allem Gewerkschaften und die Studentenbewegung protestierten dagegen, weil sie Gefahr für die Demokratie befürchteten.

> Während weite Teile der Öffentlichkeit ein energisches Vorgehen des Staates gegen die Terroristen und härtere Strafen fordern, befürchten Kritiker der Anti-Terrorismus-Gesetze eine schleichende Gefährdung des Rechtsstaats und eine Einschränkung der individuellen Freiheiten. Die öffentliche Diskussion über den Terrorismus ist auch nicht frei von Polemik. So werden Intellektuelle wie Heinrich Böll und Luise Rinser (1911 – 2002) aufgrund ihrer Diskussionsbeiträge als „Sympathisanten" der RAF verunglimpft.

M3 Informationstext im Haus der deutschen Geschichte über die Debatte um die Bekämpfung des Terrorismus der RAF

M4 Besucher eines Rockkonzerts in Berlin-Weißensee (Ostberlin 1988)

M6 Professor Robert Havemann: aus der SED ausgeschlossen und jahrelang unter Hausarrest gestellt; rechts der Liedermacher Wolf Biermann, 1976 ausgebürgert

Protest im Osten: zwischen Aufbegehren und Ausweisung

Seit Mitte der 1960er-Jahre gingen die Regierung der DDR und die SED hart gegen alle vor, die das DDR-System kritisierten und für einen „Sozialismus mit menschlichem Antlitz" eintraten. Kritische Schriftsteller wurden scharf angegriffen und missliebige Künstler mit Auftritts- und Ausreiseverbot belegt oder ausgewiesen.

Wissenschaftler, die es wagten, den Staat zu kritisieren, erhielten Lehr- und Berufsverbot sowie Hausarrest. Die Isolierung der Kritiker durch Ausschluss aus der Staatspartei SED war gängige Praxis. Auf diese Weise, so glaubte die Regierung, könnte sie die Dissidenten mundtot machen und die Verbreitung ihrer Ideen verhindern.

Robert Havemann → www

> Sie irren sich, wenn sie die Arbeitsteilung in unserer Republik so verstehen, dass die Werktätigen die sozialistische Gesellschaftsordnung aufopferungsvoll aufbauen und andere daran nicht teilzunehmen brauchen, dass der Staat zahlt und andere das Recht haben, den lebensverneinenden, spießbürgerlichen Skeptizismus als allein seligmachende Religion zu verkünden.

M5 Staatschef Erich Honecker 1965 über die Haltung der SED zur „kritischen Intelligenz"

> Nach 30 Jahren sozialistischer Einheitserziehung hat die DDR mit ihrer Jugend die gleichen Probleme wie die Bundesrepublik: Aussteiger und Punker, Umweltschützer und Friedensfreunde rebellieren gegen das System und verunsichern die Staatspartei durch locker-alternative Existenz und – ärger noch für die machtbewusste SED – durch Forderungen nach einer anderen Politik.

M7 Aus einem Artikel in DER SPIEGEL über Punker und Aussteiger in der DDR (1983)

1. → Nenne drei Punkte, gegen die sich der Protest der APO richtete (Text, M1).
2. Eine Minderheit der Protestierenden war gewaltbereit. Berichte, wie sich die Gewalt zeigte und wie sie begründet wurde (Text, M2).
3. → Nimm Stellung zur Diskussion um das staatliche Vorgehen gegen die RAF (M3).
4. → Die Gewalt gegen Sachen wandelte sich zum Terror der RAF (Text, M2). – Berichte über den Terror der RAF. Recherchiere dazu auch im Internet.
5. Erkläre, wie man durch Kleidung und Aussehen in der DDR Protest artikulieren konnte (M4).
6. → Beschreibe, wie die DDR-Regierung Protest im Keim ersticken wollte (Text, M5, M6, M7).

M1 „Auf dem Tugendpfad", Karikatur aus DIE ZEIT vom 11. April 1969

M4 Michail Gorbatschow, 1985–1991 Generalsekretär der KPdSU, 1988–1991 Staatsoberhaupt der UdSSR

Der Ostblock im Wandel

Krise im Ostblock und Zerfall der Sowjetunion

Die UdSSR hatte nach dem Zweiten Weltkrieg alle Versuche ihrer Verbündeten, politische und wirtschaftliche Reformen in ihren Ländern durchzuführen, mit Gewalt beendet: in der DDR 1953, in Ungarn und Polen 1956, in der Tschechoslowakei (CSSR) 1968.

M2 Leonid Breschnew, Generalsekretär der KPdSU (Kommunistische Partei der Sowjetunion) 1964–1982

Glasnost
Offenheit, Transparenz

Breschnew-Doktrin
Sie wurde am 12. November 1968 verkündet. Breschnew hielt darin fest, dass die anderen sozialistischen Staaten das Recht hätten einzugreifen, wenn in einem dieser Staaten der Sozialismus bedroht würde.

Ostpolitik
← Seiten 74/75

> Es war und ist nicht unsere Absicht, uns in solche Angelegenheiten einzumischen, die ausgesprochen innere Angelegenheiten Ihrer Partei und Ihres Staates sind.
> Wir können jedoch nicht damit einverstanden sein, dass feindliche Kräfte Ihr Land vom Weg des Sozialismus stoßen und die Gefahr einer Lostrennung der Tschechoslowakei von der sozialistischen Gemeinschaft heraufbeschwören. Das sind nicht mehr nur Ihre Angelegenheiten. Das sind die gemeinsamen Angelegenheiten aller kommunistischen und Arbeiterparteien und aller durch Bündnis, durch Zusammenarbeit und Freundschaft vereinten Staaten.

M3 Brief Breschnews an die Kommunistische Partei der CSSR im Prager Frühling 1968

In den 1970er-Jahren war es zu einer ersten Annäherung zwischen der Bundesrepublik und der DDR gekommen. Dabei hatte die Ostpolitik Willy Brandts eine große Rolle gespielt. Ohne die Zustimmung der UdSSR hätte es aber diese Entspannung und auch die spätere Wiedervereinigung im Jahr 1990 nicht gegeben.

Erst mit Michail Gorbatschow kam es zur endgültigen Wende in den Beziehungen der kommunistischen zu den kapitalistischen Staaten. Gorbatschow wollte sein Land, in dem es Korruption (Bestechlichkeit), Kriminalität und mangelnde Arbeitsdisziplin gab, erneuern. Seine Schlagwörter hießen „Perestroika" und „Glasnost". Die Menschen sollten wieder Vertrauen zu ihrem Staat bekommen und aktiv an der Gestaltung des politischen Lebens teilnehmen.

> Ohne Glasnost gibt es keine Demokratie ... Man braucht Glasnost ... dort, wo der Mensch lebt und arbeitet. (1986)
> Perestroika bedeutet Initiative der Massen, Entwicklung der Demokratie auf breiter Basis, sozialistische Selbstverwaltung, mehr Offenheit, Kritik und Selbstkritik in allen Bereichen unserer Gesellschaft; ein Höchstmaß an Achtung des Individuums und Wahrung seiner persönlichen Würde. Perestroika bedeutet Intensivierung der gesamten Wirtschaft, Einführung ökonomischer Methoden, Verzicht auf ein Management des Kommandierens sowie Ermutigung zu Innovation. (1987)

M5 Gorbatschow über die Begriffe Glasnost (1986) und Perestroika (1987)

(Bis 1983) dauerte der Kriegszustand und die kommunistische Regierung griff durch. Kritiker und „Solidarnosc"-Anhänger wurden in Internierungslager gesperrt ... Die kommunistische Regierung versuchte das Land zu säubern. Auch Walesa wurde verhaftet und stand bis Ende 1982 unter Hausarrest. Doch die „Solidarnosc" agierte ... im Untergrund über Jahre weiter. Die Unruhe im Land ... führte im Sommer 1988 schließlich zur wirklichen Wende in Polen.

M6 Eine Journalistin zur Rolle der Gewerkschaft Solidarnosc in Polen (2005)

Die Machthaber der anderen kommunistischen Staaten in Europa, in der DDR, in Polen oder in der Tschechoslowakei, sahen die Entwicklung mit großer Sorge. Sie fürchteten, dass in ihren Ländern jetzt Forderungen nach mehr Demokratie, Freiheit und wirtschaftlichen Reformen gestellt werden könnten.
1990 bekam Gorbatschow den Friedensnobelpreis für seinen Beitrag zur Beendigung des Kalten Krieges. Im Dezember 1991 löste Gorbatschow die Sowjetunion (UdSSR) auf und trat als Präsident zurück. An die Stelle der UdSSR trat die „Russische Föderation".

Solidarnosc
Nach wochenlangen Streiks und Demonstrationen wurde in Polen am 31. August 1980 die Streikbewegung „Solidarnosc" von der Regierung als unabhängige Gewerkschaft akzeptiert. Im Dezember 1981 rief die neue Regierung das Kriegsrecht aus. Die Gewerkschaft wurde verboten.

Am Anfang sind Rost, Geldmangel und viele, viele Fehlalarme. 1987 beschweren sich ungarische Offiziere bei ihrer Regierung über den technischen Zustand der Grenzanlagen. Sie wollen nicht das Ende des Ostblocks. Sie wollen unnötige Einsätze vermeiden.
Der junge Budapester Ministerpräsident Miklos Nemeth streicht bei der Haushaltsplanung die Kosten für die Grenzsicherung ersatzlos. Er will nicht die deutsche Einheit befördern. Er will sparen.
Michail Gorbatschow ... gibt im März 1989 den Ungarn die Erlaubnis zum Abbau der Grenzanlagen. Er will nicht das Ende der DDR. Er will Nemeth freie Hand lassen und die Nachbarschaft im Europäischen Haus fördern.

M7 Zur Öffnung der ungarischen Grenze (RP-online vom 26. 07. 2009)

31. 8. 1988: Regierung und Gewerkschaft Solidarnosc verständigen sich in Polen auf die Beendigung der monatelangen wilden Streiks und auf Gespräche an einem „Runden Tisch".
4. 6. 1989: Erste freie Wahl in Polen; triumphaler Wahlsieg der Opposition.
27. 6. 1989: Ungarn beginnt mit dem Abbau der Grenzbefestigungen an der Grenze nach Österreich: Der österreichische Außenminister Mock und sein ungarischer Amtskollege Gyula Horn durchschneiden den Stacheldrahtzaun.
11. 9. 1989: Ungarn öffnet die Grenze für DDR-Bürger nach Österreich.
November 1989: In der Tschechoslowakei kommt es zu großen Demonstrationen, die mit dem Ende des kommunistischen Systems enden.

M8 Zeittafel zu den Entwicklungen im Ostblock 1988/1989

1. *Erläutere die Drohung Breschnews gegenüber der CSSR (M3). Beziehe M1 mit ein.*
2. *Erkläre mit eigenen Worten die Begriffe Perestroika und Glasnost (M5).*
3. *Vergleiche und beurteile die Auffassungen von Breschnew (M3) und Gorbatschow (M5) in Bezug auf die Handlungsfreiheit der Verbündeten der Sowjetunion.*
4. *Beurteile die Folgen von Gorbatschows Politik für die Partnerländer der Sowjetunion (Text) und die Auswirkungen auf die politische Entwicklung in Europa.*
5. *Erkläre, welche Absichten die ungarischen Offiziere, ihr Ministerpräsident Nemeth und Michail Gorbatschow hatten und was sie eigentlich nicht beabsichtigten (M7).*
6. *Informiere dich im Internet über den Ungarnaufstand 1956, den Prager Frühling 1968 und die Gewerkschaftsbewegung Solidarnosc und berichte der Klasse. Berücksichtige auch M6.*

Aufgabe 6 → www

M1 Abwassersee der Filmfabrik Wolfen (Ende der 80er-Jahre)

M2 Autoreparatur vor der Wohnung in Erfurt (1980)

Der Niedergang der DDR

(Miss-)Wirtschaft in der DDR

In den 1980er-Jahren standen für die Bürger in der DDR alle lebensnotwendigen Dinge ausreichend zur Verfügung, aber hochwertige Konsumgüter, Luxusartikel oder so alltägliche Dinge wie Bananen oder Apfelsinen waren weiterhin Mangelware. Viele Dinge bekam man nur zeitweilig, und die Bürger waren lange Schlangen vor den Läden gewohnt.

Es fehlten Wohnungen. Junge Menschen wohnten bei ihren Eltern, da sie keinen Anspruch auf eigenen Wohnraum hatten. Auch in die Renovierung von Altbauten wurde kaum Geld investiert. So stieg die Unzufriedenheit, zumal fast alle DDR-Bürger durch das Fernsehen der Bundesrepublik über die Lebensverhältnisse dort informiert waren.

Die Planwirtschaft war wenig flexibel. Im Laufe der Jahre veralteten die Produktionsanlagen, weil notwendige Um- und Neubauten nicht durchgeführt wurden. Moderne Maschinen aus westlichen Industrieländern konnten wegen fehlender Devisen nicht angeschafft werden. Die Folgen waren mangelnde Qualität der Produkte und eine unvorstellbare Verschmutzung der Umwelt.

Auf neue Entwicklungen, z. B. in der Informationstechnologie, reagierte die Planwirtschaft zu spät, sodass der technologische Rückstand zum Westen immer größer wurde.

> *Kreis Sonneberg:* In den Grenzgemeinden des Kreises bestehen seit Monaten Schwierigkeiten bei der Bereitstellung von ausgewählten Gemüsekonserven wie Gurken, Paprika (...) Ständige Nachfrage besteht in den Grenzgemeinden nach gekörnter Brühe, schwarzem Tee in Beuteln, Waffeln und Dauergebäck.
> *Kreis Suhl:* In der Konsumverkaufsstelle Suhl-Neundorf gibt es heftige Diskussionen über die schlechte Obst- und Gemüseversorgung; außer 10 Kuba-Orangen gebe es z. Z. keinerlei Obst und Gemüse.

M3 Streng vertrauliche Informationen des MfS (Ministeriums für Staatssicherheit) 1985

---

1. a) Nenne drei Dinge, bei denen die Unterschiede zwischen Ost und West am größten waren (Text).
   b) Finde eine Erklärung, warum dies so war.
2. Beschreibe die Probleme der DDR-Wirtschaft (Text, M1, M2, M3).
3. Stelle zusammen, was du über die Wohnsituation und Lebensmittelversorgung in der DDR erfährst (M3, Text).
4. Stelle dar, welche Kritik der Bericht (M3) am Wirtschaftssystem der DDR ausdrückt.

Kontrolle und Bespitzelung

Jede Diktatur schützt sich vor ihren Bürgern, indem sie diese beobachten lässt, sie bespitzelt, ausspioniert, private Briefe öffnet, Telefonate abhört, sie ins Gefängnis steckt usw. Zu diesem Zweck war in der DDR schon 1950 das Ministerium für Staatssicherheit (MfS), umgangssprachlich „Stasi" genannt, gegründet worden.

Am Anfang gab es etwa 1000 Mitarbeiter, 1989 verfügte die Stasi sogar über 100 000 hauptamtliche und über 500 000 inoffizielle Mitarbeiter (IM). Die IM waren ganz normale Menschen, die sich verpflichtet hatten, Spitzeldienste zu leisten. Solch ein IM konnte jeder sein: ein Nachbar, ein Mannschaftsmitglied im Sportverein, ein Kollege im Betrieb, auch ein Freund oder sogar der Ehepartner. Viele Menschen wagten es deshalb nicht, ihre Meinung oder gar Kritik am Staat öffentlich zu äußern. Wenn man von der Stasi verhaftet und in eines der Stasi-Gefängnisse eingewiesen wurde, konnte es sein, dass man im Unklaren darüber gelassen wurde, wo man sich befand. Und Angehörige erfuhren nicht, dass man verhaftet worden war.

> Bei den Informationen handelte es sich in der Regel um Berichte über das Verhalten von Personen aus dem persönlichen oder beruflichen Umfeld des inoffiziellen Mitarbeiters. ... Ein Teil der IM handelte aus politischer Überzeugung, andere versprachen sich davon Vergünstigungen oder wurden schlicht unter Druck gesetzt.

M4 Über die Tätigkeiten inoffizieller Mitarbeiter der Stasi (aus einem Lexikon)

> Von 1972 bis 1976 studierte ich in Göttingen und besuchte mehrmals im Jahr meinen Onkel in Erfurt. Es war jedes Mal ein beklemmendes Gefühl. Wenn man in der Wohnstube saß, die Tagesschau, bei der der Ton leise gedreht war, oder die Aktuelle Kamera (Nachrichtensendung der DDR) sah und begann, über Politik zu sprechen, sprang mein Onkel sofort auf, sah nach, ob die Fenster geschlossen waren, und sagte: „Nicht so laut, man weiß nie, wer vorbeigeht." Auch beim Treffen mit Freunden meines Onkels wurde gebeten, nicht über Politik zu sprechen. Keiner traute dem anderen. Die Angst war jederzeit zu spüren.

M5 Bericht eines Zeitzeugen

1. Auskundschaften der Bundesrepublik Deutschland
2. Spionageabwehr
3. Sicherung/Kontrolle der Grenze zur Bundesrepublik Deutschland
4. Sicherung und Ausspähung der Nationalen Volksarmee
5. Bekämpfung politischer Untergrundtätigkeiten
6. Terrorismus-Bekämpfung
7. Überwachung des Post- und Telefonwesens
8. Bearbeitung der Anträge auf Übersiedlung in die Bundesrepublik Deutschland

M6 Aufgaben des MfS

M7 Wappen des Ministeriums für Staatssicherheit (MfS)

M8 Erich Mielke, Minister für Staatssicherheit der DDR von 1957 bis 1989

Ministerium für Staatssicherheit Auslands- und Inlandsgeheimdienst der DDR, Unterdrückungs- und Überwachungsinstrument gegenüber der DDR-Bevölkerung

---

5. Erkläre die Ziele und Aufgaben des MfS (M6).
6. Nenne Personen bzw. Gruppen, welche das Ministerium für Staatssicherheit bespitzeln und verfolgen ließ (Text, M4, M5).
7. Nenne die Gründe, die Menschen bewegten, als IM für die Stasi zu arbeiten (M4).
8. Erarbeite ein Kurzreferat zum Stasi-Gefängnis Berlin-Hohenschönhausen.
9. Informiere dich über den Lebensweg und die Arbeit von Erich Mielke und berichte der Klasse.

M1 Demonstration in Arnstadt am 12. November 1989 mit ca. 10 000 Teilnehmern

M3 Karikatur von Horst Haitzinger (16. August 1989)

Die friedliche Revolution 1989

Während in Ungarn und der Tschechoslowakei politische und wirtschaftliche Reformen erkämpft bzw. durchgeführt wurden, blieb die DDR-Staatsführung unnachgiebig. Als bei den Kommunalwahlen im Mai 1989 das Wahlergebnis bei 98,78 Prozent für die Staatsparteien lag, war klar, dass dieses Wahlergebnis gefälscht war. Es kam zu ersten großen Protesten. Die Regierung verweigerte jeden Dialog und stellte die Kritiker als Staatsfeinde dar. Daraufhin stellten sich immer mehr Menschen gegen die Staatsführung und nahmen an Demonstrationen teil. Es bildeten sich auch politische Gruppierungen, die ihre Vorstellungen und Ziele öffentlich äußerten.

Demonstrationen
In der DDR war es nicht erlaubt, gegen die Regierung zu demonstrieren. Dennoch wagten sich ab September in vielen Städten Bürger zum Demonstrieren auf die Straße.

Jahr	Wahlbeteiligung	Ja-Stimmen
1984	99,88 %	99,37 %
1989	98,85 %	98,78 %

1,15 % (140 000 Wähler) stimmten 1989 gegen den offiziellen Wahlvorschlag.

M4 Wahlergebnisse 1984 und 1989

Viele Bürger hatten die Hoffnung auf Veränderungen in der DDR aufgegeben. Sie nutzten deshalb die neuen Verhältnisse im Ostblock (S. 97), um in den Westen zu gelangen. Nach Ungarn konnten sie ungehindert reisen. Dort kam es anlässlich des Abbaus der Grenzanlagen zu Österreich zu ersten Massenfluchten. Die DDR-Bürger hatten jetzt ein Schlupfloch in die Freiheit gefunden. Im September 1989 gründete sich in der DDR die Bürgerrechtsbewegung Neues Forum.

> Wir wollen Spielraum für wirtschaftliche Initiative, aber keine Entartung in eine Ellenbogengesellschaft. Wir wollen das Bewährte erhalten und doch Platz für Erneuerung schaffen. ... Wir wollen geordnete Verhältnisse, aber keine Bevormundung. Wir wollen freie, selbstbewusste Menschen, die doch gemeinschaftsbewusst handeln. Wir wollen vor Gewalt geschützt sein und dabei nicht einen Staat von Büttel und Spitzeln ertragen müssen ... Wir bilden eine politische Plattform für ... die ... Diskussion und Bearbeitung lebenswichtiger Gesellschaftsprobleme ...

M2 Auszug aus dem Gründungsaufruf des „Neuen Forums" (09. 09. 1989)

> Der Minister des Innern der DDR lehnt den Antrag zur Bildung einer Vereinigung „Neues Forum" ab. Ziele und Anliegen widersprechen der Verfassung der DDR und stellen eine staatsfeindliche Plattform dar. Die Unterschriftensammlung zur Unterstützung der Gründung war nicht genehmigt und folglich illegal. Die Bürger der DDR sollten über die wahren Absichten der Verfasser getäuscht werden.

M5 Aus der Liberal-Demokratischen Zeitung (Ostberlin) vom 23. September 1989

M6 DDR-Bürger klettern am 2. Oktober 1989 über den Zaun der deutschen Botschaft in Prag.

M8 Einer der ersten Trabis am Grenzübergang Sonnenallee in Berlin, 9. November 1989

Mehrere Tausend Menschen aus der DDR begaben sich in Warschau und Prag auf das Botschaftsgelände der Bundesrepublik, wo sie wochenlang unter schwierigsten Verhältnissen ausharrten. Am 30. September 1989 überbrachte der damalige Außenminister Genscher die Nachricht, dass für alle Prager Botschaftsflüchtlinge die Ausreise genehmigt sei. Auch für die Botschaftsflüchtlinge in Warschau öffnete sich das Tor in die Freiheit.

> *Ich glaube, Gefahren warten nur auf jene, die nicht auf das Leben reagieren. Und wer die vom Leben ausgehenden Impulse – die von der Gesellschaft ausgehenden Impulse aufgreift und dementsprechend seine Politik gestaltet, der dürfte keine Schwierigkeiten haben. Das ist eine normale Erscheinung.*

M9 Gorbatschow bei seiner Ankunft in Ostberlin zur 40-Jahr-Feier der DDR

> *Nach der Konsultation mit der CSSR wurde die Vereinbarung getroffen, zeitweilig den pass- und visafreien Verkehr zwischen DDR und CSSR für die Bürger der DDR mit sofortiger Wirkung auszusetzen.*

M7 Nachricht des DDR-Fernsehens vom 3. Oktober 1989

Im Oktober überschlugen sich die Ereignisse. Während der Feierlichkeiten zum 40-jährigen Bestehen der DDR am 7. Oktober gab es Massendemonstrationen.

Am 18. Oktober trat Staats- und Parteichef Erich Honecker von seinen Ämtern zurück. Sein Nachfolger wurde Egon Krenz. Am 9. November verkündete Günter Schabowski, Mitglied des Politbüros, in einer vom Fernsehen übertragenen Pressekonferenz ein neues Reisegesetz, das den Bürgern der DDR Privatreisen in alle Länder in Aussicht stellte. Daraufhin drängten noch am gleichen Tag Tausende zu den Grenzstellen und erzwangen zu Fuß oder mit dem Pkw die Einreise nach Westberlin und in die Bundesrepublik.

1. *Beschreibe und deute M3. Berücksichtige die Lage in der DDR und im Ostblock.*
2. *↪ Nenne die Ziele des Neuen Forums und wie sie erreicht werden sollten (M2).*
3. *Beurteile die Reaktion der DDR-Regierung (M5).*
4. *Erkläre den Weg, wie die DDR-Führung ihre Machtposition bewahren (Text, M4) und später die Ausreise über die Botschaften verhindern wollte (M6).*
5. *↪ Erläutere, was Gorbatschow mit seinen Worten sagen wollte. Nenne die Gruppe, die er ansprach (M9).*

Der friedliche Protest beginnt

Mit seinen Thesen zu Glasnost und Perestroika hatte der Generalsekretär der KPdSU Michail Gorbatschow auch bei den Bürgerinnen und Bürgern der DDR Hoffnung auf Reformen geweckt und Mut zur Kritik gemacht. Erste Proteste gegen die Politik der DDR-Regierung wurden auf Karnevalsveranstaltungen und in Kabaretts öffentlich geäußert.

Geisinger Ski- & Eisfasching e. V.
→ www

(...) dass im genannten Faschingsumzug mehrere Gestaltungselemente und Losungen mitgeführt wurden, die politisch provokatorischen und feindlichen Inhalt hatten. ... Auf einem Multicar war eine Mauer dargestellt, auf welcher der Text „Bärlin ich bleib dir treu" geschrieben war. Der Anhänger trug Aufschriften wie „Ich will hier raus", „Ich komme bald raus". Ein weiterer Wagen wurde von ca. 10 Personen mittels mehrerer Kurbeln im Selbstantrieb fortbewegt. Der Wagen war beschriftet mit „Glasnost + Umwandlung", „Es ist Märchen(Sagen)haft", „Wir lernen niemals". Dahinter war ein Strudel bildlich dargestellt. Zum Thema Schlaraffenland wurde ein Paket mit der Aufschrift „Im Westen viele Verwandte, im Laden eine Tante, Raritäten unter der Hand, wir leben im Schlaraffenland" gezeigt ... An einem anderen Wagen war ein Plakat mit der Aufschrift: „Vitamin-Basar: Rot-, Sauer-, Rosen-, Weiß-Kohl – Jawohl, wir brauchen Kohl" und ein zweites mit dem Text „Losung des Tages – Schlechte Luft, trübes Wasser, kein Baum – ab über den Märchenzaun" angebracht.

Kohl
Der Bundeskanzler der Bundesrepublik im Jahr 1989 hieß Helmut Kohl.

M1 Aus einem Bericht der Parteikontrollkommission Dresden über den Faschingsumzug in Geising im Erzgebirge am 5. Februar 1989

Februar 1989
Die Prunksitzungen finden (...) in der Gaststätte in Bärenstein statt. Die Bühnengruppe Braeske/Straube tritt als Hasen auf und singt den Liedtext „Hasen fressen gern Kohl" im Sprechtext dann „Wir wollen Kohl" es springt „ein Funke" in den Saal über und es schallt auf einmal lautstark „wir wollen Kohl ... wir wollen Kohl".

M2 Aus der Geschichte des „Geisinger Ski- & Eisfasching e. V."

Bezeichnend für die DDR-Regierung ist es, dass die Geschehnisse in der Stadt im Erzgebirge als so schwerwiegend betrachtet wurden, dass sie Erich Honecker vorgetragen wurden.

Was sehr alarmierend wirkt, wenn man das Material durchliest, ist, dass auf einigen Gebieten des Bezirkes Dresden unter Perestroika und Glasnost so manches geschieht, zum Beispiel was den Karneval betrifft, das ist ein Skandal. Obwohl die Bezirksleitung (der SED) unterrichtet war, wurde nichts unternommen. (...) Es geht nicht um Perestroika und Glasnost, es ging um die Untergrabung der sozialistischen Grundlagen in der Deutschen Demokratischen Republik.

M3 Generalsekretär der SED Erich Honecker zum Geisinger Fasching

---

1. → Notiere die Parolen und Darstellungen auf den Karnevalswagen (M1) sowie die Sprechchöre aus der Geisinger Karnevalssitzung (M2). Erkläre deren Bedeutung.
2. → Beschreibe die Reaktion Erich Honeckers auf die Geschehnisse in Geising und nimm dazu Stellung (M3).
3. → Erläutere, auf welche Art und Weise in Geising Protest vorgetragen wurde.

Die Montagsdemonstrationen in der DDR

Im Herbst des Jahres 1989 wurde der Protest gegen die Regierung der DDR immer stärker. Im Anschluss an Friedensgebete in den Kirchen gingen Menschen auf die Straße und forderten Reformen, Reisefreiheit und einen politischen Neuanfang.

M5 Demonstration in Leipzig am 9. Oktober 1989

Der Hauptgrund für das politische Aufbegehren war einfach die Fassungslosigkeit darüber, dass mit der Ära Gorbatschow eben nicht die Reform bei uns begann. In dem Moment, wo man Gorbatschow abgelehnt hat, war eigentlich die DDR doch schon verloren, denn plötzlich hatten Leute Mut, die vorher nie Mut gehabt hätten. Überlegen Sie mal, die progressiven Leute in der DDR hatten das erste Mal Argumente aus dem Osten, wir mussten ja jahrelang immer wieder Fakten bemühen aus westlichen Medien. Nun hatten wir erstmalig Fakten und Überlegungen, wie man Politik, wie man Reformen machen müsste, aus Moskau. Wer hätte das jemals geahnt, dass wir damit in Streitgespräche gehen können (...) wir hatten ja immer gedacht, wenn sich in Moskau was ändert, dann ändert sich auch hier was. Nachdem abzusehen war, dass man (...) das abblockte, da begann das ja eben auch bei vielen Genossen, spätestens (mit) Sputnik und diese ganzen Geschichten, dass man sagte, so das trage ich nicht mehr mit. Und dann ging's natürlich los, der Zustand dieses Landes, die unheimlichen Menschenmassen, die im Sommer das Land verließen, wo sollte das enden? Eines Tages wären ja bloß noch die Rentner dagewesen. Also Gründe, um dieses System ändern zu wollen, gab's genug.

M4 Der Leipziger Kabarettist Bernd-Lutz Lange über die Protestbewegung in der DDR 1989

Als wir am 9. Oktober über den Ring zogen, war das ein überwältigendes Gefühl! In der Masse solch einen Moment zu erleben. zu spüren, dass man stärker als die da ganz oben ist. Und das nach 40 Jahren. (...) Was soll ich sagen? Es war ja weniger ein Gefühl der Überlegenheit. sondern mehr, dass man sich selbst gezeigt hat, dass man noch was unternehmen kann. Man ist ja hier im Osten immer stark gedrückt worden. Und nun konnte man plötzlich das zeigen, was man die ganze Zeit nur gefühlt hat. Das war ein Gefühl der inneren Befreiung, das sich an den nächsten Montagen noch gesteigert hat. (...) Ich bin schon etwas stolz darauf. dass ich schon in einer Phase dabei gewesen bin, als es noch relativ kritisch war. Ich wäre nicht so befriedigt, wenn ich erst vier Wochen später dazu gestoßen wäre. Das wäre zwar auch in Ordnung gewesen: Aber ich war halt eher dabei!

1 Montagsdemonstrationen → www

M6 Ein Leipziger berichtet über die Montagsdemonstration in Leipzig am 9. Oktober 1989

[4] → *Erkläre den Zusammenhang zwischen Gorbatschows Forderungen (Perestroika und Glasnost) und den Protesten in der DDR (M4 und S. 96, M5).*
[5] → *Gib die Ursachen bzw. Gründe für die Proteste mit eigenen Worten wieder (M4).*
[6] → *Beurteile die Gefühle des Leipziger Zeitzeugen (M5, M6).*

Der Weg zur deutschen Einheit

STAATSVERTRAG BR Deutschland – DDR
Die wichtigsten Vertragsinhalte

Währungsunion
- DM einzige Währung
- Deutsche Bundesbank alleinige Zentralbank
- Umtauschkurse für Mark der DDR und DM:
  1:1 für Löhne und Gehälter, Renten, Mieten, Pachten, Stipendien
  1:1 für Guthaben von natürlichen Personen bis zu bestimmten Höchstgrenzen
  2:1 für alle übrigen Forderungen und Verbindlichkeiten

Wirtschaftsunion
Die DDR schafft die Voraussetzungen für die Soziale Marktwirtschaft:
- Privateigentum
- freie Preisbildung
- Wettbewerb
- Gewerbefreiheit
- freier Verkehr von Waren, Kapital, Arbeit
- ein mit der Marktwirtschaft verträgliches Steuer-, Finanz- u. Haushaltswesen
- Einfügung der DDR-Landwirtschaft in das EU-Agrarsystem

Sozialunion
Die DDR schafft Einrichtungen entsprechend denen in der BR Deutschland:
- Rentenversicherung
- Krankenversicherung
- Arbeitslosenversicherung
- Unfallversicherung
- Sozialhilfe

Die DDR schafft und gewährleistet nach dem Vorbild in der BR Deutschland:
- Tarifautonomie
- Koalitionsfreiheit
- Streikrecht
- Mitbestimmung
- Betriebsverfassung
- Kündigungsschutz

Die BR Deutschland gewährt für die Anschubfinanzierung der Sozialsysteme Mittel aus dem Bundeshaushalt und für den Haushaltsausgleich der DDR Finanzzuweisungen aus dem „Sonderfond Deutsche Einheit" in Höhe von 115 Mrd. DM

M1 Staatsvertrag zwischen der DDR und der Bundesrepublik (Mai 1990)

Partei/Bündnis	Wahlergebnis
Allianz für Deutschland (CDU 40,8%, Deutsche Soziale Union 6,3%, Demokratischer Aufbruch 0,9%)	48,1%
Bund freier Demokraten	5,3%
SPD	21,9%
Grüne Partei, Unabhängiger Frauenverband	2,0%
Bündnis 90	2,9%
PDS	16,4%
Demokratische Bauernpartei Deutschlands	2,2%
Sonstige	0,8%

M3 Ergebnisse der Wahl zur ersten frei gewählten DDR-Volkskammer (März 1990)

Der Weg zur deutschen Einheit

Vom Runden Tisch zur deutschen Einheit

Nach der Grenzöffnung verlor die SED mehr und mehr die Führungsrolle in der DDR. Am 7. Dezember 1989 bildeten die verschiedenen Oppositionsgruppen und die alten Parteien der DDR einen sogenannten Runden Tisch, der das politische Geschehen bis zur Wahl der Volkskammer am 18. März 1990 bestimmte. Ein erster wichtiger Beschluss des Runden Tisches war die Auflösung des Ministeriums für Staatssicherheit.

Sieger der Wahlen war die „Allianz für Deutschland", ein Parteienbündnis unter Führung der CDU, das die Wiedervereinigung anstrebte. Vertreter der Wahlsieger arbeiteten im Mai 1990 mit der Bundesrepublik einen Staatsvertrag aus. Willy Brandt hatte am Tag nach der Öffnung der Mauer gesagt: „Jetzt wächst zusammen, was zusammengehört."

Runder Tisch und freie Wahlen zur Volkskammer → www

ⓘ Von der SED über die PDS zu DIE LINKE

Im Dezember 1989 benannte sich die SED um in „Sozialistische Einheitspartei Deutschlands – Partei des Demokratischen Sozialismus (SED – PDS)". Im Februar 1990 strich sie den Namensbestandteil SED, der neue Name lautete nun „Partei des Demokratischen Sozialismus". 2004 hatte sich in Westdeutschland eine neue linke Partei gebildet, die WASG („Arbeit & soziale Gerechtigkeit – Die Wahlalternative"). 2007 schlossen sich die PDS und die WASG zur neuen Partei DIE LINKE zusammen. Die Partei DIE LINKE ist in zahlreichen Länderparlamenten und im Bundestag mit Abgeordneten vertreten.

Die Runden Tische: „Vorschule" der Demokratie? ... Eine kaum zu unterschätzende Wirkung des Runden Tisches besteht darin, für die DDR die Geltungskraft parlamentarischer Regeln demonstriert zu haben. Welch ein Gewinn für das Volk, nicht nur der DDR, zu erleben, dass die bisherigen Inhaber des Machtmonopols ordnungsgemäß überstimmt werden konnten!

Welch ein Gewinn auch: zu sehen, dass danach sogar weiter beraten und beschlossen werden konnte. Politik hatte den bis dahin aufgezwungenen Freund-Feind-Charakter verloren! ...
Plötzlich zählte in der DDR der Durchschnittsbürger; fast jeder konnte sich selbst politisch aktiv erleben beziehungsweise vorstellen.

M2 Ein westdeutscher Politikwissenschaftler über die Runden Tische (1990)

M4 Transparent auf der Leipziger Montagsdemonstration am 12. Februar 1990

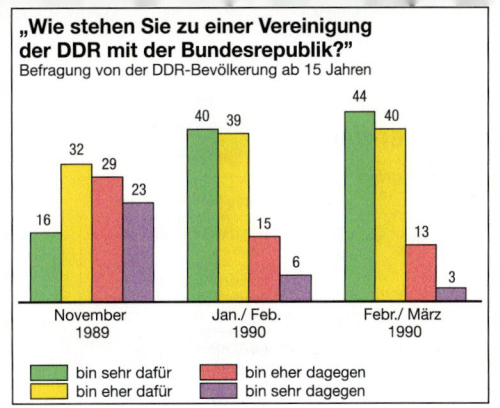

M7 Ergebnisse von Befragungen der DDR-Bevölkerung zur Wiedervereinigung

„Wie stehen Sie zu einer Vereinigung der DDR mit der Bundesrepublik?"
Befragung von der DDR-Bevölkerung ab 15 Jahren

- bin sehr dafür
- bin eher dafür
- bin eher dagegen
- bin sehr dagegen

	November 1989	Jan./Feb. 1990	Febr./März 1990
bin sehr dafür	16	40	44
bin eher dafür	32	39	40
bin eher dagegen	29	15	13
bin sehr dagegen	23	6	3

Über das Zusammenwachsen gab es in der Bundesrepublik, vor allem aber in der DDR, ganz unterschiedliche Vorstellungen.

> Entweder: können wir auf der Eigenständigkeit der DDR bestehen und versuchen ... in unserem Land eine solidarische Gesellschaft zu entwickeln, in der Frieden und soziale Gerechtigkeit ... gewährleistet sind. Oder: Wir müssen dulden, dass ... die DDR durch die Bundesrepublik vereinnahmt wird. Lasst uns den ersten Weg gehen.

M5 Aufruf von DDR-Bürgerrechtlern vom 26.11.1989

> Mit dieser Politik wirken wir auf einen Zustand des Friedens in Europa hin, in dem das deutsche Volk in freier Selbstbestimmung seine Einheit wiedererlangen kann. Die Wiedervereinigung ... bleibt das politische Ziel der Bundesregierung.

M6 Bundeskanzler Helmut Kohl am 28.11.1989 vor dem Deutschen Bundestag

> Warum wird die Deutsche Einheit nicht über eine gemeinsame verfassunggebende Versammlung von BRD und DDR verwirklicht? Sie könnte gebildet werden aus den Vertretern beider deutscher Staaten und den Vereinigungsprozess zu einer gesamtdeutschen Aufgabe machen. Die Abgeordneten würden sich gleichberechtigt gegenüberstehen und nach Jahrzehnten der Teilung etwas Drittes schaffen, in das jeder Teil etwas einbringt. Die Bevölkerung müsste in einem Volksentscheid dem Verfassungstext zustimmen.

M8 Diskussionsbeitrag am Runden Tisch (März 1990)

> Liebe Leute! Es handelt sich um einen Beitritt der DDR zur Bundesrepublik, nicht um die umgekehrte Veranstaltung. Wir tun alles für euch. Aber hier findet nicht die Vereinigung zweier gleicher Staaten statt.

M9 Wolfgang Schäuble (damaliger Innenminister der Bundesrepublik, 1990)

1. Informiere dich über den Runden Tisch. Berichte über Teilnehmer und Ziele (M2).
2. Vergleiche die Parteien der Wahl zur DDR-Volkskammer im März 1990 mit dem heutigen Parteienspektrum. Nenne die Parteien, die es heute noch gibt (M3).
3. Notiere, was sich für einen DDR-Bürger nach dem Staatsvertrag alles änderte (M1).
4. Beurteile die Beiträge zur Zukunft Deutschlands. Stelle die Positionen der Personen oder Gruppen in einem selbst entwickelten Schaubild übersichtlich dar. Berücksichtige dabei auch deren Einstellungen zur Wiedervereinigung (M5, M6, M8 und M9).
5. Beschreibe und interpretiere die Statistik M7.
6. Nenne die Problematik, die M5, M8 und M9 im Hinblick auf eine mögliche Wiedervereinigung ausdrücken.

M1 Der „Zwei-plus-vier-Vertrag" (September 1990)

M3 Britische Karikatur (1990)

Die Wiedervereinigung Deutschlands

Nach dem Staatsvertrag zwischen der Bundesrepublik und der DDR verhandelte die Regierung Kohl mit den vier Siegermächten des Zweiten Weltkriegs über eine Wiedervereinigung beider deutscher Staaten. Die Skepsis gegenüber einem neuen großen deutschen Staat war bei den Briten und Franzosen groß, weniger bei den Sowjets und Amerikanern. Letztlich führten die Verhandlungen im September 1990 zum „Zwei-plus-vier-Vertrag".

Zwei-plus-vier-Vertrag → www

Es ist doch wahrscheinlich, dass Deutschland in einem solchen Gefüge (hier ist Europa bzw. die EU gemeint) die Führungsrolle einnehmen würde, denn ein wiedervereinigtes Deutschland ist schlichtweg zu groß und zu mächtig, als dass es nur einer von vielen Mitstreitern auf dem europäischen Spielfeld wäre. ... Nur das militärische und politische Engagement der USA in Europa und die engen Beziehungen zwischen den beiden anderen starken, souveränen Staaten Europas, nämlich Großbritannien und Frankreich, können ein Gegengewicht zur Stärke der Deutschen bilden.

M2 Die englische Premierministerin Margaret Thatcher (nach 1990)

Ich teile die Sorge mancher europäischer Länder über ein wiedervereinigtes Deutschland nicht, weil ich glaube, dass Deutschlands Bindung an und Verständnis für die Wichtigkeit des (atlantischen) Bündnisses unerschütterlich ist. Und ich sehe nicht ein, was einige befürchten, dass Deutschland, um die Wiedervereinigung zu erlangen, einen neutralistischen Weg einschlägt.

M4 US-Präsident George Bush sen. in einem Interview am 24. 10. 1989

Was die prinzipielle Einstellung der UdSSR zu Deutschlands Wiedervereinigung betraf, so erklärte ich Kohl: „Wahrscheinlich kann man behaupten, dass zwischen der Sowjetunion, der Bundesrepublik und der DDR in der Frage der Einheit der deutschen Nation keine Meinungsunterschiede bestehen. Um es kurz zu machen: Wir stimmen im wichtigsten Punkt überein. Die Deutschen selbst müssen ihre Entscheidung treffen."

M5 Gorbatschow über sein Treffen mit Bundeskanzler Kohl am 10. 02. 1990

Der Weg zur deutschen Einheit

M6 Feuerwerk zur Vereinigungsfeier am Brandenburger Tor am 3. Oktober 1990

Beitritt der DDR zur Bundesrepublik → www

Am 23. August 1990 beschloss die Volkskammer der DDR den Beitritt zur Bundesrepublik. Dieser wurde am 31. August im Einigungsvertrag zwischen der Bundesrepublik und der DDR festgeschrieben. Am 3. Oktober trat die Wiedervereinigung in Kraft. Dieser Tag ist seitdem der deutsche Nationalfeiertag.

Artikel 1
(1) Mit dem Wirksamwerden des Beitritts der Deutschen Demokratischen Republik zur Bundesrepublik Deutschland gemäß Artikel 23 des Grundgesetzes am 3. Oktober 1990 werden die Länder Brandenburg, Mecklenburg-Vorpommern, Sachsen, Sachsen-Anhalt und Thüringen Länder der Bundesrepublik Deutschland …
(2) Die 23 Bezirke von Berlin bilden das Land Berlin.

Artikel 2
(1) Hauptstadt Deutschlands ist Berlin … Mit dem Wirksamwerden des Beitritts tritt das Grundgesetz für die Bundesrepublik Deutschland … in den Ländern Brandenburg, Mecklenburg-Vorpommern, Sachsen, Sachsen-Anhalt und Thüringen sowie in dem Teil des Landes Berlin, in dem es bisher nicht galt, … in Kraft.

M7 Die Bundesrepublik nach dem 3. 10. 1990

M8 Aus dem Einigungsvertrag vom 31.08.1990

1. Gorbatschow lässt eine Wiedervereinigung Deutschlands zu. Nenne Punkte, die im „Zwei-plus-vier-Vertrag" sowjetische Interessen berühren (M1).
2. ↪ Benenne, worauf Deutschland im „Zwei-plus-vier-Vertrag" verzichtet (M1).
3. Beschreibe und interpretiere die Karikatur (M3).
4. Nenne die Befürchtungen, die Margaret Thatcher bei einer möglichen Wiedervereinigung Deutschlands sieht (M2, M3).
5. Stelle die Meinungen von Bush (M4) und Gorbatschow (M5) zur Wiedervereinigung dar.
6. Beschreibe M6 und deute die Stimmung, die das Bild wiedergibt.
7. ↪ Beurteile, ob die DDR im Einigungsvertrag (M8) ein gleichwertiger Partner war.

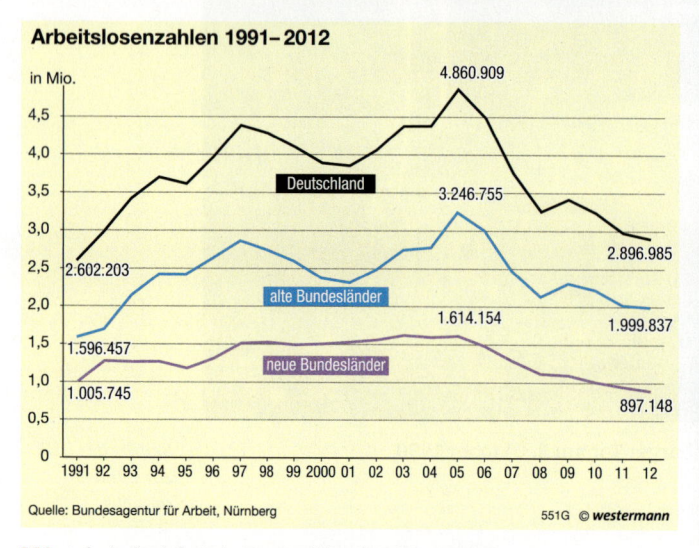

M1 Arbeitslosigkeit in Deutschland (1991 – 2012)

M3 Demonstration ostdeutscher Wissenschaftler und Studenten in Berlin (12. 02. 1991)

Probleme und Erfolge der Wiedervereinigung

> *Durch eine gemeinsame Anstrengung wird es uns gelingen, Mecklenburg-Vorpommern und Sachsen-Anhalt, Brandenburg, Sachsen und Thüringen schon bald wieder in blühende Landschaften zu verwandeln, in denen es sich zu leben und zu arbeiten lohnt.*

M2 Bundeskanzler Helmut Kohl am 1. Juli 1990 in einer Fernsehansprache

Die Realität sah in den neuen Bundesländern zunächst anders aus. Die Produktion der meisten DDR-Staatsbetriebe war in der Regel technisch total veraltet, und es lohnte sich in den meisten Fällen nicht, die Firmen zu sanieren. So konnte die 1990 gegründete Treuhandgesellschaft, welche die Ostbetriebe privatisieren und sanieren sollte, nur wenige Interessenten finden und musste viele Betriebe schließen.

Dazu trug auch das mangelnde Interesse der Bevölkerung an Ostprodukten bei. Westartikel waren „in", Ostprodukte „out". Hatte man früher zwölf Jahre und mehr auf einen Wartburg oder einen Trabi (DDR-Autos) warten müssen, so wollte jetzt niemand mehr einen kaufen. Aber auch für Dinge des täglichen Gebrauchs, wie Lebensmittel, Getränke oder Kleidung, gab es keine Abnehmer mehr.

So stieg die Arbeitslosigkeit in den neuen Bundesländern auf zum Teil über 30 Prozent. Demonstrationen der betroffenen Arbeitskräfte nutzten in der Regel nichts. Viele junge Menschen verließen ihre Wohnorte und zogen in den Westen, um dort Arbeit zu suchen.

Auch die Bezahlung war in den neuen Bundesländern zunächst deutlich geringer als im Westen. Erst nach und nach sollten die Löhne angeglichen werden. So fühlten sich etliche Ostdeutsche als Verlierer der Einheit und Bundesbürger zweiter Klasse.

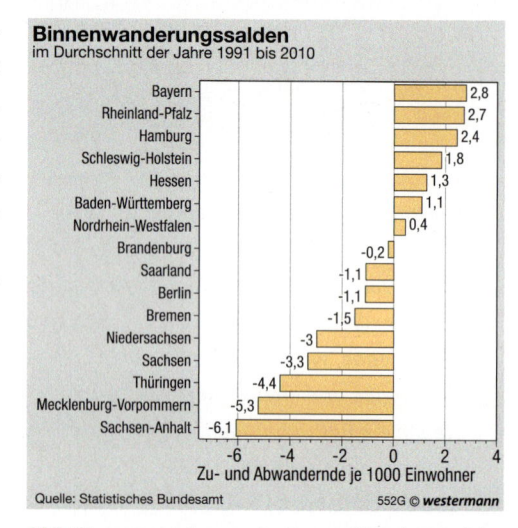

M4 Binnenwanderung in Deutschland 1991 bis 2010 von Ost nach West und umgekehrt

Frage: Sind sich Ost- und Westdeutsche heute näher als unmittelbar nach dem Mauerfall oder weiter voneinander entfernt?

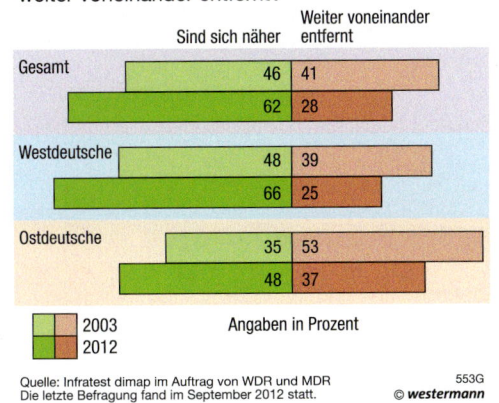

	Sind sich näher	Weiter voneinander entfernt
Gesamt (2003)	46	41
Gesamt (2012)	62	28
Westdeutsche (2003)	48	39
Westdeutsche (2012)	66	25
Ostdeutsche (2003)	35	53
Ostdeutsche (2012)	48	37

Angaben in Prozent

Quelle: Infratest dimap im Auftrag von WDR und MDR
Die letzte Befragung fand im September 2012 statt.

M5 Ergebnisse einer Umfrage (WDR und MDR, September 2012)

M7 Die Rügenbrücke verbindet Stralsund mit Rügen (2007 fertiggestellt).

Solidarpakt II
1. Gemeinsames Ziel von Bund und allen Ländern ist es, gleichwertige wirtschaftliche und soziale Lebensverhältnisse in Ost und West zu schaffen und die innere Einheit zu vollenden. Es ist gemeinsames Anliegen, den Aufbau Ost auf eine langfristige und verlässliche Grundlage zu stellen.
2. Der Bund stellt den ostdeutschen Ländern einschließlich Berlins zum Abbau teilungsbedingter Sonderlasten für weitere 15 Jahre insgesamt 206 Mrd. DM zur Verfügung.

M6 Beschluss des Deutschen Bundestags 2001

Gigantische Anstrengungen hatte die Bundesrepublik ab 1990 unternehmen müssen, um die marode Infrastruktur der neuen Bundesländer wieder aufzubauen oder zu modernisieren. Straßen, öffentliche Gebäude, Telefonnetze, Versorgungsleitungen für Gas, Wasser und Strom mussten erneuert und Umweltschäden beseitigt werden. Deshalb floss und fließt sehr viel Geld in den Osten. Diese Aufbauhilfe wurde im Solidarpakt I (1995 bis 2004) und II (2005 bis 2019) geregelt.
Die Europäische Union, der Bund und die Bundesländer förderten die Ansiedlung modernster Industriebetriebe mit erheblichen finanziellen Mitteln, um Arbeitsplätze für die Menschen in den fünf neuen Bundesländern zu schaffen.

Verhältnis zwischen Ost- und Westdeutschen → www

Im Rahmen eines mehrstufigen Auswahlverfahrens wurden insgesamt 17 Standorte in Deutschland geprüft. Nicht nur „Made in Germany" als entscheidender Wettbewerbsvorteil auf den Weltmärkten, sondern auch ausgezeichnete infrastrukturelle Rahmenbedingungen brachten schließlich im September 1999 Leipzig als neuen Produktionsstandort von Porsche hervor.

M8 Homepage des Porsche-Werks in Leipzig (Auszug)

1. Stelle dar, welche Hoffnungen den Ostdeutschen mit den versprochenen „blühenden Landschaften" gemacht wurden (Text, M2).
2. Nenne die Gründe für die hohe Arbeitslosigkeit in den neuen Bundesländern (Text, M3).
3. Stelle dar, wie Menschen im Osten auf die Arbeitslosigkeit reagierten (Text, M3, M4).
4. Beschreibe die Ziele, die mit dem Solidarpakt II erreicht werden sollen (M6).
5. Nenne die Dinge, für die das Geld aus dem Solidarpakt verwendet werden soll (Text, M7).
6. Nenne die Vorteile, die Porsche beim Standort Leipzig sieht (M8).
7. Beurteile anhand von M5, welche Bürger der Bundesrepublik die Annäherung zwischen West- und Ostdeutschen bewerten. Nenne Gründe für diese Meinungen.

Der Weg zur deutschen Einheit

1 Ein Schaubild analysieren
Werte das Schaubild aus und verfasse dann einen kurzen Text dazu.

Die DDR im Herbst 1989

● Städte in der DDR, in denen es Anfang November 1989 Demonstrationen gab

← Von Bürgern der DDR genutzte Fluchtwege in den Westen

2 Bilder auswerten
Auf diesen Seiten findest du Bilder zum gesamten Kapitel. Jedes der Bilder 1–9 steht für einen Themenkreis.
a) Notiere die Themenkreise.
b) Erstelle für drei der Themenkreise jeweils einen kurzen Text.
c) Tausche dann deine Aufzeichnungen mit denen deines Nachbarn. Fragt euch gegenseitig bei Unklarheiten.

1949 Gründung der Bundesrepublik und der DDR

17. Juni 1953 Aufstand in der DDR

13. August 1961 Bau der Berliner Mauer

ab 1969 Neue Ostpolitik der Regierung Brandt

September 1989 Ungarn öffnet Grenze nach Westen für DDR-Bürger, Massenflucht von DDR-Bürgern

Oktober 1989 Massenhafte Demonstrationen 40. Jahrestag der DDR Erich Honecker tritt zurück

Dezember 1989 Bürgerinitiativen und Regierung bilden den „Runden Tisch"

November 1989 Fall der Mauer

Wissen und Können

110

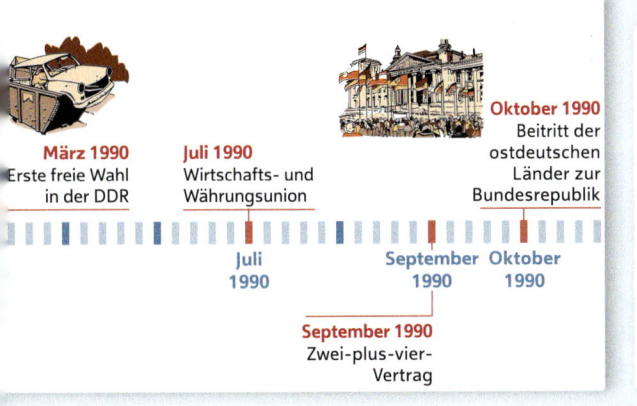

Grundbegriffe:

Bundesrepublik Deutschland
Deutsche Demokratische Republik
Entspannungspolitik
Glasnost
Grundgesetz
Inoffizieller Mitarbeiter (IM)
Mauerfall
Ministerium für Staatssicherheit (MfS, Stasi)
Montagsdemonstrationen
Perestroika
Planwirtschaft
Runder Tisch
Soziale Marktwirtschaft
Staatsvertrag
Zwei-plus-vier-Vertrag

März 1990 Erste freie Wahl in der DDR
Juli 1990 Wirtschafts- und Währungsunion
Oktober 1990 Beitritt der ostdeutschen Länder zur Bundesrepublik

Juli 1990
September 1990
Oktober 1990

September 1990 Zwei-plus-vier-Vertrag

111

Begegnung der Kulturen in Europa

Zeitfenster: 710 – 2013

Begegnung der Kulturen in Europa

M2 Ein Christ und ein Muslim spielen Schach (spanische Handschrift, 13. Jh.).

M3 Präsident de Gaulle (l.) und Bundeskanzler Adenauer (r.) besiegeln die deutsch-französische Freundschaft (Foto, 1963).

→ Wie gingen im Mittelalter Juden, Christen und Muslime miteinander um?
→ Weshalb brachen im Mittelalter christliche Heere in Europa auf und zogen nach Jerusalem?
→ Wie behandelte die christliche Mehrheit die jüdische Minderheit in Europa im Verlauf der Jahrhunderte?
→ Warum gab es lange Zeit Hass, Rivalitäten und Kriege zwischen Deutschen und Franzosen?
→ Wie schafften es Franzosen und Deutsche, dass aus Feinden Freunde wurden?

M1 Kaiser Heinrich VII. bestätigt den Juden ihre Rechte (Handschrift aus dem Jahre 1354).

113

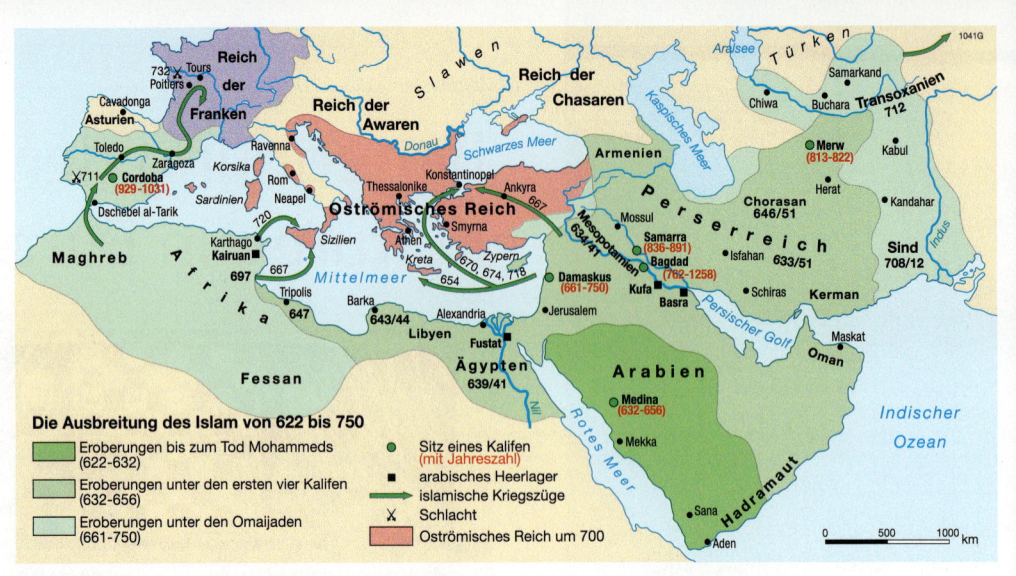

M1 Die Ausdehnung des Islam im 7. und 8. Jahrhundert

Die Ausbreitung des Islam von 622 bis 750
- Eroberungen bis zum Tod Mohammeds (622–632)
- Eroberungen unter den ersten vier Kalifen (632–656)
- Eroberungen unter den Omaijaden (661–750)
- Sitz eines Kalifen (mit Jahreszahl)
- arabisches Heerlager
- islamische Kriegszüge
- Schlacht
- Oströmisches Reich um 700

Christen und Muslime begegnen sich

Der Islam breitet sich aus – Araber in Europa

Die Religion des Islam entstand im 7. Jahrhundert in Vorderasien und breitete sich über Nordafrika aus. Im 8. Jahrhundert überquerten Muslime das Mittelmeer und eroberten Teile des heutigen Spanien. Dann zogen sie bis ins heutige Frankreich. Im Jahr 732 besiegten fränkische Heere bei Poitiers die vordringenden Muslime und drängten sie auf die spanische Halbinsel zurück.

Auf dem Gebiet des heutigen Spanien lebten in den folgenden Jahrhunderten Muslime, Christen und Juden zusammen. Dabei kam es immer wieder zu kriegerischen Auseinandersetzungen untereinander. Allerdings führte die Begegnung der drei großen religiösen Kulturen in Europa damals auch zu einem Austausch und zu gegenseitiger kultureller Bereicherung.

Methoden erlernen: Karten auswerten

Eine Geschichtskarte gibt Auskunft über vergangene Machtverhältnisse, Grenzen und Geschehnisse. Kartenvergleiche zeigen Entwicklungen.
So gehst du vor:

Schritt 1 ●

Thema und Art der Darstellung erkennen

→ Was ist Thema der Karte (Zeitraum, abgebildetes Gebiet)?

→ Was sagt die Legende aus (Bedeutung der Farben, Linien und Signaturen)?

→ Ermittle das Entstehungsdatum (zeitgenössische oder spätere Darstellung?).

→ Beachte, wer Autor ist und was seine Absicht war (Information? Propaganda?).

Tipp: Benutze neben der Geschichtskarte auch eine entsprechende Karte im Geschichtsatlas und vergleiche beide Karten miteinander.

Schritt 3 ●●●

Die Ergebnisse bewerten

→ Beurteile die dargestellten Zustände oder Entwicklungen.

→ Stelle einen Zusammenhang zu anderen Quellen her.

→ Äußere deine eigene Meinung.

Schritt 2 ●●

Den Inhalt beschreiben

→ Erläutere die dargestellten historischen Ereignisse.

> Sie werden weder in Gefangenschaft geführt noch von ihren Frauen und Kindern getrennt. Sie werden nicht mit dem Tode bestraft. Ihre Kirchen werden nicht in Flammen aufgehen, und sie werden nicht ihrer Besitztümer beraubt. Man wird sie nicht zwingen, ihrer Religion zu entsagen.

M2 Aus den Kapitulationsbedingungen für die Einwohner Córdobas nach der Eroberung durch die Araber 711

> Als die Neusiedler erkannten, dass unser Land (al-Andalus = Andalusien) ihrem Syrien ähnelte, ließen sie sich endgültig nieder, gründeten Heimstätten unter günstigen Bedingungen und nahmen zu an Zahl und Vermögen.

M3 Ibn Hayyan (986–1076) über die Eroberung der Iberischen Halbinsel

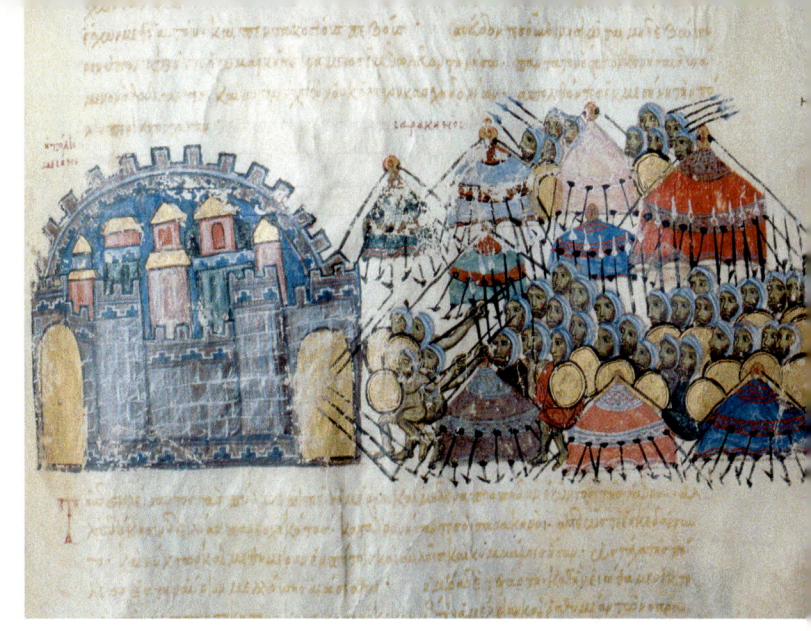

M4 Feldlager der Araber vor Messina auf Sizilien (aus der Chronik des byzantinischen Geschichtsschreibers Skylitzes, Ende des 11. Jahrhunderts)

Die Ausdehnung des Islam

710 n. Chr. Von Arabern zum Islam bekehrte nordafrikanische Nomaden (Mauren) überqueren die Meerenge bei Gibraltar.
711 Militärischer Sieg der Mauren über die Westgoten unter Roderich; Zerstörung der westgotischen Kriegerdynastie und Ausbreitung über die Iberische Halbinsel (Ausnahme: der Norden Spaniens)
719 Raubzüge der Mauren bis nach Toulouse und Narbonne (heutiges Südfrankreich)
732 Schlacht bei Poitiers unter Karl Martell (fränkischer Adliger, 688–741); die Muslime unterliegen und werden über die Pyrenäen auf die Iberische Halbinsel zurückgedrängt.
755–1031 Aufteilung der Iberischen Halbinsel in Provinzen. Araber regieren zunächst von Nordafrika, später von Córdoba (Kalifat) aus; z. T. heftige Streitigkeiten zwischen Christen und Muslimen.
756–976 Festigung der muslimischen Herrschaft unter Abd ar-Rahman I. und seinen Nachfahren; kulturelle Blütezeit, friedliches Zusammenleben verschiedener Völker und Religionen; aber auch immer wieder kriegerische Auseinandersetzungen
827–1091 Sizilien, Sardinien und Teile Süditaliens werden von islamischen Arabern erobert.
seit dem 11. Jh. Zum Islam bekehrte Türken (später: Osmanen) gründen in Südosteuropa das Osmanische Reich und bedrängen vor allem das Byzantinische Reich.
1492 Endgültige Rückeroberung der Iberischen Halbinsel durch die christlichen Monarchen Ferdinand von Aragón und Isabella von Kastilien (Reconquista)

Byzantinisches Reich entstand aus der Osthälfte des (christlichen) römischen Reiches. 1453 Eroberung der Hauptstadt Konstantinopel durch die Osmanen (Muslime)

Reconquista Nach der militärischen Rückeroberung durch christliche Heere endete auf der Iberischen Halbinsel die muslimische Herrschaft 1492. Die Christen vertrieben auch alle Juden aus Spanien.

1. Stelle den Verlauf der islamischen Eroberung dar (Zeitstrahl, M1).
2. a) Suche Orte in der Geschichtskarte, die auf dieser Seite genannt werden (M1).
   b) Erläutere, welche Bedeutung die Orte für die Eroberung Europas haben.
3. Beschreibe das Vorgehen bei der Ausbreitung des Islam in Europa (M2, M3).
4. a) Beschreibe Einzelheiten in M4: z. B. Personen, Gebäude und Größenverhältnisse.
   b) Erläutere, woran du jeweils Christen und Araber erkennst (M4).
   c) Stellt eine Szene als Standbild dar. Überlegt dazu Sätze aus Sicht der Personen (M4).
   d) Suche Sizilien in der Geschichtskarte und erkläre die grünen Pfeile (M1).
   e) Erkläre mithilfe der Darstellung und der Herkunft des Künstlers, wie dieser zu den Muslimen stand (M4).

Córdoba: Juden, Christen und Muslime leben in einer Stadt zusammen

dhimma
arabisch: Schutz, Obhut, Garantie

Christen und Juden wurden von den muslimischen Eroberern in Córdoba toleriert. Traten sie freiwillig zum Islam über, erhielten sie das volle Bürgerrecht. Wenn sie ihre Religion beibehielten, mussten sie Steuern zahlen. Ihre Bezeichnung war „Dhimmi". Sie wohnten in besonderen Stadtteilen und hatten besondere Kleidervorschriften einzuhalten. Für sie galten andere Rechtsvorschriften.

Vor der Eroberung Spaniens unterdrückten die Westgoten die Juden. Die Muslime wurden als Befreier begrüßt. Jetzt genossen Juden das volle bürgerliche Recht und lebten nach ihren eigenen religiösen Gesetzen. Diese Blütezeit wurde von ihnen als „Goldene Diaspora" bezeichnet. Einige jüdische Gelehrte erhielten Zugang zu sehr hohen Ämtern unter muslimischen Herrschern. Im Kalifat von Córdoba lebten bis zur Wiedereroberung der Stadt durch christliche Heere zeitweise eine halbe Million Christen, Juden und Muslime meist friedlich zusammen.

M1 Der ehemalige Gebetsraum der Moschee von Córdoba; heute eine christliche Kirche

Kalifat von Córdoba
Die Stadt wurde 711 von den Mauren erobert, war Regierungssitz des Herrschers von „al Andalus". 1236 wurde Córdoba von Christen im Rahmen der Reconquista wiedererobert.

Die Araber (brachten) neue Feldfrüchte und neue Arbeitsmethoden, damit auch neue Wörter auf die Halbinsel: acequia, Wasserrinne; aljibe, Zisterne; noria, Schöpfrad; zanahoria, Mohrrübe (wobei das deutsche Mohr auf die Mauren hinweist); algodón, Baumwolle. Bestimmte Handwerker und Handwerksmethoden sowie -materialien und -produkte kamen aus den arabischen Herrschaftsgebieten: alfarero, Töpfer; taza, Tasse; jara, Tonkrug; recamar, besticken; damasco, Damask. Im Bereich des Hausbaus sind diese Einflüsse besonders häufig: albañil, der Maurer; albanal, der Wasserablauf; alféizar, Fenster- oder Türrahmen.

M2 Ein Wissenschaftler über Einflüsse des Arabischen (1995)

Kalifat von Córdoba
→ www

Ibn Hayyan berichtet von 1600 Moscheen, al-Bakri nur von 466. Beide Ziffern zeugen weniger von Genauigkeit als vielmehr von Staunen angesichts der Maßlosigkeit Córdobas. Eine Volkszählung, die in der Regierungszeit von al-Mansur (…) durchgeführt wurde, ergab, dass in der Stadt 213 007 Häuser standen, die vom einfachen Volk und der Mittelschicht bewohnt wurden, dass 60 300 Häuser hohen Beamten und der Aristokratie gehörten, dass es 600 öffentliche Bäder und 80 455 Geschäfte gab. Wenn diese Angaben der Wahrheit entsprächen, würde dies eine unmögliche Einwohnerzahl von 1 000 000 bedeuten. Der seriöse Archäologe Leopoldo Torres Balbás spricht von nur 100 000 Einwohnern. Was wir mit Sicherheit sagen können, ist, dass der Graben, der zu Beginn des 11. Jahrhunderts um die Stadt herum angelegt wurde, einen Umfang von 22 Kilometern hatte und eine Fläche von 5000 Hektar einschloss, was immer noch größer ist als die heutige Fläche der Stadt.

M3 Ein spanischer Autor über die Größe Córdobas (1991)

M4 Lautenspieler (spanische Handschrift aus dem 13. Jh.)

M6 Eine Wassermühle bei Murcia aus arabischer Zeit

Kulturelle Errungenschaften des Islam → [www]

Meine Glaubensgenossen lesen gerne die Gedichte und Geschichten der Araber. Sie studieren die muslimischen Philosophen und Theologen (...), um einen korrekten und eleganten arabischen Stil zu erlangen (...) Alle jungen Christen (...) kennen nur noch die arabische Sprache und Literatur (...) Sie erklären überall, jene Literatur sei bewundernswert. Wenn man ihnen jedoch von den christlichen Büchern spricht, antworten sie voller Verachtung, dass diese ihrer Aufmerksamkeit unwert seien. (...) Welch ein Schmerz! (...) Keiner unter Tausend von uns versteht noch, einen korrekten lateinischen Brief an einen Freund zu schreiben.

M5 Der christliche Laie Alvaro de Córdoba über seine christlichen Glaubensgenossen (9. Jh.)

(Die Herrscher in Andalusien) förderten (...) Samuel ibn Nagrella (...) Er war einer der bedeutendsten Dichter der hebräischen Literatur; darüber hinaus bekleidete er höchste Staatsämter und hatte dank seines Geschicks und seiner Verbindungen direkten Einfluss auf die Politik des Königreiches. Sein König erhob ihn sogar in den Generalsrang (...) Seinem Sohn Yehosef ibn Nagrella stieg die Macht zu Kopf; er stellte seinen Reichtum zur Schau und griff wohl auch selbst zur Macht, mit dem Fernziel der Errichtung einer jüdischen Taifa. Das aufgebrachte Volk stürmte seine Paläste, es kam zu einem regelrechten Pogrom, dem 1066 außer der Familie ibn Nagrella 1500 Juden zum Opfer fielen.

Taifa Kleinkönigreich

M7 Ein Wissenschaftler über einen jüdischen Aufsteiger (2007)

1. Berichte, was du über die Stadt Córdoba erfährst (Text, M1, M2, M3, M5).
2. Zähle kulturelle und technische Neuerungen auf, die durch das Zusammentreffen der Kulturen ausgetauscht wurden (M2, M4, M6).
3. a) Notiere die Wörter arabischen Ursprungs mit Übersetzung als Tabelle (M2).
   b) Suche die Herkunft folgender Wörter und erkläre: Arsenal, Giraffe, Algebra, Ziffer, Chemie, Elixier, Algorithmus, Sofa und Safari.
   c) Diskutiert, ob man auf Wörter aus anderen Kulturkreisen verzichten sollte.
4. a) Arbeite die Befürchtungen Alvaros aus der Quelle heraus (M5).
   b) Beurteile seine Befürchtungen.
5. Schreibe aus der Sicht eines guten Freundes einen Brief an Samuel ibn Nagrella. Arbeite darin die Chancen und Gefahren für Andersgläubige unter den muslimischen Herrschern in Andalusien heraus (M7).

Gewalt im Namen der Religion – die Kreuzzüge

„Gott will es!"

M1 Die Kreuzfahrer erobern Jerusalem (Miniatur aus einer französischen Handschrift, 13. Jh.).

ten und Muslime pilgern früher wie heute zu ihren heiligen Stätten in Jerusalem.
Als Muslime Jerusalem 638 n. Chr. besetzten, blieb die Stadt für christliche Pilger geöffnet. Seit 1071 n. Chr. behinderten muslimische Seldschuken christliche Pilger. Dieser türkische Volksstamm bedrohte auch das Byzantinische Reich. Das nahm Papst Urban II. zum Anlass, um im Jahr 1095 alle Christen zum Kreuzzug gegen die „Ungläubigen" aufzurufen. Von Burgen, aus Dörfern und Städten in ganz Europa folgten Tausende seinem Aufruf: „Gott will es!". 1099 eroberte ein Kreuzfahrerheer Jerusalem und gründete dort ein christliches Königreich. Die Kämpfe gingen weiter. Nach sieben blutigen Kreuzzügen ging 1291 die Herrschaft der Christen in Palästina zu Ende.

Kreuzzüge → www

Jerusalem ist eine Stadt mit besonderer religiöser Bedeutung für Juden, Christen und Muslime. Nach christlichem Glauben ist Jesus dort gestorben und auferstanden. Für die Menschen jüdischen Glaubens ist Jerusalem die Stadt Gottes. Hier stand der Tempel des König Salomon. Weil der Prophet Mohammed dort von einem Felsen in den Himmel gefahren sein soll, ist der Ort für Muslime heilig. Hier steht heute der Felsendom. Juden, Chris-

> *Jetzt schaffen es unsere Sünden, dass (im Heiligen Land) die Feinde des Kreuzes ihr weiheloses Haupt erhoben haben. (...) Was tut ihr, tapfere Männer? Was tut ihr, Diener des Kreuzes? So wollt ihr das Heiligtum den Hunden und die Perlen den Säuen geben (...)? Du tapferer Ritter, du Mann des Krieges: Jetzt hast du eine Fehde ohne Gefahr, wo der Sieg Ruhm bringt und der Tod Gewinn. Bist du ein kluger Kaufmann (...): Einen großen Markt sage ich dir an; sieh zu, dass er dir nicht entgeht. (...) Nimm das Kreuzeszeichen und für alles, was du reuigen Herzens beichtest, wirst du auf einmal Ablass erlangen.*

M2 Kreuzzugspredigt Bernhards von Clairvaux zum Zweiten Kreuzzug (1146 n. Chr.)

[1] a) Beschreibe die Abbildung M1 genau.
b) Schildere anhand von Beispielen, wie die Kreuzfahrer bei der Eroberung vorgingen (M1).
[2] a) Schreibe auf, mit welchen Begriffen Bernhard von Clairvaux die Kreuzzugsteilnehmer und die Feinde bezeichnet (M2).
b) Stelle mit deinen Worten dar, wie Bernhard von Clairvaux die Kreuzfahrer lockte, indem du seinen Aufruf mit eigenen Worten vorträgst.

Mit Schwert und Feuer im Zeichen des Kreuzes gegen Andersgläubige

Der religiöse Eifer hatte auch für die Juden schlimme Folgen. Fanatische Kreuzfahrer auf dem Weg ins Heilige Land und Bürger in den Städten gaben den Juden die Schuld am Tode Christi und gingen gegen die Judengemeinden vor. Die jüdischen Bürger wurden gezwungen, die Kreuzfahrer finanziell zu unterstützen. Viele Juden wurden bei diesen Pogromen ermordet, ihre Häuser und Synagogen zerstört.
Die Motive der Kreuzfahrer waren vielfältig: Einfache Leute waren überzeugt, für ihre Kirche etwas Gutes zu tun und alle Sünden erlassen zu bekommen. Verarmte Adlige erhofften sich eine bessere Zukunft in den Kreuzfahrerstaaten. Den beteiligten Herrschern wie Kaiser Friedrich Barbarossa, Richard Löwenherz oder König Phillip II. aus Frankreich ging es darum, ihre Machtpositionen zu behaupten. Grausamkeiten gab es bei den Kriegszügen auf beiden Seiten, aber besonders grausam verlief die Eroberung Jerusalems 1099.

Pogrom
gewaltsame Ausschreitungen gegen eine bestimmte gesellschaftliche Gruppe

M5 Kreuzfahrer plündern den Felsendom in Jerusalem (arabische Malerei, 14. Jh.).

---

1 (...) Nachdem die unseren die Heiden endlich zu Boden geworfen hatten, ergriffen sie im Tempel eine große Zahl Männer und Frauen und töteten sie oder ließen sie leben,
5 wie es ihnen gut schien. Bald durcheilten die Pilger die ganze Stadt und rafften Silber, Pferde und Mulis an sich. Sie plünderten die Häuser, die mit Reichtümern überfüllt waren. Dann, glücklich und vor Freude weinend, gingen die Unsrigen hin, um das 10 Grab unseres Herrn Christus zu verehren und ihm für den Sieg Dank zu sagen. Am folgenden Tag erkletterten die Unsrigen das Dach des Tempels, griffen die Ungläubigen, Männer und Frauen, an und schlugen ihnen 15 die Köpfe ab.

M3 Ein christlicher Augenzeuge der Eroberung Jerusalems (12. Jh.)

---

1 Die Franken blieben eine Woche in der Stadt Jerusalem, während der sie die Einwohner mordeten. (...) In der Al-Aqsa-Moschee töteten die Franken mehr als
5 70 000 Muslime, unter ihnen viele Religionsgelehrte und Fromme, die an diesem heiligen Ort in frommer Zurückgezogenheit leben wollten. Aus dem Felsendom raubten die Franken mehr als vierzig Silberleuchter,
10 von denen jeder über 3600 Drachmen wog, einen großen Silberleuchter im Gewicht von 40 syrischen Pfund, außerdem von den kleineren Leuchtern 150 silberne und mehr als 20 goldene, und andere unermessliche Beute. (...) Die Flüchtlinge erreichten Bagdad 15 im Ramadan. (...) In der Kanzlei des Kalifen gaben sie einen Bericht, der die Augen mit Tränen füllte und die Herzen betrübte über das, was die Muslime in der erhabenen heiligen Stadt Jerusalem erlitten hatten: 20 die Männer getötet, Frauen und Kinder gefangen, alle Habe geplündert. Wegen des schweren Unglücks, das sie erduldet hatten, brachen sie sogar das Fasten im Ramadan.

Drachme
Die Münze hatte ein Gewicht von ca. 3 g Silber.

M4 Ein muslimischer Geschichtsschreiber (1231)

---

3 ↪ *Berichte aus der Sicht eines Kreuzfahrers und eines Muslimen über die Vorgänge in Jerusalem im Jahr 1099, indem du beide Quellen gegenüberstellst (M3, M4, M5).*
4 ↪ *Beurteile die Motive der Eroberer Jerusalems.*

Juden im Mittelalter → www

Die Juden: eine Minderheit in Europa

Vom friedlichen Zusammenleben zur ausgegrenzten Minderheit

M1 Aus dem Sachsenspiegel des Eike von Repgow, einer Sammlung von Rechtsvorschriften; links ein Jude, erkennbar an dem gelben Hut (Handschrift, um 1320)

Gelber Hut
Er war vermutlich nicht eine realistische Darstellung der Kopfbedeckung, sondern ein bildhaftes Zeichen, das Juden auf Bildern kennzeichnen sollte.

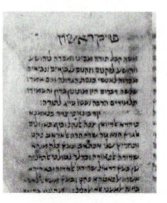

M2 Handschrift von Maimonides

Maimonides
Jüdischer Philosoph, Jurist und Arzt; wurde um 1135 in Córdoba geboren, starb 1204 in Kairo; gilt als einer der bedeutendsten jüdischen Gelehrten des Mittelalters.

Im 10. und 11. Jahrhundert wanderten aus Süden und Westen jüdische Kaufleute nach Deutschland ein. In den Städten entlang des Rheins entstanden erste jüdische Gemeinden. Das Zusammenleben zwischen den christlichen und jüdischen Bürgern gestaltete sich friedlich.

Als Papst Urban II. im Jahre 1096 zum Kreuzzug gegen Andersgläubige aufrief, richtete sich die Gewalt der Kreuzfahrer, die Jerusalem von muslimischer Herrschaft befreien wollten, auch gegen die Juden. Mit der Behauptung, Juden seien die „Mörder Jesu Christi", zwang man ihnen Geld zur Unterstützung der Kreuzfahrer ab, forderte sie auf, zum christlichen Glauben überzutreten und ermordete viele jüdische Bürger.

Die Rechtsstellung der Juden verschlechterte sich. In den Städten mussten Juden nun in spezielle Wohnbezirke, sogenannte Gettos, ziehen. Da den Juden bestimmte Berufe wie z. B. Handwerksberufe verboten waren, gab es einige unter ihnen, die aufgrund geschickten Handelns und durch Geldverleih zu Reichtum gekommen waren. Sie zogen damit Neid ihrer christlichen Nachbarn auf sich.

Immer wieder mussten Juden als Sündenböcke für unerklärliche Ereignisse herhalten. Wurde ein Tier oder Kind missgestaltet geboren oder es geschahen unerklärliche Naturkatastrophen, machte man die Juden dafür verantwortlich. Sie hatten keine sichere Rechtsstellung und waren vom Wohlwollen der Herrschenden abhängig, bei denen sie sich z. B. Schutz erkaufen konnten.

> Die jüdische Kolonie spielte nicht nur kulturell, sondern auch politisch eine tragende Rolle im islamischen Spanien (…) Bekannt ist, dass jüdische Gelehrte an der Übersetzung arabischer und hebräischer Werke ins Lateinische mitwirkten.

M3 Ein Wissenschaftler über die Juden im islamischen Spanien (1982)

> Viele Juden trieben Finanzgeschäfte als Wechsler, Steuereinnehmer, Bankiers (…) Es entwickelten sich moderne Formen des Transfers von Schulden und Vergütungen zwischen den Händlern: Schuldbriefe, Wechsel und Kreditbriefe. Es wäre ein Irrtum, daraus zu schließen, Finanz und Handel wären in irgendeinem Moment ein Monopol der Juden gewesen. Gewiss hatten sie Vorteile durch ihre politische Neutralität, ihre internationalen Verbindungen und Beziehungen und ihren Unternehmergeist, den sie der jahrhundertelangen Situation als Minderheit verdankten. Sie konnten leichter als Moslems und Christen die Grenzen passieren. (…) Die enorme Beweglichkeit der jüdischen Gemeinden erleichterte die wirtschaftlichen, kulturellen, geistigen, sogar familiären Beziehungen zwischen den auf islamischem Gebiet lebenden Juden und ihren Glaubensbrüdern unter christlicher Oberhoheit.

M4 Ein Forscher über die Juden in Europa im Mittelalter (1990)

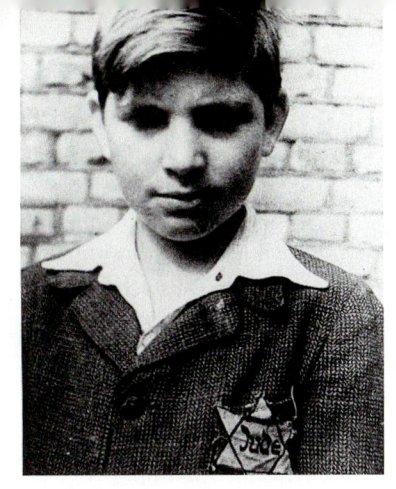

M5 Der Schüler Horst Golnik im Getto von Riga trägt den Judenstern (Foto, 1942).

M8 Juden werden wegen eines angeblichen Ritualmordes 1475 verbrannt (Holzschnitt von 1493).

Ritualmord
Tötung eines Menschen nach festgelegtem Ritual, z. B. als religiöse Handlung

Judenstern
Ab dem 1. September 1941 schrieb eine Polizeiverordnung vor, dass jüdische Bürger vom vollendeten sechsten Lebensjahr an einen gelben Judenstern tragen mussten. Nur „Mischlinge" und jüdische Partner in „Mischehen" waren davon ausgenommen.

Die Verketzerung durch die Kirche, die unter Papst Innozenz III. begann, sollte für die Juden verheerende Folgen haben. So schloss das 4. Laterankonzil von 1215 die Juden von allen handwerklichen Berufen aus und drängte sie in die Rolle von Pfandleihern, Geldwechslern und Zinsnehmern – dem Volke sichtbar und daher oft verhasst. Denn während die Kirchen Reichtümer ansammelten, verarmten die Bauern und das niedere Volk in den Städten (...).
Da aber die Armen nichts gegen die reichen Christen (...) unternehmen konnten und der Klerus gegen diese Reichen nichts unternehmen wollte, richtete sich der Volkshass gegen die Juden, die als Pfandleiher beinahe ausschließlich vom „Wucher", dem Zins, lebten.

M6 Ein Wissenschaftler über die Ausgrenzung der Juden (1988)

Die Juden hatten sich in Deutschland in der Landschaft Thüringen sehr vermehrt, und da die Bevölkerung des Landes von Neid gegen sie erfüllt war, trachteten sie danach, jene zu töten. Als nun damals (wegen der Pest) viele erkrankten, sprachen sie: Die Juden haben Gift in die Brunnen geworfen, um uns zu töten; erhoben sich plötzlich gegen sie und (...) verbrannten sie.

M7 Der Jude Josef ha Cohen berichtet über die Pest 1348/49.

M9 Jüdin aus Worms mit dem „Judenfleck" (Handschrift, 16. Jh.)

Gelber Fleck/ Judenfleck
Diese Kennzeichnung für alle Juden wurde ab dem 15. Jh. nach und nach durchgesetzt, so in Frankfurt zusammen mit der Errichtung des Gettos 1462.

1. Zeige auf, welche Berufe Juden ausüben oder nicht ausüben durften (Text, M4, M6).
2. Stelle dar, womit Ausgrenzung und Pogrome gegen Juden begründet wurden, indem du eine mögliche Anklageschrift gegen eines der Opfer aus M8 verfasst (Text, M6, M7).
3. a) Arbeite heraus, wodurch die Juden im Mittelalter Kultur und Wirtschaft bereicherten.
   b) Verfasse einen fiktiven Aufruf, der die Ansiedlung von Juden fördern soll.
4. Erkläre, warum Juden in wirtschaftlichen Angelegenheiten und im Handel Vorteile hatten (M4).
5. Die Kennzeichnungspflicht von Juden hat eine lange Tradition. Arbeite aus den Info-Texten und den Bildern die Ursprünge heraus und notiere die unterschiedlichen Formen der Kennzeichnung bis zur Zeit des Nationalsozialismus (M1, M5, M9).
6. Erörtere den Satz „Juden nahmen eine ‚Brückenfunktion' zwischen den Kulturen ein" (M3, M4).

Kampf um Emanzipation: das Zeitalter der Aufklärung und Toleranz

Emanzipation
politische und gesellschaftliche Selbstbefreiung

Aufklärung
Epoche im 17./18. Jahrhundert, in der Gelehrte statt eines bedingungslosen religiösen Glaubens die Vernunft und wissenschaftliches Fragen zur Grundlage des Denkens und Handelns machten.

Schutzbriefe
Erkaufte Schutzbriefe oder Sonderabgaben gewährten Juden im 18. Jahrhundert ein einigermaßen sicheres Leben unter dem Schutz des jeweiligen Landesherrn.

jüdische Biografien → www

M1 Moses Mendelssohn (1729–1786) war Philosoph und Literaturkritiker; er gilt als der bekannteste jüdische Gelehrte des 18. Jahrhunderts (undatierter Holzschnitt).

Die rechtliche und gesellschaftliche Stellung der Juden unterschied sich in der Neuzeit je nach Einfluss des Landesherrn stark voneinander.

In der Epoche der Aufklärung ab Ende des 18. Jahrhunderts änderte sich einiges. So erhielten gelehrte Juden erstmals gesellschaftliche Anerkennung z. B. für ihre Musik, Dichtungen und wissenschaftlichen Schriften. In „Nathan der Weise", einem der berühmtesten Theaterstücke dieser Zeit, setzte Gotthold E. Lessing seinem Freund Moses Mendelssohn ein Denkmal, indem er ihn zur Hauptfigur machte.

Im Zuge der Französischen Revolution wurde heftig über die Gleichberechtigung von gesellschaftlichen Randgruppen diskutiert. Schließlich verkündete die französische Nationalversammlung die Gleichberechtigung der Juden am 27. September 1791. Auch in einigen deutschen Herrschaftsgebieten erhielten Juden Rechte. Der Wiener Kongress 1815 beendete diese Phase wieder. Bereits gewährte Rechte wurden zurückgenommen. Jüdische Gelehrte und Intellektuelle fühlten sich jedoch als Deutsche und litten unter der gesellschaftlichen Ausgrenzung.

Seit Mitte des 19. Jahrhunderts wurden in Deutschland Juden als Staatsbürger allgemein anerkannt. In Preußen trat am 3. Juli 1869 das „Gesetz über die Gleichstellung der religiösen Bekenntnisse und deren Rechte" in Kraft. Es galt ab 1871 im gesamten Deutschen Reich. Viele Juden kämpften später im Ersten Weltkrieg. Sie fühlten sich ihrem Vaterland, dem Deutschen Reich, verpflichtet.

> Wir Friedrich Wilhelm, von Gottes Gnaden König von Preußen usw. haben beschlossen, den jüdischen Glaubensgenossen in Unserer Monarchie eine neue, der allgemeinen Wohlfahrt angemessene Verfassung zu erteilen (...):
>
> **§ 1.** Die in Unsern Staaten jetzt wohnhaften, mit General-Privilegien, Naturalisations-Patenten, Schutzbriefen und Konzessionen versehenen Juden und deren Familien sind für Einländer und Preußische Staatsbürger zu achten. (...)
>
> **§ 7.** Die für Einländer zu achtende Juden hingegen sollen, insofern diese Verordnung nichts Abweichendes enthält, gleiche bürgerliche Rechte und Freiheiten mit den Christen genießen.
>
> **§ 8.** Sie können daher akademische Lehr- und Schul- und Gemeinde-Aemter, zu welchen sie sich geschickt gemacht haben, verwalten. (...)
>
> **§ 10.** Es stehet ihnen frei, in Städten sowohl als auf dem platten Lande sich niederzulassen.
>
> **§ 11.** Sie können Grundstücke jeder Art, gleich den christlichen Einwohnern, erwerben, auch alle erlaubten Gewerbe mit Beobachtung der allgemeinen gesetzlichen Vorschriften treiben.
>
> **§ 12.** Zu der aus dem Staatsbürgerrechte fließenden Gewerbefreiheit, gehöret auch der Handel. (...)
>
> **§ 14.** Mit besondern Abgaben dürfen die einländischen Juden, als solche, nicht beschweret werden.

M2 Das Preußische Emanzipationsedikt vom 11. März 1812 (Auszug) galt bis 1869.

M3 Heinrich Heine (1797–1856), einer der berühmtesten deutschen Dichter des 19. Jahrhunderts, war jüdischer Abstammung (Gemälde, 1831).

M6 „Soll mir Gott helfen! Kann ich doch sagen, ich bin geworden emanschipirt" – Karikatur aus Bayern (Mitte des 19. Jahrhunderts)

> 1. Wir sind nicht deutsche Juden, sondern deutsche Staatsbürger jüdischen Glaubens.
> 2. Wir brauchen und fordern als Staatsbürger keinen anderen Schutz, als den der verfassungsmäßigen Rechte.
> 3. Wir gehören als Juden keiner politischen Partei an. Die politische Anschauung ist, wie die religiöse, die Sache des Einzelnen.
> 4. Wir stehen fest auf dem Boden der deutschen Nationalität. Wir haben mit den Juden andrer Länder keine andere Gemeinschaft, als die Katholiken und Protestanten Deutschlands mit den Katholiken und Protestanten anderer Länder.
> 5. Wir haben keine andere Moral, als unsere andersgläubigen Mitbürger.
> 6. Wir verdammen die unsittliche Handlung des Einzelnen, wes Glaubens er sei; wir lehnen jede Verantwortung für die Handlung des einzelnen Juden ab und verwahren uns gegen die Verallgemeinerung, mit der fahrlässige oder böswillige Beurtheiler die Handlung des einzelnen Juden der Gesammtheit der jüdischen Staatsbürger zur Last legen.

jüdische Geschichte und Kultur

M4 „Schutzjuden oder Staatsbürger?" von Raphael Löwenfeld (Berlin 1893)

> Ich bereue sehr daß ich mich getauft hab; ich seh noch gar nicht ein, daß es mir seitdem besser gegangen sey, im Gegentheil, ich habe seitdem nichts als Unglück.

M5 Aus einem Brief Heines an Moses Moser am 9. Januar 1826

1. Erläutere die Veränderungen in der Rechtsstellung der Juden, indem du einige neue Rechte auflistest (M2).
2. Arbeite die Forderungen Raphael Löwenfelds heraus, indem du eine Rede für ihn schreibst, die er vor Politikern halten könnte (M4).
3. Benenne Gründe, warum einige Juden sich taufen ließen.
4. a) Beschreibe die Karikatur. Benenne zeichnerische Mittel und Symbole, die der Zeichner bewusst einsetzt (M6).
   b) Deute die Karikatur M6, indem du sie zu den Informationen aus M2, M4 und dem Autorentext in Bezug setzt.

Juden im Kaiserreich und in der Weimarer Republik

Zahlreiche jüdische Deutsche waren während der Kaiserzeit und der Weimarer Republik wegen ihrer Leistungen in Wissenschaft, Kultur, Politik und Wirtschaft international hoch angesehen. Dazu zählen z. B. die Naturwissenschaftler Albert Einstein, Gustav Hertz oder Max Born. Wohlhabende Juden wie der Kaufhausbesitzer Salman Schocken oder der Verleger Salomon Fischer förderten mit ihrem Geld Kunst und Kultur. Sie genossen hohes Ansehen.

Antisemitismus im Kaiserreich → [www]

Dennoch litten jüdische Bürger unter dem weitverbreiteten alltäglichen Antisemitismus. Juden durften öffentlich ungestraft herabgewürdigt werden. Das geschah durch Witze über sie, Postkarten mit entstellenden Bildern, diskriminierende Plakate oder Ähnliches. Der Großteil der jüdischen Deutschen war **assimiliert**, d. h., dass sich der Alltag dieser jüdischen Deutschen wenig oder kaum von dem anderer Deutscher unterschied.

assimiliert angepasst

> *Wenn meine Theorie sich als richtig erweist, werden die Deutschen mich einen Deutschen nennen, die Franzosen einen Juden. Wenn sie sich als falsch erweisen sollte, werden die Deutschen mich einen Juden nennen, die Franzosen einen Deutschen.*

1

5

M2 Albert Einstein nach Veröffentlichung seiner Relativitätstheorie (1914/1915)

ⓘ Antisemitismus

Seine Vertreter waren der Überzeugung, es gäbe „minder- und höherwertige Rassen". Ziel der Juden als „minderwertiger Rasse" sei es, die vermeintlich überlegene „nordische" oder „arische Rasse" zu zerstören und die Weltherrschaft an sich zu ziehen („jüdische Weltverschwörung"). Vor dem Hintergrund dieser Wahnvorstellung wurde jede als schlecht bewertete gesellschaftliche Entwicklung dem Judentum angelastet. Der Antisemitismus war in ganz Europa verbreitet.

Walther Rathenau
1867 in Berlin geboren
1886–1890 Studium von Physik, Chemie, Maschinenbau und Philosophie
1897 fordert er die jüdische Bevölkerung in Deutschland zur Assimilation auf
1912 Vorsitzender des Aufsichtsrates der AEG
1918 handelt er als Vertreter der Arbeitgeber mit Vertretern der Arbeitnehmer tarifrechtliche Vereinbarungen aus
1921 Wiederaufbauminister; er plädiert für eine „Erfüllungspolitik", um die Undurchführbarkeit des Versailler Vertrags zu beweisen
1922 wird er Außenminister und schließt den Rapallo-Vertrag mit der Sowjetunion
24. Juni: Rathenau wird von zwei jungen rechtsradikalen Offizieren erschossen; mit dem Mord soll die Weimarer Republik getroffen werden.

Alice Salomon
1872 in Berlin geboren
1902 bis 1906 Studium der Nationalökonomie, Geschichte und Philosophie – ohne Abitur
1906 Promotion
Seit 1893 Engagement in der sozialen Frauenarbeit und der Frauenbewegung in Deutschland, aber auch in der internationalen Frauenbewegung
1925 eröffnet sie die Deutsche Akademie für soziale und pädagogische Frauenarbeit
1929 ist sie beteiligt an der Gründung des Internationalen Komitees sozialer Schulen
1933 wird Alice Salomon aus allen öffentlichen Ämtern verdrängt
1937 zwingt sie die Gestapo zur Emigration
1948 stirbt sie in New York

Rahel Hirsch
1870 in Frankfurt am Main geboren
1885–1889 Studium, danach bis 1898 Lehrerin; anschließend Studium der Medizin, das sie in Zürich beginnt, weil dies für Frauen in Deutschland nicht möglich ist
1903 Abschluss des Medizinstudiums in Straßburg; danach als Ärztin an der Berliner Charité
1913 wird ihr als erster Medizinerin in Preußen der Professorentitel verliehen
1938 Aufgabe der Praxis und Emigration nach London; dort lebt eine ihrer Schwestern; die letzten Lebensjahre verbringt sie – geplagt von Depressionen, Wahnvorstellungen und Verfolgungsängsten – in einer Nervenheilanstalt am Rande Londons
1953 stirbt sie in London

M1 Biografien namhafter jüdischer Deutscher

M3 Titelseite von „Der Stürmer" vom Dezember 1938 (die Zeitschrift hetzte gegen Juden, 1923 gegründet)

M5 Postkarte des Hotels „Kölner Hof" in Frankfurt am Main (1897)

Mit dem Jahr 1933 kam das Ende der Hoffnung auf eine deutsch-jüdische Synthese, einer Hoffnung, die im Grunde einseitig gewesen war und meist nur von den deutschen Juden gehegt wurde. Der kleinen Zahl, die auswanderte und auch den weiteren Verfolgungen in Europa entkam, gelang in Palästina und in den Ländern, die bereit waren, sie aufzunehmen, ein Neubeginn.
Was dann geschah, hatte Heinrich Heine bereits ein Jahrhundert zuvor befürchtet. Im Jahr 1834 warnte er: „Lächelt nicht über den Phantasten ... und wenn ihr es einst krachen hört, wie es noch niemals in der Weltgeschichte gekracht hat, so wißt: der deutsche Donner hat endlich sein Ziel erreicht ... Es wird ein Stück aufgeführt werden in Deutschland, wogegen die französische Revolution nur wie eine harmlose Idylle erscheinen möchte."
Der Weg führte für die Juden Europas über die Verbrennung ihrer Gotteshäuser und heiligen Schriften nach Dachau, Bergen-Belsen, Buchenwald, Maidanek, Treblinka, Auschwitz ...

Synthese Zusammenfügung

M4 Der 1909 in München geborene Nachum T. Gidal über die Bedeutung des Jahres 1933 (1988)

1. ➔ Halte einen Kurzvortrag über eine Person aus M1.
2. Recherchiere im Internet nach weiteren bedeutenden deutschsprachigen Juden, wie z. B. Albert Ballin, Sigmund Freud, Lea Grundig, Felix Nussbaum, Kurt Weill, Hannah Arendt.
3. a) Erläutere die Aussage von Einstein (M2).
   b) Nimm Stellung zu dieser Aussage.
4. a) Beschreibe die diskriminierende Darstellung jüdischer Menschen im Alltag (M3, M5).
   b) Erkläre, warum die Texte antisemitisch sind (M3, M5, Info-Text).
5. ➔ Verfasse aus der Sicht eines jüdischen Touristen, der 1897 Frankfurt besucht, einen Brief an daheimgebliebene Familienmitglieder (M5).

M1 „Der Geist der Rache" (Stich von Ferdinandus, um 1900). An der Tafel steht auf Französisch: „Du wirst Soldat sein".

Einer meiner größten Gedanken war die Konzentration derselben Völker, welche Religionen und Politik zerstreut und zerkleinert haben. Man zählt in Europa mehr als 30 Millionen Franzosen, 15 Millionen Spanier, 15 Millionen Italiener, 30 Millionen Deutsche. Ich hätte gern aus jedem dieser Völker ein ganzes gemacht und sogar einen ganzen Körper. Es wäre schön gewesen, in einem solchen Nationengefolge in die Nachwelt zu schreiben.

M3 Napoleon Bonaparte in einem Rückblick (1816)

Von Feinden zu Freunden: Deutsche und Franzosen

Deutschland und Frankreich im 19. Jahrhundert: Feindbilder

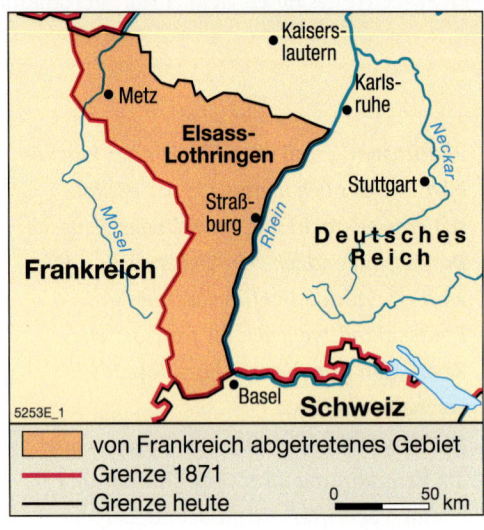

M2 Grenzveränderungen nach dem Deutsch-Französischen Krieg von 1870/71

Das Verhältnis zwischen den Nachbarn Frankreich und Deutschland war seit den Napoleonischen Kriegen bis zur Mitte des 20. Jahrhunderts stark von wechselseitiger Feindschaft geprägt. Die Ursprünge deutsch-französischer Rivalität lassen sich sogar bis in das 17. Jahrhundert zurückverfolgen.

Als Napoleon zu Beginn des 19. Jahrhunderts versuchte, ganz Europa unter seine Herrschaft zu bringen, förderte das die Sehnsucht vieler Deutscher nach einem einigen deutschen Staat. Während der Befreiungskriege entstand ein übertriebener deutscher Nationalismus, der Hass auf die Franzosen und andere Fremde predigte.

1870/1871 führten deutsche und französische Truppen einen Krieg gegeneinander. Frankreich verlor, musste Elsass-Lothringen abtreten und hohe Reparationen an das Deutsche Reich zahlen. Die Gründung des Deutschen Reiches 1871 im Spiegelsaal von Versailles empfanden die Franzosen als Demütigung.

Nach dem Deutsch-Französischen Krieg 1870/71 gab es keine Aussöhnung zwischen den beiden Staaten. Die Franzosen fühlten sich gedemütigt und hofften, sich rächen zu können. Mit Sorge betrachteten sie den neuen starken Nachbarn unter Preußens Führung.

1. ➔ *Arbeite die Gründe der deutsch-französischen Feindschaft im 19. Jahrhundert heraus (Text, M3).*
2. *Beschreibe die Abbildung M1 und erkläre, was der Künstler aussagen wollte. Nimm M2 zu Hilfe.*

M4 Abfahrt eines Zuges mit kriegsbegeisterten Reservisten an die Front nach Frankreich (Foto, August 1914)

M5 „Was wir verlieren sollen!" – Plakat zu den Beschlüssen der Friedenskonferenz von Versailles (1919)

Zerstörerische Weltkriege

Begeistert zogen 1914 die französischen und deutschen Soldaten in den Ersten Weltkrieg. Auf beiden Seiten war man sicher, den Gegner rasch besiegen zu können. Nach der Niederlage 1918 musste dann Deutschland im Versailler Vertrag u. a. die alleinige Schuld am Krieg anerkennen, die besetzten und weitere Gebiete abtreten und sich zu hohen Reparationszahlungen verpflichten.

Die Politik in der Weimarer Republik wurde stark vom Umgang mit dem Versailler Vertrag geprägt. Die große Mehrheit der Bevölkerung empfand diesen Vertrag als Schmach oder als „Schandfrieden". Dennoch verfolgten die beiden Außenminister Aristide Briand für Frankreich und Gustav Stresemann für Deutschland eine Politik der Aussöhnung zwischen den beiden Ländern, die auch zunächst erfolgreich war. Beim Ausbruch der Weltwirtschaftskrise zeigte sich, dass es keine breite Basis für eine dauerhafte Verständigungspolitik in Deutschland gab. Hitler hatte den Kampf gegen das „Diktat von Versailles" zu einem seiner Ziele erklärt und gewann u. a. damit viele Anhänger. Um seine menschenverachtende Ideologie und seine Eroberungspläne durchsetzen zu können, führte Hitler Deutschland in den Zweiten Weltkrieg. Viele ältere Franzosen erinnern sich heute noch an die deutsche Besetzung ihres Landes unter den Nationalsozialisten. Erst die Landung der Alliierten in der Normandie brachte die Wende des Krieges für das besetzte Frankreich und führte letztlich zum Zusammenbruch Hitlerdeutschlands.

[3] Ähnliche Fotos wie M4 gibt es auch von französischen Soldaten auf dem Weg an die Front. Erkläre die Stimmung auf beiden Seiten zu Beginn des Ersten Weltkrieges, indem du einen kurzen Text zu dem Foto verfasst (Text, M4).

[4] Erläutere die Aussagen des Plakates M5 und die Verärgerung in Deutschland angesichts der Bedingungen des Versailler Vertrages (Text).

[5] Beurteile die Bedeutung des Versailler Vertrages für das Verhältnis zwischen Deutschland und Frankreich (Text, M5).

M1 Die Unterschriften von Bundeskanzler Adenauer und Frankreichs Staatspräsident de Gaulle auf dem Élysée-Vertrag

M4 Adenauer und de Gaulle nach der Unterzeichnung des Élysée-Vertrages (1963)

Von der „Erbfeindschaft" zur deutsch-französischen Freundschaft

Erbfeind
Der Begriff wurde schon im 19. Jh. zur Bezeichnung Frankreichs verwendet. Im Ersten und Zweiten Weltkrieg wurde er zu Propagandazwecken genutzt.

Montanunion
→ S. 136

Die schrecklichen Erfahrungen aus zwei Weltkriegen gaben den Anstoß für französische und deutsche Politiker, die Grundlagen für eine dauerhafte Aussöhnung zwischen den beiden Völkern zu schaffen. Dies gelang zunächst durch wirtschaftliche Zusammenarbeit. Mit der Gründung der Montanunion 1951 und der EWG 1957 gingen Deutsche und Franzosen, aber auch andere europäische Staaten aufeinander zu. Diese Schritte führten zu einer Annäherung. Der Élysée-Vertrag 1963 besiegelte schließlich die Aussöhnung der beiden Nachbarstaaten. Damit war der Boden bereitet für den Weg in Richtung Europäische Union.
Heutige Jugendliche kennen den Begriff vom „französischen Erbfeind" im Gegensatz zu vorherigen Generationen nicht mehr. Schüleraustauschprojekte, studentische Austauschprogramme, Städtepartnerschaften und Urlaube im jeweils anderen Land haben das gegenseitige Feindbild aufgebrochen und eine gute Nachbarschaft entstehen lassen.

> Es bleibt Konrad Adenauers großes Verdienst, die Politik der Westbindung konsequent und gegen alle Widerstände praktiziert zu haben. Ein weiteres Verdienst ist seine Aussöhnungspolitik mit Frankreich. Sie gipfelte im Januar 1963, kurz vor dem Ende seiner Amtszeit, in der Unterzeichnung des „Vertrags über die deutsch-französische Zusammenarbeit", des sogenannten Élysée-Vertrags. In diesem bekräftigten beide Seiten die Absicht, in wichtigen Fragen der Außenpolitik gemeinsame Konsultationen durchzuführen. Zusätzlich sollten sich die Außen- und Verteidigungsminister der beiden Staaten viermal jährlich treffen, eine Annäherung in strategischen Fragen der Verteidigungspolitik erreicht und die Zusammenarbeit in Jugend- und Kulturfragen intensiviert werden.

M2 Ein Politikwissenschaftler über Bundeskanzler Adenauers Politik (2009)

> Dass wir 2013, 50 Jahre nach dem Élysée-Vertrag, von der deutsch-französischen Freundschaft mit der gleichen Selbstverständlichkeit sprechen, wie Deutsche und Franzosen über ein Jahrhundert ihre vermeintliche „Erbfeindschaft" pflegten, ist eine der glücklichen Umkehrungen der Geschichte, zu denen Menschen fähig sind – wenn sie es denn wollen.

M3 Bundestagspräsident Norbert Lammert in DIE ZEIT am 21. März 2013

Keine Stadt in Europa verkörpert das wechselvolle deutsch-französische Verhältnis stärker als die Europastadt Strasbourg. (...) Wer in Strasbourg lebt, kann die historische Dimension der Stationierung von 600 bis 700 deutschen Soldaten in Straßburg-Illkirch besonders spüren. (Es) war (...) in den Schulen bei Strafe (mindestens 3 Stunden Nachsitzen) in den 60-ern und 70-ern verboten, elsässisch zu reden und (es) war alles Deutsche verpönt. (...) Für meine Großeltern und Eltern war es unvorstellbar, dass je wieder ein deutscher Soldat in Frankreich stationiert werden würde. (...) Auch ich hätte nie geglaubt, dass ein französischer Staatspräsident einmal sagen würde, dass Frankreich glücklich und stolz sei, dieses deutsche Bataillon auf seinem Boden zu begrüßen. Diese gemeinsame Geste (...) macht Mut und Hoffnung für viele Kriegsregionen dieser Erde, unter anderem für den Nahost-Konflikt. Auch wenn es Jahrzehnte dauert oder vielleicht noch länger, wir dürfen nie aufgeben, für eine friedliche Koexistenz der Völker zu kämpfen.

M5 Ein Straßburger Journalist über die Stationierung von Bundeswehrsoldaten in seiner Heimatstadt (7. Februar 2009)

M7 Bundespräsident Gauck und der französische Präsident Hollande reichen einem Überlebenden des Massakers von Oradour die Hände (4. September 2013).

Oradour-sur-Glane
Soldaten der Waffen-SS ermordeten am 10. Juni 1944 fast alle Bewohner dieses Dorfes: Männer, Frauen und Kinder; nur wenige überlebten.

M8 Polnische und deutsche Jugendliche bei einem Treffen des DPJW (2013)

DPJW
Deutsch-Polnisches Jugendwerk; entstand 1991 auf Initiative der Regierungen Deutschlands und Polens. Es fördert Begegnungen junger Deutscher und Polen.

DFJW und DPJW → www

Das DFJW ist eine internationale Organisation im Dienst der deutsch-französischen Zusammenarbeit (...) Seine Gründung geht auf den Élysée-Vertrag von 1963 zurück. Das DFJW wendet sich an alle Jugendlichen (...) Das DFJW ist eine Plattform für Projekte aus den unterschiedlichsten Bereichen: z. B. Sprache (das Programm Voltaire ermöglicht SchülerInnen der 10. Klasse, sechs Monate lang in Frankreich zur Schule zu gehen), Beruf (...), wissenschaftlicher Bereich (...), aber auch im Bereich Jugendkultur.

M6 Das Deutsch-Französische Jugendwerk (DFJW) stellt sich vor (2013).

1. a) Beschreibe die Bilder M4, M7 und M8.
   b) Baut die Fotos als Standbilder nach und erklärt, was ihr durch eure Haltung zum Ausdruck bringen wollt.
2. Beschreibe die Wirkung von M7 auf deutsche und französische Jugendliche.
3. Versetze dich in die Rolle des Straßburger Journalisten und berichte für einen Radiosender in einem Kurzbeitrag von der Stationierung der Bundeswehrsoldaten in Straßburg (M5).
4. Begründe, warum Jugendaustauschprojekte mit Frankreich oder mit Polen den Frieden in Europa sichern helfen (M6, M8, Info-Text).

Begegnung der Kulturen in Europa

1 Geschichtskarten auswerten

Werte die Karte aus; nimm die methodischen Arbeitsschritte von S. 114 zu Hilfe.

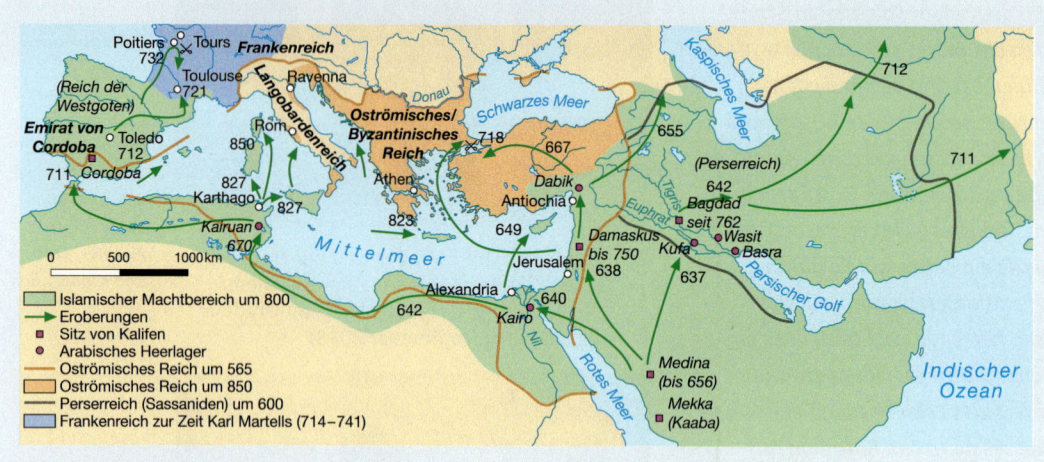

M1 Der Mittelmeerraum um 800 n. Chr.

2 Eine Textquelle analysieren

Untersuche den Artikel und fasse die Hauptaussagen in einem kurzen Text zusammen.

Mit der Eroberung der Iberischen Halbinsel durch die Moslems begann ab dem Jahr 711 ein Goldenes Zeitalter für die Juden in Spanien. Die Eroberer zeigten große Toleranz gegenüber Christen und Juden. Mehr als 300 Jahre konnten die Juden in al-Andalus, so die arabische Bezeichnung für Spanien, nicht nur ihre Religion frei ausüben, sondern stellten den Kalifen und moslemischen Fürsten Minister und Leibärzte, waren einflussreiche Gelehrte und Kaufleute. Aber auch in dem durch christliche Truppen allmählich zurückeroberten Norden der Halbinsel wohnten viele Juden, die oft hoch geachtet waren, da ihre Kenntnisse für den Wiederaufbau des kriegszerstörten Landes gebraucht wurden.
Ab 1002 zerfiel im moslemischen Süden das Kalifat von Córdoba in kleine Fürstentümer, die Situation für Juden wurde in den bürgerkriegsähnlichen Auseinandersetzungen der Folgezeit schwieriger. Die Almohaden, ein fanatisch-gläubiger Berberstamm aus Nordafrika, verfügten die Islamisierung der Christen und Juden. Viele Juden wanderten aus (...) Andere Juden konvertierten zum Schein, praktizierten jedoch heimlich jüdische Bräuche. Wieder andere gingen in den christlichen Norden, wo die Juden zeitweise freier leben und ihren Glauben ausüben konnten. Doch das Zusammenleben mit den Christen war immer wieder von Pogromen gekennzeichnet, denen selbst einflussreiche Juden zum Opfer fielen. (...)
Der christliche Sieg über das letzte moslemische Fürstentum von Granada besiegelte 1492 das Ende des Zusammenlebens der Juden, Moslems und Christen in Spanien. Auf Betreiben des Großinquisitors Torquemada verfügten die katholischen Könige Ferdinand von Aragonien und Isabel von Kastilien die Vertreibung aller Juden, die nicht zum Christentum konvertierten. Die meisten dieser so genannten Sepharden flüchteten nach Nordafrika, später wurden viele im Osmanischen Reich aufgenommen. Historiker gehen davon aus, dass Hunderttausende vertrieben wurden.

M2 Ein Journalist über Juden in Spanien (Jüdische Zeitung, März 2007)

3 Karikaturen auswerten und vergleichen

a) Zerlege die beiden Karikaturen jeweils in ihre einzelnen Elemente und notiere die Aussagen der Karikaturen.

b) Die Karikaturen arbeiten mit Personifizierungen der beiden Staaten Deutschland und Frankreich. Erläutere die Wirkungen, die von den Zeichnern damit beabsichtigt waren.

M4 Französische Karikatur „Die Komödie des Elends"; unter der Zeichnung stand folgender Text: „Pass auf Marianne (= Frankreich), pass auf, Tag und Nacht bereitet sie (Germania) sich vor." (15. Mai 1921)

M3 „Germania (= Deutschland) am Marterpfahl"; deutsche Propagandapostkarte gegen die Bestimmungen des Versailler Vertrages (um 1920)

Wenn auch entwaffnet und gefesselt,– Am Himel leucht ein Hoffnungsstrahl, Es naht die Stunde der Erlösung Germania's am Marterpfahl!

Grundbegriffe:

Islamische Expansion	Aufklärung
Iberische Halbinsel	Assimilation
Kalifat	Nationalismus
Reconquista	Erbfeindschaft
Antisemitismus	Feindbild
Religiöser Eifer	Versöhnung
Toleranz	

---

710 Beginn der muslimischen Herrschaft in Spanien.

1099 Kreuzfahrer erobern Jerusalem und errichten dort ein christliches Königreich.

1291 Die letzte christliche Herrschaft in Palästina geht unter.

1492 Endgültige Rückeroberung der Iberischen Halbinsel, die christlichen Herrscher vertreiben alle Juden aus Spanien.

1791 Juden werden in Frankreich gleichberechtigte Staatsbürger.

1869 Juden werden in Preußen gleichberechtigte Staatsbürger.

1870/1871 Deutsch-Französischer Krieg

1914–1918 Erster Weltkrieg

1933–1945 Die Nationalsozialisten setzen ihre judenfeindliche Politik um; in den Vernichtungslagern werden Millionen Menschen ermordet.

1939–1945 Zweiter Weltkrieg

1951 Montanunion

1957 Die EWG wird gegründet.

1963 Élysée-Vertrag zwischen Deutschland und Frankreich

2013 Bundespräsident Gauck besucht Oradour-sur-Glane.

Wissen und Können

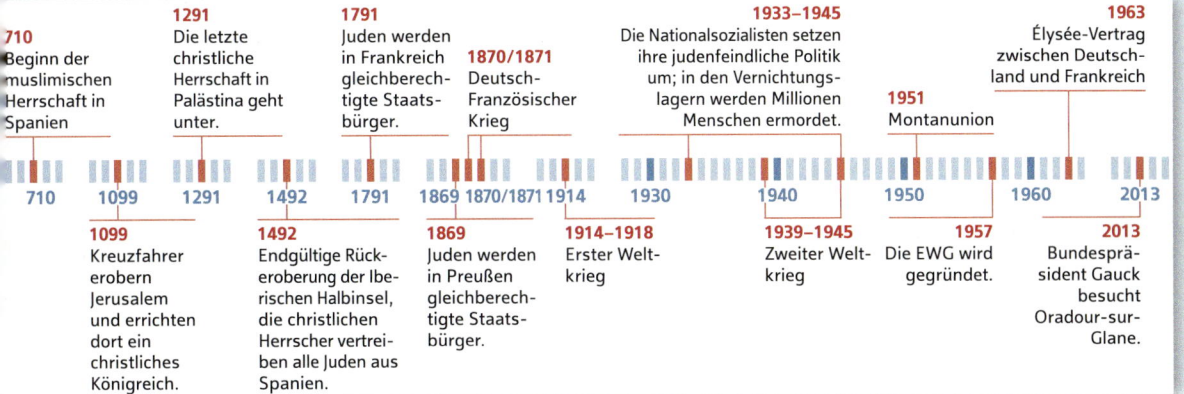

131

Europäische Union

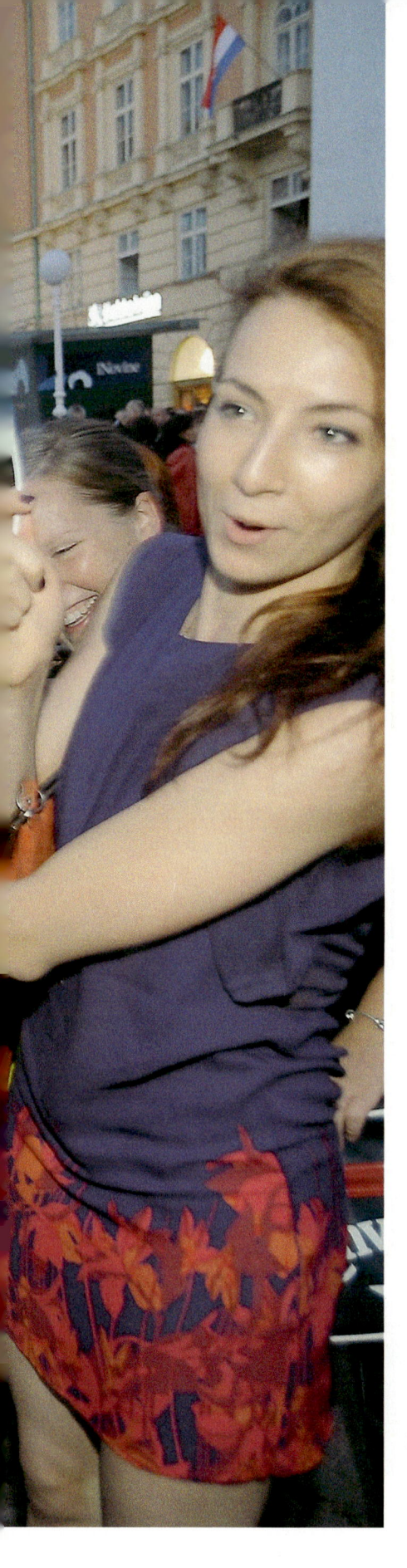

Europäische Union

M2 Deutsche und französische Studenten verbrennen am 8. August 1950 im Niemandsland zwischen St. Germannshof (deutsche Seite) und Wissembourg (französische Seite) Grenzpfähle und Schilder.

M3 Demonstration gegen die Euro-Finanzpolitik und den ESM-Rettungsschirm am 2. Juni 2012 in München

→ Wie kam es zur Gründung der Europäischen Union (EU)?
→ Was habe ich mit der EU zu tun?
→ Welche Ziele verfolgt die EU?
→ Welche Länder gehören zur EU?
→ Wie ist die Europäische Union politisch und wirtschaftlich organisiert?
→ Wie weit kann die EU noch wachsen?

M1 Am Vorabend des Beitritts zur Europäischen Union am 1. Juli 2013 feiern die Menschen in Kroatien.

EU im Alltag

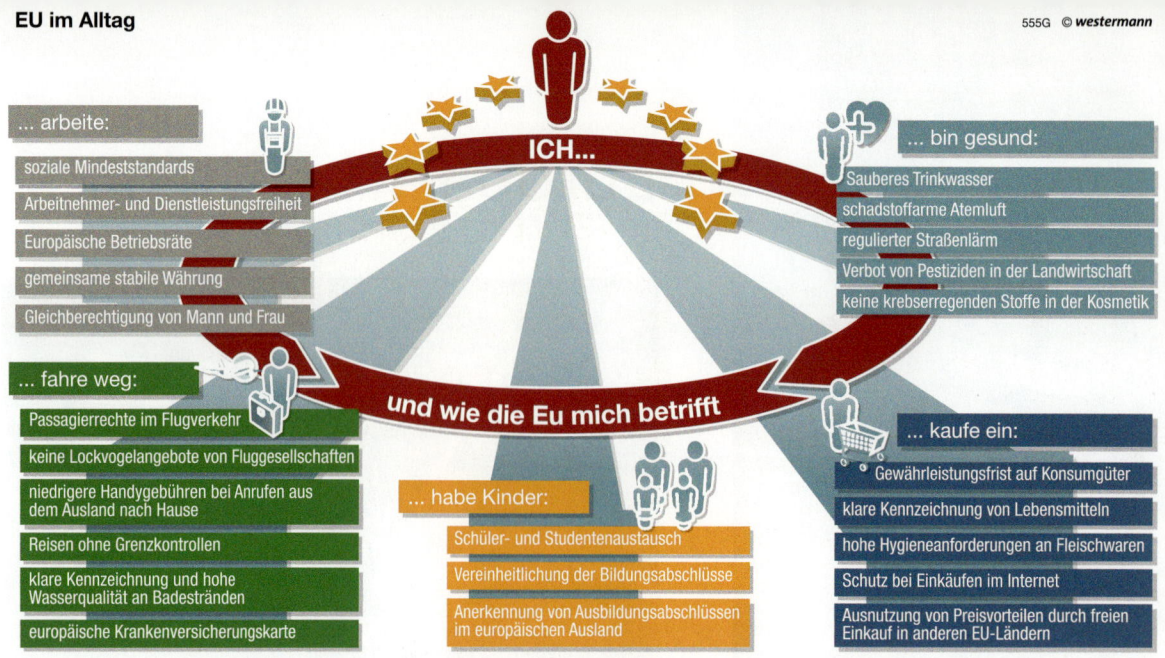

... ICH ...
und wie die EU mich betrifft

... arbeite:
- soziale Mindeststandards
- Arbeitnehmer- und Dienstleistungsfreiheit
- Europäische Betriebsräte
- gemeinsame stabile Währung
- Gleichberechtigung von Mann und Frau

... bin gesund:
- Sauberes Trinkwasser
- schadstoffarme Atemluft
- regulierter Straßenlärm
- Verbot von Pestiziden in der Landwirtschaft
- keine krebserregenden Stoffe in der Kosmetik

... fahre weg:
- Passagierrechte im Flugverkehr
- keine Lockvogelangebote von Fluggesellschaften
- niedrigere Handygebühren bei Anrufen aus dem Ausland nach Hause
- Reisen ohne Grenzkontrollen
- klare Kennzeichnung und hohe Wasserqualität an Badestränden
- europäische Krankenversicherungskarte

... habe Kinder:
- Schüler- und Studentenaustausch
- Vereinheitlichung der Bildungsabschlüsse
- Anerkennung von Ausbildungsabschlüssen im europäischen Ausland

... kaufe ein:
- Gewährleistungsfrist auf Konsumgüter
- klare Kennzeichnung von Lebensmitteln
- hohe Hygieneanforderungen an Fleischwaren
- Schutz bei Einkäufen im Internet
- Ausnutzung von Preisvorteilen durch freien Einkauf in anderen EU-Ländern

M1 In diesen Bereichen greift die EU in den Alltag ein.

Europa und wir
Die Europäische Union und unser Alltag

Europa im Alltag → www

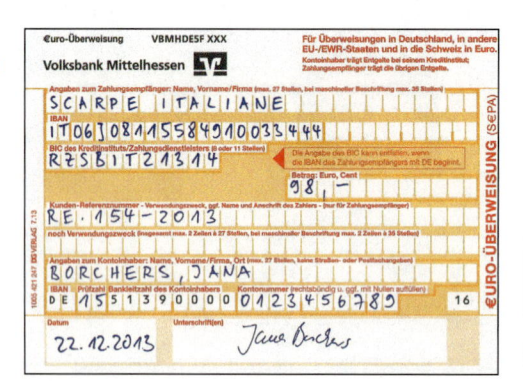

Jana Borchers, 28, kauft gern im Internet ein: „Neulich habe ich mir ein paar Schuhe direkt in Italien gekauft. Die waren dort mehr als 30 % billiger. Bei Zahlung per Vorkasse war es noch etwas günstiger. Mit der neuen SEPA-Überweisung ist das kein Problem und kostet auch nicht mehr Gebühren als sonst."

M2 Beispiel SEPA (Single Euro Payments Area = Einheitlicher Euro-Zahlungsverkehrsraum)

Peter Simon, 35, ist beruflich viel in Europa unterwegs: „Ich muss für meinen Job viel reisen: Frankreich, Österreich, Italien und natürlich Deutschland. Dank der neuen EU-Verordnung, die Handytarife im europäischen Ausland begrenzt, ist das Telefonieren und Surfen für mich viel billiger geworden. Das merke ich bei meinen Abrechnungen deutlich!"

M3 Beispiel Telefontarife

Johann Albrecht, 64, betreibt einen Bio-Bauernhof:
„Für uns ist die Kennzeichnungspflicht für Eier ein Gewinn. Endlich können die Verbraucher nachvollziehen, woher die Eier kommen und sind auch bereit, für ein gutes Frühstücksei ein bisschen mehr Geld zu bezahlen. Dies ist eine EU-Verordnung, von der der Verbraucher direkt profitiert – und wir als Bio-Bauern auch."

M4 Beispiel Kennzeichnungspflicht von Eiern

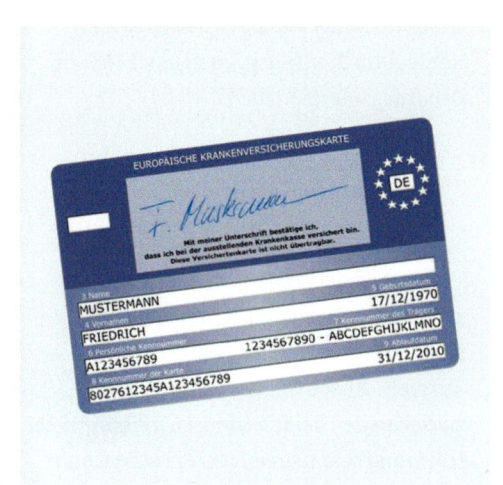

Sarah Leitner, 17, war in Italien im Urlaub:
„Ich hatte Glück. Nach einem Badeunfall hat man mich im örtlichen Krankenhaus ohne große Bürokratie direkt behandelt. Ich habe nur meine Europäische Krankenversichertenkarte vorzeigen müssen. Die ist ja jetzt auf jeder Versicherungskarte. Damit habe ich bei Urlaubsreisen Anspruch auf medizinisch notwendige Leistungen des öffentlichen Gesundheitswesens des jeweiligen EU-Landes."

M5 Beispiel Krankheit im Urlaub

An vielen Stellen haben wir direkt mit der Europäischen Union zu tun ohne das überhaupt zu merken. Ob beim Einkaufen, beim Reisen oder beim Arbeiten – es gibt Entscheidungen aus Brüssel, die Auswirkungen auf unseren Alltag haben. Umgekehrt können wir Bürger die europäische Politik mitbestimmen: Alle fünf Jahre wird das Europaparlament gewählt.

1. a) Sammelt Stichworte zu der Frage: Wo erlebe ich Europa in meinem Alltag? Sammelt auf Karten; erst allein, dann zu zweit, dann in der Gruppe.
   b) Vergleicht eure Ergebnisse mit M1.
2. Recherchiere im Internet nähere Informationen zu den Themen IBAN und BIC, Handytarife, Eierkennzeichnung und Europäische Krankenversicherung (M2–M5). Stellt euch gegenseitig eure Ergebnisse vor.

   Aufgabe 2 → www

3. Erstelle mithilfe von M1 und des Internets Lernplakate zu den Bereichen:
   In Europa ...
   – arbeiten,
   – reisen,
   – einkaufen.
4. Entscheide, ob die Regelungen der EU für dich positiv oder negativ sind. Begründe deine Meinung und diskutiert eure Meinungen in der Klasse.

Europa wächst zusammen
Die Montanunion

M1 Bundeskanzler Konrad Adenauer und der französische Außenminister Robert Schuman auf der Titelseite einer Broschüre (1951)

> (Europa) wird durch konkrete Tatsachen entstehen ... Die Vereinigung der europäischen Nationen erfordert, dass der Jahrhunderte alte Gegensatz zwischen Frankreich und Deutschland ausgelöscht wird. Das begonnene Werk muss in erster Linie Deutschland und Frankreich erfassen ... Die französische Regierung schlägt vor, die Gesamtheit der französisch-deutschen Kohle- und Stahlproduktion einer Hohen Behörde zu unterstellen.

M2 Der französische Außenminister Robert Schuman (9. Mai 1950)

> Während der letzten Tage war ich sehr pessimistisch gestimmt über die Beziehungen mit Frankreich und die Zukunft Europas. Aber diese Idee einer Union zwischen den beiden Ländern gibt mir neue Hoffnung und neuen Mut. Sie würde ganz bestimmt ein sehr starkes Bollwerk des Friedens sein.

M3 Bundeskanzler Konrad Adenauer zum Vorschlag einer Montanunion in einem Interview (6. März 1950)

Schuman-Plan → www

Es war 1950, und Frankreich steckte in einem Dilemma: Zum einen ging eine Gefahr von der Sowjetunion aus, die sich immer stärker bewaffnete und Europa bedrohte. Von Amerika war keine Unterstützung zu erwarten. Wollte man sich also gegen die Sowjetunion schützen, brauchte man ein starkes Deutschland in der Mitte. Zum anderen hatten die Franzosen Sorge vor einer Wiederaufrüstung Deutschlands, das erst vor fünf Jahren den Krieg verloren hatte. Der französische Außenminister Robert Schuman hatte eine Idee: Indem man eine gemeinsame Union zur Kohle- und Stahlproduktion gründete, konnte Frankreich sowohl Deutschland politisch mit einbeziehen als auch die Kohle- und Stahlproduktion überwachen. Denn Kohle und Stahl waren die Grundlage für die Rüstungsindustrie. Deutschland willigte ein. Die Gründung der Europäischen Gemeinschaft für Kohle und Stahl (EGKS) wird oft die „Geburtsstunde" der Europäischen Union genannt.

ⓘ Europäische Gemeinschaft für Kohle und Stahl

Die EGKS wurde auch Montanunion genannt. Sie wurde am 18. April 1951 durch den Vertrag von Paris gegründet und trat am 23. Juli 1952 in Kraft. Die EGKS war der erste europäische Wirtschaftsverbund und die erste überstaatliche Organisation. Sie gewährte den Mitgliedsstaaten Zugang zu Kohle und Stahl, ohne Zoll zahlen zu müssen.

Europäische Union

Gründung der Europäischen Wirtschaftsgemeinschaft (EWG)

Verschmelzung des EGKS, der EWG und EURATOM zur Europäischen Gemeinschaft (EG) mit eigenem Gerichtshof und eigenem Parlament.

Erste direkte Wahl des Europaparlaments durch die Bürgerinnen und Bürger der Mitgliedstaaten.

Regelung des freien Grenzverkehrs in der EU durch das **Schengener Abkommen**

Gründung der Europäischen Zentralbank

Vertrag von Lissabon: Ausweitung der Zusammenarbeit z. B. in der Sicherheits- und in der Außenpolitik

1951 1957 1967 1973 1979 1981 1986 1993 1995 1998 2002 2004 2007 2009 2013

6 Gründungsstaaten — 9 Staaten — 10 Staaten — EU der 12 — EU der 15 — EU der 25 — EU der 27 — EU der 28

Gründung der **Europäischen Gemeinschaft für Kohle und Stahl (EGKS)**, um nach dem Zweiten Weltkrieg den Handel mit diesen wichtigen Gütern zu erleichtern.

Gründung der **Europäischen Union (EU)**. Die Zusammenarbeit wird von der Wirtschaftspolitik auf andere Felder der Politik ausgeweitet (z. B. Umweltpolitik, Sozialpolitik)

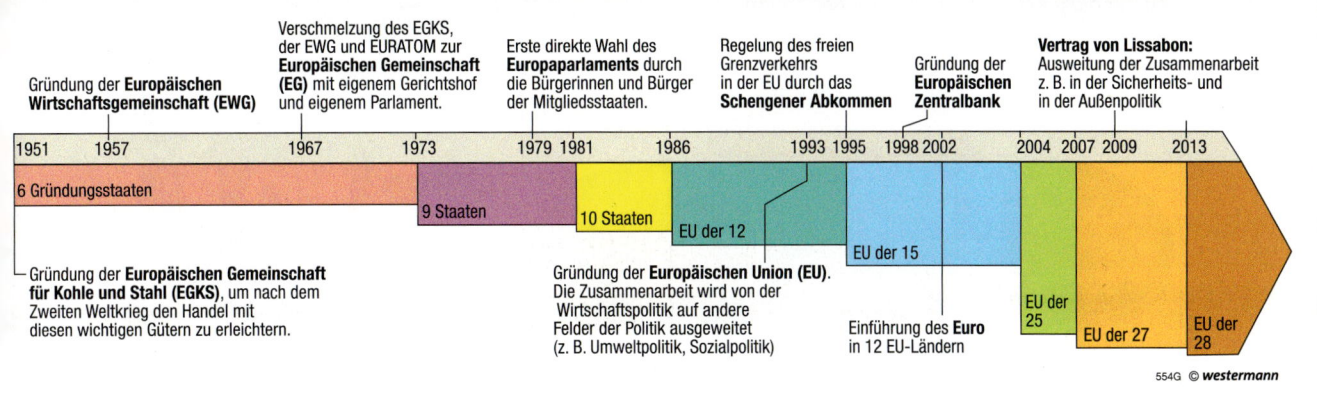

Einführung des **Euro** in 12 EU-Ländern

554G © **westermann**

M4 Die Entwicklung der europäischen Einigung 1951–2013

Der EWG-Vertrag

Schon bald nach der Gründung der Montanunion stellten die Mitglieder fest, dass eine Zusammenarbeit nur in den Bereichen Kohle und Stahl nicht ausreichte. Auch andere Wirtschaftsbereiche sollten zukünftig unter gemeinsame Verantwortung gestellt werden. Nach langen Verhandlungen unterschrieben Vertreter der sechs Staaten am 25. März 1957 in Rom den Vertrag zur Gründung der Europäischen Wirtschaftsgemeinschaft (EWG).

Durch die EWG sollte eine vollständige Wirtschaftsintegration erreicht werden. Gleichzeitig wurde die EURATOM gegründet. Sie diente der gemeinsamen Erforschung und friedlichen Nutzung der Kernenergie. Die EWG wurde aufgrund der erweiterten Aufgabenstellung 1993 umbenannt in die Europäische Gemeinschaft (EG). Als Symbol der EWG wurden die zwölf gelben Sterne auf blauem Grund eingeführt.

EURATOM
Europäische Atomgemeinschaft

Römische Verträge
Nach der Vertragsunterzeichnung am 25. März 1957 in Rom traten die Zusammenschlüsse EWG und EURATOM zum 1. Januar 1958 in Kraft.

> *Seine Majestät der König der Belgier, der Präsident der Bundesrepublik Deutschland, der Präsident der Französischen Republik, der Präsident der Italienischen Republik, Ihre Königliche Hoheit die Großherzogin von Luxemburg, Ihrer Majestät die Königin der Niederlande,*
>
> *– in dem festen Willen, die Grundlagen für einen immer engeren Zusammenschluss der europäischen Völker zu schaffen, (...)*
> *– in dem Vorsatz, die stetige Besserung der Lebens- und Beschäftigungsbedingungen ihrer Völker als wesentliches Ziel anzustreben, (...)*
> *– in dem Bestreben, ihre Volkswirtschaften zu einigen und deren harmonische Entwicklung zu fördern, indem sie den Abstand zwischen einzelnen Gebieten und den Rückstand weniger begünstigter Gebiete verringern, (...)*
> *– entschlossen, durch diesen Zusammenschluss ihrer Wirtschaftskräfte Frieden und Freiheit zu wahren und zu festigen, und mit der Aufforderung an die anderen Völker Europas, die sich zu dem gleichen hohen Ziel bekennen, sich diesen Bestrebungen anzuschließen, **haben beschlossen, eine Europäische Wirtschaftsgemeinschaft zu gründen** (...)*

EGKS-Mitgliedsstaaten:
Belgien, Bundesrepublik Deutschland, Frankreich, Italien, Luxemburg, Niederlande.

M5 Auszug aus der Präambel des EWG-Vertrages (1957)

[1] → *Beschreibe das Ziel, das Frankreich mit der Gründung der Montanunion verfolgte (Text, M2).*
[2] *Erkläre die Reaktion Konrad Adenauers auf den Vorschlag (M3).*
[3] *Nenne die Staaten, die der EGKS angehörten (M4).*
[4] → *Beurteile die Ziele der EGKS (Text, M1, M2).*
[5] *Nenne Gründe, die zur Gründung der Europäischen Wirtschaftsgemeinschaft führten (Text).*
[6] *Beschreibe die Ziele der EWG mit eigenen Worten (M5).*

M6 Die Europaflagge

Aufgabe 6
→ www

Zuständigkeiten in der Europäischen Union

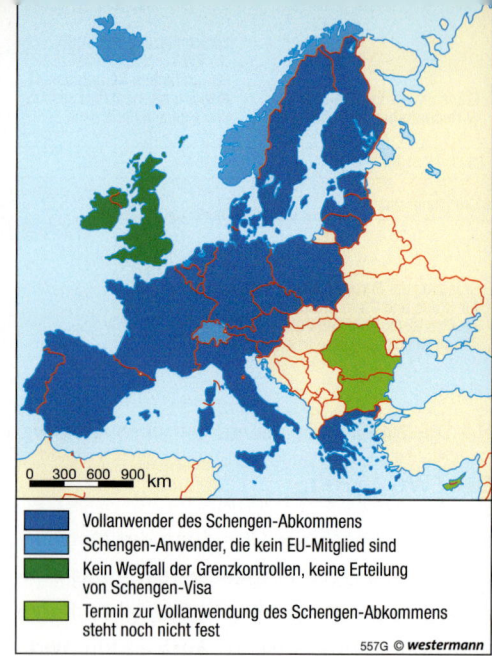

- Ausschließliche Zuständigkeiten der EU
- Gemischte Zuständigkeiten EU und Mitgliedstaaten
- Unter Ausschluss jeglicher Harmonisierung

M1 Zuständigkeitsbereiche der EU

M2 Die Staaten des Schengener Abkommens
- Vollanwender des Schengen-Abkommens
- Schengen-Anwender, die kein EU-Mitglied sind
- Kein Wegfall der Grenzkontrollen, keine Erteilung von Schengen-Visa
- Termin zur Vollanwendung des Schengen-Abkommens steht noch nicht fest

Von der EWG zur EU

Zuständigkeiten der EU → www

Bald wurde deutlich, dass man für ein gemeinsames Europa nicht nur wirtschaftlich, sondern auch politisch stärker zusammenarbeiten musste. Am 1. November 1993 trat der Maastrichter Vertrag in Kraft. Durch ihn wurde es möglich, aus der Europäischen Wirtschaftsgemeinschaft eine politische Union zu formen. Neben die Ziele einer gemeinsamen Wirtschaftspolitik traten jetzt noch andere Ziele: Im Rahmen der Gemeinsamen Europäischen Außen- und Sicherheitspolitik beteiligen sich auch deutsche Soldaten an internationalen Einsätzen. In erster Linie sollten diese Einsätze der Friedenserhaltung und der Demokratie dienen. Für eine verstärkte Zusammenarbeit in der Innen- und Justizpolitik traf man Regelungen zu Fragen der Grenzkontrollen, der Einwanderungspolitik und der Bekämpfung der internationalen Kriminalität. Grundlage dafür war das Schengener Abkommen. Es trat am 26. März 1995 in Kraft und sieht den Wegfall der Grenzkontrollen an den Binnengrenzen der Union vor. Dafür soll es an den Schengen-Außengrenzen bessere und effizientere Kontrollen geben, und die Polizeiarbeit soll stärker vernetzt werden. Eine Neuerung war auch die sogenannte „Unionsbürgerschaft". Sie garantierte den Bürgern der Europäischen Union vor allem das Recht, sich innerhalb der EU frei zu bewegen.

ⓘ Unionsbürgerschaft

Jeder Bürger/jede Bürgerin der EU hat
- das Recht, sich im gesamten Gebiet der Union frei zu bewegen und aufzuhalten;
- das Recht, in allen EU-Ländern wie ein Inländer behandelt zu werden, wenn es zum Beispiel um die Suche nach Arbeit oder den Kauf einer Wohnung geht;
- das aktive und passive Wahlrecht bei Kommunalwahlen sowie bei den Wahlen zum Europäischen Parlament in seinem/ihrem Wohnsitzland, auch wenn man nicht dessen Staatsangehörigkeit besitzt;
- das Recht, sich in der Amtssprache seiner/ihrer Heimat an alle Organe der EU zu wenden und in dieser Sprache eine Antwort zu erhalten.

1. → Nenne die Ziele des Maastrichter Vertrages (Text).
2. Erstelle eine Tabelle zu den Arbeitsfeldern in M1. Unterscheide, wer jeweils zuständig ist: die EU, die Mitgliedsstaaten oder beide.
3. Erkläre in eigenen Worten, was mit „Unionsbürgerschaft" gemeint ist (Info-Text).
4. Nenne mithilfe des Atlas die Staaten des Schengener Abkommens (M2).

Die Gemeinsame Außen- und Sicherheitspolitik (GASP)

Die EU-Außenminister haben den EU-Trainingseinsatz für die malische Armee endgültig beschlossen. Das teilten Diplomaten am Rande eines Treffens in Brüssel mit. Die Ausbildungsmission werde „von enormer Bedeutung für die malischen Streitkräfte sein", sagte EU-Außenbeauftragte Catherine Ashton vor dem Beschluss. Deutschland will sich mit jeweils rund 40 Ausbildern und Sanitätern an dem EU-Einsatz in dem westafrikanischen Krisenland beteiligen. Die etwa 200 Ausbilder sollen von rund 250 Kampfsoldaten geschützt werden. Die Mission soll nicht an Kämpfen zwischen den Regierungstruppen und islamistischen Gruppen aus dem Norden des Landes teilnehmen.

„Wir wollen, dass die afrikanischen Kräfte in der Lage sind, ihre Aufgabe bei der Stabilisierung im Norden Malis wahrzunehmen", sagte Bundesaußenminister Guido Westerwelle in Brüssel. Deswegen sei die Mission wichtig. Sie zeige, dass Europa in einer solchen Lage entschlossen handele (…).

Das Bundeskabinett befasst sich am Dienstag mit der geplanten deutschen Beteiligung an dem internationalen Militäreinsatz in Mali. Deutschen Regierungskreisen zufolge sind zwei eigenständige Mandate geplant: eines für die geplante Beteiligung an der EU-Ausbildungsmission in Mali und eines für deutsche Unterstützung bei der Luftbetankung französischer Kampfjets.

M3 Auszug aus der Süddeutschen Zeitung vom 18. Februar 2013

Allgemeine Bestimmungen über das auswärtige Handeln der Union
Artikel 21
(1) Die Union lässt sich bei ihrem Handeln auf internationaler Ebene von den Grundsätzen leiten, die für ihre eigene Entstehung, Entwicklung und Erweiterung maßgebend waren und denen sie auch weltweit zu stärkerer Geltung verhelfen will: Demokratie, Rechtsstaatlichkeit, die universelle Gültigkeit und Unteilbarkeit der Menschenrechte und Grundfreiheiten, die Achtung der Menschenwürde, der Grundsatz der Gleichheit und der Grundsatz der Solidarität sowie die Achtung der Grundsätze der Charta der Vereinten Nationen und des Völkerrechts.

M4 Auszug aus dem Vertrag über die Europäische Union (Vertrag von Lissabon) 2009

M5 Deutsche Soldaten als Ausbilder in Mali (2013)

EU-Außenbeauftragte
Korrekter Titel: Hohe Vertreterin der Union für Außen- und Sicherheitspolitik. Dies ist seit 2009 Catherine Ashton. Sie soll die EU gemeinsam mit dem Präsidenten des Europäischen Rates nach außen vertreten. Sie verantwortet die Gemeinsame Außen- und Sicherheitspolitik (GASP).

Einsätze der Bundeswehr
→ [www]

Mandat
Nach Art. 24 Grundgesetz muss der Bundestag für Bundeswehreinsätze im Rahmen internationaler Missionen jeweils ein Mandat erteilen.

5. Beschafft euch weitere Informationen zu Mali und gestaltet eine Wandzeitung.
6. a) Nenne die genauen Aufgaben der Bundeswehr in Mali (M3).
   b) Erkläre, warum die Soldaten nicht an Kampfeinsätzen beteiligt sind (M3, Info-Text).
7. a) Recherchiere die Hintergründe, die zu einem Eingreifen in Mali geführt haben (M3, Internet).
   b) Recherchiere mithilfe des Internets kritische Stimmen und Gegenargumente zum Einsatz der Bundeswehr in Mali.

Die Erweiterungen der Europäischen Union

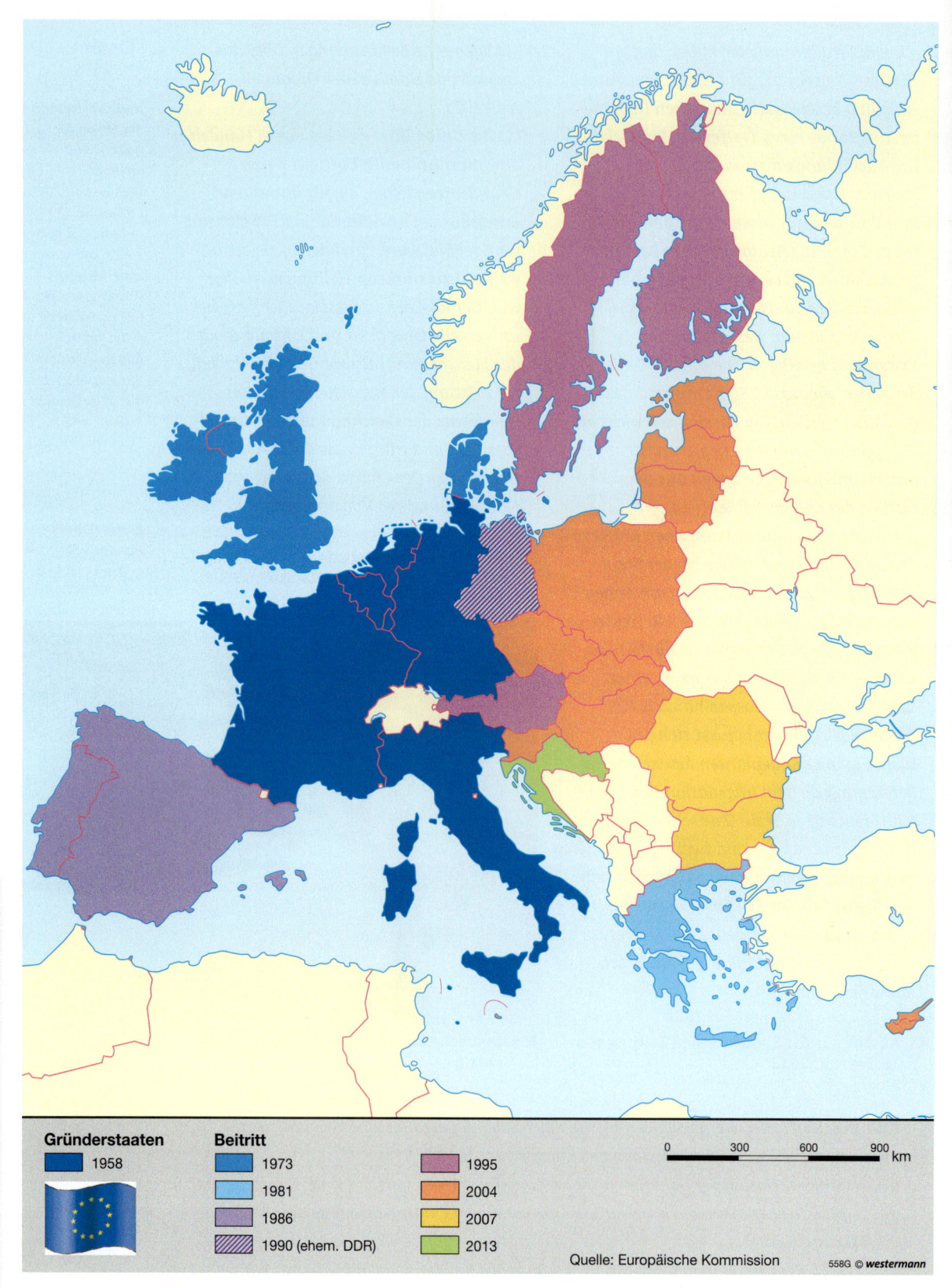

Gründerstaaten
- 1958

Beitritt
- 1973
- 1981
- 1986
- 1990 (ehem. DDR)
- 1995
- 2004
- 2007
- 2013

Quelle: Europäische Kommission

M1 Aus sechs Gründerstaaten werden 28 Mitgliedsländer

M2 Wahrzeichen und Typisches aus europäischen Ländern

> Belgien – Dänemark – Deutschland – Frankreich – Griechenland – Großbritannien – Italien – Irland – Niederlande – Österreich – Schweden – Spanien

1. → 🗺 Recherchiere mithilfe des Atlas die Namen der Länder, die in den jeweiligen Beitrittsjahren zur EWG bzw. EU hinzukamen und notiere sie (M1).
2. → a) Vergleiche die Länder der Europäischen Union im Jahre 2013 mit den Ländern, die zum Kontinent Europa gehören (M1, Atlas).
   → b) Diskutiert das Ergebnis eurer Vergleiche.
3. → Beschreibe, in welche Richtung sich die Europäische Union in den letzten Jahren ausgedehnt hat und in welche Richtung sie sich weiter ausdehnen könnte (M1).
4. → Ordne den Bildern die richtigen Ländernamen zu. Schreibe dazu die Ländernamen mit der passenden Bildnummer in dein Heft (M2).

EU-Erweiterung → www

Seite 141 → www

Die politische Organisation der EU

Der Europäische Rat

M1 Sitzung des Europäischen Rates in Brüssel am 20. Oktober 2016

Europäischer Rat
→ www

Vertrag über die Europäische Union Artikel 15, Absatz 1
Der Europäische Rat gibt der Union die für ihre Entwicklung erforderlichen Impulse und legt die allgemeinen politischen Zielvorstellungen und Prioritäten hierfür fest. Er wird nicht gesetzgeberisch tätig.

Wenn der Europäische Rat zusammenkommt, treffen sich alle Regierungschefs der Europäischen Union, um über die allgemeinen politischen Zielvorstellungen und Prioritäten der Union zu beraten und zu entscheiden. Die Aufgabe des Europäischen Rates ist es, der Union die für ihre Entwicklung wichtigen Impulse zu geben. Man nennt das auch „EU-Gipfel". Der Europäische Rat setzt sich zusammen aus den Staats- und Regierungschefs der Europäischen Union, dem Präsidenten des Europäischen Rates und dem Präsidenten der Europäischen Kommission. Zusätzlich nimmt noch die Hohe Vertreterin der Union für die Außen- und Sicherheitspolitik an den Sitzungen teil. Die Sitzungen finden mindestens zweimal pro Halbjahr statt. Sitzungsort ist Brüssel. In der Regel entscheidet der Europäische Rat im Konsens, also einstimmig. Der Europäische Rat nimmt zwar Einfluss auf die politische Themensetzung der EU, aber er erlässt keine Rechtsvorschriften. Seine Entscheidungen dienen aber als Vorgaben für die weiteren politischen Institutionen der EU, zum Beispiel für den Ministerrat.

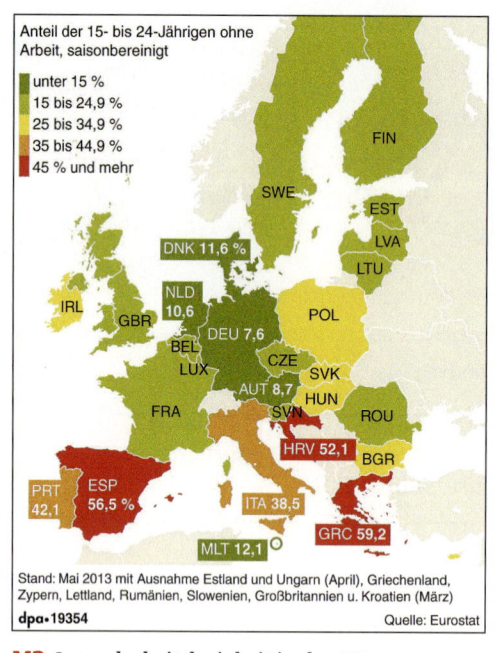

M2 Jugendarbeitslosigkeit in der EU

1 Die Staats- und Regierungschefs der EU sind am Donnerstagabend zu einem bis Freitag dauernden Gipfeltreffen in Brüssel zusammengetreten, das von der Jugendarbeitslosigkeit ... geprägt wird. Die Jugendarbeitslosigkeit sei eine der dringendsten Sorgen der Gesellschaften, sagte der EU-Rats-Vorsitzende Herman Van Rompuy in seinen Begrüßungsworten. Einer der konkretesten geplanten Schritte ist die „Jugend-Beschäftigungs-Initiative": Aus dem nächsten EU-Finanzrahmen werden 6 Mrd. € für Projekte in EU-Regionen zur Verfügung gestellt, in denen die Arbeitslosenquote unter Jugendlichen 25 % übersteigt ... Die Initiative ist nicht ganz neu, doch soll die Auszahlung der 6 Mrd. € nun auf die ersten beiden Jahre der Finanzperiode 2014 bis 2020 konzentriert werden. Erleichtert wird dies dadurch, dass sich Vertreter der Mitgliedstaaten (der Ministerrat; Anm. der Redaktion) und des Parlaments unmittelbar vor dem Gipfel über den Finanzrahmen für diese Periode geeinigt haben.

M3 Auszug aus der Neuen Zürcher Zeitung vom 28. Juni 2013

Rat der Europäischen Union
(Ministerrat)

Ratsvorsitz
wechselt halbjährlich zwischen den Mitgliedstaaten*; je drei Staaten bilden ein Team

Generalsekretariat
(Brüssel)

Ausschuss der Ständigen Vertreter der Mitgliedstaaten (Coreper)

Zentrales Beschluss- und Lenkungsorgan der Europäischen Union

besteht aus Ministern der Mitgliedstaaten

in wechselnder fachlicher Zusammensetzung je nach dem Gegenstand der Beratungen

Zusammensetzungen des Ministerrats
Allgemeine Angelegenheiten
Auswärtige Angelegenheiten*
Wirtschaft und Finanzen
Justiz und Inneres
Beschäftigung, Sozialpolitik, Gesundheit und Verbraucher
Wettbewerbsfähigkeit
Verkehr, Telekommunikation und Energie
Landwirtschaft und Fischerei
Umwelt
Bildung, Jugend, Kultur, Sport

Reihenfolge des Ratsvorsitzes ab 2013:
2013 Irland, Litauen · 2014 Griechenland, Italien · 2015 Lettland, Luxemburg · 2016 Niederlande, Slowakei · 2017 Malta, Großbritannien · 2018 Estland, Bulgarien · 2019 Österreich, Rumänien · 2020 Finnland

* den Rat „Auswärtige Angelegenheiten" leitet der Hohe Vertreter für die Außen- und Sicherheitspolitik

M4 Der Ministerrat der Europäischen Union (auch: Rat der Europäischen Union)

Der Ministerrat

Im Rat der Europäischen Union, der auch Ministerrat oder nur „Rat" genannt wird, treffen sich die nationalen Fachminister aller Mitgliedsstaaten, um die politischen Strategien zu koordinieren. Der Ministerrat hat keine festen Mitglieder. Stehen zum Beispiel Themen der Umwelt auf der Tagesordnung, treffen sich die Umweltminister aller Staaten der Europäischen Union. Geht es um das Thema Außenpolitik, treffen sich die Außenminister. Der Rat übernimmt als europäisches Organ wichtige Aufgaben. Hier einige Beispiele:

– Er kann zusammen mit dem Europäischen Parlament Rechtsvorschriften für die EU erlassen.
– Er sorgt für die Abstimmung der Grundzüge der Wirtschaftspolitik in den Mitgliedsstaaten.
– Er schließt internationale Übereinkünfte zwischen der EU und anderen Staaten oder internationalen Organisationen ab.
– Gemeinsam mit dem Europäischen Parlament beschließt er den Haushaltsplan der EU.
– Auf der Grundlage der vom Europäischen Rat festgelegten allgemeinen Leitlinien entwickelt er die Gemeinsame Außen- und Sicherheitspolitik der EU.

Zusammengefasst: Der Rat ist ein wesentliches Entscheidungsorgan der EU.

Ministerrat → www

1. Erkläre die Zusammensetzung des Europäischen Rates (Text).
2. Erkläre die Funktion des Europäischen Rates (Text, Marginaltext).
3. Nenne diejenigen Länder Europas, in denen die Arbeitslosenquote unter Jugendlichen über 25 % liegt (M2).
4. Beschreibe die „Jugend-Beschäftigungs-Initiative" (M3).
5. Erkläre den Aufbau des Ministerrates (Text, M4).
6. Berichte über die Aufgaben des Ministerrates (Text).
7. Erkläre die Funktion des Ministerrates im Kampf gegen die Jugendarbeitslosigkeit (M3, Text).

So kommt ein europäisches Gesetz zustande

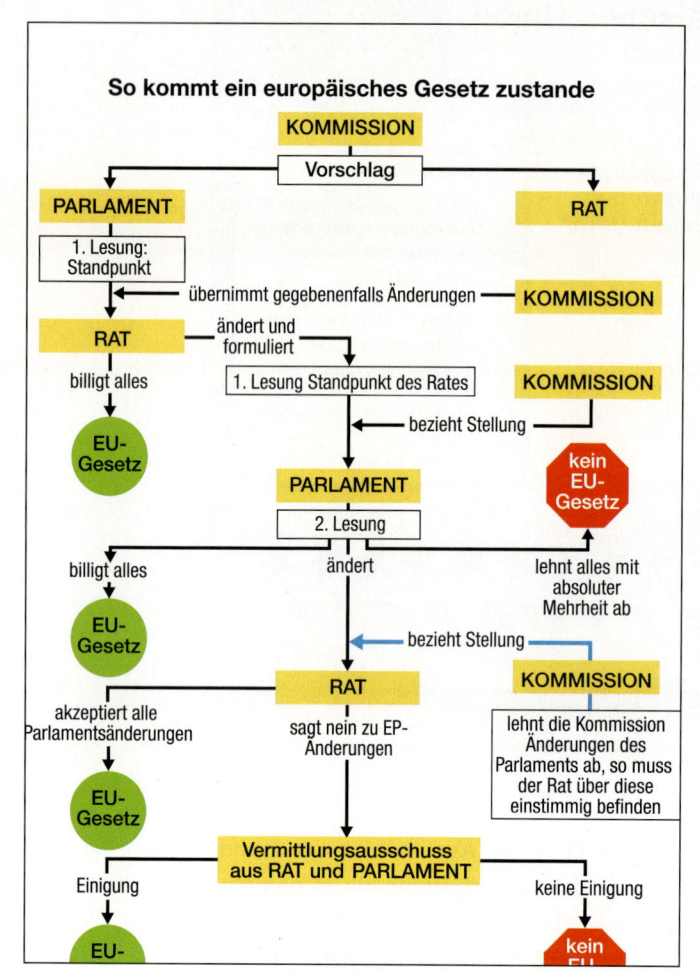

[Flussdiagramm: KOMMISSION – Vorschlag → PARLAMENT (1. Lesung: Standpunkt) und RAT
- RAT billigt alles → EU-Gesetz
- übernimmt gegebenenfalls Änderungen ← KOMMISSION
- ändert und formuliert: 1. Lesung Standpunkt des Rates ← bezieht Stellung – KOMMISSION
- PARLAMENT 2. Lesung:
  - billigt alles → EU-Gesetz
  - ändert → bezieht Stellung ← KOMMISSION → RAT
    - akzeptiert alle Parlamentsänderungen → EU-Gesetz
    - sagt nein zu EP-Änderungen → Vermittlungsausschuss aus RAT und PARLAMENT
      - Einigung → EU-Gesetz
      - keine Einigung → kein EU-Gesetz
  - lehnt alles mit absoluter Mehrheit ab → kein EU-Gesetz
- lehnt die Kommission Änderungen des Parlaments ab, so muss der Rat über diese einstimmig befinden]

M1 Gesetzgebung in der EU

Das EU-Parlament

Das Europäische Parlament wird von den EU-Bürgerinnen und -Bürgern seit 1979 direkt für eine Legislaturperiode von fünf Jahren in allgemeinen, freien und geheimen Wahlen gewählt. Am 14. Juli 2009 konstituierte sich das neu gewählte Parlament mit 736 Abgeordneten aus 27 Mitgliedsländern für die Wahlperiode bis 2014.

Die Anzahl der gewählten Abgeordneten des Europaparlaments richtet sich nach der Anzahl der Bewohner eines Landes. Jedes Land hat eine festgelegte Anzahl von Sitzen. Die Abgeordneten tagen nicht als nationale Delegationen, sondern schließen sich, je nach ihrer politischen Zugehörigkeit, zu supranationalen (übernationalen) Fraktionen zusammen. Der Hauptsitz des Europaparlaments ist in Straßburg, aber auch Brüssel und Luxemburg sind Tagungsorte. Das Parlament hat Legislativrechte, die es sich mit dem Ministerrat teilt. Es kann europäische Gesetzesvorlagen ändern, verabschieden oder ablehnen. Allerdings hat das Parlament kein Initiativrecht für Gesetze, d. h., es darf aus sich heraus keine Gesetze vorschlagen.

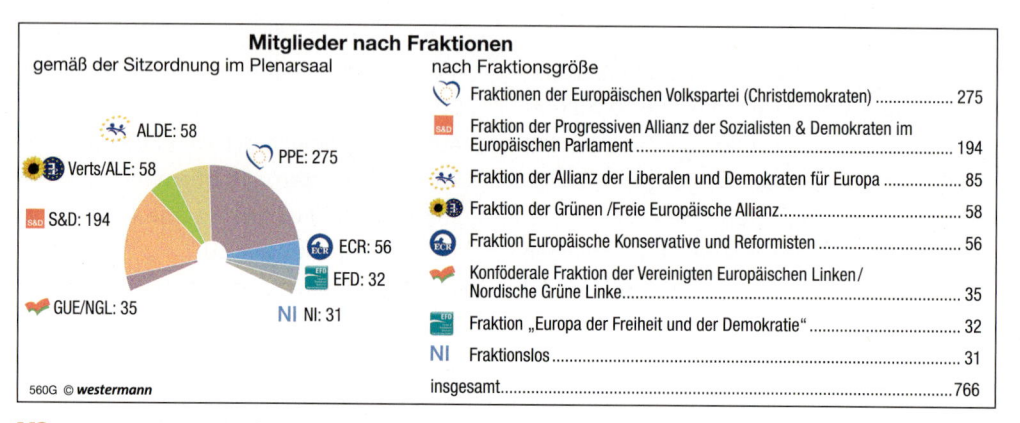

EU-Parlament → www

Mitglieder nach Fraktionen

gemäß der Sitzordnung im Plenarsaal:
- ALDE: 58
- PPE: 275
- Verts/ALE: 58
- S&D: 194
- GUE/NGL: 35
- ECR: 56
- EFD: 32
- NI: 31

nach Fraktionsgröße:
Fraktionen der Europäischen Volkspartei (Christdemokraten)	275
Fraktion der Progressiven Allianz der Sozialisten & Demokraten im Europäischen Parlament	194
Fraktion der Allianz der Liberalen und Demokraten für Europa	85
Fraktion der Grünen /Freie Europäische Allianz	58
Fraktion Europäische Konservative und Reformisten	56
Konföderale Fraktion der Vereinigten Europäischen Linken / Nordische Grüne Linke	35
Fraktion „Europa der Freiheit und der Demokratie"	32
Fraktionslos	31
insgesamt	766

M2 Zusammensetzung des Europaparlaments (Stand: November 2013)

---

1. ⇨ Beschreibe den Weg eines EU-Gesetzes (M1).
2. Erkläre die Zusammensetzung des Europäischen Parlaments (M2, Text).
3. Nenne die Kompetenzen des EU-Parlaments (M3).
4. ⇨ „Das EU-Parlament hat nur ein eingeschränktes Gesetzgebungsrecht." Begründe diese Aussage mithilfe von M1 und dem Text.

Europäische Union

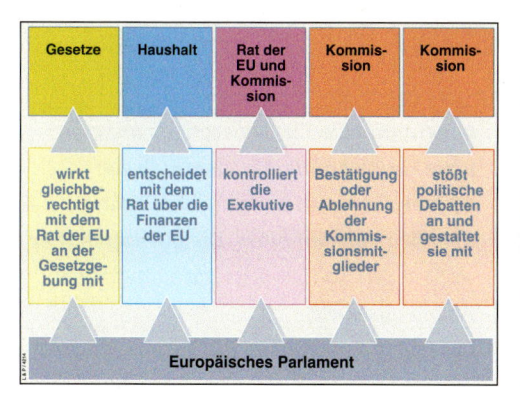

M3 Kompetenzen des Europaparlaments

M6 Immigranten aus Afrika bei ihrer Ankunft in Sizilien am 7. September 2013

Parlament verabschiedet gemeinsames europäisches Asylsystem

Um die nationalen Verfahren anzugleichen, führen die neuen Regeln gemeinsame Fristen zur Bearbeitung von Asylanträgen ein (Standard-Frist von sechs Monaten, mit begrenzten Ausnahmen) sowie strengere Bestimmungen für die Ausbildung der für die Bearbeitung zuständigen Mitarbeiter und neue Vorschriften hinsichtlich der besonderen Bedürfnisse unbegleiteter Minderjähriger oder anderer besonders schutzbedürftiger Personen. (...)
Schließlich werden die Polizeibehörden in den Mitgliedstaaten und Europol Zugang zur Eurodac-Datenbank mit den Fingerabdrücken der Asylsuchenden erhalten, um Terrorismus und schwere Kriminalität besser bekämpfen zu können. Die Abgeordneten haben schärfere Datenschutzbestimmungen durchgesetzt.

M4 Aus einer Pressemitteilung des Europäischen Parlaments vom 12. Juni 2013

Kritik am Asylgesetz

Die grüne EU-Abgeordnete Franziska Keller sieht das anders: „Das Asylsystem bleibt nach wie vor ein Flickenteppich in Europa, die Rechte von Flüchtlingen werden nicht verstärkt", monierte sie in der Debatte in Straßburg.
Schlimmer noch: Der größte Schandfleck des gemeinsamen Asylsystems sei Eurodac. Menschen, die Schutz vor Verfolgung suchen, würden in eine Ecke gestellt mit Schwerverbrechern und Kriminellen, klagt die Grünen-Politikerin.
Gemeint ist die seit zehn Jahren bestehende Datenbank Eurodac, in der Fingerabdrücke von Asylbewerbern gespeichert sind. Nach der Neuregelung dürfen erstmals auch die nationalen Strafverfolgungsbehörden bei der Suche nach Straftätern auf Eurodac zugreifen – allerdings nur „unter strengen Bedingungen und als letztes Mittel", versichert die EU-Kommission.

M5 Auszug aus der taz vom 12. Juni 2013

5. Beschreibe die Regelungen zum gemeinsamen europäischen Asylsystem (M4).
6. Erläutere die Kritik am neuen Asylrecht (M5).
7. Recherchiere weitere kürzlich verabschiedete Regeln der EU mithilfe des Internets. Aufgabe 7 → www
8. Versuche Begründungen zu finden, warum es in den von dir gefundenen Fällen eine gemeinsame europäische Regelung geben sollte.

Die EU-Kommission

M1 EU-Kommissar für Energie, Günther Oettinger (2013)

Regierungen schwächen Oettingers Vorschläge ab.

Straßburg – Fünf Jahre, nachdem sich die EU drei große Klimaziele für 2020 gegeben hat, sind nun auch beim Energiesparen verbindliche Maßnahmen vereinbart worden. Während es für einen geringeren Kohlendioxidausstoß und einen höheren Anteil erneuerbarer Energien schon seit 2008 gesetzliche Regeln gab, ist der geringere Verbrauch bisher freiwillig. Am Donnerstag einigten sich nun Europaparlament und die EU-Regierungen auf eine neue EU-Richtlinie, die innerhalb von 18 Monaten auch in deutsches Recht überführt werden muss. Die EU-Botschafter wollten den Kompromiss noch am frühen Abend absegnen.

EU-Energiekommissar Günther Oettinger musste jedoch hinnehmen, dass sein ursprünglicher Gesetzesvorschlag, der den jüngsten Berechnungen zufolge zu einer Einsparquote von 17 Prozent bis 2020 geführt hätte, deutlich verwässert wurde.

M2 Auszug aus „Der Tagesspiegel" vom 15.6.2012

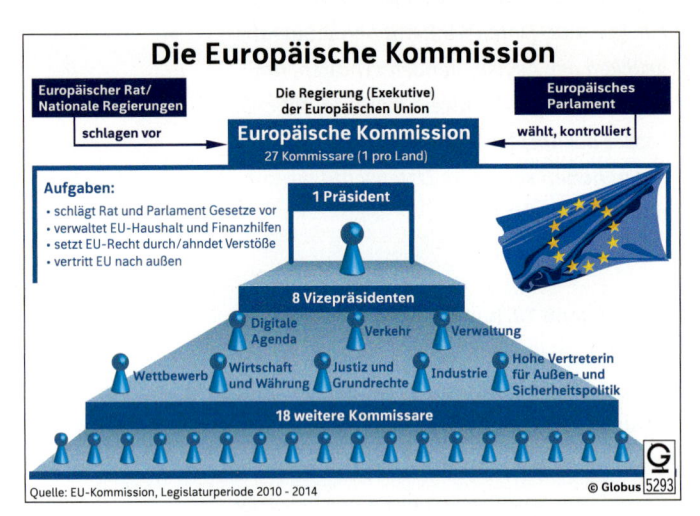

M3 Die Aufgaben der Europäischen Kommission

Die Kommission ist eines der wichtigsten Organe der EU. Sie schlägt neue europäische Rechtsvorschriften vor, hat hier also ein sogenanntes „Initiativrecht". Darüber hinaus führt die Kommission das Tagesgeschäft der EU: Das bedeutet, sie setzt die politischen Ziele in konkrete Maßnahmen um und verwaltet die finanziellen Mittel. Die politische Leitung der Kommission wird von 28 Kommissaren aus den Mitgliedsländern übernommen. Der Präsident der Kommission überträgt jedem Kommissar einen bestimmten Verantwortungsbereich, zum Beispiel „Energie".

Der Präsident der Kommission wird vom Europäischen Rat ernannt. Die amtierenden Kommissionsmitglieder sind dem Parlament gegenüber rechenschaftspflichtig, und nur das Parlament ist befugt, die Kommissionsmitglieder zu entlassen.

Zur Kommission gehören natürlich noch viel mehr Personen: Verwaltungsmitarbeiter, Rechtsanwälte, Wirtschaftswissenschaftler, Übersetzer, Dolmetscher und Sekretariatskräfte. Die Bediensteten sind in den sogenannten Generaldirektionen tätig. Die Kommissare sind für die Leitung zuständig.

[1] Beschreibe die Zusammensetzung der EU-Kommission (Text, M3).
[2] Erkläre, warum die EU-Kommission ein wichtiges Organ der Europäischen Union ist (Text, M2, M3).
Aufgabe 3→ [www] [3] Recherchiere mithilfe des Internets weitere Informationen über Günther Oettinger und sein Amt (M1).

Der Europäische Gerichtshof

Pay-TV hat bei wichtigen Fußballspielen kein Exklusivrecht

Spitzenspiele im Fußball dürfen nicht ausschließlich im Bezahlfernsehen gezeigt werden. Die Fußballverbände FIFA und UEFA haben darauf keinen Anspruch, entschied der Europäische Gerichtshof (EuGH) in Luxemburg am Donnerstag (Az: C-201/11 P u. a.).
In der Begründung des Gerichts hieß es, dass einige Spiele „Ereignisse von erheblicher gesellschaftlicher Bedeutung" sein können. Solch eine Übertragung etwa im Pay-TV würde „einem bedeutenden Teil der Öffentlichkeit die Möglichkeit nehmen, diese Ereignisse in einer frei zugänglichen Fernsehsendung zu verfolgen".
FIFA und UEFA hatten zuvor gegen die von der EU-Kommission genehmigten Regeln in Großbritannien und Belgien geklagt. Die beiden Länder hatten festgelegt, dass wichtige Spiele dort nicht nur im Bezahlfernsehen laufen dürfen. Die obersten europäischen Richter wiesen die Klage der Verbände zurück und bestätigten die Entscheidungen Belgiens und Großbritanniens.

M6 Übertragung eines Fußballspiels

M4 Auszug aus Zeit-Online vom 18. Juli 2013

Der Gerichtshof der Europäischen Union (EuGH) stellt sicher, dass das EU-Recht in allen Mitgliedsstaaten auf die gleiche Weise angewendet wird. Er sorgt auch dafür, dass nationale Gerichte in der gleichen Frage nicht unterschiedlich handeln.

Europäischer Gerichtshof → www

Europäischer Gerichtshof (EuGH)				
1 Richter für jedes EU-Mitgliedsland + 8 Generalanwälte (Amtsperiode: 6 Jahre; verlängerbar)				
Die fünf häufigsten Rechtssachen:				
Vorabentscheidungsersuchen	Vertragsverletzungsklagen	Nichtigkeitsklagen	Untätigkeitsklagen	Unmittelbare Klagen
Dabei ziehen nationale Gerichte den Gerichtshof für die Auslegung eines bestimmten Aspekts des EU-Rechts zu Rate.	Eine solche Klage kann gegen die Regierung eines EU-Mitgliedsstaates erhoben werden, wenn diese das EU-Recht nicht anwendet.	Sie können gegen Rechtsvorschriften der EU erhoben werden, wenn Grund zur Annahme besteht, dass diese gegen die EU-Verträge oder gegen die Grundrechte verstoßen.	Diese können gegen EU-Organe erhoben werden, wenn diese nicht ihrer Pflicht nachkommen, über eine Sache zu entscheiden.	Diese können Privatpersonen, Unternehmen oder Organisationen gegen Entscheidungen oder Maßnahmen der EU einlegen.

M5 Die wichtigsten Aufgabenbereiche des Europäischen Gerichtshofes (EuGH)

4. → Beschreibe die Aufgaben des Europäischen Gerichtshofes (Text).
5. a) Erkläre die Entscheidung des EuGH in Bezug auf die Fußball-Übertragungsrechte (M4, Text).
   b) Erkläre die Hintergründe der Klage (M4) und erläutere, um welche Art Rechtssache es sich am EuGH dabei handelte.
   c) → Wie stehst du zu der Klage der FIFA und UEFA (M4)? Begründe deine Meinung.
6. → Beschreibe den Aufbau und berichte von den häufigsten Rechtssachen des Europäischen Gerichtshofes (M5).

Verordnungen	Richtlinien	Beschlüsse	Empfehlungen und Stellungnahmen
Eine Verordnung ist ein verbindlicher Rechtsakt, den alle EU-Länder in vollem Umfang umsetzen müssen. Als die EU beispielsweise die Ursprungsbezeichnung von Agrarerzeugnissen aus bestimmten Regionen schützen lassen wollte (Beispiel: Parmaschinken), erließ der Rat der Europäischen Union eine entsprechende Verordnung.	Mit einer Richtlinie wird ein Ziel festgelegt, das alle EU-Länder verwirklichen müssen. Wie sie dies bewerkstelligen, können die einzelnen Länder selbst entscheiden. Die Arbeitszeitrichtlinie ist dafür ein Beispiel. In ihr ist festgehalten, dass zu viel Mehrarbeit durch Überstunden nicht rechtens ist. Außerdem enthält sie Vorgaben zu Mindestruhezeiten und Höchstarbeitszeiten. Die konkrete Umsetzung dieser Vorgaben regelt jedes EU-Land durch seine eigenen Gesetze.	Ein Beschluss ist für den Adressatenkreis, den er betrifft (z. B. ein EU-Land oder ein einzelnes Unternehmen), verbindlich und unmittelbar anwendbar. Der Beschluss der Europäischen Kommission, gegen den Software-Giganten Microsoft wegen Missbrauchs seiner beherrschenden Marktposition eine Geldstrafe zu erlassen, galt ausschließlich für Microsoft.	Sie sind nicht verbindlich. Als die Kommission z. B. eine Empfehlung zur Struktur der Vergütung von Beschäftigten des Finanzdienstleistungssektors verabschiedete, hatte dies keine rechtlichen Konsequenzen.

M1 Rechtliche Regelungen der Europäischen Union

Die Gesetze in der EU

Gesetzgebung in der EU → Seite 144

Die Begriffe „Verordnung" und „Richtlinie" sind schon verschiedentlich aufgetaucht. Aber was genau ist das? „Verordnungen", „Richtlinien" und „Beschlüsse" sind drei andere Begriffe für Gesetze, die in der Europäischen Union gemacht werden. Diese Unterscheidungen sind notwendig, weil die rechtlichen Regelungen unterschiedliche Bedeutungen für die Mitgliedsstaaten bzw. die Adressaten haben.

M2 EU-Kommissar Tonio Borg präsentiert die neue Verpackung für Zigaretten (Foto, 19.12.2012).

Verpackungen von Tabakprodukten sollen künftig zu 65 Prozent mit Schockbildern und Warnhinweisen versehen sein. Entsprechende Fotos oder Schriftzüge sollen am oberen Rand der Schachteln angebracht sein. (...)
Zusatzgeschmacksstoffe wie Menthol oder Vanille sowie die Zugabe von Vitaminen, Koffein, Taurin und Farbstoffen sollen künftig verboten werden. (...)
Die dünnen, länglichen Zigaretten bleiben erlaubt (...).
Ob mit Minze- oder Vanillearoma: Elektronische Zigaretten bleiben im Handel frei verkäuflich. Lediglich für die Werbung von E-Zigaretten gibt es künftig Einschränkungen. (...)
„Imitierte Tabakerzeugnisse, die für Minderjährige attraktiv sein können und einen potentiellen Einstieg in den Konsum von Tabakerzeugnissen bieten können, werden verboten." So heißt es in der neuen EU-Richtlinie. Darunter fallen demnach auch Schoko- oder Kaugummizigaretten.

M3 Die neue Tabakproduktrichtlinie wurde am 8.10.2013 in Erster Lesung vom EU-Parlament verabschiedet (Artikel aus SPIEGEL-Online vom 10.10.2013).

Aufgabe 3 → www

1. Erkläre die Begriffe Verordnung, Richtlinie und Beschluss mit eigenen Worten (M1).
2. Berichte über die geplanten Änderungen in der Tabakproduktrichtlinie (M2).
3. Recherchiert mithilfe des Internets weitere Beispiele für Verordnungen und Richtlinien der EU.
4. Diskutiert darüber, ob es richtig ist, dass die EU durch Verordnungen, Richtlinien und Beschlüsse in nationale Bereiche der Mitgliedsländer eingreift.
5. Führt am Beispiel der Tabakrichtlinie eine Pro- und Kontra-Diskussion durch (M4, M5).

Eine Pro- und Kontra-Diskussion führen

In einer Pro- und Kontra-Diskussion will man andere mit Tatsachen und Argumenten von der eigenen Position überzeugen. So lernt man, ein Thema unter verschiedenen Gesichtspunkten zu betrachten. Im Anschluss an die Debatte kann über das Thema abgestimmt werden. Die Diskussion verläuft nach strengen Regeln. – So geht ihr vor:

Schritt 1 ●

Die Diskussion vorbereiten
→ Zunächst legt man ein Thema für die Diskussion fest, für das sich klare Standpunkte dafür oder dagegen formulieren lassen.
→ Vor der Diskussion wird in der Klasse bereits einmal abgestimmt, um ein Meinungsbild zu erhalten.
→ Die Klasse wird in zwei Gruppen geteilt. Die eine sammelt Informationen und formuliert Argumente für eine Pro-Position, die andere Gruppe für eine Kontra-Position. Man sollte sich in der Vorbereitung auch schon mit möglichen Gegenargumenten beschäftigen.

Schritt 2 ●●

Die Diskussion führen
→ Der Moderator bzw. die Moderatorin leitet die Debatte ein und gibt einen Zeitrahmen vor.
→ Zunächst legt je ein Vertreter bzw. eine Vertreterin der beiden Gruppen knapp den Standpunkt der Gruppe dar. Dann beginnt die offene Debatte.
→ Versucht, die Argumente der Gegenpartei zu widerlegen.
→ Die Moderation sorgt dafür, dass die Gesprächsregeln eingehalten werden.
→ Zum Abschluss erfolgt eine erneute Abstimmung. Hat sich das Meinungsbild verändert?

Schritt 3 ●●●

Die Diskussion auswerten
Versucht, folgende Fragen zu beantworten:
→ Wurde fair diskutiert?
→ Wurde alles Wichtige angesprochen?
→ Welche Gruppe konnte überzeugen?
→ Was kann das nächste Mal verbessert werden?

„Tabak tötet die Hälfte seiner Konsumenten und ist in hohem Maße suchterzeugend", begründete EU-Gesundheitskommissar Tonio Borg die Kommissionspläne. „Da 70 Prozent der Raucher vor dem 18. Lebensjahr anfangen zu rauchen, wird mit dem heutigen Vorschlag angestrebt, Tabakerzeugnisse und das Rauchen weniger attraktiv zu machen, um junge Menschen davon abzuhalten, mit dem Rauchen zu beginnen. (...) Wir müssen die Menschen informieren, dass es eine Verbindung zwischen Lungenkrebs und Rauchen gibt", sagte Borg. Viele Menschen spielen die Gefahren des Rauchens nach wie vor herunter, so wie es Leute gebe, die den Klimawandel leugnen. Ziel des Vorschlages sei es, den Anteil der Raucher in Europa in den nächsten fünf Jahren um zwei Prozent zu reduzieren, sagte Borg, der sich selbst als „toleranten Ex-Raucher" bezeichnete.

M4 Tonio Borg ist für den Vorschlag für eine neue Tabakproduktrichtlinie.

Mit dem vollständigen Verbot von farbigen Wort-Bild-Marken (Plain Packaging) auf Zigarettenschachteln versucht Brüssel, eine (Kehrtwende) in der Tabakregulierung zu vollziehen: Statt angemessener Verbraucherinformation über die Risiken des Rauchens sollen Tabakprodukte zukünftig per se so unattraktiv wie möglich gemacht werden. Im Ergebnis bedeutet Plain Packaging die Entmündigung des erwachsenen Verbrauchers. (...) Darüber hinaus stellt Plain Packaging eine illegale, gegen Art. 14 Abs. 3 Grundgesetz verstoßende Enteignung von Markenrechten durch den Staat dar. Ein solcher eklatanter Rechtsbruch kann in einer freiheitlichen Rechts- und Wettbewerbsordnung nicht klaglos hingenommen werden, zumal er ähnlichen Regulierungen bei anderen Konsumgütern Tür und Tor öffnen würde.

M5 Der Zigarettenverband ist gegen den Vorschlag für eine neue Tabakproduktrichtlinie.

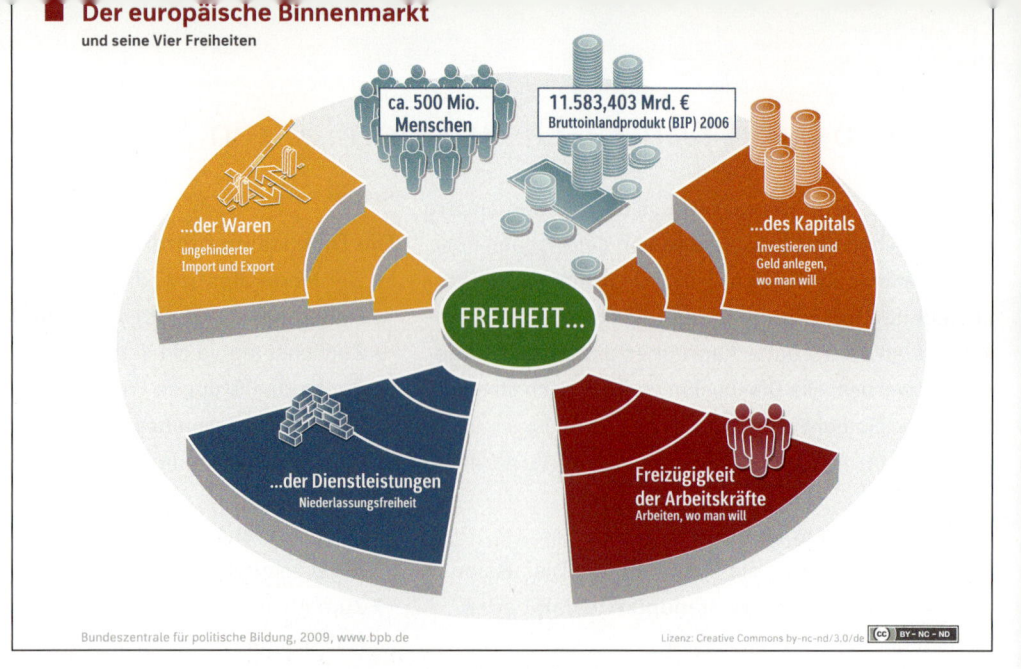

Der europäische Binnenmarkt
und seine Vier Freiheiten

ca. 500 Mio. Menschen

11.583,403 Mrd. €
Bruttoinlandprodukt (BIP) 2006

...der Waren
ungehinderter Import und Export

...des Kapitals
Investieren und Geld anlegen, wo man will

FREIHEIT...

...der Dienstleistungen
Niederlassungsfreiheit

Freizügigkeit der Arbeitskräfte
Arbeiten, wo man will

Bundeszentrale für politische Bildung, 2009, www.bpb.de Lizenz: Creative Commons by-nc-nd/3.0/de

M1 Die vier Freiheiten des europäischen Binnenmarktes

Die wirtschaftliche Organisation der EU

Der gemeinsame Binnenmarkt

M2 Das CE-Kennzeichen

Europäischer Binnenmarkt → [www]

CE-Kennzeichnung
Damit erklärt der Hersteller, dass das Produkt allen geltenden Richtlinien, z. B. den Sicherheitsvorschriften der EU, genügt.

Der europäische Binnenmarkt trat am 1. Januar 1993 in Kraft. Er ermöglicht, dass wir leben und arbeiten können, wo wir wollen. Nicht nur in Hamburg oder München, sondern auch in Paris oder Wien. Dass wir reisen ohne Grenzkontrollen. Er bedeutet, dass eine Unternehmerin eine Dienstleistung in Italien anbieten oder eine italienische Dienstleistung in Anspruch nehmen kann. Waren aus einem EU-Land können auch bei uns angeboten werden. Spanischer Schinken, griechisches Olivenöl – all das ist bei uns im Supermarkt normal.

Aber kann ich sicher sein, dass das Kinderspielzeug aus Holland genauso sicher ist wie ein deutsches? Ist der schwedische Arzt um die Ecke auch gut ausgebildet? Jeder Nationalstaat hat eigene Qualitätsstandards, Bildungsabschlüsse und technische Normen, die im Rahmen eines gemeinsamen Marktes einander angeglichen werden müssen. Auch das ist eine Aufgabe der Europäischen Union. Allerdings versuchen die Mitgliedsstaaten auch, ihren eigenen Markt gegen die europäische Konkurrenz zu schützen.

M3 Ein spanischer Praktikant arbeitet in einem deutschen Sanitärbetrieb (2013).

Angesichts tausender offener Lehrstellen in Deutschland setzt das Handwerk verstärkt auf Auszubildende aus den europäischen Krisenländern. Handwerkspräsident Otto Kentzler sagte (...), man suche nach Wegen, Jugendlichen aus Spanien und Portugal eine Ausbildung in Deutschland ermöglichen zu können. Dort liege die Jugendarbeitslosigkeit bei 35 Prozent beziehungsweise sogar über 54 Prozent. Nach einer Umfrage des Zentralverbandes des Handwerks hat schon mehr als die Hälfte der Kammern Initiativen zur Anwerbung ausländischer Fachkräfte ergriffen.

M4 Ein Bericht in DIE ZEIT über Mangel an Auszubildenden in Deutschland (2012)

Die volle Arbeitnehmer-Freizügigkeit für Rumänien und Bulgarien wird für weitere zwei Jahre ausgesetzt. Damit benötigen rumänische und bulgarische Staatsangehörige für den Zugang zum Arbeitsmarkt in Deutschland weiterhin eine Arbeitserlaubnis. Zudem dürfen in den Branchen Bau, Gebäudereinigung und Innendekoration bis Ende 2013 Arbeitnehmer aus diesen Ländern nur eingeschränkt entsendet werden. So hat es das Bundeskabinett beschlossen.

Der EU-Beitrittsvertrag für Bulgarien und Rumänien sieht Übergangsregelungen für den Arbeitsmarkt vor. Danach können alte Mitgliedstaaten den Zugang zu ihrem Arbeitsmarkt beschränken. Deutschland macht davon in der dritten und letzten Phase Gebrauch und setzt die Freizügigkeit für Bulgaren und Rumänen für zwei weitere Jahre aus. (...) Diese Einschränkungen für Rumänen und Bulgaren sind aus arbeitsmarkt-, wirtschafts- und gesellschaftlichen Gründen geboten. Deutschland drohen anderenfalls zusätzliche Störungen des Arbeitsmarktes für Langzeitarbeitslose und geringqualifizierte Arbeitsuchende. (...) Solange der Arbeitsmarkt in Ostdeutschland noch doppelt so hohe Arbeitslosenquoten aufweist wie im Westen des Landes, könnte die volle Arbeitnehmer-Freizügigkeit für Rumänen und Bulgaren darüber hinaus diese Region zusätzlich belasten.

M5 Aus einem Artikel vom 7. Dezember 2011 auf der Website der Bundesregierung

M8 Das EU-Gemeinschaftszeichen für Produkte mit geschützter Ursprungsbezeichnung (g. U.)

Der korrekte Rassename der Lüneburger Heidschnucken ist „Graue gehörnte Heidschnucke". Dabei handelt es sich um eine sehr alte Schafrasse, die speziell an die besonderen Verhältnisse der Moorlandschaften in den Heidegebieten angepasst ist. Das Fleisch der Lüneburger Heidschnucke ist in Europa unter diesem Namen geschützt und darf das Siegel einer geschützten Ursprungsbezeichnung (g. U.) tragen. Feinschmecker schätzen das zarte, ähnlich wie Wildbret schmeckende Fleisch.

M7 Eine Lüneburger Heidschnucke

Geschützte Ursprungsbezeichnung (g. U.)
Das EU-Gütesiegel besagt, dass Erzeugung, Verarbeitung und Herstellung eines Produkts in einem bestimmten geografischen Gebiet nach einem anerkannten und festgelegten Verfahren erfolgen.

M6 Text auf einer Seite im Internet über niedersächsische Spezialitäten (2013)

1. ⇒ Nenne die Auswirkungen des europäischen Binnenmarktes auf unseren Alltag (Text, M1).
2. ⇒ Beschreibe die vier Freiheiten des europäischen Binnenmarktes (Text, M1).
3. Erkläre, was getan werden musste, damit die Mitgliedsstaaten in einem gemeinsamen Markt organisiert werden konnten (Text).
4. „Der europäische Binnenmarkt ist wichtig für die deutsche Wirtschaft." Erläutere diese Aussage mithilfe von M3 und M4.
5. a) Zeige anhand von M5 und M6, warum der europäische Binnenmarkt für die deutsche Wirtschaft auch eine Herausforderung darstellt.
   b) Erläutere anhand von M5, wie der deutsche Staat auf diese Herausforderung reagiert.
6. Erkläre die Bedeutung einer „geschützten Ursprungsbezeichnung" (Worterklärung, M6).
7. ↪ „Einerseits profitiert Deutschland vom europäischen Arbeitsmarkt, andererseits ist die Öffnung des Arbeitsmarktes nach Osten eine Bedrohung für den deutschen Staat."
   Nimm mithilfe von M4 und M5 Stellung zu dieser Aussage und begründe deine Meinung.

Die Finanzen der EU

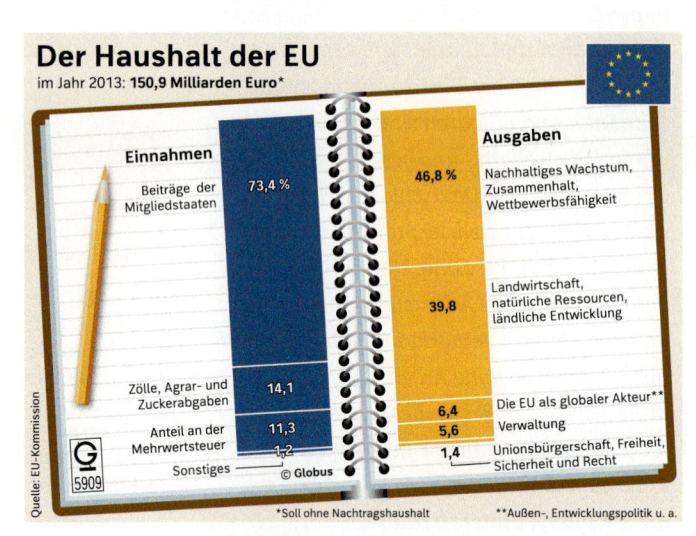

Der Haushalt der EU
im Jahr 2013: 150,9 Milliarden Euro*

Einnahmen:
- Beiträge der Mitgliedstaaten: 73,4 %
- Zölle, Agrar- und Zuckerabgaben: 14,1
- Anteil an der Mehrwertsteuer: 11,3
- Sonstiges: 1,2

Ausgaben:
- Nachhaltiges Wachstum, Zusammenhalt, Wettbewerbsfähigkeit: 46,8 %
- Landwirtschaft, natürliche Ressourcen, ländliche Entwicklung: 39,8
- Die EU als globaler Akteur**: 6,4
- Verwaltung: 5,6
- Unionsbürgerschaft, Freiheit, Sicherheit und Recht: 1,4

Quelle: EU-Kommission
*Soll ohne Nachtragshaushalt **Außen-, Entwicklungspolitik u. a.

M1 Einnahmen und Ausgaben der EU im Jahr 2013

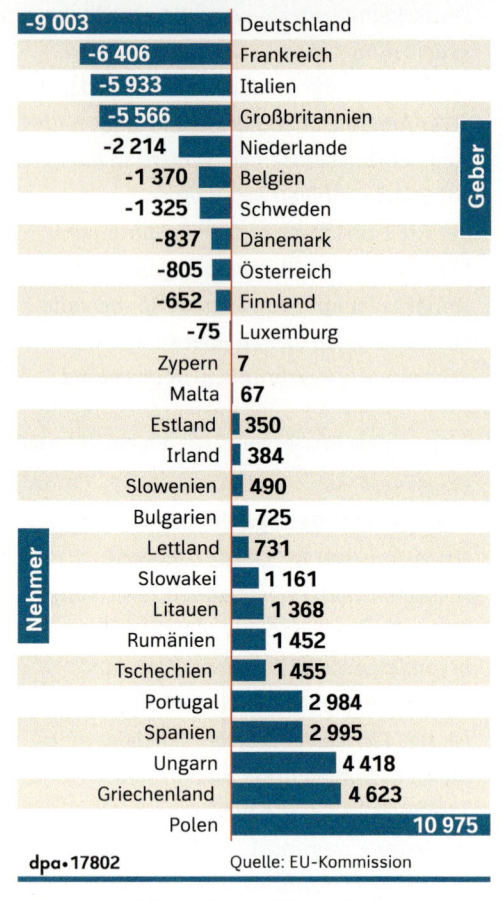

EU: Geber- und Nehmerländer
Differenz aus Zahlungen an die EU und von der EU im Haushalt 2011 in Mio. Euro

Geber:
Deutschland	-9 003
Frankreich	-6 406
Italien	-5 933
Großbritannien	-5 566
Niederlande	-2 214
Belgien	-1 370
Schweden	-1 325
Dänemark	-837
Österreich	-805
Finnland	-652
Luxemburg	-75

Nehmer:
Zypern	7
Malta	67
Estland	350
Irland	384
Slowenien	490
Bulgarien	725
Lettland	731
Slowakei	1 161
Litauen	1 368
Rumänien	1 452
Tschechien	1 455
Portugal	2 984
Spanien	2 995
Ungarn	4 418
Griechenland	4 623
Polen	10 975

dpa • 17802   Quelle: EU-Kommission

M2 Nettozahler und -empfänger in der EU

Finanzplanung und Haushalt der EU → www

Insgesamt umfasste der EU-Haushalt im Jahr 2013 rund 151 Milliarden Euro. Wie jeder andere Haushalt auch, besteht er aus Einnahmen und Ausgaben.

Die Einnahmen der Europäischen Union stammen zum größten Teil aus Beiträgen der Mitgliedsländer. Als Beiträge führen die Länder einen Anteil des Bruttonationaleinkommens (BNE) an die EU ab. Die Beiträge der Mitgliedsländer machten 2012 insgesamt 73 % der Einnahmen aus. Daneben bekommt die EU Anteile an der Mehrwertsteuer der Länder und erhält Einnahmen aus Zöllen und Zuckerabgaben. Es gibt jedoch einen entscheidenden Unterschied zu anderen Ländern: Die EU erhebt keine eigenen Steuern. Die Bürger der Europäischen Union leisten also keine Direktbeträge zum EU-Haushalt. Und – die EU darf sich nicht verschulden. Sie darf also nicht mehr ausgeben, als sie einnimmt und darf somit auch keine Kredite aufnehmen.

EU-Haushalt
Die Zahlungen aller Mitgliedsländer an die EU belaufen sich auf ca. ein Prozent des BNE dieser Länder.

Bruttonationaleinkommen (BNE)
der Wert aller Waren und Dienstleistungen, die von Personen hergestellt werden, die im jeweiligen Staat leben, unabhängig davon, wo die Arbeitsleistung erbracht worden ist

> **Nettozahler und Nettoempfänger**
>
> Führt ein Land mehr Geld an die EU ab, als es im gleichen Zeitraum aus dem Haushalt der EU für Landwirtschaft, die Entwicklung der Region und andere Dinge erhält, gilt das Land als Nettozahler. Andersherum nennt man die Länder „Nettoempfänger", die weniger Geld an die EU abgeben, als sie im gleichen Zeitraum aus dem Haushalt der EU für Landwirtschaft, die Entwicklung der Region und andere Dinge erhalten.

---

1. → Beschreibe, aus welchen Mitteln die EU ihre Einnahmen erhält (Text, M1).
2. Erkläre, woran sich die Beiträge der Mitgliedsländer bemessen (Text).
3. → Benenne die Besonderheiten eines EU-Haushaltes (Text).
4. Erkläre, was man unter Nettozahlern und Nettoempfängern in der EU versteht (Info-Text).

Die Ausgaben der EU

Ein klassisches Aufgabenfeld der Finanzierung durch die EU ist „die Bewahrung und Bewirtschaftung der natürlichen Ressourcen". Dazu zählt vor allem die Landwirtschaft. Sie machte lange Zeit den größten Teil der Ausgaben aus. Mittlerweile hat sich der Schwerpunkt verschoben: 2008 wurden erstmals mehr Gelder für Wirtschaftswachstum und zur Angleichung der Wirtschaftskraft innerhalb der damals 27 Mitgliedsländer ausgegeben. 2012 wurden 67,6 Milliarden Euro investiert, um die Volkswirtschaften der EU wettbewerbsfähiger und dynamischer zu machen und um die wirtschaftliche und soziale Angleichung zwischen den reicheren und den ärmeren Mitgliedsstaaten zu beschleunigen.

Europa auf Diät

Ein Monstrum von einem Haushalt. Manche sagen auch: ein Monsterhaushalt, mit dem die Europäische Union da operiert. (...) Auch dieses Mal haben Angela Merkel und ihre Kollegen zwei Anläufe und eine schlaflose Nacht gebraucht, um sich zu verständigen. Es folgte eine Premiere: Zum ersten Mal darf das Europaparlament über den Haushalt nicht nur mitreden, sondern auch mitentscheiden. (...) Mehr als eine Billion Euro hatte die EU-Kommission in ihrem ersten Entwurf für den Mittelfristigen Finanzrahmen 2014 bis 2020 gefordert, 960 Milliarden Euro haben die Regierungschefs schließlich zugesagt. Das sind 35 Milliarden Euro weniger als in der laufenden Finanzperiode – zum ersten Mal in der Geschichte der Union sinken damit die Ausgaben. (...)

Doch die Gesamthöhe der Ausgaben ist nur einer der Streitpunkte gewesen. Mindestens so wichtig war die Frage, wofür die EU ihre finanziellen Mittel künftig einsetzt und wer davon am meisten profitiert. Denn fast 90 Prozent der Gelder, die der Union zur Verfügung stehen, fließen zurück in die Mitgliedsstaaten und werden dort investiert. (...) Doch was ein Traum sein könnte – ein Haushalt, aus dem vor allem Investitionen finanziert werden –, erweist sich regelmäßig als Albtraum. Die Ansprüche, die die Länder geltend machen, sind über Jahrzehnte gewachsen. Und mit jeder neuen Verhandlungsrunde sind neue Ansprüche hinzugekommen, Sonderzahlungen und Rabatte, komplizierte Kompensationsgeschäfte und noch kompliziertere Förderschlüssel. So gibt es etwa Zuschläge für Insel- und für Krisenstaaten, und auch deutsche Sonderwünsche werden erfüllt.

Das Ergebnis ist ein kaum durchschaubares, vor allem aber schwer veränderbares Ungetüm, das diejenigen begünstigt, die schon immer begünstigt wurden. Während diejenigen, die noch nie etwas bekommen haben, sich auch künftig begnügen müssen. So kommt es, dass die EU in den nächsten sieben Jahren noch immer 373 Milliarden Euro für Agrarsubventionen aufbringt (obwohl dieser Haushaltsposten bereits um rund 11 Prozent gesenkt wurde). Für die Bekämpfung der Jugendarbeitslosigkeit hingegen haben die Regierungschefs mit Mühe 6 Milliarden Euro freigeschlagen. (...)

In zwei Jahren sollen die Zahlen deshalb noch einmal überprüft werden. Die Aussicht auf eine grundlegende Veränderung ist allerdings gering.

M3 Aus einem Artikel in DIE ZEIT vom 4. Juli 2013

---

5 a) Untersuche den Artikel M3 und fasse die Hauptaussagen schriftlich zusammen.
b) Beurteile, ob man beim Haushalt der EU von einem „Monstrum" sprechen kann.
6 Finde eine Erklärung dafür, warum seit 2008 die Ausgaben für Nachhaltiges Wachstum, Zusammenhalt und Wettbewerbsfähigkeit die Ausgaben für Landwirtschaft, natürliche Ressourcen und ländliche Entwicklung übersteigen. Nimm dazu die Seiten 140/141 zu Hilfe.

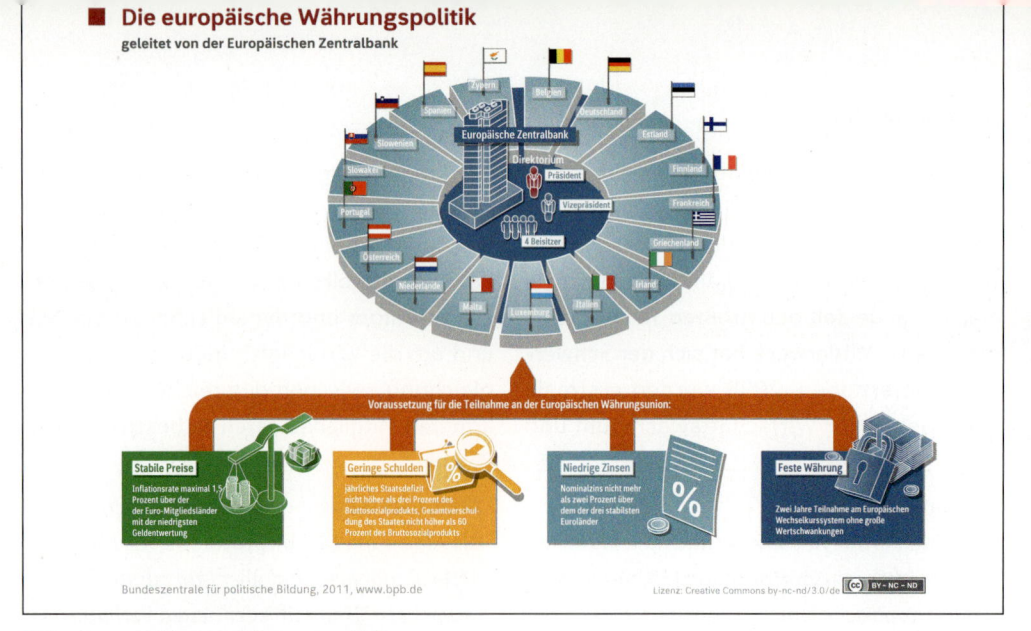

Die europäische Währungspolitik
geleitet von der Europäischen Zentralbank

M1 Die europäische Währungspolitik

Die Eurozone: eine gemeinsame Währung

Konvergenz-kriterien
Diese Kriterien haben zum Ziel, in der Eurozone eine Angleichung der Leistungs-fähigkeiten der einzelnen Volkswirtschaften zu erreichen und damit wirtschaft-liche Stabilität in der EU zu gewährleisten.

Bargeld-umstellung 2002
→ www

Eine gemeinsame Währung war von Beginn an eines der Ziele der Europäischen Union. Allerdings ist die Währung ein zentraler Punkt in der Eigenständigkeit eines Staates. So hat es lange gedauert, bis schließlich erst elf und heute 17 Länder zur Umsetzung einer gemeinsamen Währungspolitik bereit waren. Das Hauptziel besteht darin, eine Zone mit einer einheitlichen und stabilen Währung zu schaffen. Um sich an der gemeinsamen Währung zu beteiligen, müssen die Staaten die sogenannten Konvergenzkriterien des Maastrichter Vertrages erfüllen. Zum ersten Mal mit dem Euro bezahlen konnte man in Deutschland und allen anderen beteiligten Ländern am 1. Januar 2002. Für die deutsche Wirtschaft ist die Eurozone ein Vorteil: Deutschland ist ein Exportland. Das bedeutet, dass es mehr Güter ins Ausland verkauft, als es von dort bezieht. Durch einen einheitlichen europäischen Markt bringt das Exportgeschäft gute Gewinne.

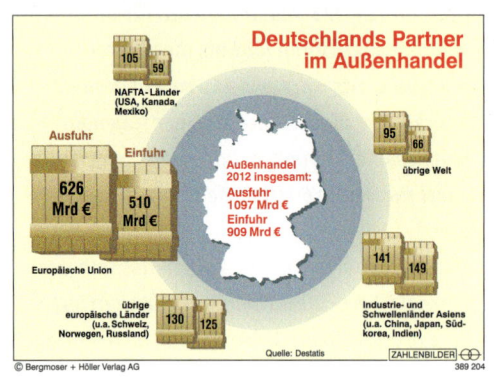

M2 Deutschlands Außenhandelspartner

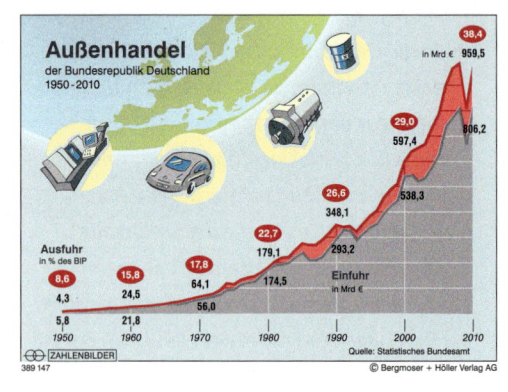

M3 Der deutsche Außenhandel 1950–2010

1. → Beschreibe das Ziel einer gemeinsamen Währung in Europa (Text).
2. → Nenne die Länder, die in Europa den Euro als gemeinsame Währung haben (M1).
3. Erkläre den Begriff der Konvergenzkriterien (Worterklärung, Text, M1).
4. Beschreibe, wie sich der Anteil der Exporte am Bruttoinlandsprodukt nach Einführung der gemeinsamen Währung verändert hat (M3).

Europäische Union

Die Eurokrise

Im April 2011 verlor Angelos seinen Job als Verkaufschef eines großen Athener Autohauses. Der Händler musste Insolvenz anmelden (...) Ein Jahr lang bekam Angelos Arbeitslosengeld, zuletzt 360 Euro. Ende Juli waren seine Ersparnisse restlos aufgezehrt. Angelos gab seine Wohnung auf und zog zu den Eltern. Einen neuen Job hat er bisher nicht gefunden. Die Chancen stehen schlecht: Jeden Tag gehen in Griechenland rund 800 Arbeitsplätze verloren. „In meinem Alter habe ich nicht mal mehr Aussicht auf ein Bewerbungsgespräch", sagt der 45-Jährige. Zu dritt leben sie nun von der Rente seines 74-jährigen Vaters. Vor der Krise bekam der pensionierte Buchhalter rund 1000 Euro im Monat. Nach drei Rentenkürzungen in den vergangenen zwei Jahren sind davon knapp 800 Euro übrig geblieben.

M4 Aus einem Artikel über die Lage in Griechenland (2012)

M6 Proteste in Griechenland gegen die Sparauflagen der EU

Einige Staaten der Eurozone haben in den letzten Jahren einen riesigen Schuldenberg angehäuft. Mittlerweile können sie nicht nur die Schulden nicht zurückzahlen, sondern auch die Zinsen für ihre Kredite nicht mehr bedienen. Diese Situation führt dazu, dass die Stabilität des Euro in Gefahr ist. Sollten diese Staaten an ihren Schulden Pleite gehen, sind die Folgen für alle anderen Euroländer nicht abzusehen. Deshalb haben sich nach langen Diskussionen die Euroländer dazu entschlossen, für die Kredite der verschuldeten Staaten zu bürgen. Sollten die Staaten ihre Kredite also nicht zurückzahlen können, übernimmt das die europäische Staatengemeinschaft. Man nennt das auch den „Euro-Rettungsschirm (ESM)". Allerdings müssen die verschuldeten Staaten strenge Sparauflagen erfüllen, wenn sie wollen, dass die anderen Staaten ihnen in der Krise helfen. Diese Sparauflagen führten zu gewaltigen Protesten in den Ländern. Hierzulande argumentieren die Gegner eines Rettungsschirmes, dass Deutschland nicht für die Schulden anderer Länder haften soll; die Befürworter meinen, dass vor allem Deutschland als Exportnation wie kaum ein anderes Land von der gemeinsamen Währung profitiert.

Europapolitik in der Schuldenkrise → [www]

Deutschland und die Schuldenkrise

Tatsächlich gehen fast zwei Drittel der deutschen Exporte in die Europäische Union, der weit überwiegende Teil davon in die Euroländer. Da es kein Wechselkursrisiko gibt, müssen die hiesigen Unternehmen keine teuren Absicherungsgeschäfte tätigen. Bräche die Eurozone auseinander, würde die wieder eingeführte Deutsche Mark im Vergleich zu den neuen nationalen Währungen vieler anderer Staaten massiv aufgewertet. Deutsche Waren würden damit im Ausland so teuer, dass es mit dem Exportboom vorbei wäre.

M5 Auszug aus der Süddeutschen Zeitung vom 18. Januar 2012

[5] → Recherchiere mithilfe des Internets die Sparauflagen für Griechenland und deren Auswirkungen für die Bevölkerung (M4, M6). Berichte der Klasse.

[6] → Recherchiere Informationen darüber, welche EU-Länder noch in der Krise stecken und halte ein Kurzreferat dazu.

[7] → Begründe, warum eine gemeinsame Währung in Europa für Deutschland wichtig ist (M2, M3, M5).

[8] → Nimm Stellung zu der These: „Deutschland soll nicht für die Schulden anderer bezahlen" (M2, M3, M5).

Europäische Union

Die Zukunft Europas

Wie weit kann die Europäische Union wachsen?

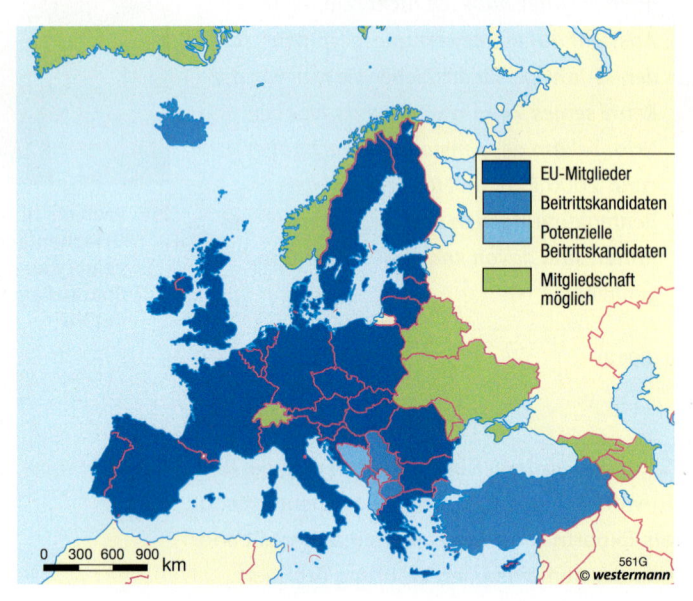

M1 Die Möglichkeiten der Ausdehnung der EU

Legende:
- EU-Mitglieder
- Beitrittskandidaten
- Potenzielle Beitrittskandidaten
- Mitgliedschaft möglich

Institutionelle Stabilität meint ein gefestigtes demokratisches System sowie eine gut funktionierende und bürgernahe Verwaltung.

mögliche Ausdehnung der EU → [www]

Rein geografisch kann sich die EU eigentlich nur nach Osten ausdehnen. Zwar sind auch die Schweiz und Norwegen noch nicht Mitglieder der EU, aber beide Länder streben diesen Status auch nicht an. Wenn ein Land Mitglied in der EU werden will, muss es ein kompliziertes Antragsverfahren durchlaufen. Dabei ist es für diese Länder aber bereits vor der Mitgliedschaft möglich, finanzielle Unterstützung durch die EU zu bekommen, damit ein Anschluss an die finanziell stärkeren Staaten überhaupt geleistet werden kann. Je weiter die Kandidaten im Osten Europas liegen, desto schwieriger wird der Beitritt. Vor allem deshalb, weil die wirtschaftliche Leistungsfähigkeit des Landes deutlich hinter dem Niveau der EU liegt. Damit stellen sich bei der Erweiterung der EU vor allem zwei Fragen: Lässt sich die Aufnahme neuer Länder finanziell noch bewerkstelligen? Und sind die Länder hinsichtlich der Erfüllung der Menschenrechte und der gemeinsamen Grundwerte in der EU vorbereitet? Auch mit der Türkei befindet sich die EU in Beitrittsverhandlungen. Allerdings sollen die Verhandlungen ergebnisoffen geführt werden. Das bedeutet, dass sie nicht automatisch zu einem Beitritt der Türkei führen. Die Meinungen, ob der Beitritt der Türkei politisch sinnvoll und wirtschaftlich machbar ist, gehen dabei weit auseinander.

Beitrittskandidaten müssen wirtschaftliche und politische Bedingungen, die sogenannten „Kopenhagener Kriterien" für den Beitritt erfüllen: Die Länder müssen institutionell stabil sein, eine funktionierende Marktwirtschaft haben und in der Lage sein, die Verpflichtungen, die sich aus einer Mitgliedschaft in der EU ergeben, übernehmen zu können.
Gegenwärtige und künftige Kandidatenländer (...) dürfen zur Erlangung der EU-Mitgliedschaft in ihren Reformanstrengungen nicht nachlassen. Entscheidend sind die Schaffung eines funktionierenden Rechtssystems, die Gewährung der Meinungsfreiheit, die Gestaltung gutnachbarschaftlicher Verhältnisse, die faire Behandlung ethnischer Minderheiten sowie der Kampf gegen Korruption und organisierte Kriminalität.

M2 Aus einer Broschüre des Europäischen Parlaments (2013)

---

1. → Recherchiere mithilfe des Atlas die möglichen Beitrittsländer (M1).
2. → Vergleiche die geografischen Grenzen Europas mit der möglichen Ausdehnung der Europäischen Union (M1, Atlas).
3. → Beschreibe, welche Hilfen die Länder erhalten, damit sie beitrittsfähig werden (Text, M2).
4. Erläutere die Beitrittskriterien der EU (M2).
5. Erkläre die wesentlichen Schwierigkeiten, die mit einer weiteren Osterweiterung der EU verbunden sind (Text).

> In entscheidenden Fragen wie Minderheitenrechte, Meinungs- und Religionsfreiheit gibt es keine Fortschritte. Im Gegenteil: Zurzeit sitzen mehr Journalisten in türkischen Gefängnissen als zu Beginn der Regierungsübernahme von Erdogan. **Elmar Brok, CDU**

> Was ist denn das für eine Gesellschaft, deren eine Hälfte, die weibliche, so gut wie keine Rechte hat? Wo Väter ihre Töchter töten, weil sie, selbst nach einer Vergewaltigung, angeblich die Familienehre verletzt haben? **Ralph Giordano, Autor**

> Die Kosten für ein nach wie vor stark agrarisch ausgerichtetes Land könnten von der EU nicht verkraftet werden. **Ein Bürger**

> Aber die EU bekommt direkten Zugang zu einem Markt mit dann über 75 Millionen Konsumenten. **Eine Bürgerin**

> Die Verhandlungen mit der Türkei wieder aufzunehmen, ist in erster Linie unsere Anerkennung für die Aktivisten vom Taksim-Platz für ihre Courage. Es ist unsere Form, Verständnis für ihre Ziele zu zeigen. **Johannes Kahrs, SPD**

> Wenn die Türkei dauerhaft stabilisiert wird, was Menschenrechte, soziale Standards, Gleichberechtigung angeht, ist das auch gut für die Integration der 2,5 Millionen türkischstämmigen Menschen in Deutschland. **Michael Sommer, DGB-Chef**

> Am Bosporus fängt der asiatische Kontinent an, oder? Warum sollte der nun auch noch in die EU? **Elke Heidenreich, Autorin**

> Es geht also bei der augenblicklichen Diskussion weniger um die Türkei als vielmehr um den inneren Zustand der EU selbst. Dort müssen die eigentlichen Schularbeiten erledigt werden: vor allem die Klärung, ob die Mitgliedsländer bereit sind, wesentliche Teile ihrer nationalen Souveränität auf die Gemeinschaft zu übertragen. Diese Entscheidung wird auch die Türkei vor schwierige innenpolitische Fragen stellen. Damit unterscheidet sie sich aber nicht von anderen Ländern, die bisher anstandslos als Mitglieder aufgenommen worden sind. **Edzard Reuter, Ex-Daimler-Benz-Chef**

> Daneben gibt es gerade für Deutschland noch ein ökonomisches Argument. Unsere Bevölkerung wird immer älter, wir werden in Zukunft dringend junge Arbeitskräfte brauchen. **Prof. Norbert Walter, Ex-Chefvolkswirt der Deutschen Bank**

M3 Meinungen zum Beitritt der Türkei in die Europäische Union

Taksim-Platz

Am 27. Mai 2013 begannen am Taksim-Platz Demonstrationen gegen die Pläne der Stadt Istanbul, im Gezi-Park ein Einkaufszentrum zu bauen. Am frühen Morgen des 31. Mai 2013 riegelten türkische Polizeieinheiten den Platz ab; sie zündeten Zelte kampierender bzw. schlafender Demonstranten an und attackierten sie mit Tränengas und Pfefferspray. Die Demonstrationen weiteten sich im ganzen Land aus und entwickelten sich zu einem generellen Protest gegen die Politik der türkischen Regierung.

6 Erstelle eine Tabelle mit je einer Spalte für Pro und einer für Kontra und ordne die Aussagen in M3 der Tabelle zu.

7 Fasse die einzelnen Aussagen mit eigenen Worten zusammen.

8 a) Recherchiere den aktuellen Stand der Beitrittsverhandlungen mit der Türkei und berichte der Klasse.

b) Erläutere, inwieweit die Türkei die Beitrittskriterien erfüllt (M2).

9 Nimm selber Stellung zu der Frage des Türkei-Beitritts und begründe deine Meinung.

Europäische Union

1 Kreuzworträtsel zur EU

Löse das Kreuzworträtsel in deinem Heft oder deiner Mappe. Das Lösungswort bezeichnet eine wichtige Errungenschaft der EU, von der du ständig profitierst. Achtung: ä, ö, ü entsprechen jeweils einem Buchstaben. Mehrere Lösungen bestehen aus zwei Wörtern; diese bitte ohne Zwischenraum eintragen.

1. werden von den EU-Bürgerinnen und -Bürgern alle fünf Jahre gewählt
2. Motor der EU
3. zentrale Schaltstelle der EU
4. Gesetz, das sofort in Kraft tritt
5. wurde 1957 in Rom von sechs Ländern unterzeichnet
6. eine der vier Freiheiten
7. hier vertreten 785 Abgeordnete Europa
8. fällt Grundsatzentscheidungen für die EU
9. Gesetz, das Mitgliedsstaaten in einem gewissen Zeitraum umsetzen müssen
10. eine der vier Freiheiten
11. anderes Wort für Europäische Gemeinschaft für Kohle und Stahl (EGKS)

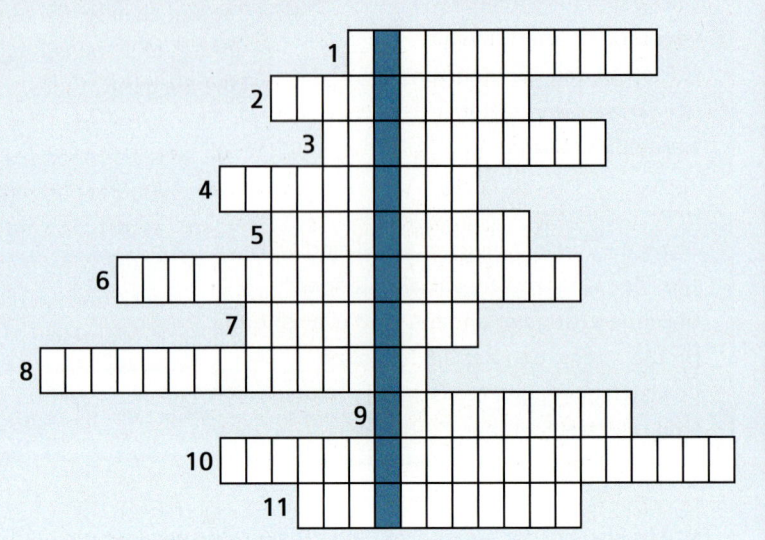

2 Zuordnungsaufgabe

Ordne den drei Texten jeweils die korrekte Überschrift zu

A Europäischer Rat – B Rat der Europäischen Union – C Europarat

1	2	3
Er übt im politischen System der EU zusammen mit dem Europäischen Parlament die Rechtsetzung der Europäischen Union aus. Er tagt aufgrund der unterschiedlichen Politikbereiche in unterschiedlichen Zusammensetzungen, hat also keine festen Mitglieder.	Hierbei handelt es sich um eine europäische, internationale Organisation. Er ist ein Forum für Debatten über allgemeine europäische Fragen. Er wurde bereits am 5. Mai 1949 gegründet und gehört damit institutionell nicht zur Europäischen Union.	Hier treffen sich alle Regierungschefs der Europäischen Union, und hier wird über die politischen Zielvorstellungen und Prioritäten der Union beraten und entschieden. Man nennt dieses Gremium auch „EU-Gipfel".

3 Texte und Bilder zuordnen

a) Ordne den Texten 1–3 die Bilder a–c zu.
b) Nenne die Grundbegriffe, die zu den Abbildungen ⓑ und ⓒ passen.

1	2	3
Die Europäische Gemeinschaft ist nach denselben demokratischen Prinzipien aufgebaut, wie zum Beispiel Deutschland: Verschiedene Organe der EU übernehmen verschiedene Aufgaben, die sich gegenseitig ergänzen. Die Organe kontrollieren sich gegenseitig. Legislative, Exekutive und Judikative sind voneinander getrennt.	Man bezeichnet es auch als Unterhaus der Europäischen Union, trotzdem ist es ein sehr wichtiges Entscheidungsgremium, in dem Vertreterinnen und Vertreter der einzelnen Mitgliedsländer sitzen, die nicht nur über die Exekutive wachen, sondern auch Gesetze und den Haushalt beschließen.	Benannt nach einem Ort in Luxemburg, bezeichnet es die grenzenlose Reisefreiheit (ohne Personenkontrollen) der EU-Bürger und EU-Bürgerinnen innerhalb der meisten EU-Binnengrenzen.

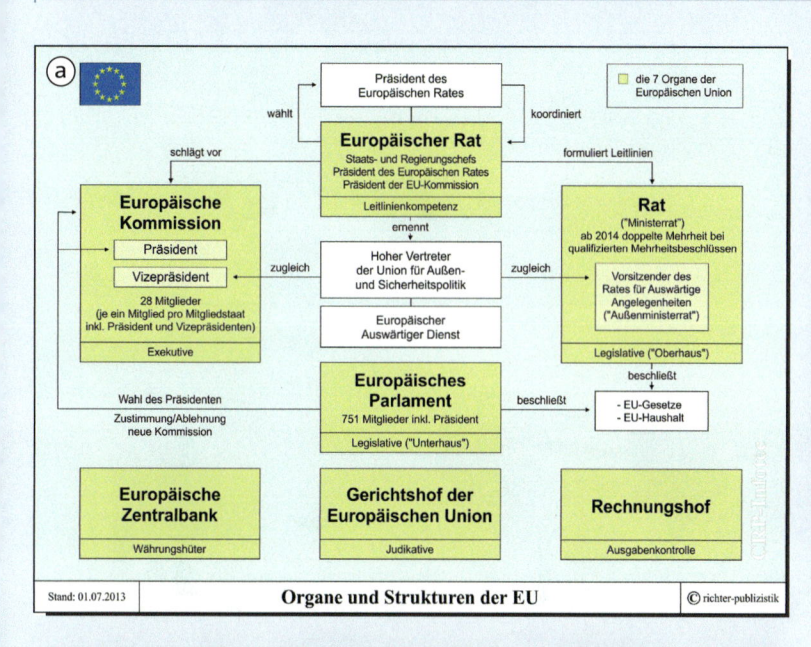

Grundbegriffe:

- Binnenmarkt
- EU-Kommission
- Rat der Europäischen Union
- Europäischer Rat
- Europäisches Parlament
- Europäische Wirtschaftsgemeinschaft
- Montanunion
- Vertrag von Maastricht
- GASP (Gemeinsame Außen und Sicherheitspolitik)
- Schengener Abkommen
- Römische Verträge
- EU-Verordnung / EU-Richtlinie
- Euro-Rettungsschirm
- Euro-Zone

Globalisierung

160

Globalisierung

M2 Containerschiff im Hafen von Hamburg

M3 Eine Nomadin in Zaamar, Mongolei (2013)

→ Was bedeutet „Globalisierung"?
→ Was sind die Ursachen für Globalisierung?
→ Wo finde ich Merkmale der Globalisierung?
→ Welche Folgen hat die Globalisierung?
→ Wie gehen die Menschen mit den Folgen um?

M1 Geschäftsstraße in Bangalore in Indien

M1 Eine Fertigungsstraße im neu eröffneten VW-Werk in Foshan in China (2013)

M3 Bereiche der Globalisierung

Globale Verflechtungen

Leben in einer globalisierten Welt

Wir essen Bananen aus Lateinamerika, benutzen Handys aus China oder Korea und tragen Kleidungsstücke aus Bangladesch.
Viele große Konzerne haben Teile ihrer Produktion in andere Länder ausgelagert, weil dort billiger produziert werden kann. Umgekehrt werden Produkte von deutschen Herstellern in die ganze Welt geliefert.
Medienereignisse können live gleichzeitig in allen Kontinenten verfolgt werden. Fazit: Die Vernetzung der Welt findet über alle Grenzen hinweg statt.

> 1 Nach der Niederschlagung der Proteste (für Unabhängigkeit) in Tibet (forderten) Kritiker den Boykott Chinas. Diese Forderung inspirierte zu einem Experiment: Ein
> 5 Alltag ohne China – funktioniert das überhaupt noch?
> (...) Die erste Ermutigung (...) liefert der Wasserkocher der holländischen Weltfirma Philips: Er kommt aus Polen.
> 10 Fest einzukalkulieren ist dagegen der Verzicht aufs Handy. Die amerikanische Firma Motorola lässt mein Gerät W220 in China bauen (...). China hat voriges Jahr 548 Millionen Mobiltelefone gebaut, das war
> 15 jedes zweite Handy der Welt. Und meins auch. (...)
> Die Nike-Joggingschuhe müssen ebenfalls im Schrank bleiben. Ein Drittel aller Nikes plus meine kommen aus dem großen Land.
> 20 180 Fabriken und 210 000 Beschäftigte hat der Sportartikelhersteller dort.
> Ein anständiger China-Boykotteur muss größtes Misstrauen entfalten, wenn es um Textilien geht. Rund ein Viertel der Importware steuert inzwischen China bei. (...)
> 25 Getröstet hat mich heute, dass meine Lieblingsjeans Levi's (...) in Ungarn genäht wurde.
> Dafür wird das Licht im Flur gelöscht. Die Ikea-Wandleuchte hat einen sehr langen
> 30 Weg durch Asien hinter sich. (...)
> Am Ende muss über den Computer geredet werden. Der Bildschirm in meinem Büro ist in Japan geboren. Doch die Hewlett-Packard-Tastatur: made in China. Dies ist die
> 35 Geschichte eines gescheiterten Boykotts.

M2 Selbstversuch eines Journalisten (2008)

1 → Erläutere den Begriff „Globalisierung" (M3).
2 Überlege und erkläre, was M1 mit „Globalisierung" zu tun hat.
3 Nenne zu jedem Bereich der Globalisierung ein Beispiel (M3).
4 Stelle wie der Journalist in M2 fest, aus welchen Ländern im Einzelnen die Ausstattung deines häuslichen Zimmers stammt (Möbel, Geräte, Dekoration usw.).

M4 Containerumschlag in Hamburg (2012)

M5 Ein Verkaufsstand in Eritrea

Ursachen der Globalisierung

Fortschritte in der Informations- und Transporttechnik haben den Prozess der Globalisierung ermöglicht. Noch vor einhundert Jahren waren die weiten Entfernungen zwischen den Kontinenten große Hürden für die Kommunikation und den Warentransport. Mittlerweile sind viele Länder via Satellit und über Glasfaserkabel miteinander verbunden. Innerhalb von Sekunden können so Informationen rund um den Erdball versendet werden.

Ebenso hat sich auch die Transporttechnik weiterentwickelt. Dauerte in der ersten Hälfte des 19. Jahrhunderts die Reise mit einem Segelschiff von Bremen nach New York noch rund 45 Tage, kann man heute innerhalb weniger Stunden von Deutschland aus in die USA fliegen.

Auch Frachtschiffe für den Warentransport wurden immer schneller und größer. Dank der weltweit genormten Frachtcontainer wurde der Transport von vielen Waren einfacher und preiswerter.

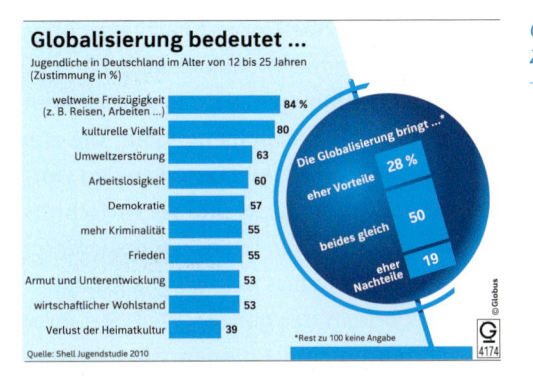

Globalisierung in Zahlen → www

M6 Globalisierung aus der Sicht von Jugendlichen in Deutschland

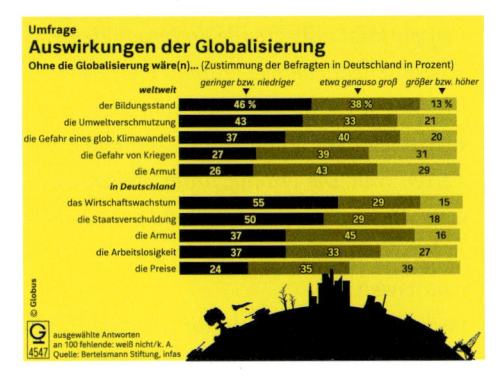

M7 Umfrageergebnisse zur Auswirkung von Globalisierung

5 → Berichte vom Prozess der Globalisierung (Text).
6 Stelle die Ursachen, Erscheinungsformen und mögliche Folgen der Globalisierung in einer Mindmap dar (M1–M5).
7 Vergleiche die Umfrageergebnisse in M6 mit deiner eigenen Sicht zur Globalisierung.
8 Erläutere die Auswirkungen von Globalisierung (M7).
9 → Benenne mögliche Nachteile der Globalisierung.

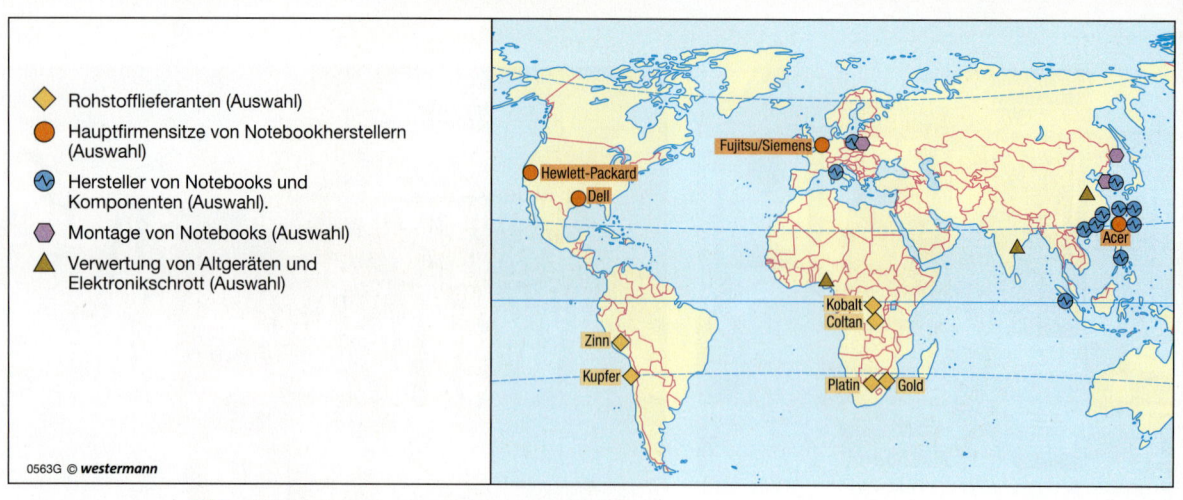

M1 Globalisierung am Beispiel von Notebooks

Verlagerung von Produktionsstandorten

*Global Player
Weltweit aktives Wirtschaftsunternehmen mit Produktions- und Handelsstandorten in verschiedenen Teilen der Erde*

Global Player → www

Früher haben große Firmen fast alle benötigten Einzelteile eines Produktes selbst hergestellt. Heute hingegen werden viele Waren aus Einzelteilen zusammengebaut, die aus verschiedenen Produktionsstätten und Ländern stammen. Dadurch sind die wirtschaftlichen Verflechtungen intensiver geworden. Viele Konzerne haben mittlerweile Produktionsstandorte in der ganzen Welt. Bei ihrer Standortsuche sind Kriterien wie günstige Steuerbedingungen oder niedrige Arbeitskosten von Bedeutung. Diese Firmen werden als „Global Player" bezeichnet. Bei der Herstellung von Elektronikartikeln nutzen viele Hersteller die Standortvorteile niedriger Arbeitslöhne, z. B. in China und auf den Philippinen. Immer wieder werden schlechte Arbeitsbedingungen in vielen Fabriken in Asien von ausländischen Beobachtern kritisiert.

Mittlerweile findet rund ein Drittel des Welthandels zwischen Mutterunternehmen und Tochterunternehmen im Ausland statt.

*Outsourcing
Auslagerung von Aufgaben eines Unternehmens an externe Firmen*

> Apple lässt nahezu alle Endprodukte bei Foxconn herstellen. (…) Apples Methode (…) ist nicht neu. Outsourcing ist ein weitverbreitetes Phänomen in unserer globalisierten Welt. Die Praktik, unter preisgünstigeren Bedingungen im Ausland produzieren zu lassen, gehört heute fest in die Wirtschaftswelt.
> Doch sind es wirklich nur die billigeren Produktionskosten, die Apple dazu treibt, in China von Foxconn produzieren zu lassen? Die New York Times hat sich (…) mit dieser Frage auseinandergesetzt. Im Ergebnis wird festgestellt, dass die geringen Produktionskosten natürlich eine Rolle spielen. Aber es gibt auch viele Gründe, die mit dem Kostenfaktor nichts zu tun haben. So ist Apple der Meinung, dass die hohe Anzahl an Produktionsstellen sowie die Flexibilität, Arbeitsmoral und das Know-how der chinesischen Arbeiter für derartige Produktionsvorhaben, wie Apple sie hat, einfach besser geeignet sind.

M2 Smartphones – made in China

1. → Beschreibe die weltweite Vernetzung bei der Produktion eines Notebooks (M1).
2. Erläutere den Begriff „Global Player" an einem konkreten Beispiel.
3. → Führe eine Internetrecherche zu Arbeitsbedingungen der Menschen in Fabriken in Asien durch und präsentiere die Ergebnisse der Klasse (M2).

Warenhandel 2010 in Milliarden US-Dollar

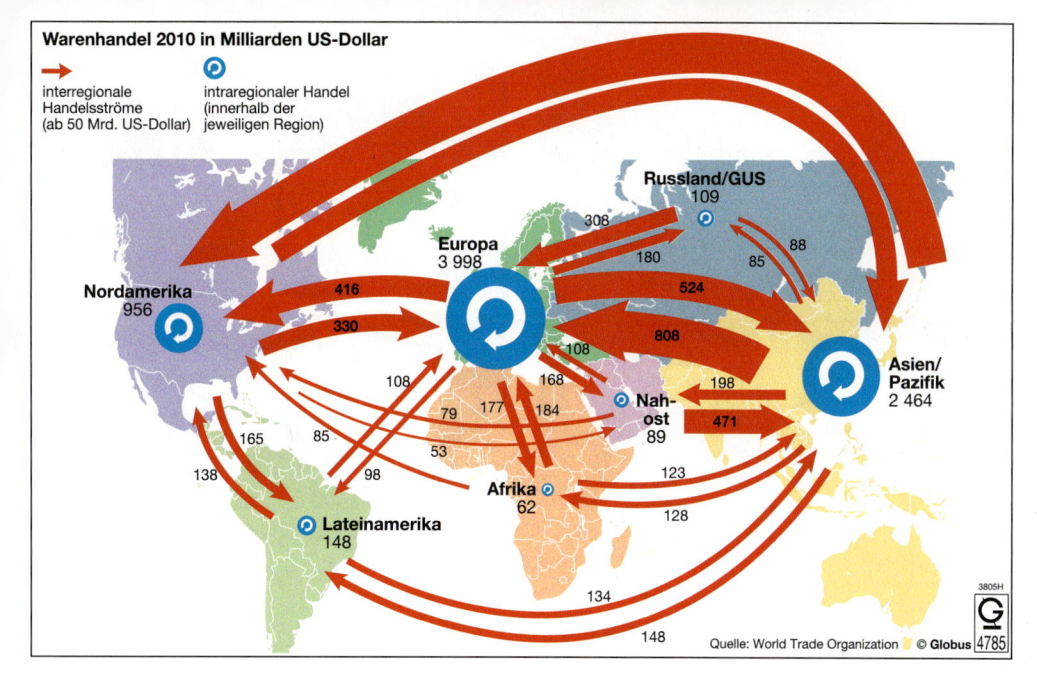

→ interregionale Handelsströme (ab 50 Mrd. US-Dollar)
◯ intraregionaler Handel (innerhalb der jeweiligen Region)

- Nordamerika 956
- Europa 3 998
- Russland/GUS 109
- Asien/Pazifik 2 464
- Nahost 89
- Afrika 62
- Lateinamerika 148

Handelsströme (Mrd. US-Dollar): 308, 180, 85, 88, 416, 524, 330, 808, 108, 168, 198, 471, 108, 177, 184, 79, 85, 53, 123, 128, 165, 98, 138, 134, 148

Quelle: World Trade Organization © Globus 4785

M3 Waren wandern um die Welt

Erschließung neuer Märkte

Immer mehr Unternehmen, z. B. in Deutschland, verlagern ihre gesamte Produktion ins Ausland. Am Stammsitz verbleiben dann die Entwicklungsabteilung und die Verwaltung. Inzwischen sind die günstigen Produktionsmöglichkeiten nicht mehr der alleinige Hauptgrund für die Verlagerung von Produktionen in die Länder Osteuropas und Ostasiens. Viel interessanter sind die Nähe zu den Märkten und die damit verbundenen Verkaufsmöglichkeiten in Ländern wie etwa Polen oder China. Viele Millionen Konsumenten lassen auf einen Absatz der Produkte auch in diesen Ländern hoffen.

Welthandel → www

> Das Ausland wird für immer mehr deutsche Industrieunternehmen als Investitionsstandort attraktiv. 2013 planen so viele Industrieunternehmen wie nie zuvor den Schritt ins Ausland. Durch die Produktion vor Ort möchte die Industrie internationale Märkte stärker erschließen. 35 Prozent der Betriebe investieren aus diesem Beweggrund im Ausland. Dabei sind alle Weltregionen im Blick der Betriebe. Die neuen Zielregionen in den Schwellenländern Asiens und Lateinamerikas nehmen mittlerweile als Investitionsstandort der deutschen Industrie einen festen Platz ein. Hauptanziehungspunkt der Investitionen ist dabei weiterhin China. Hier sehen die Betriebe große Chancen.

M4 Aus einer Information der Deutschen Industrie- und Handelskammer (DIHK, 2013)

4. → Nenne Gründe, warum große Konzerne ihre Produktionsstandorte auf der Welt verteilt haben.
5. Beschreibe die globalen Handelsströme (M3).
6. a) Nenne einige Waren, die in Deutschland für den Weltmarkt produziert werden.
   b) Recherchiere, ob Bekannte oder Verwandte Arbeitsplätze haben, die vom Export abhängig sind.
7. → Suche in der Tagespresse Meldungen über wirtschaftliche Verflechtungen auf der Welt und berichte in einem Kurzvortrag darüber.

M1 Das „indische Silicon Valley" Bangalore   M3 Softwareexperte in Bangalore

Globalisierung: Jobmotor oder Jobkiller?

Internationale Wirtschaftsbeziehungen haben praktische Bedeutung für das Leben der Menschen. Denn durch die Globalisierung und die damit verbundene internationale Arbeitsteilung haben sich auch die Strukturen auf den Arbeitsmärkten in den einzelnen Ländern verändert. Viele Arbeitsplätze werden in Länder mit niedrigeren Löhnen verlagert. Diese Verlagerung von Arbeit über Staatsgrenzen hinweg bezeichnen Wissenschaftler als „Entgrenzung der Arbeit".

Auch Deutschland ist von Produktionsverlagerungen ins Ausland betroffen. Dadurch gehen Arbeitsplätze verloren. So arbeiten heute in der Bekleidungsindustrie noch ungefähr 130 000 Menschen. Seit 1980 gingen in dieser Branche in Deutschland rund 450 000 Arbeitsplätze verloren.

Auf der anderen Seite wurden durch die Globalisierung aber auch Arbeitsplätze geschaffen, z. B. bei mittelständischen Unternehmen, die Produkte für den Export herstellen.

> 1   Rudolf Colm, der für weite Teile des internationalen Geschäfts zuständige Geschäftsführer (der Stuttgarter Robert Bosch GmbH ... preist) die Aktivitäten des
> 5   Schwaben-Konzerns rund um den Globus: „Ohne die Internationalisierung hätten wir in Deutschland deutlich weniger Arbeitsplätze" – dieser Diagnose von Colm stimmen auch die Vertreter der Beschäftigten zu. (...)
> 10 „In Feuerbach arbeiten 11 000 Beschäftigte", sagt der dortige Betriebsratsvorsitzende, „das sind so viele wie vor 15 Jahren". Allerdings: Heute sind in dem Stuttgarter Ortsteil rund 8000 Angestellte und 3000 gewerbliche Arbeitnehmer tätig. „Vor 15 Jahren 15 war das genau umgekehrt", berichtet Geisel. (...)
> Doch den durch die Globalisierung ausgelösten Wandel des Konzerns hätten Betriebsrat und Geschäftsführung inzwischen „weitgehend geregelt", meint Geisel. Was ihm weit 20 mehr Kopfzerbrechen bereitet, ist die Tatsache, dass mit immer weniger Menschen immer mehr produziert werden kann: „Wir haben eher mit der Steigerung der Produktivität zu kämpfen als mit der 25 Globalisierung", glaubt der Feuerbacher Betriebsratschef.

M2 Auszug aus einem Artikel der Stuttgarter Nachrichten (2. September 2011)

[1] *Erläutere, welche Auswirkungen die Globalisierung auf die Arbeitsplätze von Menschen haben kann (M3).*

[2] *Erkläre den Begriff „Entgrenzung der Arbeit" (Text, M3).*

M4 Mitarbeiter von Nokia in Rumänien nach der Information über die Schließung am 29. September 2011

M6 Karikatur von Klaus Stuttmann (2008)

Der finnische Handyhersteller Nokia hat in den vergangenen Jahren (...) Tausende Stellen gestrichen. Jetzt geht es genauso weiter: Der Konzern macht sein Werk in Rumänien dicht. (...) Für die ehemaligen Nokia-Mitarbeiter in Bochum muss die Nachricht aus Rumänien bitter sein: 2008 gingen ihre Arbeitsplätze verloren, weil die Handy-Produktion in die Nokia-Fabrik im rumänischen Jucu nahe der Stadt Cluj verlagert wurde. Dort wurden Handys aus importierten Fertigteilen zusammengesetzt. Genau dieser Standort soll nun ebenfalls geschlossen werden.

Die Schließung der Produktion in Bochum mit insgesamt mehr als 3000 Mitarbeitern hatte in Deutschland zu heftiger Kritik und Protesten geführt. Nokia hatte die Entscheidung unter Hinweis auf zu hohe Produktionskosten ausgerechnet kurz nach einem Milliardengewinn verkündet – und damit noch größere Proteststürme ausgelöst. Nun zieht die Karawane erneut weiter – offenbar ist es (...) nun auch in Rumänien zu teuer. Die Fabrik dort soll nun geschlossen werden, da sich der Markt für Basis-Handys und auch die Lieferkette inzwischen nach Asien verlagert hätten, sagte ein Nokia-Sprecher.

M5 Auszug aus einem Artikel in DER SPIEGEL vom 29. September 2011

Methoden erlernen: Eine Karikatur auswerten

Schritt 1 ●

Beschreiben
Beschreibe möglichst genau, was in der Karikatur dargestellt wird (Personen, Gegenstände, Handlung, Stil der Zeichnung).

Schritt 2 ●●

Die Karikatur deuten
Erläutere die Aussage der Karikatur unter Verwendung deines Wissens zum Thema. (Auf welches aktuelle Problem wird eingegangen?)

Schritt 3 ●●●

Eigene Stellung beziehen
Beurteile aus deiner Sicht und unter Verwendung deines Wissens die Sichtweise des Karikaturisten. Teilst du die Meinung, oder hast du eine andere Sichtweise zum Thema?

Karikaturen zur Globalisierung → www

3 → Berichte über den Wechsel von Produktionsstandorten bei Nokia (M4, M5).
4   Werte die Karikatur M6 aus.
5 → Überlege, welche Arbeitsplätze in Deutschland besonders von einer Verlagerung ins Ausland betroffen sind und nenne Beispiele.

M1 Zwangsversteigerung eines Wohnhauses in den USA (2008)

M3 Entsetzen nach Kursverlusten an der Frankfurter Börse am 20. Februar 2009

Die globale Finanzkrise – Es begann in den USA …

Jahrelang hatten amerikanische Banken günstige Immobilienkredite an Menschen gegeben, die sich normalerweise kein eigenes Haus leisten konnten. Viele dieser Menschen in den USA finanzierten ihr Eigenheim ausschließlich mit geliehenem Geld. Schließlich sanken die Preise, und die Zinsen stiegen.

So hatten im Jahr 2005 Hunderttausende von US-Bürgern plötzlich Probleme bei der Rückzahlung ihrer Kredite. Nun bekamen viele Banken ebenfalls Probleme, da sie sich das Geld ebenfalls geliehen hatten. Viele Banken gerieten dadurch in Zahlungsrückstand und mussten Konkurs anmelden.

Konkurs Zahlungsunfähigkeit einer Firma oder eines Unternehmens

> Was als US-Hypothekenkrise begann, grassiert noch immer unter den Banken. (...)
> Binnen eines einzigen Tages brachen in den USA fünf weitere Banken zusammen. Damit stieg die Zahl der in diesem Jahr geschlossenen Banken in den Vereinigten Staaten auf 69, wie die staatliche Einlagensicherung FDIC am Freitag mitteilte. Das größte der fünf geschlossenen Geldhäuser ist die Mutual Bank in Harvey (US-Bundesstaat Illinois) mit einem Kapital von 1,6 Milliarden Dollar (rund 1,1 Milliarden Euro). Die Geschäfte der Mutual Bank übernahm die texanische United Central Bank. Die US-Einlagensicherung kostet die Pleite der Mutual Bank 696 Millionen Dollar, für alle fünf Bankenpleiten belaufen sich die Kosten auf geschätzt knapp 912 Millionen Dollar.

M2 Auszug aus einem Artikel in Focus vom 1. August 2009

> Es waren Amerikas fette Jahre. Die Zinsen niedrig – das Geld billig – der US-Immobilienmarkt begann seinen Boom. Auch die Hydes stiegen ein. „Nur 32000 Dollar Anzahlung, mehr wollte die Bank nicht." Aber die monatliche Rate von 3000 Dollar, fast dreimal so viel wie zuvor die Miete fürs Appartement, drückte. „Da gab es überall diese Angebote von easy money – im Fernsehen, im Radio, im Briefkasten", sagte Sarah (...). „Heute wissen wir, dass damals das Unglück begann."
> Die Hydes sind nur ein Fall. Einer von über zwei Millionen, denen in diesem und im nächsten Jahr die Zwangsversteigerung droht. Allein 2005 und 2006 verliehen Amerikas Hypothekenbanken eintausendzweihundert Milliarden Dollar (1,2 Billionen $) an unsichere Schuldner. Deren Pleite (...) löste nun eine Kettenreaktion aus.

M4 Auszug aus einem Artikel in der Süddeutschen Zeitung vom 18. August 2007

Am 13. Oktober 2008 griff die Bundesregierung ein. Sie beschloss das teuerste Gesetz der deutschen Geschichte: ein Rettungsschirm für die Banken, der fast 500 Milliarden betrug. Deutsches Sorgenkind war die „Hypo Real Estate", die immer wieder mit Milliardenkrediten und Garantiezusagen vor dem Untergang bewahrt wurde. Insgesamt pumpte der deutsche Staat 102 Milliarden Euro in die Bank, die schließlich verstaatlicht wurde.

M5 planet-wissen.de über die Folgen der Finanzkrise in Deutschland (2013)

M7 Proteste in Madrid gegen Sparmaßnahmen im Gesundheitssystem als Folge der Finanzkrise (22. September 2013)

Um wieder an Geld zu kommen, verkauften viele US-Banken ihre riskanten Kreditverträge in andere Länder weiter. Dabei wurden hohe Gewinne versprochen und oftmals auch falsche Angaben über den Wert der Häuser gemacht. Die versprochenen Gewinne blieben jedoch aus, und viele Anleger verloren ihr Geld. Auch in Europa mussten einige Banken Konkurs anmelden.
Die Banken sind seitdem bei der Vergabe von Krediten an Unternehmen sehr vorsichtig. Weil sie keine Kredite mehr erhielten, mussten etliche Unternehmen Konkurs anmelden, die Mitarbeiter wurden arbeitslos. Die Menschen gaben jetzt weniger Geld für Konsumgüter aus. Es kam zu einer Kettenreaktion: Die Konjunktur brach ein, der Welthandel ging massiv zurück.
Die Regierungen in Europa kämpfen teilweise noch heute mit den Folgen der Finanzkrise.

Finanzkrise
→ www

Die spanische Wirtschaft ist Ende des vergangenen Jahres weiter in die Rezession gerutscht. Im vierten Quartal sei das Bruttoinlandsprodukt (BIP) um 0,7 Prozent zum Vorquartal geschrumpft, teilte das nationale Statistik-Institut INE mit. Dies ist der stärkste Rückgang der spanischen Wirtschaftsleistung seit Beginn der Rezession Mitte 2011. Seitdem ist das spanische BIP sechs Quartale in Folge geschrumpft. Im Jahresvergleich sank das BIP um 1,8 Prozent, wie die spanische Statistikbehörde weiter mitteilte.
Spanien kämpft noch immer mit den Auswirkungen einer Immobilienblase, die in der Finanzkrise platzte. Die Arbeitslosigkeit liegt inzwischen bei 26 Prozent.
Ministerpräsident Mariano Rajoy kündigte ein Konjunkturpaket an. (…) Dazu gehörten auch Hilfen für Unternehmer, fügte der Ministerpräsident hinzu. Die Regierung versucht andererseits, mit Sparprogrammen das Haushaltsdefizit zu senken.
Die Regierung geht nach eigenem Bekunden davon aus, dass die viertgrößte Volkswirtschaft in der Euro-Zone noch in diesem Jahr wieder wächst. Experten halten diese Prognose für zu optimistisch.

M6 Aus einem Tagesschau-Bericht vom 30. Januar 2013

1 → *Erläutere, wie aus der Immobilienkrise eine Finanzkrise wurde.*
2 *Nenne einige Auswirkungen der Finanzkrise (M1, M4, M5, M6, M7).*
3 *Informiere dich über Auswirkungen der Finanzkrise in deiner Region und berichte.*

Seite 169 → www

M1 Das Atma-Camp für Flüchtlinge in Syrien, nahe der Grenze zur Türkei (2013)

M3 Ein Boot mit 103 Flüchtlingen aus Afrika vor La Gomera, Kanaren (2006)

Globale Organisationen

Menschen auf der Flucht

*Migration
Wanderung von
kleineren oder
größeren
Gruppen von
Menschen*

Migration hat es in der Geschichte der Menschheit schon immer gegeben. So verließen im 19. Jahrhundert Millionen Deutsche ihre Heimat und wanderten aus, vor allem in die USA. Im Jahr 2012 waren weltweit mehr als 45 Millionen Menschen auf der Flucht. Damit verlassen im Schnitt täglich mehr als 23 000 Menschen ihr Zuhause. Die meisten Flüchtlinge verlassen ihre Heimat, weil ihre Existenz dort bedroht ist. Sie fliehen vor Arbeitslosigkeit und vor bewaffneten Konflikten wie beispielsweise dem Bürgerkrieg in Syrien.

Es gibt auch Menschen, die aus ihrer Heimat fliehen, weil sie politisch verfolgt werden. Oftmals ist dies in undemokratischen Staaten der Fall. Hier werden Menschen verfolgt, weil sie z. B. das Grundrecht wahrnehmen, ihre Meinung frei zu äußern. Oder sie gehören einer Partei an, die verboten ist.

Menschen, die verfolgt werden, können in einem anderen Land Asyl beantragen. In Deutschland beispielsweise ist das Recht auf Asyl seit Bestehen der Bundesrepublik im Grundgesetz verankert.

Pro Asyl → [www]

1 PRO ASYL setzt sich dafür ein, dass Flüchtlinge in Deutschland und Europa Schutz vor Verfolgung finden und ihre Menschenrechte uneingeschränkt in Anspruch nehmen können. Seit der Gründung
5 im Jahre 1986 hat sich PRO ASYL zu einer Menschenrechtsorganisation mit 14 000 Mitgliedern entwickelt.
PRO ASYL
– führt Kampagnen für den Schutz von
10 Flüchtlingen durch,
– arbeitet auf europäischer Ebene gegen die Abschottung der EU-Außengrenzen,
– engagiert sich für Menschen ohne Aufenthaltsrecht im Rahmen der Bleiberechts-
15 kampagne,
– unterstützt aus einem Rechtshilfefonds das juristische Vorgehen, mit dem Flüchtlinge ganz konkret ihre Rechte durchsetzen,
– veröffentlicht Informationen über die
20 Situation von Flüchtlingen in Europa,
– fördert regionale Zusammenschlüsse von Flüchtlingsräten und arbeitet mit Flüchtlingsinitiativen zusammen.

M2 Informationen über die Menschenrechtsorganisation „PRO ASYL" in der „taz"

[1] → *Nenne Gründe, weshalb Menschen ihre Heimat verlassen.*
[2] *Erkläre, welche Menschen in Deutschland Asyl beantragen können.*
[3] ↪ *Finde Begründungen dafür, dass andere als politische Gründe für eine Asylgewährung in Deutschland ausgeschlossen sind.*

Seite 170 → [www]

Asyl in Deutschland

Wir sind die Menschen, die aufgrund unserer zufälligen Geburt in gewissen geographischen Regionen, unter Kriegen, Sanktionen, Kolonisierung, Besetzungen, Repression und Armut gelitten haben. Wir haben es geschafft, diese Regionen zu verlassen, und sind hier angekommen. Hier, an diesen Orten, die von den Leuten als „sichere Länder" bezeichnet werden. (...) „Sichere Länder", die uns (...) den Namen „Asylsuchende" geben. Asylsuchende (...,) denen nicht erlaubt wird, zu arbeiten oder zu studieren.

M4 Aus einer Erklärung der „Non-Citizens" in München (2013)

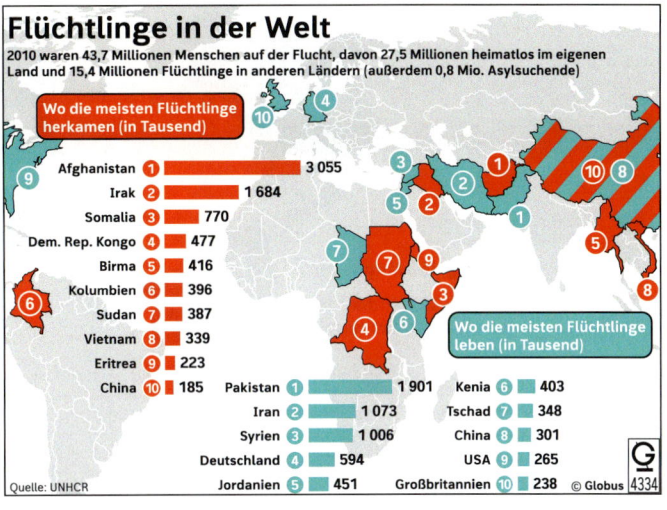

Flüchtlinge in der Welt
2010 waren 43,7 Millionen Menschen auf der Flucht, davon 27,5 Millionen heimatlos im eigenen Land und 15,4 Millionen Flüchtlinge in anderen Ländern (außerdem 0,8 Mio. Asylsuchende)

Wo die meisten Flüchtlinge herkamen (in Tausend)
- Afghanistan ① 3 055
- Irak ② 1 684
- Somalia ③ 770
- Dem. Rep. Kongo ④ 477
- Birma ⑤ 416
- Kolumbien ⑥ 396
- Sudan ⑦ 387
- Vietnam ⑧ 339
- Eritrea ⑨ 223
- China ⑩ 185

Wo die meisten Flüchtlinge leben (in Tausend)
- Pakistan ① 1 901
- Iran ② 1 073
- Syrien ③ 1 006
- Deutschland ④ 594
- Jordanien ⑤ 451
- Kenia ⑥ 403
- Tschad ⑦ 348
- China ⑧ 301
- USA ⑨ 265
- Großbritannien ⑩ 238

Quelle: UNHCR © Globus 4334

M6 Flüchtlinge in der Welt

Um in Deutschland Asyl zu erhalten, muss ein Flüchtling einen Asylantrag stellen. Das Bundesamt für die Anerkennung von Flüchtlingen entscheidet darüber, ob dieser Antrag begründet ist und der Flüchtling in Deutschland bleiben darf. Abgelehnte Personen werden aufgefordert, Deutschland innerhalb von drei Monaten zu verlassen, sonst werden sie zwangsweise abgeschoben.

ⓘ Asyl
Der Begriff Asyl stammt aus dem Griechischen; „Asylon" bedeutet Zufluchtsstätte. In Artikel 16a Abs. 1 steht: „Politisch Verfolgte genießen Asylrecht." Dieses Grundrecht gilt allein für Personen, die politisch verfolgt werden. Allgemeine Notsituationen – wie Armut, Bürgerkriege, Naturkatastrophen oder Arbeitslosigkeit – sind damit als Gründe für eine Asylgewährung ausgeschlossen.

Non-Citizens
So bezeichnen sich Flüchtlinge, weil sie keinen Zugang zu den Rechten haben, die den „Citizens", den Bürgern und Bürgerinnen, zustehen.

Seit mehr als zwei Jahren tobt in Syrien ein Bürgerkrieg. (...) Mehr als zwei Millionen Syrer sind bereits aus dem Land geflohen. Einige von ihnen sollen eine Heimat auf Zeit in Deutschland finden.
Bundesinnenminister Friedrich gab im März 2013 bekannt, dass 5000 syrische Flüchtlinge nach Deutschland kommen sollen. Wer nach Deutschland darf, darüber hat sich das Bundesinnenministerium nach Angaben einer Sprecherin eng mit dem Flüchtlingshilfswerk der Vereinten Nationen (UNHCR) und Hilfsorganisationen abgestimmt. Die 5000 Menschen wurden aus der Gruppe von Flüchtlingen ausgewählt, die sich in den Libanon gerettet hat.
Die 5000 Syrer werden zunächst zwei Wochen in den sogenannten Grenzdurchgangslagern Friedland und Bramsche untergebracht. Hier werden sie auf ihre Zeit in Deutschland vorbereitet. (...) Nach 14 Tagen werden sie auf die Bundesländer verteilt.

M5 Aus einem Bericht der Deutschen Welle (2013)

Asylverfahren → www

4 → Erläutere die Funktion eines Grenzdurchgangslagers (M5).
5   Werte die Grafik M6 aus.
6 → „Migranten kommen nur nach Europa, um sich ein schönes Leben zu machen." – Nimm Stellung zu dieser Aussage (M4).

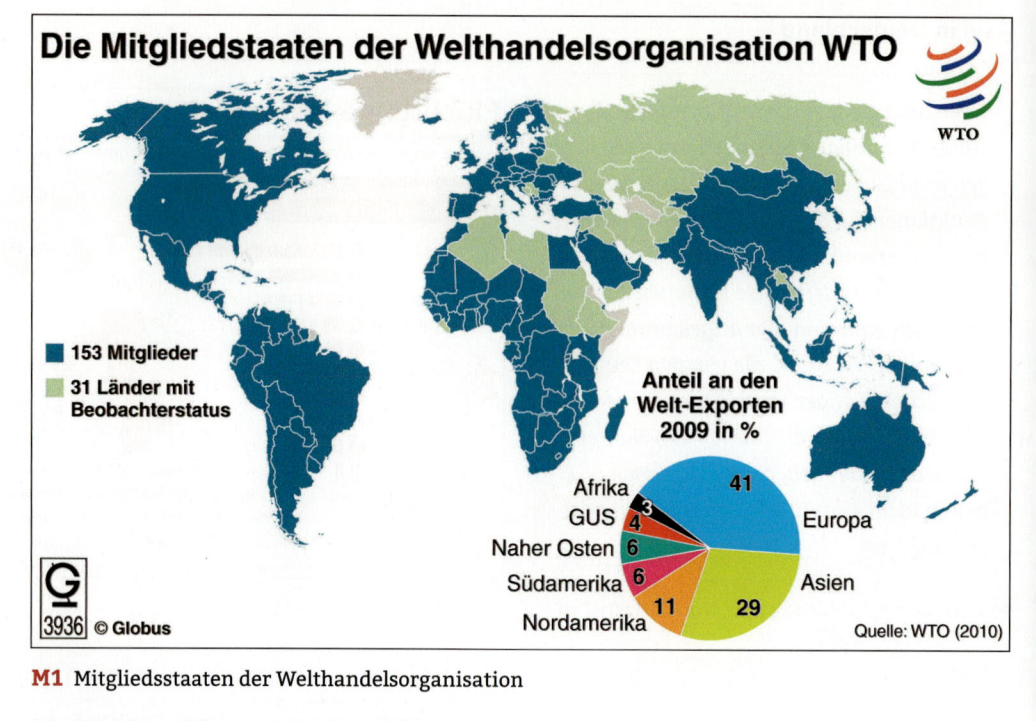

M1 Mitgliedsstaaten der Welthandelsorganisation

Die Welthandelsorganisation WTO

Der weltweite Handel wird von den einzelnen Ländern durch Zölle und andere Einfuhrbeschränkungen reguliert. Um den weltweiten Handel auszubauen und ein gut funktionierendes Handelssystem aufrechtzuerhalten, wurde die Welthandelsorganisation WTO (World Trade Organisation) gegründet. Alle zwei Jahre treffen sich die Fachminister der über 150 Mitgliedsstaaten und beraten, wie Zoll- und Handelsschranken weiter abgebaut werden können. Denn das Hauptziel der WTO ist es, Handelsbeziehungen möglichst frei und einfach zu gestalten. Außerdem sollen Entwicklungsländer stärker in den Welthandel eingebunden werden. So soll der Austausch von Waren erleichtert und der Lebensstandard in allen Ländern verbessert werden.

WTO → www

> Die Zölle auf Edelstahlrohre aus der EU, von China wegen angeblicher Dumpingpreise der EU verhängt, seien „unvereinbar mit dem Recht der WTO", heißt es in einer
> 5 Mitteilung der EU-Kommission in Brüssel. Die EU hatte bisher am chinesischen Markt für die Rohre, die unter anderem im Reaktorbau eingesetzt werden, einen Anteil von etwa 35 Prozent. Zu den großen
> 10 Herstellern zählt die deutsche Salzgitter AG. Die chinesischen Zölle in Höhe von 9,7 und 11,1 Prozent behinderten den Zugang zum chinesischen Markt „erheblich", heißt es in der Mitteilung der EU-Kommission.
> Die EU und China liegen bereits wegen 15
> Strafzöllen der EU gegen die Einfuhr von Solarmodulen aus China im Streit. Die Anfang Juni verhängten EU-Zölle wegen angeblicher chinesischer Dumpingpreise sind auch innerhalb der EU umstritten. 20

M2 Klage gegen chinesische Stahl-Zölle (Manager Magazin online, 13. Juni 2013)

1. → *Nenne zehn Mitgliedsstaaten der Welthandelsorganisation (M1).*
2. → *Erläutere die Anteile der Weltexporte in der Grafik M1.*
3. → *Stelle die Aufgaben der Welthandelsorganisation dar.*

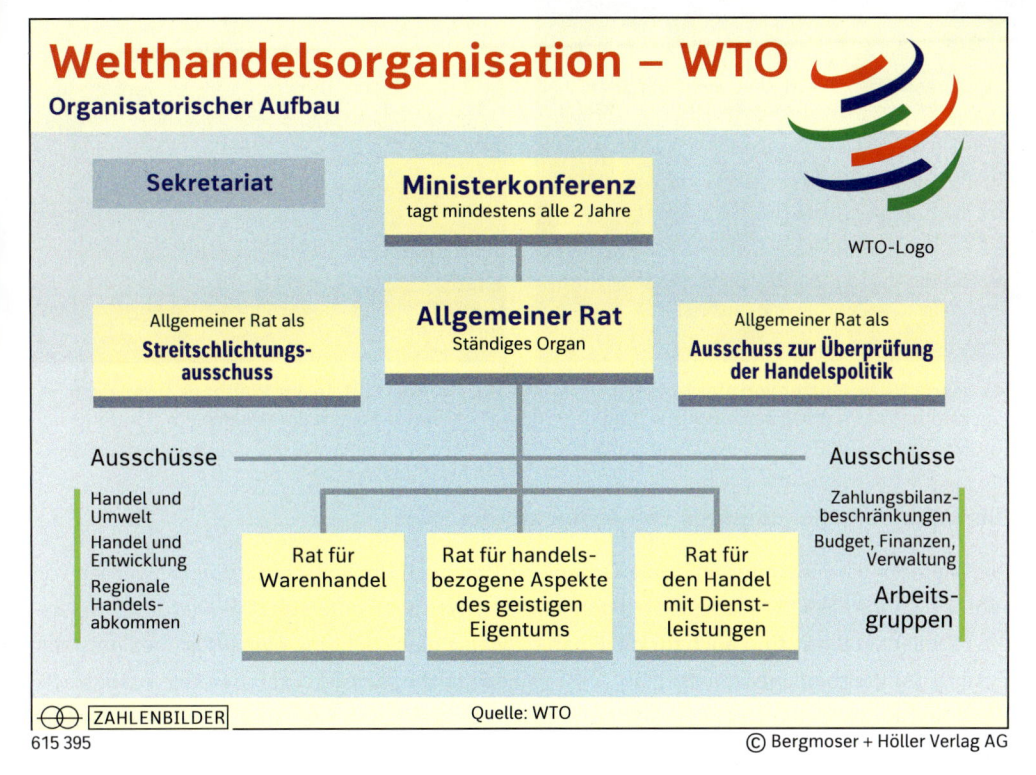

Welthandelsorganisation – WTO
Organisatorischer Aufbau

[Organigramm der WTO: Sekretariat; Ministerkonferenz (tagt mindestens alle 2 Jahre); Allgemeiner Rat (Ständiges Organ); Allgemeiner Rat als Streitschlichtungsausschuss; Allgemeiner Rat als Ausschuss zur Überprüfung der Handelspolitik; Ausschüsse: Handel und Umwelt, Handel und Entwicklung, Regionale Handelsabkommen; Rat für Warenhandel; Rat für handelsbezogene Aspekte des geistigen Eigentums; Rat für den Handel mit Dienstleistungen; Ausschüsse: Zahlungsbilanzbeschränkungen, Budget, Finanzen, Verwaltung, Arbeitsgruppen. Quelle: WTO]

M3 Aufbau der Welthandelsorganisation WTO

Die Arbeit der Welthandelsorganisation WTO

Die WTO sorgt nicht nur für eine Verbesserung des weltweiten Handels. Sie überprüft auch die Handelspolitik der Mitgliedsländer, überwacht die Handelsvereinbarungen und führt im Fall von Streitigkeiten Schlichtungsverfahren durch. Ebenso sollen unfaire Wettbewerbspraktiken wie Ausfuhrsubventionen abgeschafft werden. Deshalb haben sich die Mitgliedsländer dazu verpflichtet, bei Streitigkeiten die Schlichtungsvorschläge der WTO entgegenzunehmen. Wenn ein Land sich weigert, den Schlichtungsvorschlag anzunehmen, kann die WTO Strafzölle auf Produkte aus diesem Land verhängen.

> **ⓘ Subventionen**
>
> Subventionen sind finanzielle Unterstützungen für Unternehmen, Regionen oder Wirtschaftszweige durch die EU, den Staat, eine Gemeinde oder ein Bundesland. Mit Subventionen werden z. B. neue Industriezweige gefördert. Solaranlagen zur Stromerzeugung werden etwa durch garantierte Abnahmepreise für den erzeugten Strom subventioniert.
> Oder: Die EU garantiert ihren Landwirten für viele Produkte Mindestpreise in Europa und erstattet die Differenz zum niedrigen Weltmarktpreis. So bekommen Landwirte beispielsweise für Zuckerrüben wesentlich mehr Geld als den niedrigen Weltmarktpreis.

Arbeit der WTO → www

---

4 Erläutere den organisatorischen Aufbau der Welthandelsorganisation (M3).

5 Überlege, welche Auswirkungen Ausfuhrsubventionen auf die Preise von bestimmten Produkten haben können und beurteile die Zahlung von Ausfuhrsubventionen (Info-Text, Text).

6 „Es wird für die Welthandelsorganisation immer schwieriger, den unterschiedlichen Interessen der Mitgliedsländer gerecht zu werden". – Nenne mögliche Ursachen für diese Entwicklung.

7 Sammle aus der Tagespresse Zeitungsberichte über Subventionen und werte sie aus. Gestalte mit deinen Ergebnissen ein Lernplakat.

M1 Maria Nilza, Mutter von vier Kindern, nimmt am Projekt „Bolsa Familia" teil (2006).

M3 Der mit Mitteln der Weltbank finanzierte Kokaral-Damm am Aralsee

Die Weltbank – Bekämpfung von Armut auf der Welt

Weltbank → www

Die Weltbank ist eine internationale Organisation, die ihren 185 Mitgliedsstaaten gehört. Die Mitgliedsstaaten sind auch für die Finanzierung der Weltbank verantwortlich.
Die Hauptaufgabe der Weltbank besteht darin, die Armut auf der Welt zu bekämpfen und die Lebensbedingungen der Menschen in den Entwicklungsländern zu verbessern. Wichtigster Schwerpunkt ist der Beseitigung von Armut, Krankheiten und Korruption in der Welt. Die Weltbank finanziert beispielsweise Vorhaben, durch die Bildungs- und Gesundheitssysteme verbessert werden sollen.

Aber auch Umweltschutzprojekte werden von der Weltbank unterstützt. So hat sie beispielsweise die Errichtung eines Dammes am Aralsee mitfinanziert, durch den der ausgetrocknete Aralsee wieder mit Wasser aufgefüllt werden soll. Die erhoffte Wiederansiedlung von Fischen sowie der Aufbau des Fischereiwesens soll vielen Menschen wieder ein geregeltes Einkommen verschaffen. Diese Veränderungen wirken sich dann auch positiv auf die Gesundheit der Bevölkerung aus, und die Armut sinkt.

> 1 Das Programm „Bolsa Familia", das von der Weltbank technisch und finanziell unterstützt wird, gilt als einer der Schlüsselfaktoren für die positive soziale Entwicklung
> 5 in Brasilien in den letzten Jahren.
> Das Programm erreicht 13 Millionen Familien, das sind 50 Millionen Menschen, die den Großteil der Bevölkerung mit einem geringen Einkommen ausmachen. (...) Arme
> 10 Familien mit Kindern erhalten monatliche Zahlungen in Höhe von durchschnittlich 70 R$ (ungefähr 23 €). Im Gegenzug verpflichten sie sich, ihre Kinder in die Schule zu schicken und zu regelmäßigen
> 15 Gesundheitskontrollen zu schicken.
>
> So hat das Programm „Bolsa Familia" gleich zwei Ergebnisse: Es hilft, die weit verbreitete Armut zu vermindern und es bringt Familien dazu, in ihre Kinder zu investieren. Damit wird ein Teufelskreis zwischen den Generationen durchbrochen und Armut in Zukunft verringert. (...)
> Der Vorteil von „Bolsa Familia" ist, dass es einen nennenswerten Anteil der (...) Gesellschaft erreicht, bei denen Sozialprogramme bisher nie ankamen. (...) 49 % der Zahlungen erreichen die ärmsten 40 % der Bevölkerung. Studien haben gezeigt, dass der Großteil des Geldes für Essen, Schulmaterial und Bekleidung für die Kinder ausgegeben wird.

M2 Aus einer Mitteilung der Weltbank über das Programm „Bolsa Familia" in Brasilien (2010)

1 → *Beschreibe die Aufgaben der Weltbank (Text).*
2 *Berichte, wie die Weltbank ihre Aufgaben umsetzt (M1–M3).*

Globalisierung

M4 Bau der Tschad-Kamerun-Ölpipeline im Jahr 2002. Das Projekt wurde von der Weltbank mitfinanziert.

M6 Demonstration gegen die Politik der Weltbank in Pakistan (2009)

Die Weltbank in der Kritik

Seit den 1990er-Jahren wird die Weltbank von einigen Globalisierungsgegnern stark kritisiert. Sie beanstanden, dass die Weltbank auch in den ärmsten Ländern der Welt wie beispielsweise Malawi auf die fristgerechte Zahlung von Schuldzinsen besteht, obwohl es dort Probleme bei der Versorgung mit Lebensmitteln gibt. Die Kritik richtet sich auch gegen die finanzielle Beteiligung an Projekten wie Staudämmen und Ölpipelines, bei denen Menschen umgesiedelt werden müssen oder wo es zu teilweise heftigen Umweltzerstörungen kommt.

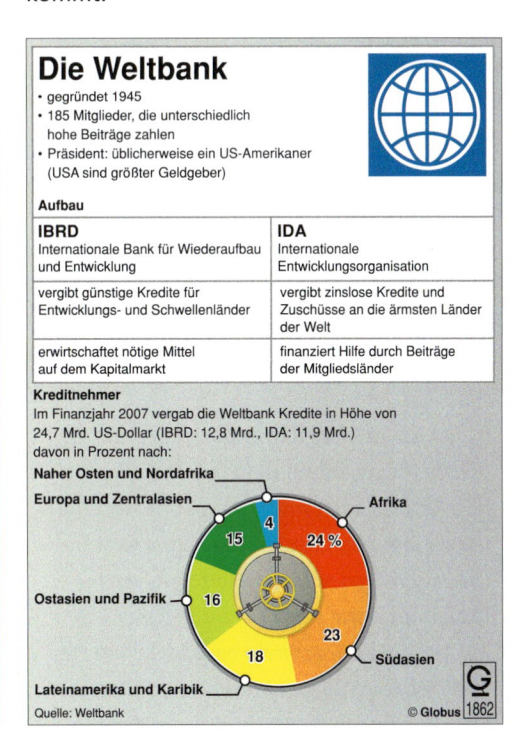

> 1 Die Weltbank setze zu stark auf Wirtschaftswachstum, obwohl es in vielen Entwicklungs- und Schwellenländern den Armen wenig gebracht habe. „Der erhoffte
> 5 Sickereffekt ist nicht eingetreten", betonte Klaus Seitz (Leiter der Abteilung Politik bei „Brot für die Welt"). „Vom weltweit zunehmenden Wohlstand haben die Armen viel zu wenig profitiert." Die
> 10 Weltbank gehe dem Armuts-Problem nicht an seinen Wurzeln an, kritisierte Seitz: „Die Strukturen, die Armut verursachen, werden nicht angepackt. Dazu gehört, dass die Armen keinen Zugang zu Land, Kapital
> 15 oder Bildung haben." Somit bestehe ihr Risiko auch bei vorübergehender Besserung weiter, erneut zu verarmen.

M5 Aus einer Pressemitteilung der Evangelischen Kirche in Deutschland (2013)

Die Weltbank
- gegründet 1945
- 185 Mitglieder, die unterschiedlich hohe Beiträge zahlen
- Präsident: üblicherweise ein US-Amerikaner (USA sind größter Geldgeber)

Aufbau

IBRD	IDA
Internationale Bank für Wiederaufbau und Entwicklung	Internationale Entwicklungsorganisation
vergibt günstige Kredite für Entwicklungs- und Schwellenländer	vergibt zinslose Kredite und Zuschüsse an die ärmsten Länder der Welt
erwirtschaftet nötige Mittel auf dem Kapitalmarkt	finanziert Hilfe durch Beiträge der Mitgliedsländer

Kreditnehmer
Im Finanzjahr 2007 vergab die Weltbank Kredite in Höhe von 24,7 Mrd. US-Dollar (IBRD: 12,8 Mrd., IDA: 11,9 Mrd.) davon in Prozent nach:

- Naher Osten und Nordafrika: 4
- Europa und Zentralasien: 15
- Afrika: 24
- Ostasien und Pazifik: 16
- Südasien: 23
- Lateinamerika und Karibik: 18

Quelle: Weltbank

M7 Die Weltbank

---

3 ⮕ *Erläutere, warum die Weltbank in die Kritik geraten ist (M4, M6).*
4 ⮕ *Beurteile die dargestellte Kritik.*
5 ⮕ *a) Recherchiere im Internet nach Projekten, die durch die Weltbank gefördert werden und berichte über ein Projekt deiner Wahl (www.worldbank.org).*
  ⮕ *b) Erläutere, ob und inwieweit das Projekt einen Beitrag zur Entwicklungshilfe leistet.*

M1 Logos von NGOs

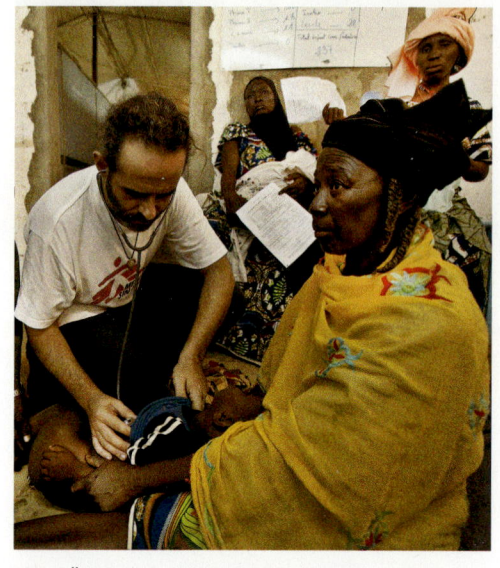

M3 „Ärzte ohne Grenzen" im Einsatz gegen Unterernährung im Niger (2013)

Nichtregierungsorganisationen – Hilfe ohne Grenzen

NGO
Die englische Abkürzung steht für „Non-Governmental Organization" (Nichtregierungsorganisation).

Nichtregierungsorganisationen (NGOs) gibt es bereits seit Ende des Mittelalters, z. B. in Form gemeinnütziger Stiftungen. Später bildeten sich freiwillige Hilfsorganisationen, die Menschen bei Kriegen medizinisch versorgt haben. Hieraus sind dann die heutigen Organisationen wie das Rote Kreuz oder der Rote Halbmond entstanden.

Im Zuge der Globalisierung haben sich in den letzten Jahrzehnten neben diesen bekannten Einrichtungen immer mehr NGOs gebildet. Kirchliche Organisationen wie z. B. „Brot für die Welt" oder „Misereor" engagieren sich in der Entwicklungshilfe; „Greenpeace" kämpft für den Umweltschutz; „Ärzte ohne Grenzen" und „Cap Anamur/Deutsche Notärzte" leisten ärztliche Nothilfe in Krisengebieten; die Organisation „Amnesty International" setzt sich weltweit für die Einhaltung von Menschenrechten ein.

NGOs
→ www

1 Die Malteser weiten angesichts des bevorstehenden Winters ihre Nothilfe für die Vertriebenen in Syrien und die Flüchtlinge im Libanon aus. Malteser International
5 verteilt in Syrien kleine Heizöfen, warme Kleidung sowie Nothilfe- und Hygiene-Sets. In den vom Bürgerkrieg besonders betroffenen Städten Aleppo, Damaskus, Hama und Homs erhalten 15 000 Menschen Decken,
10 Matratzen, Küchenutensilien, Seife und Babywindeln. (…)

Für 500 syrische Flüchtlinge, die die Grenze zum Libanon überquert haben, halten die Malteser Nothilfe-Kits und Winterkleidung bereit. In Khaldieh, 40 Kilometer von Tripoli 15
entfernt, unterhalten die libanesischen Malteser eine Poliklinik, wo Flüchtlinge kostenfrei untersucht werden und Medikamente bekommen. Bisher waren dort schon 600 syrische Kinder, Frauen und Männer 20
behandelt worden.

M2 Aus einer Presseinformation über die Arbeit der Malteser vom 2. November 2012

1 → Erkläre den Begriff „Nichtregierungsorganisation".
2 Nenne einige NGOs und ihre Ziele (M1, M2, M3).
3 → Überlege, welche Vorteile NGOs gegenüber staatlichen Organisationen haben und berichte.

M4 Aktivisten von „Attac" legen das Kapital vor der EZB in Frankfurt „an die Kette" (2009).

M5 Die G-8-Staaten

Die G8-Staaten	Wirtschaftsleistung (BIP)[1] in Mrd. Dollar	Bevölkerung[2] in Millionen
USA	12 980	301,1
Japan	4 220	127,4
Deutschland	2 585	82,4
Großbritannien	1 903	60,8
Frankreich	1 871	63,7
Italien	1 727	58,1
Russland	1 723	141,4
Kanada	1 165	33,4

Anteil der G8-Staaten an
- Weltbevölkerung: 13,2 %
- Welthandel (Export)[3]: 40,0 %
- Weltwirtschaftsleistung: 41,0 %

[1] Schätzung 2006 [2] 2007 [3] 2006 Quelle: CIA, WTO

Einige NGOs üben Kritik an dem Prozess der Globalisierung. Die Organisation „Attac" beispielsweise ist mit ihrem Kampf gegen die Globalisierung bekannt geworden. Die Kritik richtet sich hauptsächlich gegen eine einseitige Regulierung der Weltwirtschaft. Nach Meinung von „Attac" nützen die Beschlüsse von Weltbank, G-8 oder der WTO in erster Linie den Industrieländern, aber nicht den Armen. Die französische Abkürzung „Attac" bedeutet frei übersetzt „Vereinigung zur Besteuerung der Finanztransaktionen zum Nutzen der Bürger". „Attac" drückt das Unbehagen vieler Menschen über die Folgen der Globalisierung aus und fordert u. a. die Einführung einer weltweiten Steuer auf ausländische Wertpapiere („Tobin-Steuer"). Diese Einnahmen sollen in die Entwicklungshilfe fließen.

ⓘ G-8

Die Gruppe der Acht (G-8) ist ein Gesprächsforum der Staats und Regierungschefs der acht wichtigsten Industrienationen. Die Regierungschefs dieser Staaten treffen sich regelmäßig zu einem „Weltwirtschaftsgipfel" auf dem die weltweite Wirtschafts-, Entwicklungs- und Währungspolitik besprochen wird.

> Das globalisierungskritische Netzwerk Attac hat gefordert, die von den G-8-Staaten und anderen Institutionen beschlossenen Finanzhilfen für die neuen Regierungen in Ägypten und Tunesien ohne Auflagen zu gewähren. (…) An (…) Bedingungen geknüpfte Finanzhilfen würden die Entwicklung der nordafrikanischen Staaten hin zu demokratischen und gerechten Gesellschaften nicht fördern, sondern behindern. Attac unterstützt unter anderem einen Schuldenerlass für die Länder Nordafrikas und die Öffnung der europäischen Märkte für die Produkte dieser Länder.
> Attac forderte zudem erneut die Abschaffung der G-8-Gipfel. „Die G-8-Gipfel sind eine illegitime, angesichts der weltwirtschaftlichen Veränderungen völlig überholte Institution, in deren Fußstapfen längst die G-20 getreten sind", sagte Roland Süß, ebenfalls Mitglied im Attac-Koordinierungskreis.

Themen der G8 → www

M6 Aus einer Pressemitteilung von attac vom 27. Mai 2011

---

4. → *Stelle die Ziele von „Attac" dar (M6).*
5. a) *Nenne die G-8-Staaten (M5).*
   b) *Stelle ihre Wirtschaftsleistung im Verhältnis zur Bevölkerung grafisch dar.*
6. → *Erläutere die Kritik von „Attac" an WTO, Weltbank und G-8 (Text, M4, M6).*

Globalisierung konkret

Fallbeispiel Ghana

Das Dorf Koluedor liegt 30 Kilometer von der Hauptstadt Accra entfernt. Über fünftausend Menschen leben hier, die meisten vom Tomatenanbau. Während der Ernte im September rücken die Zwischenhändler mit ihren Lastwagen an, um die vollen Tomatenkisten aufzukaufen. „Die Preise steigen weniger als unsere Kosten", klagt ein Bauer. „Wenn die Ernte in mehreren Regionen zeitlich zusammenfällt, steigt das Angebot und die Preise sinken", erklärt er. Viele Bauern bleiben in Koluedor auf ihren Tomaten sitzen. Wegen sinkender Einkommen und wachsender Schulden sind viele Familien nicht mehr in der Lage, dreimal täglich zu essen. Vor der Ernte leiden viele Hunger, am härtesten trifft es die Kinder.

Ein Besuch auf dem städtischen Markt in Accra offenbart den Hauptgrund für die Misere. Hier stapeln sich Tomatendosen mit Aufschriften wie Gino, Pómo oder La Perla. Die meisten stammen aus Italien, China oder den USA. Die importierte Paste verdrängt frische Tomaten aus Ghana, denn sie ist leicht zuzubereiten und trifft den Geschmack der Städter. Und sie ist billig, nicht zuletzt aufgrund hoher Subventionen in der EU und den USA. Die Tomatenproduktion könnte vielen Ghanaern einen Weg aus Hunger und Armut und damit zur Umsetzung ihres Menschenrechts auf Nahrung weisen. Dazu wären mehr staatliche Unterstützung für Produktion und Weiterverarbeitung heimischer Tomaten sowie mehr Außenschutz vor Billigimporten notwendig. Letzteres wird aber aufgrund des neuen Abkommens zwischen der EU und Ghana verboten. Die Bauern fordern jetzt, dass die menschenrechtswidrigen Bestimmungen des Abkommens revidiert werden.

M1 Die Lage der Tomatenbauern in Koluedor (Bericht der NGO FIAN aus dem Jahr 2008)

Die USA und die Europäische Union zerstören mit ihrer Subventionspolitik die Existenz vieler Bauern in den ärmeren Ländern. Ein Beispiel dafür, wie verheerend die Zahlungen wirken, ist das Schicksal der Tomatenpflanzer in Ghana: „Aus Verzweiflung über ihre aussichtslose Lage haben sich im Norden von Ghana einige Kleinbauern umgebracht", berichtet ein Agrarexperte beim Evangelischen Entwicklungsdienst (EED). Südeuropäische Konzerne exportieren Tomatenmark-Dosen nach Ghana und verkaufen sie dort für rund 29 Cent. Ghanaische Hersteller müssen die Dose für 35 Cent anbieten, wenn sie von dem Geschäft leben wollen. Weil sie teurer verkaufen als die Europäer, werden sie vom Markt verdrängt. Die Europäer können sich den niedrigen Preis leisten, weil die EU die Tomatenproduzenten jährlich mit 380 Millionen Euro unterstützt. Außerdem erhalten die Firmen für einen Teil der Exporte eine Subvention von 15 Cent pro Kilo, wenn sie den Überschuss, den sie in der EU nicht absetzen können, außerhalb Europas verkaufen. Insgesamt exportieren die Europäer jährlich 400 000 bis 500 000 Tonnen ihrer Produktion von elf Millionen Tonnen.

Die Subventionen führen dazu, dass das Tomatenmark aus der EU um die Hälfte billiger angeboten werden kann, als es die Herstellungskosten erlauben. Mit anderen Worten: Ohne Subventionen müssten die EU-Bauern für die Tomatenmark-Dose in Ghana 58 Cent verlangen.

M2 Aus einem Artikel in der Süddeutschen Zeitung über EU-Subventionspolitik (2010)

M3 Ein Verkaufsstand in Ghana

M4 Protest gegen Agrarpolitik in Ghana

Methoden erlernen: Eine Fallanalyse durchführen

Bei einer Fallanalyse werden anhand eines konkreten Beispiels (Fall) allgemeine Erkenntnisse aus einem bestimmten Sachverhalt herausgearbeitet. So kann man z. B. die Auswirkungen bestimmter politischer Entscheidungen darstellen, untersuchen und daraus Schlussfolgerungen ziehen.

So geht ihr vor:

Schritt 1 ●

Sich mit dem Fall vertraut machen
Führt die Fallanalyse in Kleingruppen durch.
→ Lest die Texte zu dem Fall aufmerksam.
→ Markiert im Text wichtige Begriffe und Aussagen.
→ Stellt wichtige Punkte oder Ereignisse des Falls in einer tabellarischen Übersicht zusammen.
→ Formuliert eine konkrete Problemstellung.

Schritt 2 ●●

Auseinandersetzung mit dem Sachverhalt
Analysiert die euch vorliegenden Informationen gründlich.
→ Sucht in den Materialien nach Aussagen, die eine erste Begründung für den dargestellten Sachverhalt liefern.
→ Nehmt eine erste Bewertung der vorliegenden Informationen vor.
→ Überlegt, welche zusätzlichen Informationen ihr benötigt.

Schritt 3 ●●●

Weitere Informationsbeschaffung
→ Recherchiert nach weiteren Informationen zum Thema.
→ Überprüft bei der Recherche auch, ob die euch vorliegenden Informationen zum Fall richtig sind.

Schritt 4 ●●●●

Lösungswege und Alternativen benennen
Sucht für die dargestellte Situation mehrere Lösungen und erstellt eine Liste mit den möglichen Lösungsmöglichkeiten.

Schritt 5 ●●●●●

Entscheidungsphase
Jede der erarbeiteten Alternativen bewirkt bestimmte Konsequenzen und hat daher verschiedene Vor- und Nachteile.
→ Überdenkt die unterschiedlichen Lösungsalternativen.
→ Stellt die Alternativen in einer Liste gegenüber.
→ Entscheidet euch schließlich für eine Alternative und begründet eure Entscheidung.

Schritt 6 ●●●●●●

Präsentation und Vergleich
→ Stellt die in den Gruppen getroffenen Entscheidungen in der Klasse vor und diskutiert darüber.
→ Vergleicht eure Entscheidungen mit der Wirklichkeit. Gibt es ähnliche Ergebnisse und werden diese bereits umgesetzt?

1 *Führt eine Fallanalyse zum Thema „Tomatenhandel in Ghana" durch.*

M1 Abholzung des Regenwaldes am Amazonas (2008)

M2 Noch zwei Jahre nach einem Tankerunglück in Nordspanien wird Öl beseitigt.

Globale Umweltpolitik

Entwicklung auf Kosten der Umwelt?

Schon immer hat der Mensch z. B. durch Nutzung von Rohstoffen oder durch die Besiedlung neuer Gebiete die Umwelt beeinflusst. Lange Zeit haben sich diese Einflüsse auf einige wenige Räume beschränkt, und sie hatten keine nennenswerten Auswirkungen auf die Umwelt. Seit der industriellen Revolution hat der Mensch in zunehmendem Maße in die Natur eingegriffen. Im Zeitalter der Globalisierung haben – vor allem in der zweiten Hälfte des 20. Jahrhunderts – die Eingriffe so zugenommen, dass globale Umweltprobleme wie der Klimawandel, der Flächenverbrauch oder der Verlust der Artenvielfalt entstanden sind.

Daher spielt das Thema Umweltschutz in der internationalen Politik eine zunehmend wichtige Rolle. Im Jahr 1972 fand die erste Weltumweltkonferenz der UNO in Stockholm statt. Das Ergebnis dieser Konferenz war die Gründung des UN-Umweltprogramms (United Nations Environment Programme – UNEP). Bis heute besteht seine Funktion darin, durch Überzeugungsarbeit, Diplomatie und Aufklärung die drängendsten Umweltfragen des Planeten auf die Tagesordnung aller Regierungen, Organisationen, Konferenzen und Abkommen zu bringen.

> **ZEIT:** Was reizt Sie an Ihrem Job beim UNEP?
> **Steiner:** Die Chance, die Umweltpolitik des 21. Jahrhunderts weiterzuentwickeln. Jahrzehntelang ging es uns vor allem ums Schützen, Aufräumen und Saubermachen; wir haben versucht, die Fehler der vorherigen Generationen so gut wie möglich zu reparieren. Das reicht aber nicht mehr. Wir werden Ökologie und Ökonomie ganz neu verbinden müssen.
> **ZEIT:** Wie?
> **Steiner:** Nehmen Sie die Energiepolitik. Bisher wurde der Übergang von der fossilen zur Solar-, Wind- oder thermischen Energie als Belastung für die Wirtschaft dargestellt. So können wir aber nicht weitermachen, denn das ruiniert das Klima. Wie stellen wir für eine wachsende Weltbevölkerung schnell genug grünen Strom bereit, ohne die Volkswirtschaften zu ruinieren? Die gute Nachricht: Die sauberen Strombranchen boomen bereits. 2010 waren die globalen Investitionen für erneuerbare Energien erstmals höher als die für die fossilen Energieträger.

M3 Auszug aus einem Interview mit Achim Steiner, dem Chef von UNEP (2013)

1. ↪ Erstelle eine Liste mit globalen Umweltproblemen (M1–M3).
2. Erläutere die Notwendigkeit einer globalen Umweltpolitik.
3. Recherchiere im Internet und erstelle eine Liste mit internationalen Umweltabkommen.
4. ↪ Überlege, welche Möglichkeiten Politik hat, um bestimmte Umweltziele zu erreichen.

Weltklimakonferenzen

Der durch den Menschen verursachte Treibhauseffekt gilt als eines der größten globalen Umweltprobleme. Um den globalen Ausstoß von klimaschädlichen Gasen (z. B. Kohlendioxid) zu reduzieren, werden jährlich internationale Konferenzen zum Schutz des Klimas durchgeführt. Experten gehen davon aus, dass nur durch eine Reduzierung von Emissionen der Anstieg der Erdtemperatur verhindert werden kann.

Auf der Umweltkonferenz in Rio de Janeiro wurde 1972 ein erstes Übereinkommen zum Klimaschutz erarbeitet. Erweitert wurde dieses Abkommen durch das Kyoto-Protokoll im Jahr 1997. Darin haben sich die Industrieländer (außer den USA) verpflichtet, ihre Emissionen bis zum Jahr 2012 um 5,2 Prozent zu reduzieren. Nach mehreren Anläufen für ein neues Abkommen fand man 2012 in Doha eine Übergangslösung. Im Jahr 2015 soll auf einer Klimakonferenz in Paris ein neues Klimaabkommen beschlossen werden.

M5 Weltklimakonferenz in Doha (2012)

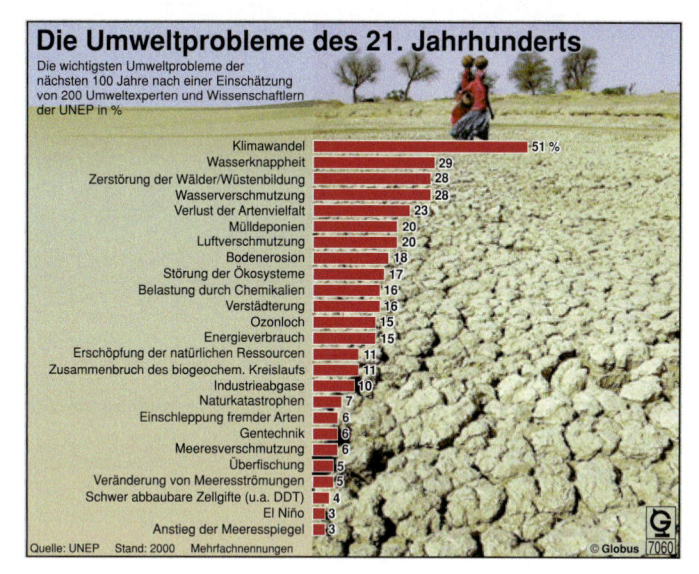

M6 Die wichtigsten globalen Umweltprobleme

Das Kyoto-Protokoll wird bis Ende 2020 verlängert. Das setzte die katarische Präsidentschaft der UN-Klimakonferenz in Doha am Samstag durch. (...)
Neben den 27 EU-Staaten machen rund zehn weitere Länder bei Kyoto II mit. Ein Weltklimavertrag, bei dem sich alle Länder verpflichten sollen, ist erst ab 2020 geplant. Zwar beteiligen sich an Kyoto II nur noch Länder, die 15 Prozent der Emissionen ausmachen. Dennoch gilt die Fortsetzung des bisher einzigen bindenden Klimaschutzabkommens als wichtiges Symbol, damit andere Länder sich tatsächlich in einen Weltklimavertrag einbinden lassen. Viele andere Staaten wollen bis 2020 freiwillig Emissionen mindern – aber meist auf niedrigem Niveau. Wichtige Länder wie Kanada und Japan machen bei dem verlängerten Kyoto-Protokoll, das ab 2013 gelten soll, nicht mehr mit. (...) 2014 (soll es) eine Überprüfung geben, bei der Länder ihre Ziele hochschrauben können. Für die EU wäre das der Moment, sich zu einer Reduktion von 30 Prozent CO_2 im Vergleich zu 1990 zu verpflichten. Bisher sind es 20 Prozent.

Emissionshandel
→ www

M4 Aus einem Artikel in DIE WELT vom 8. 12. 2012 über die Klimakonferenz von Doha (Katar)

5 → Wähle aus M6 drei Umweltprobleme aus und erläutere diese näher.
6 → Erkläre, aus welchem Grund jährlich Weltklimakonferenzen stattfinden.
7 Erläutere das Ergebnis der Klimakonferenz von Doha 2012 (M4).
8 → „Das Ergebnis der Klimakonferenz von Doha ist kein echter Beitrag zur Lösung des Problems der Erderwärmung." – Nimm Stellung zu dieser Aussage (M4).
9 Recherchiere Ergebnisse der letzten drei Weltklimakonferenzen. Berichte der Klasse.

Globalisierung

1 Eine Karikatur auswerten

M1 „Schrecksekunde 1492" – Karikatur von Götz Wiedenroth (2007)

a) Werte die Karikatur aus.
b) Erläutere den historischen Hintergrund und stelle den Zusammenhang zur Globalisierung dar.

2 Ein Schaubild analysieren

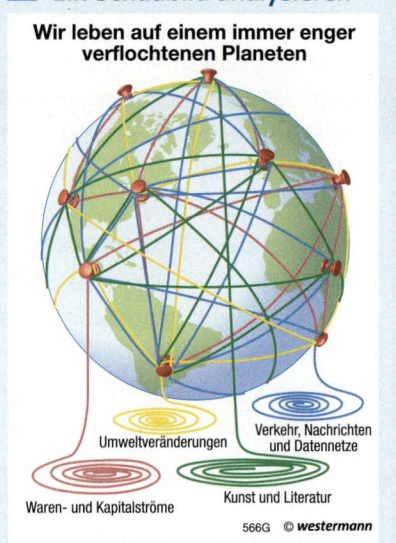

M2 Gobalisierung

a) Nenne die vier dargestellten Aspekte der Globalisierung.
b) Finde zu jedem der dargestellten Bereiche ein konkretes Beispiel.
c) Nenne zu jedem der Beispiele mögliche Vor- und Nachteile.
d) Stelle deine eigene Meinung zum Prozess der Globalisierung dar.

3 Eine Grafik auswerten

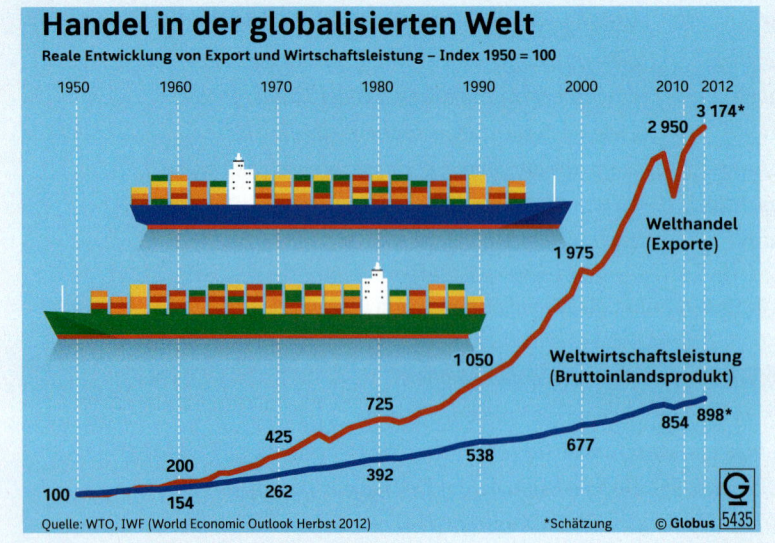

M3 Handel in der globalisierten Welt

a) Werte die Grafik aus.
b) Nenne die Gründe für die dargestellte Entwicklung.
c) Beurteile die Entwicklung. Gehe dabei auch auf das Verhältnis zwischen Welthandel und Weltwirtschaftsleistung ein.

4 Weltreise einer Jeans

Wenn eine Jeans 50,00 € kostet, fließen
- 0,50 € an die Näherin
- 6,50 € in das Material; Fabrik im Niedriglohnland
- 12,50 € an die Markennamen-Firma: Design, Verwaltung, Werbung
- 5,50 € an Transport, Zoll
- 25,00 € an den Einzelhändler, Verwaltung, Mehrwertsteuer

a) Begründe, warum die Jeans an so vielen Standorten produziert wird.
b) Beurteile den Preis der Jeans und die Verteilung der Kosten.
c) Bestimme mithilfe eines Atlas die Länge der „Weltreise".
d) Erläutere die Begriffe „Welthandel" und „Globalisierung" am Beispiel der Produktion einer Jeans.

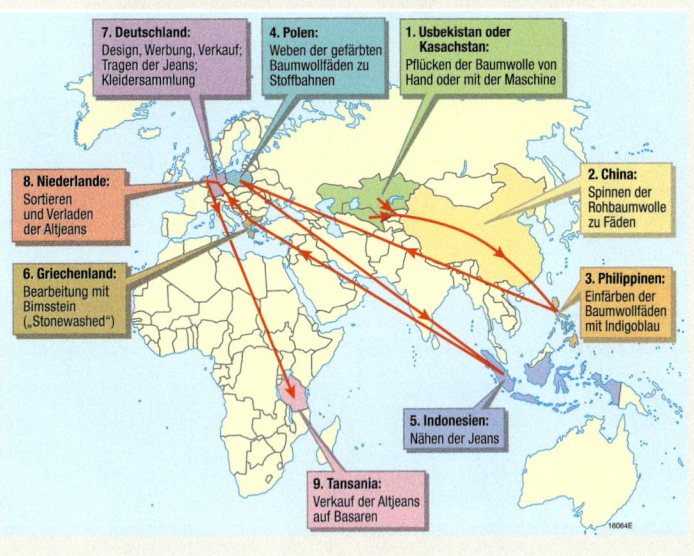

Stationen:
1. Usbekistan oder Kasachstan: Pflücken der Baumwolle von Hand oder mit der Maschine
2. China: Spinnen der Rohbaumwolle zu Fäden
3. Philippinen: Einfärben der Baumwollfäden mit Indigoblau
4. Polen: Weben der gefärbten Baumwollfäden zu Stoffbahnen
5. Indonesien: Nähen der Jeans
6. Griechenland: Bearbeitung mit Bimsstein („Stonewashed")
7. Deutschland: Design, Werbung, Verkauf; Tragen der Jeans; Kleidersammlung
8. Niederlande: Sortieren und Verladen der Altjeans
9. Tansania: Verkauf der Altjeans auf Basaren

M4 Der Weg einer Jeans – von der Baumwollproduktion zum Verkauf

5 Ein Foto untersuchen

a) Beschreibe das Foto.
b) Diskutiere die Frage, ob die Globalisierung regionale Kulturen zerstört oder bereichert.

M5 Eine Himba-Frau mit einem Kind auf dem Arm in Opuwo, Namibia

Grundbegriffe:

- Asyl
- Entgrenzung
- Freihandel
- G-8
- Global Player
- Globalisierung
- Internationaler Währungsfonds
- Klimagipfel
- Nichtregierungsorganisationen
- Subventionen
- Vernetzung
- Weltbank
- Welthandelsorganisation (WTO)
- Weltwirtschaftsgipfel

Wissen und Können

Internationale Sicherheit

Internationale Sicherheit

M2 Terrorangriff auf das World Trade Center in New York am 11. September 2001

M3 Bundeswehrsoldaten sind im Auftrag der ISAF (Internationale Sicherheitsunterstützungstruppe Afghanistan) unterwegs (2007).

→ Was bedeutet „Krieg" heute?
→ Wo liegen Ursachen für bewaffnete Konflikte?
→ Welche Konflikte bedrohen den Frieden?
→ Wie soll Sicherheit weltweit gewährleistet werden?
→ Welche Akteure gibt es in der weltweiten Sicherheitspolitik?
→ Welche Rolle spielt die Bundeswehr?

M1 Eine Vollversammlung der Vereinten Nationen in New York (2009)

M1 Aufständische im Irak bekämpfen US-Truppen (2004).

Kriege und gewaltsame Konflikte heute

Neue Gesichter des Krieges

*Neue Kriege
Da seit den 1990er-Jahren in verstärktem Maße Kriege ausgetragen wurden, die nicht der üblichen Definition von „Krieg" entsprechen, bezeichnet man diese als Neue Kriege.*

Kriege haben im 21. Jahrhundert kein einheitliches Gesicht mehr. Die meisten Kriege werden nicht mehr zwischen Staaten geführt. An deren Stelle treten andere Kriegsparteien. Das Gewaltgeschehen spielt sich mehr und mehr im Inneren der Staaten ab. Dort kämpfen Widerstandsgruppen gegen den Staat oder gegen andere Gruppen. Die Konfliktparteien werden häufig von außen unterstützt.

Diese innerstaatlichen Konflikte werden als Neue Kriege bezeichnet. Es gibt keine klaren Fronten mehr, an denen die Soldaten der Kriegsparteien sich bekämpfen. Heute wird der Krieg überall hingetragen. Autobomben, Anschläge, plötzliche Überfälle, Entführungen prägen das Bild der Neuen Kriege.

Vom Kriegsgeschehen zunehmend betroffen ist die Zivilbevölkerung, die immer wieder zwischen die Interessen der Konfliktparteien gerät. Sie ist häufig der Gewalt schutzlos ausgeliefert.

*Neue Kriege
→ www*

> **ⓘ Krieg**
>
> Ein Krieg ist eine gewaltsame Auseinandersetzung zwischen verschiedenen Staaten. Diese versuchen ihre Interessen mit Waffen und militärischen Mitteln durchzusetzen. Wenn es sich um einen Krieg zwischen sozialen Gruppen der Bevölkerung innerhalb eines Staates handelt, nennt man das „Bürgerkrieg". In Kriegen gibt es immer viele Verletzte und Tote sowie große Zerstörungen. Die Menschen leiden oftmals noch lange nach dem Krieg.

M2 Terroranschlag mit einer Autobombe in Hama, Syrien, fordert mindestens 30 Tote und zahlreiche Verletzte (2013).

1. → *Beschreibe die neuen Gesichter des Krieges (Text, M1, M2).*
2. *Unterscheide zwischen „alten" und „neuen" Kriegen.*
3. *Nenne die Kennzeichen der Neuen Kriege (Text).*

Ausgangspunkt: schwacher Staat

- Armut Unterentwicklung
- Warlords
- Ungerechte Behandlung von gesellschaftlichen Gruppen
- Privatarmeen
- Durch internationalen Waffenhandel leicht verfügbare Waffen
- Kindersoldaten
- Gute Aussichten auf Gewinn (durch die weltweite Vermarktung seltener und begehrter Rohstoffe)

→ **Neue Kriege**

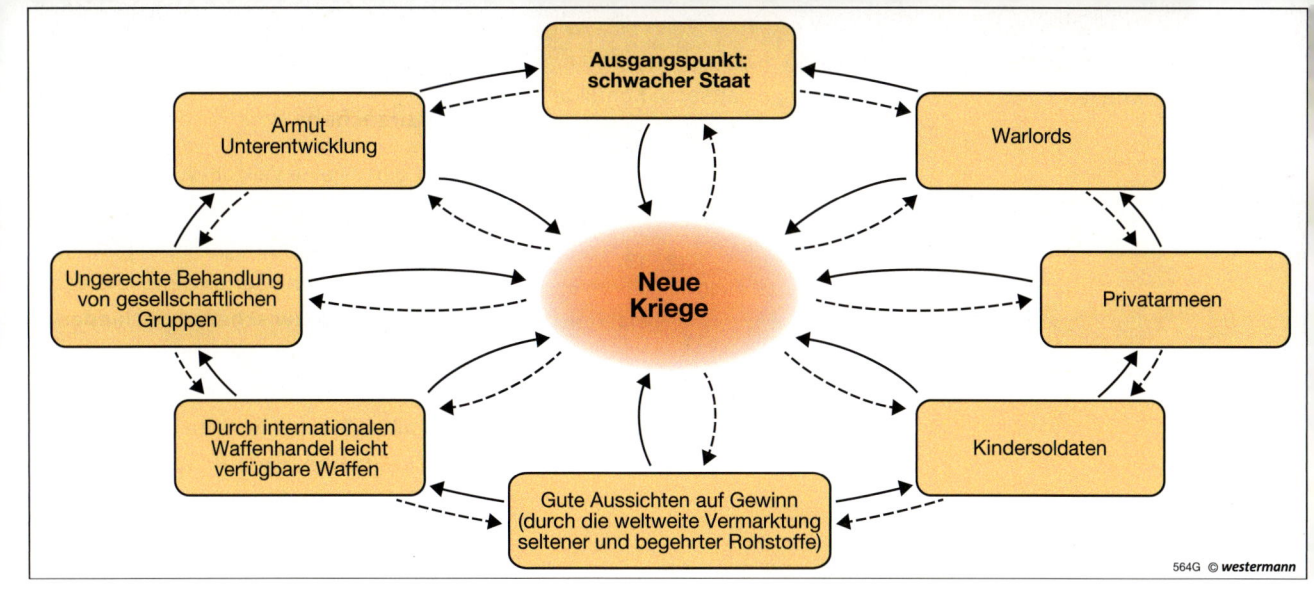

M3 Kennzeichen der Neuen Kriege

Was aber ist neu an den „Neuen Kriegen"? Münkler macht zwei wesentliche Unterscheidungsmerkmale gegenüber herkömmlichen Konflikten aus. Erstens ist zumindest einer der Hauptakteure kein Staat, sondern ein privater Gewaltunternehmer („Warlord"). Dessen Kriegsziele sind gewöhnlich rein privatwirtschaftlicher Art. (...)

Als zweites Charakteristikum der Neuen Kriege benennt der Autor ihre Finanzierung. Der Nachschub von Finanzmitteln und Kriegsmaterial wird durch den Zugang der Gewaltunternehmer zum Weltmarkt sichergestellt. Durch die Vergabe von Schürf- und Bohrrechten in ihrem Machtbereich, mittels illegaler Drogen- und Waffengeschäfte oder auch durch Menschenhandel können die (Kriege) am Laufen gehalten werden. (...) Das Fehlen eines politischen Ziels und die globalisierte Finanzierung sorgen dafür, dass Neue Kriege sich verstetigen und endlos andauern.

M4 Ein Journalist über ein Buch des Wissenschaftlers Herfried Münkler (2003)

(Seit) 1991 (...) hat Somalia keine zentrale Regierung mehr. (...) Die somalische Bevölkerung ist der Machtgier der Warlords, der Kriminellen und Milizen ausgeliefert, da sie nicht der Autorität einer Regierung unterliegen. Die Milizen kämpfen gegeneinander und gegen die Bevölkerung. Sie ziehen plündernd und zerstörend durch das Land, das immer mehr Ressourcen verliert, sodass die Bevölkerung an Hungersnot leidet (Privatisierung). (...) Jegliche internationalen Versuche zur Besserung der Situation schlugen fehl. (...) Der Waffenbesitz in Somalia ist eine Art Lebensversicherung. Durch das Tragen einer Waffe ist die Gefahr vor Unterdrückung oder Bedrohung nicht so sehr gegeben, wodurch auch immer mehr Kinder Waffen besitzen. Bewaffnete terrorisieren Unbewaffnete (Asymmetrierung). Viele haben sich mit dem Zustand (...) gut arrangieren können, beispielsweise verdienten sich Milizen eine Menge an Schutzgeld (Kommerzialisierung).

M5 Auszug aus der Internetseite der österreichischen Projektgruppe „WhyWar" (2013)

Asymmetrierung bezeichnet eine Entwicklung hin zu einer Ungleichheit, Ungleichmäßigkeit.

Kommerzialisierung bedeutet, dass ein Verhalten nach wirtschaftlichen Grundregeln zunehmend das Handeln bestimmt.

---

4 Erkläre, wie sich die Kriegsparteien in Neuen Kriegen finanzieren. Erläutere die Folgen (M3, M4).

5 Erläutere am Beispiel Somalias Kennzeichen der Neuen Kriege (M4, M5).

6 ↪ Vergleiche die heute geführten Kriege mit dem Zweiten Weltkrieg und beurteile, inwieweit die Bezeichnung „Neue Kriege" zutreffend ist.

Kriege und Konflikte 2012

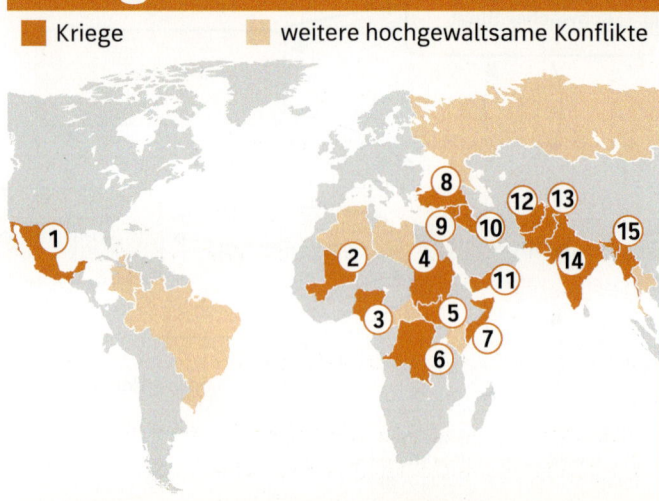

■ Kriege   ■ weitere hochgewaltsame Konflikte

Konfliktursachen

Weltweit gibt es eine Vielzahl von Kriegen und Konflikten. Bei den meisten Konflikten handelt es sich um Bürgerkriege. Diese Auseinandersetzungen haben häufig religiöse Gründe, oder sie werden zwischen verschiedenen Volksgruppen geführt, die sich um die Macht in einem Staat streiten. Von Bürgerkriegen sind vor allem Staaten in Asien und Afrika betroffen. In Staaten wie z. B. Somalia gibt es praktisch keine funktionierende staatliche Einrichtung mehr. Heftiger Streit entbrennt in Afrika auch wegen der Kontrolle über wertvolle Rohstoffgebiete. Vielfach findet eine Politik statt, die den Zusammenhalt in der Gesellschaft zerstört, z. B. wenn Regierungsmitglieder sich auf Kosten der Allgemeinheit bereichern. Je ärmer ein Land und je größer die Wohlstandsunterschiede, desto eher kann ein Bürgerkrieg ausbrechen.

Armut führt oft zu Wanderungsbewegungen (Migration) in andere Regionen, Staaten oder in Städte. Das verschärft dort die Konflikte um Wasser, Ackerland oder Rohstoffe.

Politische Ideen und religiöse Überzeugungen lösen oft einen Fanatismus aus, die eigenen Vorstellungen gewaltsam auszubreiten. Beispiele sind der Dschihad, der sogenannte Heilige Krieg im Islam, oder früher der gewaltsame Export des Kommunismus.

In einigen Staaten haben sich Herrschaftsgruppen gebildet, die nur eigene politische und wirtschaftliche Interessen verfolgen. Sie versuchen ihre Machtposition zu sichern, indem sie durch außenpolitische Konflikte von innerstaatlichen Problemen ablenken.

Da die Grenzen vieler Staaten in der Kolonialzeit willkürlich gezogen worden sind, entstehen daraus bis heute Gebietsansprüche benachbarter Staaten.

Kriege	Konfliktparteien
① Mexiko	Drogenkartelle – Armee
② Mali	Islamistische Aufständische – Armee
③ Nigeria*	Islamistische Sekte Boko Haram; Bauern – Nomaden
④ Sudan*	Darfur: Rebellen – Reitermilizen – Armee; Kurdufan, Blauer Nil: Widerstandsbew. PLM; Sudan – Südsudan
⑤ Südsudan	Interethnische Konflikte
⑥ Dem. Rep. Kongo	Rebellengruppen im Nordosten – Armee
⑦ Somalia	Islamistische Aufständische – Armee
⑧ Türkei	PKK – Armee
⑨ Syrien	Opposition – Regierungstruppen
⑩ Irak	Sunnitische Aufständische
⑪ Jemen	Al Kaida auf der arabischen Halbinsel
⑫ Afghanistan	Taliban, Aufständische – Armee
⑬ Pakistan	Islamistische Aufständische
⑭ Indien	Separatisten in Assam (ULFA und andere) – Armee
⑮ Birma	Unabhängigkeitsbewegung der Kachin – Militärregime

Quelle: Heidelberger Institut für Internationale Konfliktforschung   *mehrere interne Konflikte   © Globus 5539

M1 Kriege und Konflikte 2012

Konflikte weltweit → www

1. Liste die weltweiten Kriege und Konflikte (M1) nach Kontinenten auf.
2. Fertige eine Grafik an, die die Konfliktursachen anschaulich darstellt.
3. Ordne die Konflikte in M1 den Bereichen religiös, politisch, wirtschaftlich motiviert oder Sonstiges zu. Begründe deine Entscheidungen.
4. Wähle einen Konflikt aus M1 aus und beschaffe dir nähere Informationen dazu. Analysiere den Konflikt nach der Anleitung aus S. 189. Präsentiere deine Ergebnisse.

Einen gewaltsamen Konflikt analysieren

Viele Menschen sind daran interessiert, dass die Welt friedlicher wird. Dann muss man sich ein Bild machen, warum es zu gewaltsamen Konflikten kommt und worum es bei Konflikten in der Welt geht. Konflikte müssen genau untersucht und analysiert werden.
So gehst du vor:

Schritt 1 ●
Vorbereitung
→ Lege dich auf einen gewaltsamen Konflikt fest.
→ Beschaffe dir Informationen zu diesem Konflikt (z. B. Fachbücher, Internet).

Schritt 2 ●●
Durchführung
Stelle fest, welches die **Konfliktparteien** sind.
z. B.:
→ Stehen sich Staaten in diesem Konflikt gegenüber, oder handelt es sich um einen Konflikt innerhalb eines Staates?
→ Welche unterschiedlichen Gruppen sind beteiligt?
→ Bedrohen oder terrorisieren Aufständische die Bevölkerung oder Teile der Bevölkerung?

Erläutere die **Ziele der Konfliktparteien**.
z. B.:
→ Was sind die Ursachen und der Anlass des Konflikts?
→ Worin besteht der Konflikt?
→ Was wollen die Konfliktparteien erreichen, und welche Interessen stoßen aufeinander?

Benenne die eingesetzten **militärischen Mittel**.
z. B.:
→ Handelt es sich um einen Militäreinsatz mit schweren Waffen (Heer, Luftwaffe, Marine)?
→ Sind Milizen mit leichten Waffen beteiligt?

→ Werden terroristische Anschläge verübt?
→ Ziehen raubende, plündernde, mordende Söldnertruppen durchs Land?
→ Welche Schäden wurden verursacht? Wie viele Opfer gab es?

Beschreibe die **Reaktion der Weltöffentlichkeit**.
→ Sind andere Staaten oder Bündnisse direkt oder indirekt beteiligt, und welche Interessen haben sie?
→ Wie reagieren die Medien? Wie reagieren die Weltmächte/Bündnisse?

Schritt 3 ●●●
Auswertung
Erläutere **Lösungsmöglichkeiten**.
z. B.:
→ Welche Kompromisse sind möglich?
→ Müssen internationale Organisationen helfen?
→ Welche friedenssichernden Maßnahmen müssen ergriffen werden?

M2 Ein Bewaffneter durchstreift ein Nahrungsmittelausgabezentrum des UN-Welternährungsprogramms in Somalia (2006).

Methoden erlernen

Terrorismus
von lat. terror = Furcht, Schrecken); darunter versteht man Gewalt und Gewaltaktionen zur Durchsetzung von politischen Veränderungen. Ein Mittel ist das ungezielte Töten unschuldiger Menschen mit der Absicht, Angst zu verbreiten. Dabei nehmen Terroristen u. U. keine Rücksicht auf ihr eigenes Leben.

Terrorismus
→ www

M1 Anschlag mit Passagierflugzeugen auf das World Trade Center in New York (11. Sept. 2001)

Terrorismus – Gefahr für den Frieden

Am 11. September 2001 steuerten Terroristen zwei voll besetzte entführte Verkehrsflugzeuge in die Türme des Wolkenkratzers World Trade Center in New York. In den über hundert Stockwerken hielten sich zu diesem Zeitpunkt Tausende von Menschen auf. Die beiden „Twin Towers" stürzten ein. Mehr als 3000 Menschen fanden den Tod. Der Anschlag war lange geplant. Verantwortlich waren religiös motivierte islamistische Extremisten, die zu der Terrorgruppe al-Qaida gehörten. Dieses Terrornetzwerk entstand Ende der 1980er-Jahre und bedroht seitdem Menschen und Staaten vor allem aus der westlichen Welt.

„Nichts wird mehr sein, wie es war." Diese spontane Reaktion auf die Anschläge vom 11. September 2001 ging um die Welt. (...) Bereits einen Tag nach den Anschlägen verabschiedete der UN-Sicherheitsrat eine Resolution, in der diese als eine „Bedrohung des Weltfriedens" verurteilt wurden. Die NATO beschloss am 4. Oktober zum ersten Mal in ihrer Geschichte den Bündnisfall. Auch die damalige US-Regierung unter Präsident George W. Bush reagierte auf die Anschläge umgehend (...): Die erste militärische Maßnahme war die Operation „Enduring Freedom". Zu dieser gehörte der Einmarsch der NATO-Truppen in Afghanistan. (...) Knapp zwei Jahre nach Beginn des Afghanistan-Einsatzes marschierten US-Streitkräfte und deren Verbündete im März 2003 ohne UN-Mandat in den Irak ein. Die Invasion löste weltweit eine Diskussion über die Rechtmäßigkeit und Notwendigkeit des präventiv geführten „Kriegs gegen den Terror" im Irak aus.

M3 Aus einer Veröffentlichung der Bundeszentrale für politische Bildung (2012)

M2 Karikatur von Martin Erl (2002)

1 → Beschreibe M1.
2 Erkläre, warum der 11. September 2001 die Welt veränderte (Text, M3).
3 Beschreibe die Karikatur M2 und erläutere ihre Aussage.

Internationale Sicherheit

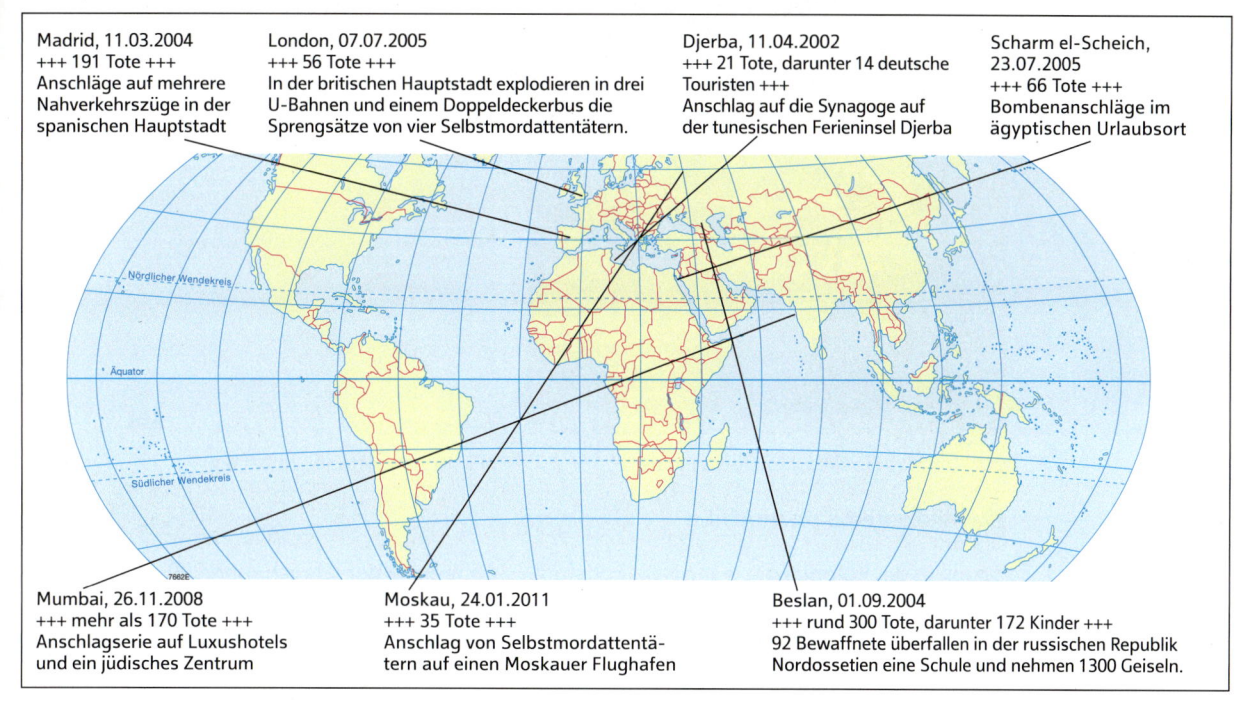

Madrid, 11.03.2004
+++ 191 Tote +++
Anschläge auf mehrere Nahverkehrszüge in der spanischen Hauptstadt

London, 07.07.2005
+++ 56 Tote +++
In der britischen Hauptstadt explodieren in drei U-Bahnen und einem Doppeldeckerbus die Sprengsätze von vier Selbstmordattentätern.

Djerba, 11.04.2002
+++ 21 Tote, darunter 14 deutsche Touristen +++
Anschlag auf die Synagoge auf der tunesischen Ferieninsel Djerba

Scharm el-Scheich, 23.07.2005
+++ 66 Tote +++
Bombenanschläge im ägyptischen Urlaubsort

Mumbai, 26.11.2008
+++ mehr als 170 Tote +++
Anschlagserie auf Luxushotels und ein jüdisches Zentrum

Moskau, 24.01.2011
+++ 35 Tote +++
Anschlag von Selbstmordattentätern auf einen Moskauer Flughafen

Beslan, 01.09.2004
+++ rund 300 Tote, darunter 172 Kinder +++
92 Bewaffnete überfallen in der russischen Republik Nordossetien eine Schule und nehmen 1300 Geiseln.

M4 Terroristische Anschläge weltweit seit 2002 (Auswahl)

Terror bedroht die Sicherheit weltweit

In Deutschland sind nach den Anschlägen vom 11. September 2001 mehrere Anti-Terror-Gesetze verabschiedet worden. So wurden die Sicherheitsüberprüfungen im Luftverkehr verschärft, Ausweispapiere verbessert und Befugnisse der Sicherheitsbehörden erweitert. Die neuen Gesetze schränkten die persönliche Freiheit der Bürger ein.

Terroristen versuchen, selbstdefinierte höhere Ziele mit Gewalt durchzusetzen. Die Taten sind systematisch geplant, und sie werden von außerstaatlichen Gruppen begangen. Diese sind, gemessen an der Stärke des Staates, schwach, sodass sie keine offene Konfrontation mit ihm suchen können. Terroristische Gewalt ist eine Provokation der Macht: Sie soll den Staat zu einer Überreaktion verleiten. Sie kommt unerwartet und richtet sich gegen Unbeteiligte. Nicht so sehr ein Anschlag selbst, sondern seine vermeintliche Willkür und Brutalität erzeugen ein Klima der Furcht. „Es kann jeden von euch jederzeit und überall treffen", lautet die Botschaft der Terroristen.

1

5

10

15

M5 Osama bin Laden, Führer der al-Qaida, in einer Videobotschaft (2001)

M6 Terroristische Gewalt (Bericht in den Tagesthemen vom 18. Juni 2004)

4. Beschreibe die Ziele der Terroristen mithilfe von M4.
5. Erläutere mithilfe von M6 die Strategie der Terroristen.
6. Informiere dich über die Anti-Terror-Gesetze in Deutschland und erläutere sie. Bewerte die Maßnahmen.
7. Recherchiere über die Terrororganisation al-Qaida. Berichte der Klasse.

M1 Diamantenabbau in Sierra Leone

M3 Krisenregionen in Afrika

Konfliktpotenziale in Afrika

Schon in der Kolonialzeit war Afrika Rohstofflieferant für die Kolonialmächte. Die Lagerstätten großer Teile der bekannten Weltvorkommen wichtiger Rohstoffe liegen in Afrika. Die Industrienationen benötigen immer mehr Rohstoffe, der Kampf darum wird härter.

Zahlreiche der jährlich rund 200 gewaltsamen Konflikte werden in Afrika ausgetragen. Dabei geht es um politische Macht, aber auch um den Zugriff auf Rohstoffe, darunter Erdöl, Diamanten, Gold, Kupfer, Coltan, oder auf fruchtbares Land.

Coltan
Coltanerz enthält u. a. Tantal. Dieses Metall ist sehr temperaturbeständig und widerstandsfähig. Deshalb wird es in der Industrie vielfältig verwendet.

Konflikte in Afrika → www

> Von 1991 bis 2002 wurde in Sierra Leone ein grausamer Bürgerkrieg ausgetragen. Sowohl die Rebellenbewegung (...) wie auch die Regierung finanzierten ihre Waffen und Truppen durch den Handel mit Diamanten. (...) Während der Kämpfe kamen mindestens 20 000 Menschen zu Tode, Tausende wurden grausam verstümmelt (...).
> Alle Kriegsparteien waren für ihren Waffennachschub auf Geldmittel angewiesen. Die internationalen Abnehmer (der Diamanten) sicherten diese Finanzierung, indem sie den Kriegsparteien den Zugang zu globalen Märkten öffneten. Im Gegenzug profitierten die internationalen Konzerne von den günstigen Preisen für die begehrten Rohdiamanten.

M2 Informationen der Hilfsorganisation medico international (2012)

> An steilen Hängen und in Erdlöchern wühlen (Menschen in Afrika) mit stumpfen Hacken und bloßen Händen nach dem Mineral, das Tantal enthält, ein seltenes Metall, das für den Bau winziger Kondensatoren in Mobiltelefonen verwendet wird. (...) Händler (bezahlen) gutes Geld für jeden Sack Coltan, den die Arbeiter unter großen Mühen aus dem Boden Afrikas holen. Viele dieser Minen befinden sich im Osten des Kongo und werden von Rebellen kontrolliert, die in der Ausbeutung dieser Schätze eine ihrer wichtigsten Einnahmequellen gefunden haben. Sie finanzieren damit neue Waffen, um ihre Terrorherrschaft zu stützen und weiter auszubauen.

M4 Aus einem Artikel in „Bild der Wissenschaft" (2010)

1. → Beschreibe den Diamantenabbau in Sierra Leone (M1).
2. Erkläre den Zusammenhang zwischen Diamantenabbau und Bürgerkriegen (M1, M2, M3).
3. „Rohstoffe sind sowohl Ziele als auch Hilfsmittel der Kriegsführung in Afrika." – Erläutere diese Aussage (M2, M3, M4).
4. → Erstelle einen Steckbrief der drei wichtigsten Rohstoff exportierenden Länder Afrikas (Atlas).

M5 Kindersoldaten im Kongo (2004)

M6 Kinder in Konflikten

Kinder als Soldaten

Weltweit werden Schätzungen zufolge ungefähr 250 000 Kinder als Soldaten eingesetzt. In Kriegs- und Konfliktgebieten erleben die Kinder Gewalt und Zerstörung in ihrer Umgebung. Viele wachsen in extrem ärmlichen Verhältnissen auf. Manche dieser Kinder schließen sich den Kampftruppen freiwillig an. Sie hoffen auf Sicherheit und Versorgung. Diese Kinder sind völlig verzweifelt und hoffnungslos, z. B. weil sie Waisen sind.

Etwa die Hälfte der Kindersoldaten wird zwangsrekrutiert. Diese Kinder werden entführt und dann zum Töten gezwungen. Viele der Kinder werden im Kampf getötet, andere verlieren Arme und Beine. Wer unverletzt überlebt, hat noch Jahre danach Angstträume. Hilfsorganisationen wie UNICEF versuchen, ehemalige Kindersoldaten nach Hause zurückzubringen und ihnen einen neuen Anfang zu ermöglichen.

Um auf das Elend der Kindersoldaten hinzuweisen, findet jährlich der Internationale Tag gegen den Einsatz von Kindersoldaten statt. Mit roter Fingerfarbe setzen Kinder ihre Handabdrücke auf Papier. Die vielen roten Hände sollen Gesellschaft und Politik auffordern: „Stopp! Kein Einsatz von Kindern als Soldaten!".

> Die „Karrieren" dieser Kindersoldaten verlaufen alle ähnlich. (...) Je nach Alter werden sie zunächst für niedere Dienste eingespannt. Die Jungen müssen als Meldegänger, Späher, Spione oder Lastenträger arbeiten, die Mädchen sammeln Brennholz, kochen, waschen, werden nicht selten als Sexsklavinnen missbraucht. Sobald sie ein Gewehr tragen können, werden sie von ihren Anführern ins Feuer geschickt. (...) Ehe die Rekruten in die Schlacht ziehen, lernen sie das Einmaleins der Gewalt, sie werden gedrillt und geschunden, erniedrigt und ausgepeitscht. (...) Der Gipfel des Psychoterrors ist der Zwang, Freunde, Verwandte oder Dorfnachbarn umzubringen. (...) Kindersoldaten sind willige und billige Jungkrieger, im Budget der Militärs oder Aufständischen stellen sie nur einen geringen Kostenfaktor dar. (...) Wenn sich die Reihen ihrer Truppe lichten, lassen die Kommandeure neue Kinder kidnappen.

M7 Aus einem Artikel in DIE ZEIT (2003)

M8 Das Symbol des Red Hand Day, der jährlich am 12. Februar begangen wird

Aktion Rote Hand
→ www

5. → Beschreibe, wo Kinder als Soldaten eingesetzt werden (M6).
6. → Erkläre, warum Kinder Soldaten werden und als Soldaten eingesetzt werden (Text, M7).
7. → Erläutere die Aussage „Kindersoldaten – Opfer und Täter" (Text, M7).
8. → Erläutere die Ziele des „Red Hand Day". Nimm dazu Stellung (M8).
9. → Erstelle eine Mindmap, in der du aufzeigst, was es für die Kinder bedeutet, als Soldaten eingesetzt zu werden.

Internationale Sicherheit

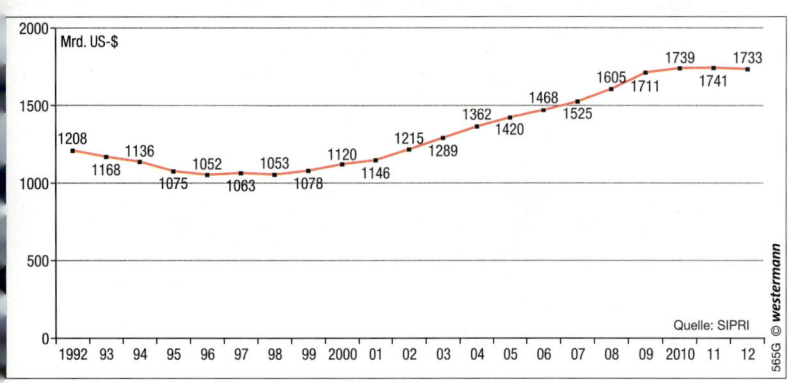

M1 Rüstungsausgaben weltweit (1992–2012)

M3 Internationaler Waffenhandel

Waffen – begehrte Handelsgüter und tödliche Gefahr

An den Folgen von Waffengewalt sterben jährlich etwa 750 000 Menschen. Ganz offiziell werden jährlich Waffen im Wert von bis zu 60 Milliarden US-Dollar gehandelt. Über legale und illegale Rüstungsmärkte gelangen Waffen in die Krisengebiete Afrikas und anderer Regionen. Durch leichte Handfeuerwaffen wie die russische Kalaschnikow AK-47 oder das deutsche Gewehr G3 kommen die meisten Menschen unter der Zivilbevölkerung um. Der Handel mit Waffen trägt maßgeblich zur Verschärfung von Konflikten bei und verhindert Friedensschlüsse.

> *Konventionelle Waffen sind die wahren Massenvernichtungswaffen unserer Zeit – jedes Jahr sterben hunderttausende Menschen durch ihren Missbrauch, werden verletzt oder in Armut getrieben. Bisher gibt es kaum verbindliche internationale Regeln, die den grenzüberschreitenden Handel mit Schusswaffen, Panzerfahrzeugen oder anderen konventionellen Rüstungsgütern einschränken würden.*

M4 Die Organisation Oxfam fordert eine weltweite Kontrolle des Waffenhandels.

Waffenhandel → www

M2 Skulptur „Non-Violence" von Carl Fredrik Reuterswaerd vor dem Hauptquartier der Vereinten Nationen in New York

ⓘ Konventionelle Waffen

Konventionelle Waffen sind z. B.: Schusswaffen, Panzer, Kampfflugzeuge, Kriegsschiffe.

ⓘ Massenvernichtungswaffen

Zu den Massenvernichtungsmitteln zählen u. a. die folgenden Waffen:
- Atomwaffen: Atombomben, Atomsprengköpfe an Raketen
- Biologische Waffen: Krankheitserreger
- Chemische Waffen: Giftgas

---

1. → *Beschreibe die Skulptur M2 und erkläre die Bedeutung.*
2. *Erkläre die Grafiken M1 und M3. Gehe dabei auf die Entwicklung der Rüstungsausgaben und die größten Ex- und Importeure ein.*
3. *Erläutere die Aussage „Waffenhandel – eine tödliche Gefahr" (Text, M1, M2, M4).*
4. → *Informiere dich im Internet über die Kampagne „Control arms – Waffen unter Kontrolle" von „Amnesty International" und „Oxfam". Präsentiere deine Ergebnisse der Klasse.*

Internationale Sicherheit

Cyberwar – verdeckter Krieg im Netz

Auseinandersetzungen im virtuellen Raum, dem Cyberspace, werden mit Mitteln aus dem Bereich der Informationstechnik geführt. Ein Cyberkrieg, englisch Cyberwar, bezeichnet die hoch technisierten Formen des Krieges im Informationszeitalter. Das passt nicht zu unserer Vorstellung von Krieg, ist aber heute Realität. Soldaten stehen sich dabei nicht auf dem Schlachtfeld gegenüber, sondern sitzen am PC.

M7 US-Soldaten einer Spezialeinheit in Colorado Springs (2010)

Der Wurm (Stuxnet ist in den iranischen) Atomreaktor Bushehr eingedrungen und hat womöglich den Betriebsstart verzögert. Ist also Stuxnet der erste Fall eines staatlich gesteuerten Cyber-Angriffs? „Es handelt sich um gezielte Sabotage", sagt der Hamburger Computerexperte Ralph Langner, der den Wurm decodiert hat. (…) „Stuxnet ist die größte Schadsoftwareoperation der Geschichte." Langners Analyse deutet darauf hin, dass Stuxnet von einer Gruppe von Experten programmiert wurde, die über Insiderwissen der Anlage, geheimdienstliche Informationen über Zugänge und hoch spezialisiertes technisches Know-how verfügten. „Nur ein Staat hat solche Ressourcen", sagt er. Eine genaue Zuordnung ist unmöglich, aber Langner und andere Computerexperten weisen darauf hin, dass Israel und die USA technisch versiert genug seien, um Cyber-Attacken dieser Qualität durchzuführen.

M5 Aus einem Artikel in DIE ZEIT (2010)

In dem neuartigen Krieg fällt kein einziger Schuss. Raketen? Bomben? Kampfjets, die am Himmel dröhnen? Nichts davon. Die feindlichen Truppen kommen still und heimlich: Sie kriechen durchs Internet. Aber die Folgen ihres Angriffs können verheerend sein: Kraftwerke explodieren, Pipelines bersten, das Telefonnetz bricht zusammen, der Strom fällt aus. (…) Angriffe aus digitalen Netzen sind keine Zukunftsmusik, sondern reale Bedrohung, sagt Thomas Overhage, Bundeswehr-Fachmann auf dem Gebiet der digitalen Kriegsführung. (…) Das Szenario: Hacker in Uniform schicken dem Feind per Internet Schadprogramme oder lassen, mithilfe von Agenten vor Ort, verseuchte USB-Sticks in die Rechner stecken. (…) Ganze Städte können die IT-Krieger auf diese Weise abstürzen lassen. (…)
Alle modernen Waffensysteme funktionieren mit elektronischer Datenverarbeitung, das macht sie anfällig gegen Hackerangriffe (…). Computer-Experten glauben, dass Angriffe mit Bits und Bytes längst erfolgt sind. (…) Tatsächlich hat der Iran eine Cyberattacke eingeräumt: 30 000 Computer seien vom Computerwurm Stuxnet befallen, darunter Rechner in der Atomanlage Buschir.

M6 Aus einem Artikel in der Berliner Morgenpost (2010)

Kriege der Zukunft → www

---

[5] Erkläre den Begriff Cyberwar.

[6] Erläutere, welche Möglichkeiten der Cyberwar bietet und welche Gefahren von Netzattacken ausgehen können (M5, M6).

[7] Viele Streitkräfte werden mit Cyberwaffen aufgerüstet. Entwirf ein Szenario eines zukünftigen Krieges.

Internationale Sicherheit

Konflikte im Nahen Osten

Israelis und Palästinenser

M1 „Wir waren schon immer hier!" – Karikatur von Fritz A. Behrendt

PLO
engl. Palestine Liberation Organization; die Palästinensische Befreiungsorganisation wurde 1964 gegründet, um den Palästinensern eine eigene Stimme zu verschaffen.

M2 Israel und die Palästinenser

Nahostkonflikt → www

Der heutige Staat Israel liegt in Palästina. Nach der Gründung Israels 1948 mussten viele Palästinenser fliehen und kamen in Flüchtlingslagern in arabischen Ländern unter. Viele dieser in erbärmlichen Verhältnissen lebenden Menschen unterstützten den Freiheitskampf der PLO, der Organisation zur Befreiung Palästinas. Im PLO-Programm war der bewaffnete Kampf gegen Israel festgeschrieben, dessen Existenzrecht wurde bestritten. Terror war ein Mittel des Widerstandskampfes der PLO. Die radikalislamische Hamas-Bewegung steigerte noch Terror und Gewalt gegen Israel. Die israelische Armee schlug hart zurück. Bei dem Konflikt wird Israel von den USA, die Palästinenser von der arabischen Welt unterstützt. Hauptkonfliktpunkte zwischen Israelis und Palästinensern sind heute die Staatsgrenzen Israels, die jüdischen Siedlungen in den Palästinensergebieten, das Rückkehrrecht der palästinensischen Flüchtlinge und die Jerusalemfrage. Die Stadt gilt Juden, Christen und Muslimen als heilig.

> Israel hat seit seiner Gründung 1948 neun Kriege, wenn man die erste und die zweite Intifada der Palästinenser in den besetzten Gebieten hinzurechnet, gegen seine arabischen Nachbarn geführt. Militärisch hat der Staat Israel am Ende alle diese Kriege gewonnen oder zumindest nicht verloren. Was aber hat sich für Israel durch all diese Kriege seit seiner Gründung strategisch verändert? Die Antwort lautet: nicht allzu viel.
> Bis heute bleibt die zentrale Frage für beide Seiten unbeantwortet: Wo beginnt, wo endet Israel, wo Palästina?
> Ohne einen Kompromiss über die Aufteilung des Territoriums zwischen Israel und den Palästinensern wird der Konflikt endlos weitergehen, denn er wird von beiden Seiten als existenziell angesehen.

M3 Der ehemalige deutsche Außenminister Joschka Fischer in einem Zeitungsartikel (2009)

1 → Beschreibe die Karikatur M1 und erläutere ihre Aussage.
2 Werte die Karte M2 aus.
3 Stelle Ursachen und Hauptkonfliktpunkte des Palästinakonfliktes zusammen (Text, M1 – M3).

M4 Demonstranten auf dem Tahrir-Platz in Kairo fordern den Rücktritt von Präsident Mubarak (6. Februar 2011)

M6 Unruhen und Umbrüche in der arabischen Welt

„Arabischer Frühling"

Die Aufstände in mehreren arabischen Staaten nahmen ihren Anfang im Januar 2011 in Tunesien. Sie brachten bisher in vier Staaten langjährige Machthaber zu Fall. Die Regimes Nordafrikas sowie des Nahen Ostens galten als korrupt und unterdrückten die Bevölkerung. Es gab keine Teilhabe an politischen Entscheidungen. Die gut ausgebildete Jugend konnte das nicht verstehen und sah zudem für sich keine Perspektive. Herrscher und Herrscherfamilien sorgten dafür, dass nur wenige superreich wurden. In der Bevölkerung der gesamten Region herrschten dagegen Armut und Massenarbeitslosigkeit.

Zunächst versuchten die Herrscher die aufkommenden Massenproteste mit Gewalt zu unterdrücken. Da sich führende Militärs weigerten, die Aufstände blutig niederzuschlagen, brachen die Diktaturen zum Beispiel in Tunesien, Ägypten und dem Jemen zusammen. In Libyen unterstützte die NATO die Opposition auch militärisch, sodass das Gaddafi-Regime gestürzt wurde. Der Ausgang des „Arabischen Frühlings" ist offen.

Arabischer Frühling → www

Arabischer Frühling Bezeichnung für die Massenproteste gegen die herrschenden Regierungen in den arabischen Staaten ab 2011

> 1 Die arabische Jugend will nicht mehr Opfer sein (...) Neben steigenden Preisen und fehlenden Arbeitsplätzen ist es vor allem das Verlangen nach Respekt und Würde,
> 5 das die jungen Leute befeuert. (...)
> „Es geht um uns", wie ein Demonstrant in Tunis sagte. Und darin schwingt ein ganz neues Selbstbewusstsein mit. (...)
> „Wir wollen ein normales Leben führen. Ist
> 10 das zu viel verlangt?" Diese Stimmen sind mittlerweile überall in der arabischen Welt nicht mehr zu überhören. (...) Der katarische Fernsehsender Al Dschasira spielte dabei eine wichtige Rolle, weil er kritisch über die Regime berichtete – aus einer arabischen 15 Perspektive. Der Sender hat die Menschen informiert und eine arabische Identität wiederbelebt, aber die Zuschauer nicht aus ihrer Passivität geholt. Dies gelang dann dank dem Internet mit seinen sozialen 20 Netzwerken, die jedem Einzelnen trotz Zensur und Verfolgung eine Stimme geben, aus denen sich nun ein Chor gebildet hat.

M5 Ein Bericht in „Der Tagesspiegel" vom 31. Januar 2011

4 → Werte die Grafik M6 aus. Nenne die Ergebnisse der Unruhen in der arabischen Welt.
5 Erläutere die Ursachen des „Arabischen Frühlings".
6 Beschreibe die Ziele der jungen Araber und erläutere die Rolle des Internets im „Arabischen Frühling" (M5).

Die UNO: Frieden durch Zusammenarbeit

Eine neue Idee: gemeinsam Kriege verhindern

M1 Der britische Premierminister Winston Churchill und US-Präsident Franklin D. Roosevelt am 14. August 1941 an Bord des Schlachtschiffes HMS Prince of Wales

den. Deshalb trafen sie sich mit den Außenministern dieser großen Staaten in Moskau und Teheran 1943 und in Jalta 1945, um zu beraten, wie eine Nachkriegsordnung für die Welt formuliert werden sollte. Schließlich wurde die Charta der Vereinten Nationen am 26. Juni 1945 von 50 Staaten unterzeichnet.

Bei einer unserer ersten Unterredungen regte Präsident Roosevelt an, wir sollten eine gemeinsame Proklamation (...) herausgeben, die uns als Richtschnur für unser gemeinsames Handeln dienen könnte (um) nach dem endgültigen Sturz der Nazityrannei einen Frieden aufgerichtet zu sehen, der allen Nationen die Möglichkeit bietet, innerhalb ihrer Grenzen in Sicherheit zu leben, (...) frei von Furcht und Not (...)
(Das war) ein kühner, offener Hinweis, dass sich nach dem Kriege die Vereinigten Staaten mit uns zusammenschließen, um bis zur Aufrichtung einer besseren Ordnung eine Art Polizeigewalt über die Welt auszuüben.

Proklamation Öffentliche Bekanntmachung

Vereinte Nationen → www

M2 Winston Churchill berichtet in seinen Erinnerungen über die Ansätze zur Gründung der UNO

Bei einem heimlichen Treffen im Nordatlantik im August 1941 – mitten im Zweiten Weltkrieg – entwarfen Roosevelt und Churchill eine Erklärung, die später als „Atlantik-Charta" in die Geschichte einging. Sie wussten jedoch, dass ihre Idee, Weltkriege in Zukunft zu verhindern, nur erfolgreich sein würde, wenn auch die anderen Großmächte Russland, Frankreich und China diesem Gedanken zustimmen wür-

UNO oder UN Abkürzung für United Nations Organization

Wir, die Völker der Vereinten Nationen – fest entschlossen,
– künftige Geschlechter vor der Geißel des Krieges zu bewahren, die zweimal zu unseren Lebzeiten unsagbares Leid über die Menschheit gebracht hat,
– unseren Glauben an die Grundrechte des Menschen, an Würde und Wert der menschlichen Persönlichkeit, an die Gleichberechtigung von Mann und Frau (...) erneut zu bekräftigen,
– Bedingungen zu schaffen, unter denen Gerechtigkeit und die Achtung vor den Verpflichtungen aus Verträgen und anderen Quellen des Völkerrechts gewahrt werden können,
– den sozialen Fortschritt und einen besseren Lebensstandard in größerer Freiheit zu fördern,
und für diese Zwecke
– (...) als gute Nachbarn in Frieden miteinander zu leben,
– unsere Kräfte zu vereinen, um den Weltfrieden und die internationale Sicherheit zu wahren, (...)
haben beschlossen, in unserem Bemühen um die Erreichung dieser Ziele zusammenzuwirken.
Dementsprechend haben unsere Regierungen (...) diese Charta der Vereinten Nationen angenommen und errichten hiermit eine internationale Organisation, die den Namen „Vereinte Nationen" führen soll.

M3 Präambel der Charta der Vereinten Nationen vom 26. Juni 1945

Internationale Sicherheit

Eine Weltgemeinschaft gegen den Krieg – die UNO

Als sich die Vertreter der zunächst 50 Staaten in San Francisco trafen, um die Vereinten Nationen zu gründen, war der Zweite Weltkrieg zwar in Europa beendet, aber in Asien ging er erst mit der Kapitulation Japans am 2. September 1945 zu Ende. Damit sich solche Katastrophen wie der Erste oder Zweite Weltkrieg niemals wiederholen könnten und um Menschen zukünftig vor Kriegshandlungen zu schützen, wurden die UN gegründet. Der Grundgedanke der UNO hat sich seit deren Gründung weltweit verbreitet, sodass heute fast alle Staaten der Welt Mitglieder sind. Die Bundesrepublik Deutschland sowie die Deutsche Demokratische Republik traten 1973 den Vereinten Nationen als 133. und 134. Staat bei. Nicht-Mitglieder sind bis heute der Vatikan-Staat, Palästina (bisher kein eigener Staat), die West-Sahara, die Türkische Republik Nordzypern, die Republik Nord-Kosovo, die Cookinseln und die Republik China/Taiwan. Die Amtssprachen sind Arabisch, Chinesisch, Englisch, Französisch, Russisch, Spanisch.

> *Die Vereinten Nationen setzen sich folgende Ziele:*
> 1. *den Weltfrieden und die internationale Sicherheit zu wahren und zu diesem Zwecke wirksame Kollektivmaßnahmen zu treffen, um Bedrohungen des Friedens zu verhüten..., Angriffshandlungen ... zu unterdrücken und internationale Streitigkeiten ... durch friedliche Mittel nach den Grundsätzen der Gerechtigkeit und des Völkerrechtes ... beizulegen*
> 2. *freundschaftliche, auf der Achtung vor dem Grundsatz der Gleichberechtigung und Selbstbestimmung der Völker beruhende Beziehungen zwischen den Nationen zu entwickeln ...*

M5 Auszug aus Kapitel 1 der Charta der UNO – Ziele und Grundsätze

M6 Das Emblem der UNO

M4 Das Hauptquartier der Vereinten Nationen in New York

1. → *Benenne den äußeren Anlass zur Gründung der UNO (M2, Text).*
2. *Nenne die wichtigsten Ziele/Aufgaben der UNO (M3, M5, Text).*
3. *Finde im Internet heraus, wo genau und auf welchem Staatsgebiet der Hauptsitz der UNO liegt, wer z. Zt. der Generalsekretär der UNO ist und wie seine Vorgänger heißen.*
4. → *Ergänze folgenden Gedanken: Die Idee einer Weltorganisation zur Verhinderung von Kriegen und zur gemeinsamen Lösung internationaler Probleme finde ich ..., weil/ denn ...*

Aufgabe 3 → www

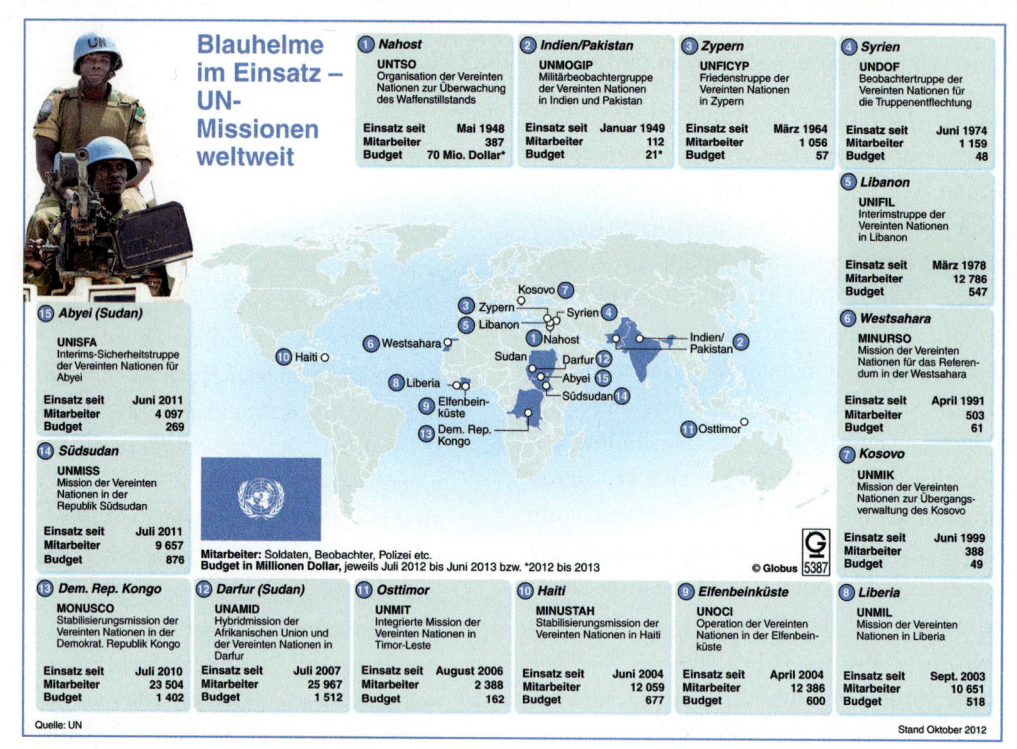

M1 Laufende UN-Friedensmissionen

Die UNO – Frieden bewahren, Frieden schaffen

Wenn es Probleme zwischen Staaten oder die Gefahr eines Bürgerkrieges innerhalb eines Staates gibt, versucht die UNO zu vermitteln und damit einen Krieg zu verhindern. Bürgerkriege, Vertreibungen, Menschenrechtsverletzungen bis hin zum *Genozid* werden als Friedensbedrohungen und damit als Grund zum Eingreifen der UNO angesehen.

Die Entscheidung über eine mögliche Friedensmission fällt der UN-Sicherheitsrat. Da die UNO-Weltgemeinschaft keine eigenen Soldaten besitzt, ist sie darauf angewiesen, dass die Mitgliedsstaaten Truppen zur Verfügung stellen: die sogenannten Blauhelmsoldaten. Bei friedensbewahrenden Einsätzen versuchen diese un- oder leicht bewaffneten UNO-Soldaten, verfeindete Gruppen getrennt zu halten; bei friedensschaffenden Missionen kämpfen bewaffnete UNO-Truppen gegen einen Aggressor, um den Frieden wiederherzustellen. Die UNO leistet auch Hilfe, indem sie Polizisten ausbildet, demokratische Wahlen vorbereitet oder den Wiederaufbau ganzer Gemeinwesen unterstützt.

Genozid
Völkermord

Sicherheitspolitik
→ www

ⓘ Sicherheitsrat

Organ der UNO, bestehend aus den Vertretern von 15 Staaten, davon fünf ständigen Mitgliedern, welches Beschlüsse zu Friedenseinsätzen mit bindender Wirkung für alle Mitgliedsstaaten fassen kann. Die Handlungsfähigkeit ist jedoch durch das Vetorecht (Einspruchsrecht) der fünf ständigen Mitglieder eingeschränkt. Jeder dieser Staaten kann damit Maßnahmen, die seinen Interessen widersprechen, verhindern, was zur Zeit des Kalten Krieges oft der Fall war. Das gemeinsame Sicherheitssystem kann daher nur funktionieren, wenn sich die ständigen Mitglieder im Grundsatz einig sind, was ab 1989/1990 häufiger der Fall war.

M2 Sitzung des UN-Sicherheitsrates (2013)

M3 UN-Blauhelmsoldat der Mission MONUSCO auf Patrouille im Kongo (2013)

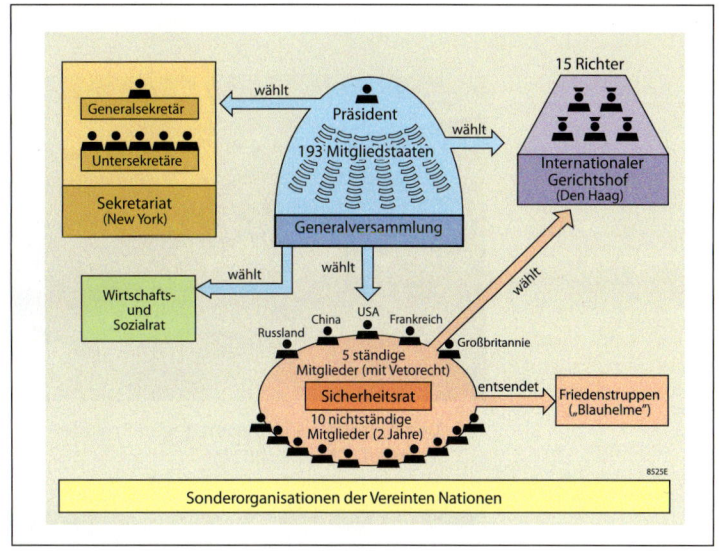

M5 Aufbau der UNO

ⓘ Blauhelme

Die Friedenssoldaten der UNO tragen zur leichteren Erkennbarkeit neben der Uniform ihres Landes entweder einen blauen Helm oder ein blaues Barett mit UN-Zeichen. Ein Mandat zur Entsendung kann nur der UN-Sicherheitsrat erteilen. Die Regierung eines jeden Staates, der Truppen für eine solche Mission bereitstellt, darf selbst über den Einsatz entscheiden (in Deutschland ist das der Bundestag).

Bei einem Angriff in der Demokratischen Republik Kongo ist ein UN-Blauhelmsoldat getötet worden. Der pakistanische Soldat starb nach Angaben der Vereinten Nationen am Dienstag bei einem Hinterhalt in der Provinz Südkiwu.
Unbekannte hätten einen Militärkonvoi der UN-Mission für den Kongo (Monusco) angegriffen (sagte ein UN-Sprecher). (…)
UN-Generalsekretär Ban Kimoon verurteilte den Angriff. Die Tötung von Blauhelmsoldaten sei ein Kriegsverbrechen und werde vom Internationalen Strafgerichtshof in Den Haag verfolgt, betonte ein Sprecher. (…)
Die Monusco-Truppe mit mehr als 17 000 Blauhelmsoldaten ist einer der bedeutendsten Militäreinsätze der UN weltweit. Pakistan gehört zu den Haupttruppenstellern der Monusco.
Der Osten des Kongo leidet seit zwei Jahrzehnten unter Auseinandersetzungen zwischen bewaffneten Gruppen. Immer wieder entstehen neue Rebellenbewegungen – nicht selten mit Unterstützung benachbarter Staaten.

M4 Aus einem Artikel in DIE WELT (8. Mai 2013)

1. → Beschreibe die Zusammensetzung und die Aufgaben der Generalversammlung (M5).
2. Begründe, warum der Sicherheitsrat das mächtigste Organ der UNO ist (M5, Info-Text, Text).
3. → Erkläre, a) warum es im Sicherheitsrat nur fünf ständige Mitglieder gibt;
   b) warum die Handlungsfähigkeit des Sicherheitsrates durch das Vetorecht stark eingeschränkt ist (Beispiel: Syrien-Konflikt 2013, S. 203).
4. Werte die Grafik M1 aus und trage die Ergebnisse in eine Tabelle ein.
5. → Informiere dich im Internet beim Regionalen Informationszentrum der UNO über ganz aktuelle Friedenssicherungseinsätze. Berichte dann der Klasse.

M1 Demonstration in Syrien gegen Präsident al-Assad (Oktober 2011)

M3 Spuren des Bürgerkriegs in Aleppo (November 2012)

M2 Ein Vater mit seinem Sohn, der bei Kämpfen in Aleppo erschossen wurde (Juli 2012)

M4 UN-Beobachter nehmen Schäden nach einer Explosion in Syrien auf (Mai 2012).

Macht und Ohnmacht der UNO: das Beispiel Syrien

Frühjahr 2011: Aus friedlichen Protesten der syrischen Bevölkerung gegen die Macht von Präsident Assad im Zuge des Arabischen Frühlings entwickelt sich ein bewaffneter Kampf zwischen Regierungstruppen und Gegnern des Präsidenten. Beide Seiten werden schnell mit Geld und Waffen aus anderen Ländern versorgt, sodass sich der Konflikt aus religiösen und politischen Gründen verfestigt und ausweitet. Die Regierung wird von Russland und dem Iran unterstützt; die Aufständischen erhalten Unterstützung aus Saudi-Arabien, den Golfstaaten, den USA und der Türkei.

April 2011: Die UNO entsendet für vier Monate eine Beobachtermission nach Syrien.

Mai 2011: Die EU verhängt ein Handelsembargo gegen Syrien.

August 2011: Der Sicherheitsrat der UN verurteilt in einer Erklärung Menschenrechtsverletzungen und Gewalt gegen Zivilisten in Syrien.

Syrien-Konflikt → www

ⓘ Syrien

Staat in Vorderasien am Mittelmeer;
Nachbarn: Israel, Libanon, Türkei, Irak und Jordanien
Hauptstadt: Damaskus
Währung: Syrische Lira
Bevölkerung: 22,4 Mio. (Araber, Kurden)
Staatsform: Präsidialrepublik mit Einparteiensystem (Baath-Partei)
Präsident und Generalsekretär der Baath-Partei: Baschar al-Assad (seit 2000)
Religionen: Muslime (85%), Christen (10%), Sonstige (5%)
Amtssprache: Arabisch
Wichtigste Exportgüter: Erdöl, Textilien, Nahrungsmittel
Der Nachbarstaat Israel wird von Syrien nicht anerkannt, da der jüdische Staat im Sechstagekrieg 1967 die Golanhöhen (strategisch wichtiges Grenzgebiet) besetzte; seit 1974 beobachtet und sichert eine UN-Friedensmission mit 900 Soldaten auf den Golanhöhen den Waffenstillstand zwischen Syrien und Israel.

März 2012: Der UN-Sondergesandte Kofi Annan unterbreitet Präsident Assad im Auftrag der Arabischen Liga und der UN Vorschläge zur Beendigung des Bürgerkrieges. Assad räumt einem Dialog keine Chancen ein, da „Terroristen" im Land seien – die Opposition lehnt Gespräche mit der Regierung Assads ab.
August 2012: UN-Nothilfekoordinatorin Valerie Ann Amos beurteilt die humanitäre Situation in Syrien: 2,5 Millionen Menschen brauchen Hilfe.
Oktober 2012: Ein Blauhelm-Militäreinsatz in Syrien wird von der UN geprüft, doch Russland und China blockieren im Sicherheitsrat die dafür notwendige Resolution. Auch Syrien lehnt Friedenstruppen im Land ab.
Mai 2013: Die UN-Generalversammlung verurteilt Menschenrechtsverletzungen durch Regierungstruppen in Syrien in einer nicht bindenden Resolution aufs Schärfste.
Juni 2013: Österreich zieht seine „Blauhelme" von den Golanhöhen ab, nachdem diese in lebensbedrohliche Gefechte zwischen Regierungstruppen und Rebellen geraten waren.
Juli 2013: Vertreter der Opposition treffen sich mit Mitgliedern des UN-Sicherheitsrates und fordern den Rücktritt von Präsident Assad, bevor sie an Friedenskonferenzen teilnehmen.
August 2013: UN-Inspekteure weisen den Giftgaseinsatz von syrischen Regierungstruppen gegen die eigene Bevölkerung mit Hunderten von Toten nach.
September 2013: Der UN-Sicherheitsrat verabschiedet eine Resolution mit der Aufforderung an das Regime in Damaskus, alle Chemiewaffen herauszugeben und vernichten zu lassen. Andernfalls werden auf Grundlage weiterer Resolutionen militärische und ökonomische Sanktionen angekündigt.
Oktober 2013: Syrische Giftgas-Experten setzen Forderungen des UNO-Sicherheitsrates um und beginnen mit der Zerstörung von Geräten zum Mischen und Einfüllen von Giftgas, Sprengkörpern und Fliegerbomben. UN-Vertreter kontrollieren die Chemiewaffen-Zerstörung – ca. 1000 Tonnen Kampfstoffe müssen vernichtet werden. 100 Inspekteure der OPCW kooperieren mit der UN und überwachen 20 Chemiewaffen-Standorte.
Die Kämpfe zwischen Regierungstruppen und Kämpfern der Opposition gehen weiter.

M5 Ein Mitarbeiter der OPCW überwacht die Zerstörung von Anlagen zur Herstellung von Chemiewaffen im Irak (Oktober 2013).

OPCW

Organization for the Prohibition of Chemical Weapons (= Organisation für das Verbot von Chemiewaffen); die Organisation wurde 1997 zur Überwachung der internationalen Chemiewaffenkonvention gegründet. Alle Staaten, die die UN-Chemiewaffenkonvention unterschrieben haben, sind automatisch Mitglied der eigenständigen Organisation. Bis heute sind das 190 Staaten.
Im Jahr 2013 erhielt die OPCW für ihre Arbeit den Friedensnobelpreis.

OPCW
→ www

---

1. *Gib die Maßnahmen der UN bzw. der EU in Syrien in zeitlicher Reihenfolge (2011–2013) wieder (Text).*
2. *Erkläre, wie Russland und China einen möglichen Blauhelm-Militäreinsatz in Syrien verhinderten (Text, vgl. S. 201, M5).*
3. *Recherchiere im Internet nach Gründen für die Haltung Russlands im Syrien-Konflikt. Berichte der Klasse.*
4. *Nimm Stellung: Ist die Chemiewaffen-Resolution der UN geeignet, um Frieden zwischen den verfeindeten Parteien zu schaffen bzw. den Bürgerkrieg zu beenden (Text)?*

Sonderorganisationen und Hilfsprogramme der UNO

WHO
World Health Organization = Weltgesundheitsorganisation

UNESCO
United Nations Educational, Scientific and Cultural Organization = Organisation der Vereinten Nationen für Erziehung, Wissenschaft und Kultur

Art. 1 Die Vereinten Nationen setzen sich folgende Ziele: (...)
(3) eine internationale Zusammenarbeit herbeizuführen, um internationale Probleme wirtschaftlicher, sozialer, kultureller und humanitärer Art zu lösen und die Achtung vor den Menschenrechten und Grundfreiheiten für alle ohne Unterschied der Rasse, des Geschlechts, der Sprache oder der Religion zu fördern und zu festigen.

M1 Aus der UN-Charta

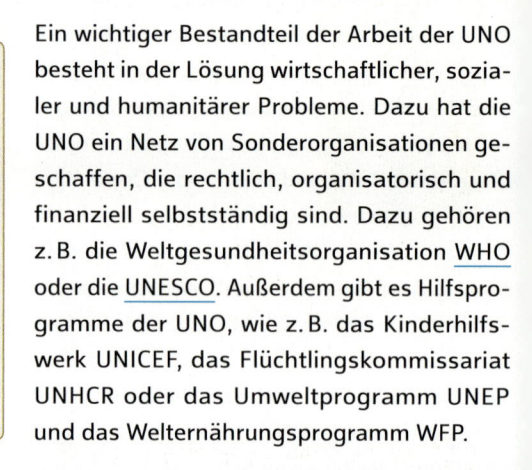

Ein wichtiger Bestandteil der Arbeit der UNO besteht in der Lösung wirtschaftlicher, sozialer und humanitärer Probleme. Dazu hat die UNO ein Netz von Sonderorganisationen geschaffen, die rechtlich, organisatorisch und finanziell selbstständig sind. Dazu gehören z. B. die Weltgesundheitsorganisation WHO oder die UNESCO. Außerdem gibt es Hilfsprogramme der UNO, wie z. B. das Kinderhilfswerk UNICEF, das Flüchtlingskommissariat UNHCR oder das Umweltprogramm UNEP und das Welternährungsprogramm WFP.

M2 Logo der WHO

M3 Demonstration im Jahr 2012 anlässlich des Welt-Aids-Tages in São Paulo, Brasilien; den Tag hatte die WHO erstmals 1988 ausgerufen.

Die WHO wurde 1948 mit dem Ziel gegründet, für alle Völker das höchstmögliche Gesundheitsniveau zu erreichen. Der Hauptsitz der Organisation ist in Genf in der Schweiz. Zu den Hauptaufgaben der WHO zählen:
– Weltweite Abstimmung der Aktivitäten beim Kampf gegen Infektionskrankheiten wie Aids, Malaria, SARS oder Grippe,
– Programme gegen gesundheitliche Risikofaktoren wie Rauchen oder Übergewicht.
Außerdem setzt sich die WHO weltweit für bessere Ernährung und für eine Verbesserung der Wohn- und Arbeitsbedingungen sowie der sanitären Verhältnisse ein.

Die UNESCO wurde 1945 gegründet; sie hat inzwischen 193 Mitgliedsstaaten, ihr Sitz ist in Paris. Ziel der UNESCO ist es, gegenseitiges Verständnis für unterschiedliche Kulturen durch Bildung zu schaffen und die weltweite Erziehung zu Gerechtigkeit, Freiheit und Frieden umzusetzen. Sie hat sich die weltweite Schulbildung und die Bekämpfung des Analphabetismus zur Hauptaufgabe gemacht. Außerdem verleiht die UNESCO schützenwerten Baudenkmälern, Kunstwerken, Stadtkernen oder Landschaften den Titel „Welterbe" und setzt sich für deren Erhalt ein.

M4 Logo der UNESCO

M5 UNESCO-Weltkulturerbe: der Dom in Hildesheim

M6 Frauen im Sudan lernen Lesen und Schreiben (2012)

Internationale Sicherheit

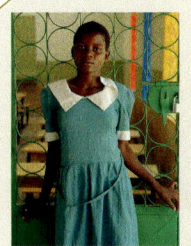

Ennifer Dzimuzani lebt im entlegenen Shire-Tal, im Süden Malawis. Die Eltern der 15-Jährigen sind Kleinbauern – sie verdienen kaum genug, um ihre drei Kinder durchzubringen. Doch trotz aller Schwierigkeiten macht Ennifer Ende des Jahres ihre Abschlussprüfungen in der Schule – auch mit Hilfe von UNICEF. Wenn sie gute Noten hat, kann sie auf die weiterführende Schule gehen. „Ich will Ärztin werden", sagt Ennifer. UNICEF hat an der Mfera-Schule mit Hilfe deutscher Spenden vier neue Klassenräume gebaut. Denn die Schule platzte mit über 1000 Schülern der Klassen 1 bis 8 aus allen Nähten.

M7 Bericht von UNICEF über Ennifer aus Malawi, 15 Jahre alt (2008)

M8 Logo von UNICEF

UNICEF wurde 1946 auf Beschluss der UN-Vollversammlung gegründet – ursprünglich, um den vom Zweiten Weltkrieg betroffenen Kindern zu helfen. Es hat seinen Hauptsitz in New York. Heute kümmert sich UNICEF weltweit um Kinder und Mütter, die unter Armut, Ausbeutung, Krankheit, Missbrauch, Gewalt, Naturkatastrophen oder Krieg leiden. UNICEF ist mit Hilfsprogrammen in über 160 Ländern tätig.

UNHCR, das Flüchtlingskommissariat der Vereinten Nationen, hat seinen Hauptsitz in Genf. Es unterstützt Flüchtlinge, Asylsuchende und rückkehrende Flüchtlinge. Derzeit sind nach jüngsten Schätzungen etwa 45,2 Millionen Menschen auf der Flucht, z. B. vor Krieg oder Verfolgung. UNHCR hilft durch Grundversorgung mit Nahrungsmitteln, Trinkwasser, Medikamenten und Schutzunterkünften.

UNICEF: United Nations Childrens Emergency Fund = Kinderhilfswerk der Vereinten Nationen

M10 Logo des UNHCR

Zerschlagen von der vielen Arbeit ging ich aus meinem Büro-Container, um ein wenig Luft zu schnappen. In der gegenüberliegenden Ecke sah ich ein kleines Mädchen sitzen: Staub bedeckt, kaute sie an ihren Nägeln. Sie sah so verängstigt aus. Behutsam näherte ich mich ihr. Ich sah, wie ihr die Tränen aufs Kinn herabliefen, ihre kleinen, staubigen Wangen. Ganz still weinte sie. Ich fragte sie, ob wir Freunde sein wollen. Sie sah mich an und nickte. Ich setzte sie auf meinen Schoß, hielt sie in meinen Armen, versuchte sie zu beruhigen. Ich konnte kaum ihre Füße erkennen, die in verstaubten, kleinen Slippern steckten. Sie reagierte nicht. Und dann, während ich so mit ihr auf meinem Schoß da saß und sie tätschelte, schaute sie endlich zu mir auf, direkt in meine Augen und sagte: „Wasser." Jetzt brach ich in Tränen aus. Amneh, ein vierjähriges Flüchtlingsmädchen, das mein Herz berührte.

M9 Nida Yassin, eine UNHCR-Nothelferin aus Jordanien, berichtet aus einem Lager für syrische Flüchtlinge (2013).

UN-Sonderorganisationen und Hilfsprogramme → www

1. → Notiere die zwei wichtigsten Ziele internationaler Zusammenarbeit (M1, Text).
2. Nenne die Hauptaufgaben von WHO, UNESCO, UNICEF und UNHCR.
3. Informiere dich im Internet über Aids, Malaria, SARS und Grippe und erstelle auf einem DIN-A4-Blatt eine Kurzinformation über eine der Krankheiten.
4. Führe den folgenden Gedanken fort: Die Arbeit der WHO ist gerade im Zeitalter der Globalisierung sinnvoll, weil ….
5. Finde im Internet weitere Welterbe-Stätten in Niedersachsen und stelle ein Objekt in einem Kurzreferat der Klasse vor.

Internationale Gerichtshöfe

ⓘ Internationaler Gerichtshof (IGH)

Der IGH, seit 1945 das Hauptrechtsprechungsorgan der UNO, hat seinen Sitz in Den Haag. Der IGH besteht aus 15 Richtern, die jeweils für neun Jahre gewählt werden. Das Gericht kann völkerrechtliche Streitfälle zwischen Staaten und internationalen Organisationen verhandeln und entscheiden. Allerdings müssen sich die Streitparteien einverstanden erklären, dass sich der IGH mit ihrer Sache befasst. Und sie müssen das sich anschließende Urteil akzeptieren.

M1 Eine Sitzung des IGH in Den Haag (2006)

ⓘ Internationaler Strafgerichtshof (IStGH)

Der IStGH in Den Haag ist ein ständiges internationales Strafgericht, zuständig für Völkermord, Verbrechen gegen die Menschlichkeit und Kriegsverbrechen. Es hat mit der UNO ein Kooperationsabkommen. Das Gericht ist nicht durch den UN-Sicherheitsrat, sondern durch einen internationalen Vertrag („Rom-Statut") 2002 gegründet worden, 148 Staaten unterzeichneten den Vertrag; die USA haben ihre Unterzeichnung zurückgezogen und sind härtester Gegner des IStGH. Der IStGH kann nur über Individuen, nicht über Staaten zu Gericht sitzen. Zur Rechenschaft gezogen werden kann ein Täter nur dann, wenn er einem Staat angehört, der das Statut unterschrieben hat.

Internationaler Strafgerichtshof → www

Das Sondertribunal (des Internationalen Strafgerichtshofes) für Sierra Leone hat die 50-jährige Haftstrafe für den früheren liberianischen Staatschef Charles Taylor wegen Anstiftung und Beihilfe zu Kriegsverbrechen bestätigt (…). Der 65-Jährige wurde als erstes ehemaliges Staatsoberhaupt nach den Nürnberger Prozessen für Anstiftung und Beihilfe zu Kriegsverbrechen verurteilt. Taylor ist nach dem Spruch der Richter mitverantwortlich für tausendfachen Mord, Folterungen und Vergewaltigungen. Der Ex-Präsident von Liberia hatte von 1998 bis 2001 Rebellen im Nachbarland Sierra Leone im Tausch für Diamanten mit Waffen beliefert.
Die Berufungsrichter wiesen alle Einwände der Verteidigung zurück (…) Der Ex-Diktator des westafrikanischen Landes muss seine Strafe voraussichtlich in einem britischen Gefängnis verbüßen.

M2 Bericht über das Urteil des IStGH im Fall Charles Taylor (2013)

M3 Charles Taylor (links) im Gerichtssaal am 26. September 2013

---

1. → Beschreibe die Entstehung und die Aufgaben des Internationalen Gerichtshofes (Info-Text).
2. Nenne die Zuständigkeiten des Internationalen Strafgerichtshofes (Info-Text, M2).
3. Erkläre, wofür Charles Taylor vom IStGH verurteilt wurde und welche Strafe er erhalten hat (M2, M3).
4. ↪ Die USA haben den Vertrag über den Internationalen Strafgerichtshof nicht unterschrieben. Erläutere die Folgen der amerikanischen Haltung für die Weltgemeinschaft (Info-Text).
5. Recherchiere im Internet weitere Informationen über den IGH und den IStGH und präsentiere deine Ergebnisse. Beachte dazu S. 207.

Ergebnisse präsentieren

Die Präsentation ist eine Methode, bei der man mithilfe verschiedener Medien und/oder eines Vortrags erarbeitete Inhalte den Schülerinnen und Schülern der eigenen Klasse, der Schulgemeinschaft, den Eltern oder der Öffentlichkeit vorstellt. Dabei ist das Ziel, die Zuschauer oder Zuhörer über die Ergebnisse der Arbeit sachlich korrekt und möglichst anschaulich zu informieren.
So gehst du vor:

Schritt 1 ●
Festlegung des Themas
→ Lege das Thema und deine Ziele fest (z. B., ob du über etwas informieren oder ob du die Zuhörer von etwas überzeugen willst).
→ Mache dir klar, wer dein Publikum ist (deine Klasse, andere Schüler der Schule, die Öffentlichkeit).
→ Plane, wie du dein Thema präsentieren willst (mit einem mündlichen Vortrag, mit einer Wandzeitung oder einem Plakat, mit Overheadfolien, an einer Pinnwand, mit PC und Beamer oder am Whiteboard).
→ Überlege, wie viel Zeit zur Verfügung steht.
→ Wenn die Präsentation das Ergebnis einer Gruppenarbeit ist, muss zu Beginn der Arbeit entschieden werden, wer welche Ergebnisse in welcher Form vorstellt.

Schritt 2 ●●
Beschaffung und Bearbeitung der Informationen
→ Als Informationsquellen stehen zur Verfügung: Lexika, Zeitungen, Zeitschriften, Fachbücher (aus der Stadt- und Schulbücherei oder von zu Hause) oder das Internet. Zu bestimmten Themen kannst du auch Fachleute oder Zeitzeugen befragen.
→ Danach musst du deine Informationen auswerten und das für dich Wichtige festhalten. Halte dazu deine Ergebnisse in Stichworten fest, z. B. auf Karteikarten oder in einer Datei. Tipp: Es kommt nicht auf die Menge an Informationen an, sondern nur auf das Wesentliche.
→ Bilder und Statistiken kannst du kopieren oder scannen. Notiere stets, woher deine Informationen stammen.

M4 Schüler bei einer Präsentation

Schritt 3 ●●●
Gestaltung der Präsentation
→ Gliedere das Thema in Abschnitte. Überlege bei jedem Einzelergebnis, wie du es möglichst anschaulich präsentieren kannst. Wähle dabei die jeweils optimale, zum Inhalt passende Möglichkeit (vgl. Schritt 1).
→ Übersichten, Statistiken und Bilder können deinen Vortrag veranschaulichen und erleichtern den Zuschauern die Aufnahme der Inhalte.
→ Du solltest deine Präsentation unbedingt am Tage vorher ausprobieren und so sicherstellen, dass alles funktioniert.

Schritt 4 ●●●●
Präsentation
→ Lies nicht einfach deine Ergebnisse vor, sondern sprich frei anhand von Stichworten, die du in deiner PC-Präsentation oder auf Karteikarten vorbereitet hast.
→ Biete nach der Präsentation deinen Zuhörerinnen und Zuhörern an, Fragen zu stellen.

Akteure der Sicherheitspolitik

Globaler Akteur USA

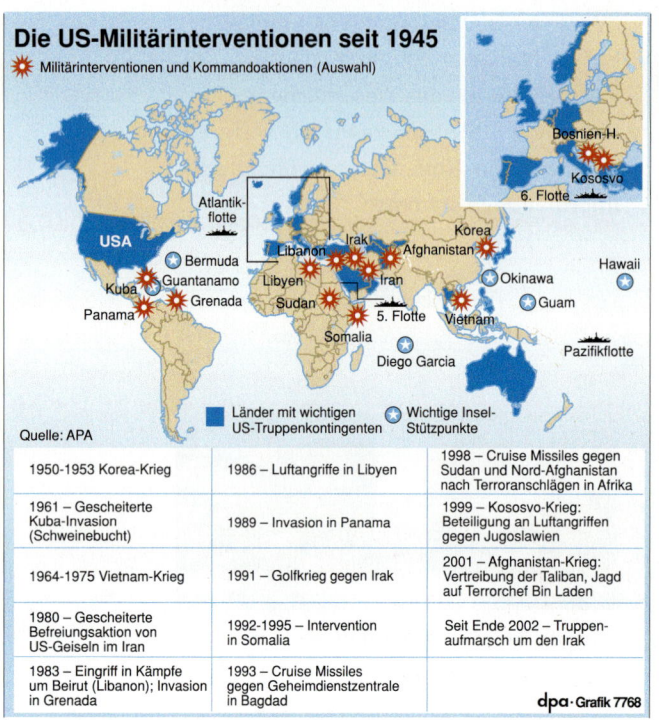

Die US-Militärinterventionen seit 1945
★ Militärinterventionen und Kommandoaktionen (Auswahl)

Länder mit wichtigen US-Truppenkontingenten
Wichtige Insel-Stützpunkte

Quelle: APA

1950-1953 Korea-Krieg	1986 – Luftangriffe in Libyen	1998 – Cruise Missiles gegen Sudan und Nord-Afghanistan nach Terroranschlägen in Afrika
1961 – Gescheiterte Kuba-Invasion (Schweinebucht)	1989 – Invasion in Panama	1999 – Kosovo-Krieg: Beteiligung an Luftangriffen gegen Jugoslawien
1964-1975 Vietnam-Krieg	1991 – Golfkrieg gegen Irak	2001 – Afghanistan-Krieg: Vertreibung der Taliban, Jagd auf Terrorchef Bin Laden
1980 – Gescheiterte Befreiungsaktion von US-Geiseln im Iran	1992-1995 – Intervention in Somalia	Seit Ende 2002 – Truppenaufmarsch um den Irak
1983 – Eingriff in Kämpfe um Beirut (Libanon); Invasion in Grenada	1993 – Cruise Missiles gegen Geheimdienstzentrale in Bagdad	dpa · Grafik 7768

M1 US-Militärinterventionen seit 1945 (Auswahl)

Intervention von lat. intervenire = dazwischentreten. Bezeichnung für einen Eingriff, ein Einschreiten

Nach dem Ende des Ost-West-Konfliktes blieben die USA als alleinige Großmacht übrig. Sie übernahmen die Rolle einer internationalen Führungsmacht, gerieten aber wegen ihres Vorgehens immer wieder in die Kritik. National und international wird den USA vorgeworfen, sie nutzten für ihre Sicherheitsinteressen zu oft militärische Mittel. Besonders der Einmarsch amerikanischer Truppen in den Irak ohne ein Mandat der UN im Jahr 2003 wurde und wird heftig kritisiert. Zwar konnte der Diktator Saddam Hussein gestürzt werden, aber das Land ist bis heute unstabil.

Akteur USA → www

Die Ereignisse des 11. September haben zu einer neuen Sicherheitsarchitektur und zur Neubestimmung der sicherheitspolitischen Rolle der USA geführt. Die Kennzeichen dieser neuen Struktur sind eine enge Fokussierung (Eingrenzung) des US-Sicherheitsverständnisses auf den militärischen Bereich und ein Anspruch Amerikas auf eine uneingeschränkte internationale Führungsrolle. Das Ziel dieser Sicherheitspolitik ist es, andere Staaten am Aufbau von Streitkräften zu hindern, die denen der USA ebenbürtig sind.

M2 Der Historiker Georg Schild über die Sicherheitspolitik der USA (2006)

In den kommenden zehn Jahren müssen wir entscheiden, wie wir unsere Zeit der Energie investieren, um unsere Führungsmacht zu erhalten, unsere Interessen zu wahren. Der asiatisch-pazifische Raum ist zu einem Motor der Weltpolitik geworden. Sie umfasst zwei Ozeane, den pazifischen und indischen, die strategisch über ihre Schifffahrtsrouten immer stärker miteinander verbunden sind. Dort lebt fast die Hälfte der Weltbevölkerung; dort befinden sich einige der wichtigsten Schwungräder der Weltwirtschaft, einige unserer wichtigsten Verbündeten und aufstrebende Mächte wie China, Indien und Indonesien. Ein verstärktes Engagement dort wird sich für einen fortgesetzten Führungsanspruch der USA auszahlen – so, wie sich unser Engagement beim Aufbau eines transatlantischen Netzwerks von Bündnissen nach dem Zweiten Weltkrieg immer noch auszahlt.

M3 Die damalige US-Außenministerin Hillary Clinton über Amerikas pazifisches Jahrhundert (2012)

---

1. → Nenne Militärinterventionen der USA seit 1945 und ordne sie nach Kontinenten (M1).
2. Erläutere die US-Sicherheitspolitik (M2, M3, Text).
3. Begründe, warum für die USA der pazifische Raum heute von besonderem Interesse ist (M3).

Akteure Russland und China

Die Volksrepublik China ist in den letzten 20 Jahren wirtschaftlich, aber zunehmend auch sicherheitspolitisch bedeutsamer geworden. Sie positioniert sich als ernst zu nehmender Akteur und entwickelt sich zu einem Konkurrenten der USA. Auch Russland beginnt sich wieder in die internationale Sicherheitspolitik einzuschalten. Neben den USA nehmen diese beiden Mächte als ständige Mitglieder im UN-Sicherheitsrat eine wichtige Rolle in der globalen Sicherheitspolitik ein.

Rang 2012 (2011)	Land	Ausgaben (in Mrd. $)	Weltanteil (in %)
1 (1)	USA	682	38,9
2 (2)	China	[166]	[9,5]
3 (3)	Russland	[90,7]	[5,2]
4 (4)	Großbritannien	60,8	3,5
5 (6)	Japan	59,3	3,4
6 (5)	Frankreich	58,9	3,4
7 (8)	Saudi-Arabien	56,7	3,2
8 (7)	Indien	46,1	2,6
9 (9)	Deutschland	[45,8]	[2,6]
10 (11)	Italien	[34,0]	1,9
	Welt	1.753	

Quelle: SIPRI; die Zahlen in eckigen Klammern sind Schätzungen.

M6 Die zehn Staaten mit den höchsten Rüstungsausgaben 2012

Knapp zwei Wochen vor der Wahl in Russland überrascht Wladimir Putin mit der Ankündigung, umgerechnet 600 Milliarden Euro in neue Panzer, Kampfflugzeuge und U-Boote stecken zu wollen. (...) Geplant sei unter anderem die Anschaffung von 400 Interkontinentalraketen und 600 Kampfflugzeugen sowie 2300 Panzern und 20 U-Booten im Gesamtwert von 23 Billionen Rubel (fast 600 Milliarden Euro) bis zum Jahr 2020. (...) Russland reagiere damit auch auf den von USA und Nato geplanten Raketenabwehrschirm, den es als ernste Bedrohung ansieht.

M4 Aus einem Artikel in der Süddeutschen Zeitung vom 20. Februar 2012

M5 Chinesischer Zerstörer bei einem Manöver mit russischen Seestreitkräften (2013)

China und Russland haben an diesem Freitag ein mehrtägiges Marinemanöver begonnen. Für Pekings Seestreitkräfte ist es die bisher größte Militärübung mit einer ausländischen Marine – eine Flotte von sieben chinesischen und elf russischen Kriegsschiffen nimmt daran teil. (...) China streitet mit Japan und den Philippinen über (...) Besitzansprüche im Pazifik. (...) Der chinesische Generalstabschef Fang Fenghui sagte, die Übung solle die Beziehungen zu Russland vertiefen und richte sich nicht gegen eine dritte Partei. Die Tageszeitung der Kommunistischen Partei Chinas, „Renmin Ribao", schrieb in ihrer Freitagsausgabe: „Das Manöver hat eine hohe symbolische Bedeutung für die Sicherung der Souveränität der Inseln in dem Gebiet und ist eine Antwort auf die Allianz zwischen den USA und Japan."

M7 Aus einem Bericht in DER SPIEGEL (2013)

Akteure Russland und China
→ www

4 → Werte die Tabelle M6 aus. Stelle die Militärausgaben der Länder in Säulendiagrammen dar.
5 Beschreibe den Strategiewechsel Chinas und Russlands in der Sicherheitspolitik (M4, M5, M7).
6 Erkläre, warum Russland und China in der Sicherheitspolitik zukünftig verstärkt zusammenarbeiten wollen.
7 ↪ Bewerte den Trend, dass China, Russland und andere Schwellenländer ihre Rüstungsausgaben angesichts anderer Probleme in den Ländern erhöhen (M6).

Die NATO – ein Militärbündnis im Wandel

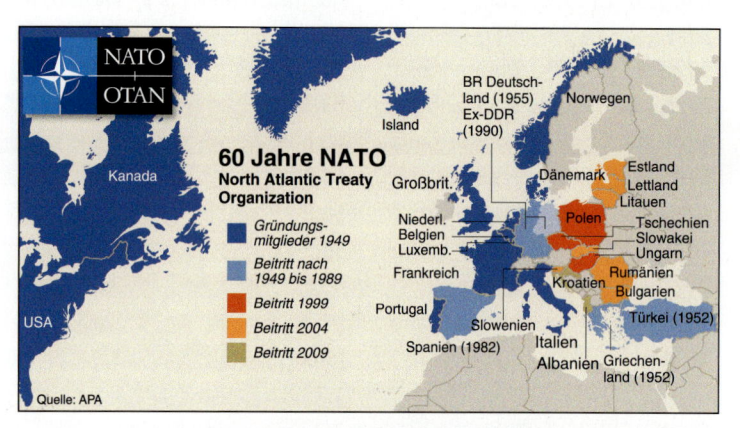

M1 Die Entwicklung der NATO

1999 – Jugoslawien
Luftschläge
1999 – Kosovo
Friedensunterstützung
2001 – Mazedonien
Friedensunterstützung
2003 – Afghanistan
Luftschläge und Bodentruppen
2011 – Libyen
Luftschläge

M4 Out-of-area-Einsätze der NATO (Auswahl)

Mögliche NATO-Einsätze seit 1990
out of area = außerhalb des Bündnisgebietes

out of United Nations = NATO-Einsatz ohne Mandat der UN

out of defence = Eingriffe in einen internationalen Konflikt, bei dem kein Mitgliedsstaat unmittelbar als Konfliktpartei beteiligt ist

NATO
→ www

Die NATO versteht sich heute als Wertegemeinschaft freier demokratischer Staaten zum Schutz von Demokratie und Menschenrechten. Sie entstand 1949 als Verteidigungsbündnis als Reaktion auf die Ausdehnung des sowjetischen Machtbereichs auf Osteuropa. Während des „Kalten Krieges" war das Bündnis vor allem ein Schutzbündnis Westeuropas sowie der USA und Kanadas vor Angriffen von außen.

Nach Ende des Kalten Krieges stellte sich die NATO zusätzlich der Aufgabe, auch außerhalb ihres Gebietes Konflikte zu verhüten und Stabilität zu schaffen. Zahlreiche Staaten des ehemaligen Ostblocks sind inzwischen der NATO beigetreten oder haben einen Antrag auf Beitritt gestellt. Zurzeit sind NATO-Verbände z. B. in Afghanistan, auf dem Balkan oder am Horn von Afrika eingesetzt.

Die Parteien vereinbaren, dass ein bewaffneter Angriff gegen eine oder mehrere von ihnen in Europa oder Nordamerika als ein Angriff gegen sie alle angesehen wird; sie vereinbaren daher, dass im Falle eines solchen bewaffneten Angriffs jede von ihnen (...) der Partei oder den Parteien, die angegriffen werden, Beistand leistet, indem jede von ihnen unverzüglich für sich und im Zusammenwirken mit den anderen Parteien die Maßnahmen, einschließlich der Anwendung von Waffengewalt, trifft, die sie für erforderlich erachtet, um die Sicherheit des nordatlantischen Gebiets wiederherzustellen und zu erhalten. Von jedem bewaffneten Angriff und allen darauf getroffenen Gegenmaßnahmen ist unverzüglich dem Sicherheitsrat Mitteilung zu machen.

M2 Auszug aus dem Nordatlantikvertrag vom 4. April 1949, Artikel 5

Mit der Festlegung, dass out of defense, out of area sowie out of United Nations agiert (gehandelt) werden könne, erteilt sich die NATO mit dem strategischen Konzept von 19. 9. 1990 selbst die Befugnis zur militärischen Konfliktregelung, wenn sie dies für notwendig hält. Das Konzept benennt als Motive, die die Allianz zur militärischen Konfliktregelung veranlassen können, ein ganzes Spektrum von Tatbeständen: vom Völkermord bis zur schwerwiegenden Beeinträchtigung von „Sicherheitsinteressen" der NATO-Staaten.

M3 Ein Wissenschaftler zum strategischen Konzept der NATO 1999

Internationale Sicherheit

Die Strategie der NATO ist seit der Gründung des Bündnisses 1949 mehrfach verändert worden. (...) Mit der derzeit geltenden Strategie von 1999 machte die NATO klar, dass sie zu Kriseneinsätzen bereit ist, bei denen es sich nicht um einen direkten Angriff auf ein Bündnismitglied (...) handelt. Zugleich wurde auch der Terrorismus als mögliche Gefahr für die NATO-Mitglieder erwähnt.

M5 Aus einem Artikel in FOCUS (2009)

Die NATO trägt zu Stabilität und Sicherheit bei. (...) Die transatlantische Zusammenarbeit bleibt von zentraler Bedeutung, wenn es darum geht, die Menschen unserer Länder zu schützen, unsere Werte zu verteidigen und gemeinsamen Bedrohungen und Herausforderungen (...)
Die laufende (Umwandlung) der NATO wird die Fähigkeit des Bündnisses stärken, sich mit den bestehenden und sich abzeichnenden sicherheitspolitischen Bedrohungen des 21. Jahrhunderts auseinanderzusetzen, auch indem es die Bereitstellung perfekt vorbereiteter und voll verlegbarer Kräfte gewährleistet, die in der Lage sind, das gesamte Spektrum militärischer Operationen (...) im Bündnisgebiet und darüber hinaus durchzuführen. (...)
Wir werden unsere Anstrengungen intensivieren, um Terroristen den Zugang zu Massenvernichtungswaffen und ihren Trägersystemen zu verwehren. (...)
Die Tür der NATO bleibt für alle europäischen (...) Staaten offen, die die Werte unseres Bündnisses teilen. (...) (Der) Partnerschaft zwischen NATO und Russland sind (wir) nach wie vor verpflichtet.

M6 Aus der NATO-Gipfelerklärung der Staats- und Regierungschefs vom 4. 4. 2009

Vier Jahrzehnte lang hat das westliche Verteidigungsbündnis NATO behauptet, sich gegen einen aggressiven (...) Feind aus dem Osten, den Warschauer Pakt, verteidigen zu müssen. Als 1991 die östliche Führungsmacht UdSSR und der Warschauer Pakt in einem Akt der Selbstauflösung von der historischen Bühne verschwanden, wäre die NATO konsequenterweise ebenfalls am Zug gewesen, sich aufzulösen. Dass sie es nicht tat, sondern in dieser Umbruchsituation nach neuen Begründungen für ihre Existenz suchte, zeigt, dass sie sich doch nicht ausschließlich als „Verteidigungsbündnis" verstanden hatte. (...)
Die Fortexistenz der NATO in einer Welt ohne militärischen Gegner stellt für die „Ausgeschlossenen" eine Bedrohung dar und wird über kurz oder lang neue Militärbündnisse auf den Plan rufen. (...)
1991 (rückte) die NATO an die Stelle des Verteidigungsauftrags seither den Kampf gegen alle möglichen neuen „Risiken": vom internationalen Terrorismus über die Verbreitung von Massenvernichtungswaffen über die zunehmende Armut und den Hunger in der Welt, (...) bis hin zu den schwachen und gescheiterten Staaten (...).

M7 Aus einer Pressemitteilung des Bundesausschusses Friedensratschlag (2009)

---

1. Stelle mithilfe von M1 die Bündnisstaaten der NATO in einer Tabelle zusammen; ermittle und notiere jeweils das Beitrittsdatum.
2. Erläutere den Bündnisfall im Nordatlantikvertrag (M3).
3. Erkläre die Änderungen der Bündnisstrategie 1999 (M2, M5). Nenne die Folgen (M4).
4. „Die NATO ist heute überflüssig!" – Suche Pro- und Kontra-Argumente zu dieser Aussage (M6, M7).

M1 EUFOR-Soldaten bringen Piraten vor der Küste Somalias auf (2009).

2003: Mazedonien
Sicherung des Waffenstillstands nach dem Bürgerkrieg
2006: Kongo
Schutz der demokratischen Wahlen
2008: Tschad
Schutz der Flüchtlinge in der Grenzregion zum Süden
Seit 2008: Gewässer vor Somalia
Schutz der Schifffahrt vor Angriffen von Piraten

M3 EUFOR-Einsätze (Auswahl)

Die Europäische Union (EU) als globaler Akteur

EUFOR von engl. European Union Force; multinationale Militärverbände der Europäischen Union, die jeweils für bestimmte Operationen zusammengestellt werden

Die europäische Sicherheits- und Verteidigungspolitik (ESVP) ist das militärische Instrument der Europäischen Union (EU). Die Mitglieder der EU einigten sich auf vier Aufgabenbereiche: humanitäre Aufgaben, Rettungseinsätze, friedenserhaltende Aufgaben und Kampfeinsätze zur Bewältigung von Krisen. Zur Durchsetzung dieser Ziele werden EUFOR-Truppen aufgestellt.

Die europäische Sicherheitspolitik wird aber noch immer von nationalstaatlichen Interessen überlagert. Das hat die uneinige Haltung der Europäer in der Libyen-Krise gezeigt.

> Die Europäische Union engagiert sich weltweit im Krisenmanagement. Ihrem Selbstverständnis zufolge agiert sie als Friedensmacht. Der EU-Vertrag benennt deren (...) Grundlagen: Frieden, Demokratie, Rechtsstaatlichkeit, Menschenrechte, aber auf Wahrung der grundlegenden Interessen sowie der Unabhängigkeit und Unversehrtheit der Union. Im Spiegelbild ist die EU bereits ein globaler Akteur, dessen friedens- und sicherheitspolitische Handlungsfähigkeit angesichts der Herausforderungen und Bedrohungen des 21. Jahrhunderts verbessert werden müsste. Andere beklagen ihre militärische Schwäche und politische Uneinigkeit insbesondere in Gewaltkonflikten wie in Libyen.

M2 Die EU-Operation „Atalanta"

M4 Die EU: Friedens- oder Militärmacht?

ESVP → www

1. → Erkläre mit eigenen Worten die Abkürzung und den Begriff EUFOR.
2. Erläutere die Operation „Atalanta" (M2, M3).
3. Erkläre, welche Ziele die EU mit einer eigenen europäischen Sicherheitspolitik verfolgt (Text, M4).
4. → Informiere dich mithilfe der Medien über einen EUFOR-Einsatz (M1) und präsentiere dein Ergebnis.

Internationale Sicherheit

M5 Rückkehr von Flüchtlingen nach Kriegsende in das Kosovo (1999)

M7 Norwegische Polizeilehrer der OSZE mit Studenten der Polizeiakademie im Kosovo

Die OSZE – Friedenssicherung mit zivilen Mitteln

Deutschland ist Mitglied der Organisation für Sicherheit und Zusammenarbeit in Europa (OSZE) mit Sitz in Wien. Diese Organisation hat sich vor allem zum Ziel gesetzt, ohne Waffen den Frieden in Europa zu sichern, Wahlen zu beobachten und Verbesserungsvorschläge zur Demokratisierung zu machen. Sie überwacht die Einhaltung der Bürger- und Menschenrechte in den 56 Mitgliedsstaaten aus Europa, Asien und Nordamerika. Dazu gehören der Aufbau demokratischer Verhältnisse, der Schutz von Minderheiten oder die Lösung von Konflikten zwischen Volksgruppen. In der OSZE herrscht das Konsensprinzip. Das heißt: Alle Beschlüsse müssen von den Mitgliedern einstimmig gefällt werden.

> *Die Mitglieder der OSZE (...) beobachten das Konfliktgeschehen in Europa und warnen vor eskalierenden Konflikten; sie sollen einen Beitrag zur Vorbeugung und Eindämmung gewaltsamer Konflikte leisten und nach Ende eines Krieges zur Versöhnung und zum Wiederaufbau beitragen. Die finanziellen Ressourcen der OSZE sind allerdings äußerst beschränkt.*

M8 Aufgaben der OSZE

> *Seit 1999 engagierte sich die OSZE als Teil eines internationalen Krisenmanagements für eine Konfliktlösung im Kosovo. Die Arbeit der Mission findet in verschiedenen politischen und gesellschaftlichen Bereichen statt. So wurden Maßnahmen für den Aufbau der Demokratie, wie zum Beispiel die Unterstützung beim Aufbau politischer Parteien und die demokratische Schulung gewählter Politiker, und einer zivilen Verwaltung ergriffen. Auch kümmerte sich die OSZE insbesondere um Minderheiten und bisher benachteiligte Gruppen. Die OSZE führte auch Maßnahmen durch, um freie und faire Wahlen, unabhängige Medien, einen funktionierenden Rechtsstaat, eine unparteiische und durchsetzungsfähige Polizei und den Schutz der Menschenrechte zu gewährleisten. Zu diesen Maßnahmen gehörten u. a. die Schulung und Beratung von Juristen und die Eröffnung einer Polizeiakademie. Ziel ist der Aufbau eines Rechtssystems und einer Polizei, die dem Schutz der Rechte und Freiheiten aller Menschen im Kosovo verpflichtet sind.*

OSZE → www

M6 Mission der OSZE im Kosovo seit 1999

5. Beschreibe die Verhältnisse im Kosovo 1999 (M5, M6).
6. Nenne Maßnahmen des Engagements der OSZE im Kosovo (M6, M7).
7. Notiere die wichtigsten Aufgaben und Ziele der OSZE (Text, M6, M8).
8. Begründe, warum die OSZE Probleme hat, ihre Ziele zu erreichen (Text, M8).

Deutschland als Akteur in der Sicherheitspolitik

Friedenssicherung in Afghanistan

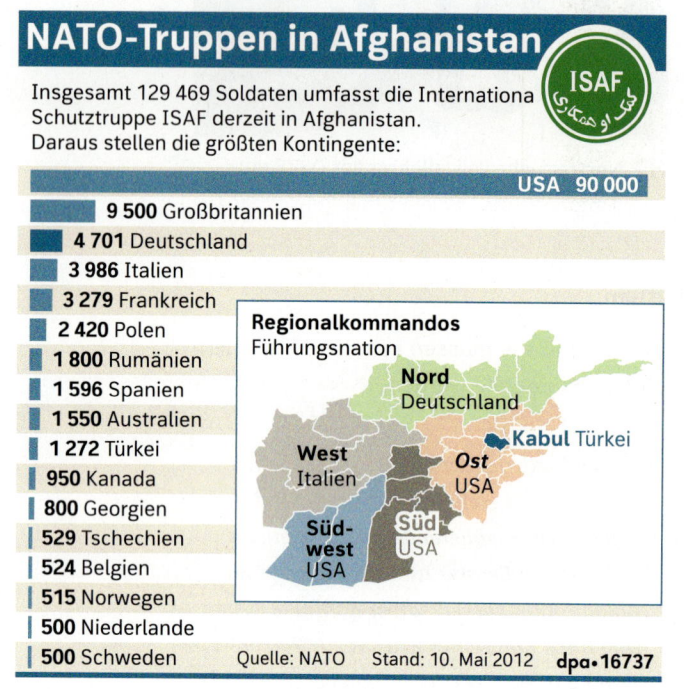

NATO-Truppen in Afghanistan

Insgesamt 129 469 Soldaten umfasst die Internationa Schutztruppe ISAF derzeit in Afghanistan.
Daraus stellen die größten Kontingente:

- USA 90 000
- 9 500 Großbritannien
- 4 701 Deutschland
- 3 986 Italien
- 3 279 Frankreich
- 2 420 Polen
- 1 800 Rumänien
- 1 596 Spanien
- 1 550 Australien
- 1 272 Türkei
- 950 Kanada
- 800 Georgien
- 529 Tschechien
- 524 Belgien
- 515 Norwegen
- 500 Niederlande
- 500 Schweden

Quelle: NATO Stand: 10. Mai 2012 dpa•16737

Regionalkommandos Führungsnation:
- Nord: Deutschland
- West: Italien
- Ost: USA (Kabul Türkei)
- Süd: USA
- Südwest: USA

ISAF International Security Assistance Force = Internationale Sicherheitsunterstützungstruppe

Bundeswehr → www

M1 ISAF-Truppen in Afghanistan

Nach den Anschlägen am 11. September 2001 in New York griff die US-Armee das Taliban-Regime in Afghanistan an, weil die Taliban den Terroristen des al-Qaida-Netzwerkes einen Rückzugsraum bot. Nach dem Sturz des Taliban-Regimes wurde im Auftrag der UNO die internationale Truppe ISAF im Land stationiert. Sie soll die afghanische Regierung bei der Wahrung der Menschenrechte sowie bei der Herstellung der inneren Sicherheit unterstützen. Auch Deutschland stellt über 4000 Soldaten und ist für den Norden Afghanistans zuständig. Die Soldaten sorgen für Stabilität und Sicherheit und helfen beim Aufbau des Landes.

Der Kampfeinsatz der Bundeswehr zusammen mit unseren Partnern im Nordatlantischen Bündnis in Afghanistan ist notwendig. Er trägt dazu bei, die internationale Sicherheit, den weltweiten Frieden und Leib und Leben der Menschen hier in Deutschland vor dem Übel des internationalen Terrorismus zu schützen. Das stand am Anfang dieses Einsatzes, und das gilt bis heute. Das fand und findet die Zustimmung der afghanischen Regierung und wir wissen, wie viele einfache Afghanen uns immer wieder bitten, sie im Kampf gegen die Taliban nicht alleinzulassen.

M2 Bundeskanzlerin Merkel zum Einsatz in Afghanistan (2009)

Taliban

Die Taliban sind eine radikale, islamische Gruppe in Afghanistan. Sie wollen, dass alle Menschen streng nach den Regeln des Koran, der heiligen Schrift des Islam, leben. Das Taliban-Regime gewährte Mitgliedern von Terrororganisationen Unterschlupf. Nach dem US-Angriff 2001 zogen sich die Taliban in den Untergrund zurück und leisten von dort aus Widerstand durch Terroranschläge und Überfälle.

M3 Deutsche und afghanische Soldaten bei einer Patrouille in Nawabad (2011)

1. → Beschreibe die Aufteilung der Zuständigkeiten beim ISAF-Einsatz in Afghanistan (M1).
2. Erläutere die Ursachen des Krieges in Afghanistan.
3. Nenne Gründe für die Beteiligung Deutschlands an dem Einsatz in Afghanistan (M2, M3).

M4 Deutscher Polizeiausbilder in Afghanistan (2010)

M6 Unterricht für Mädchen in Afghanistan – geschützt durch militärische Präsenz (2012)

Bundeswehr – raus aus Afghanistan?

Nach elf Jahren endet 2014 der Einsatz der Bundeswehr in Afghanistan. Dann werden nur noch zwischen 600 und 800 deutsche Soldaten als reine Ausbilder dort bleiben. Es waren einmal 5000 – auch in Kampfeinsätzen.

Neben dem Kampf gegen die Taliban hilft die Bundeswehr bei der Herstellung der inneren Sicherheit und der Versorgung der Bevölkerung mit Nahrungsmitteln. Sie übernimmt und schützt zivile Maßnahmen wie zum Beispiel die Ausbildung von Polizisten oder den Bau von Brunnen. Auch Bildungsprojekte wie beispielsweise der Unterricht für Mädchen werden von Deutschland finanziell unterstützt.

> Die Vereinten Nationen wollen Sicherheit und ein Mindestmaß rechtsstaatlicher Ordnung in Afghanistan. Ein gut Teil der afghanischen Bevölkerung will das offenbar auch. Sonst würden die Leute nicht unter Lebensgefahr wählen gehen. Aber die meisten Europäer geizen mit allem, was diesen Zielen zum Erfolg verhelfen könnte. (...)
> Unter den Taliban lag das Bildungswesen in Trümmern, heute gehen wieder sechs Millionen Kinder zur Schule, davon zwei Millionen Mädchen. Die Gesundheitsversorgung hat sich deutlich verbessert. (...) Frauen stellen 28 Prozent der Abgeordneten. Ein vorschneller Rückzug der internationalen Truppen würde einen neuen Bürgerkrieg auslösen.

M5 Ralf Fücks, Vorstandsmitglied der Heinrich-Böll-Stiftung (2009)

> Mit Bomben schafft man keinen Frieden. Barack Obama hat gesagt, dass der Krieg in Afghanistan nicht zu gewinnen ist. Die Bundesregierung ist sich immer noch nicht klar, für welche Ziele deutsche Soldaten in Afghanistan kämpfen. Was die internationale Gemeinschaft in Afghanistan will, ist schlicht und einfach nicht zu erreichen. Dazu gehört auch die Herstellung zentraler staatlicher Strukturen. Die Bundeswehr und die internationalen Truppen kämpfen in Afghanistan gegen eine Kultur. Diesen Kampf kann man nicht gewinnen. Es ist an der Zeit, die Bundeswehr aus Afghanistan abzuziehen. (...) Der Krieg in Afghanistan ist eine Ursache für die zunehmende Terrorgefahr in Deutschland und der Welt.

M7 Oskar Lafontaine, damaliger Vorsitzender der Partei „Die Linke" (2009)

4 Nenne einige Aufgaben der Bundeswehr in Afghanistan (Text, M4, M6).

5 Nimm begründet Stellung zur Forderung nach einem Abzug oder Verbleib der Bundeswehr in Afghanistan (M5, M7).

6 Erstelle einen Ländersteckbrief von Afghanistan. Verwende ein Lexikon oder das Internet.

Wandel der Bundeswehr

Die Bundeswehr im internationalen Einsatz

Deutschland beteiligt sich mit rund 5 800 Soldaten an einer Reihe von internationalen Einsätzen

STRATAIRMEDEVAC – Strategischer Verwundetentransport, *Deutschland* — 41

Kosovo Force (KFOR) – Friedenstruppe der Nato, *Kosovo* — 754

Active Fence – Luftverteidigung der Nato (Patriot-Raketen), *Türkei* — 304

AFISMA – Militärmission gegen islamistische Rebellen, *Mali* — 71

Interimstruppe der UN (UNIFIL) – Friedensmission der UN, *Libanon* — 163

EUTM – Trainingsmission der EU für Mali (geplant, max. 180 Soldaten)

UNAMA – Unterstützung der UN, *Afghanistan* — 1

UNAMID – Int. Friedenstruppe von UN und Afrikan. Union, *Sudan* — 13

ISAF – Int. Sicherheitsunterstützungstruppe der UN, *Afghanistan* — 4 135

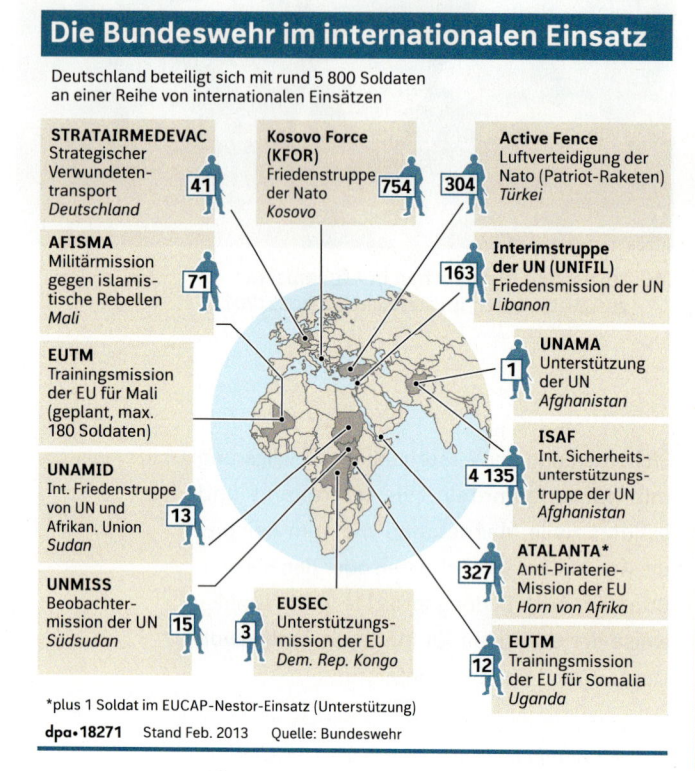

UNMISS – Beobachtermission der UN, *Südsudan* — 15

EUSEC – Unterstützungsmission der EU, *Dem. Rep. Kongo* — 3

ATALANTA* – Anti-Piraterie-Mission der EU, *Horn von Afrika* — 327

EUTM – Trainingsmission der EU für Somalia, *Uganda* — 12

*plus 1 Soldat im EUCAP-Nestor-Einsatz (Unterstützung)

dpa 18271   Stand Feb. 2013   Quelle: Bundeswehr

M1 Beteiligung der Bundeswehr an internationalen Einsätzen

Nach dem Zweiten Weltkrieg war die Abneigung gegen eine Armee in der deutschen Bevölkerung sehr verbreitet. Nach erbitterten Protesten entstand 1955 die Bundeswehr. Eine allgemeine Wehrpflicht gab es ab 1957. Seit 2001 können Frauen in allen Waffengattungen der Bundeswehr Soldatinnen sein. Die Wehrpflicht wurde 2011 außer Kraft gesetzt. Seitdem ist die Bundeswehr eine Freiwilligenarmee.

Die Hauptaufgabe der Bundeswehr bestand bis zum Ende des Ost-West-Konfliktes 1990 in der Landesverteidigung. Heute übernimmt Deutschland mehr sicherheitspolitische Verantwortung in der Welt. Aus diesem Grund verrichten deutsche Soldaten unterschiedliche Aufträge unter Leitung der Vereinten Nationen in vielen Krisenregionen der Erde.

Deutsche Sicherheitsinteressen ergeben sich aus unserer Geschichte, der geographischen Lage in der Mitte Europas, den internationalen politischen und wirtschaftlichen Verflechtungen des Landes und der Ressourcenabhängigkeit als Hochtechnologiestandort und rohstoffarme Exportnation. (...)

Die sicherheitspolitischen Ziele Deutschlands sind:
- Sicherheit und Schutz der Bürgerinnen und Bürger Deutschlands;
- territoriale Integrität und Souveränität Deutschlands und seiner Verbündeten;
- Wahrnehmung internationaler Verantwortung.

Zu den deutschen Sicherheitsinteressen gehören:
- Krisen und Konflikte zu verhindern, vorbeugend einzudämmen und zu bewältigen, die die Sicherheit Deutschlands und seiner Verbündeten beeinträchtigen;
- außen- und sicherheitspolitische Positionen nachhaltig und glaubwürdig zu vertreten und einzulösen;
- die transatlantische und europäische Sicherheit und Partnerschaft zu stärken;
- für die internationale Geltung der Menschenrechte und der demokratischen Grundsätze einzutreten, das weltweite Respektieren des Völkerrechts zu fördern und die Kluft zwischen armen und reichen Weltregionen zu reduzieren;
- einen freien und ungehinderten Welthandel sowie den freien Zugang zur Hohen See und zu natürlichen Ressourcen zu ermöglichen.

M2 Aus den „Verteidigungspolitischen Richtlinien" von Verteidigungsminister de Maizière (2011)

Aufgabe

1. Liste die Einsätze der Bundeswehr im Ausland auf (M1).
2. Berichte über die Entwicklung der Bundeswehr.
3. Erläutere den heutigen Auftrag der Bundeswehr (Text, M2).
4. Informiere dich im Internet über einen Auslandseinsatz der Bundeswehr und berichte der Klasse.

Internationale Sicherheit

Bundesfreiwilligendienst

Bis 2011 war Wehrdienst in Deutschland für junge Männer Pflicht. Mit der Aussetzung der Wehrpflicht lief auch der Zivildienst aus. Zivildienst war Ersatzdienst für Männer, die aus Gewissensgründen keinen Dienst an der Waffe ableisten wollten. Junge Zivildienstleistende arbeiteten in vielen sozialen Bereichen, zum Beispiel bei der Betreuung oder Pflege von Menschen mit Behinderungen, von alten und kranken Menschen. Dafür wurde nun dringend Ersatz benötigt. Deshalb führte die Bundesregierung 2011 den Bundesfreiwilligendienst ein.

Bundesfreiwilligendienst → www

M3 Wo die „Bufdis" des Bundesfreiwilligendienstes arbeiten

Methoden erlernen: Placemat

Ein Placemat eignet sich bestens dazu, um in einer kleinen Gruppe über ein Thema gemeinsam nachzudenken, Gedanken dazu zu sammeln und die Ideen mit den anderen Gruppenmitgliedern auszutauschen.
So geht ihr vor:

Schritt 1 ●
Vorbereitung
→ Findet euch in Vierergruppen zusammen.
→ Beschriftet ein DIN-A3-Blatt nach folgendem Muster:

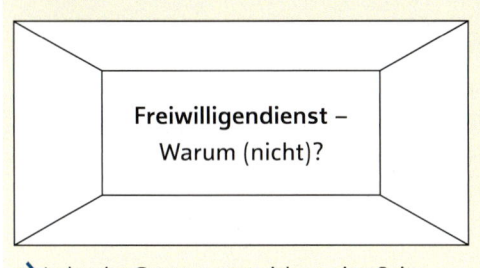

> Freiwilligendienst –
> Warum (nicht)?

→ Jeder der Gruppe setzt sich an eine Seite.

Schritt 2 ●●
Durchführung
→ Schreibt eure persönlichen Ansichten und Fragen zum Thema (z. B. „Freiwilligendienst – warum (nicht)?") in das Feld vor euch.
→ Es darf nicht gesprochen werden.
→ Dreht anschließend das Blatt so lange, bis alle jeden Text gelesen haben.
→ Diskutiert eure Fragen und Ansichten.
→ Schreibt Fragen, die weiterhin offen sind, in das mittlere Feld.

Schritt 3 ●●●
Auswertung
→ Recherchiert zu offenen Fragen, z. B. in Fachbüchern oder dem Internet.
→ Entwickelt Vorschläge zur Lösung der offenen Fragen.

---

5. → Berichte über die Arbeitsbereiche der Männer und Frauen im Bundesfreiwilligendienst (M3).
6. ⌃ Stelle Fakten zum Bundesfreiwilligendienst zusammen (Text, M3). Recherchiere dazu im Internet.
7. Verwendet ein Placemat, um Fragen zum Thema „Freiwilligendienst – Warum (nicht)?" zu diskutieren.
8. ↪ Finde Argumente zu der Aussage: „Jeder Jugendliche sollte nach der Schule erst einmal einen Freiwilligendienst absolvieren."

Seite 217 → www

Internationale Sicherheit

1 Lückentext zu den Vereinten Nationen

Schreibe den Text unten in dein Heft und trage dabei die folgenden Begriffe richtig ein:

UNICEF – Internationaler Gerichtshof – Charta der Vereinten Nationen – UNHCR – Generalsekretär – Weltfrieden – Blauhelme – WHO – freundschaftliche Beziehungen – UNESCO – Vetorecht – Präambel – ständigen – Mitgliedsstaaten – Sicherheitsrat – Internationaler Strafgerichtshof

Am 26. Juni 1945, unmittelbar nach dem Ende des Zweiten Weltkriegs, wurde die _____ von 50 Staaten unterzeichnet. Sie setzten sich die Erhaltung des _____ und die Entwicklung _____ zwischen den Nationen als Ziel. Das ist formuliert in einer _____ dieses Vertrages, der inzwischen von 192 _____ unterzeichnet worden ist.

Die UNO hat eine Reihe von Einrichtungen, die jeweils besondere Aufgaben wahrnehmen.

Der _____ kann Friedensmissionen und Kriegseinsätze beschließen. Allerdings darf keines der _____ Mitglieder von seinem _____ Gebrauch machen. Die eingesetzten Soldaten werden als _____ bezeichnet. Besondere Bedeutung bei der Verurteilung von Kriegsverbrechern hat der _____ erlangt.

Alle Staaten sind in der Generalversammlung vertreten, die den _____ und die 15 Richter des _____ wählt.

Die UNO kümmert sich um eine Reihe von internationalen Problemen und hat zu diesem Zweck Sonderorganisationen gegründet. Um in Not geratene Kinder und Jugendliche kümmert sich _____, weltweit werden Vertriebene vom _____ betreut. Das Weltnatur- und das Weltkulturerbe werden von der _____ betreut, und die _____ koordiniert international die Bekämpfung von Seuchen und Epidemien, wie z. B. HIV.

2 Eine Karikatur deuten

Interpretiere die Karikatur von Thomas Plaßmann zum Einsatz der Bundeswehr in Afghanistan.

3 Zusammenhänge herstellen

Notiere die folgenden Oberbegriffe in dein Heft und ordne ihnen dann jeweils fünf zugehörige Begriffe aus der Liste unten zu

Terrorismus _____
Neue Kriege _____
Rohstoffkonflikte _____
Kindersoldaten _____
Rüstungsgeschäfte _____
Akteure der Sicherheitspolitik _____

OSZE – Waffenhandel – Angstträume – Warlords – Anschläge – ungezieltes Töten von Menschen – Akteure leben vom Krieg – traumatische Gewalterfahrungen – China als größter Importeur – weltweiter Kampf um Rohstoffe – China – Weltvorkommen in Afrika – Kinder aus extrem ärmlichen Verhältnissen – 11. September 2001 – Bundeswehr – Erdöl, Gold, Kupfer, Coltan, Diamanten – ESVP – Rebellengruppen gegen Regierungsarmeen – billige Krieger – 60 Milliarden US-Dollar – UN-Sicherheitsrat – keine klaren Fronten (mehr) – 750 000 Tote durch Waffengewalt jährlich – sklavenähnliche Arbeitsbedingungen – Attentäter – Russland – leidende Zivilbevölkerung – Deutschland als drittgrößter Exporteur – religiöse Fanatiker/Extremisten – Widerstandsgruppen als Staatsgegner – Führungsmacht USA – Zwangsrekrutierung – NATO

4 Lösungsvorschläge entwickeln

Die UNO hat für das 21. Jahrhundert Bedrohungen für die internationale Sicherheit zusammengestellt. Notiere in wenigen Sätzen, welche Möglichkeiten du siehst, um den Bedrohungen entgegenzuwirken und wer sich jeweils hauptsächlich verantwortlich fühlen müsste.

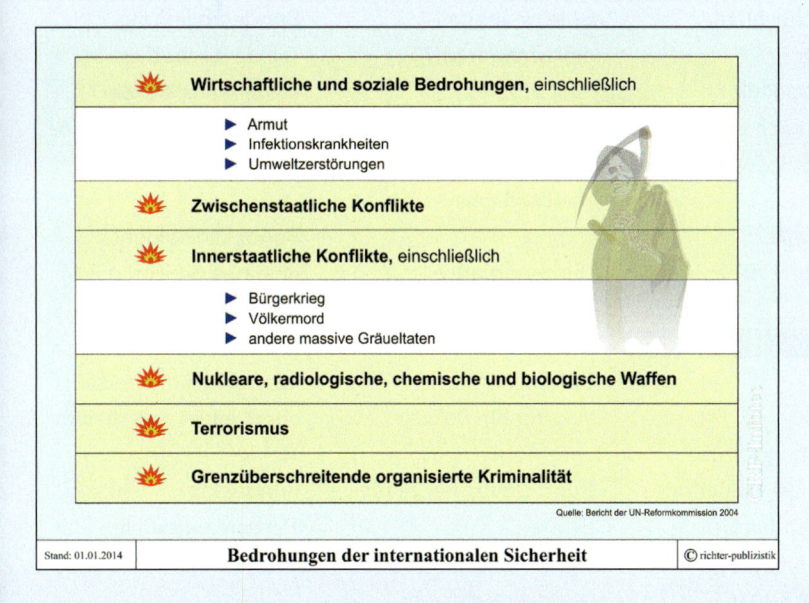

Bedrohungen der internationalen Sicherheit

- Wirtschaftliche und soziale Bedrohungen, einschließlich
  - Armut
  - Infektionskrankheiten
  - Umweltzerstörungen
- Zwischenstaatliche Konflikte
- Innerstaatliche Konflikte, einschließlich
  - Bürgerkrieg
  - Völkermord
  - andere massive Gräueltaten
- Nukleare, radiologische, chemische und biologische Waffen
- Terrorismus
- Grenzüberschreitende organisierte Kriminalität

Quelle: Bericht der UN-Reformkommission 2004
Stand: 01.01.2014 © richter-publizistik

Grundbegriffe:

Blauhelme
Bürgerkriege
Bundeswehr
Bundesfreiwilligendienst
EUFOR
Freiheitskampf
Intervention
Konfliktpotenzial
Kriegsverbrechertribunal
Menschenrechte
Nahostkonflikt
NATO
OSZE
Sicherheitsrat
Terrorismus
UN-Charta
UNO
Veto

Minilexikon

A

absolute Mehrheit
eine Stimme mehr als 50% aller abgegebenen Stimmen

Aggressor
Angreifer

Akademisch
wissenschaftlich

Akteur
Handelnder

Alliierte
Verbündete im Kampf, z. B. die Großmächte, die im Zweiten Weltkrieg gemeinsam gegen Hitler-Deutschland kämpften

Analphabet
jemand, der nicht Lesen und Schreiben kann

Analyse
Untersuchung

Antisemitismus
→ S. 16, 124

Arier
Nach der Ideologie der Nationalsozialisten waren die Arier als „Herrenrasse" dazu ausersehen, andere Rassen zu beherrschen oder sogar auszulöschen.

Asyl
Zufluchtsort

Atombombe
→ S. 42

Aufklärung
→ S. 122

Außerparlamentarische Opposition (APO)
Gruppen, die außerhalb des Parlaments ihre politischen Ziele erreichen wollen, z. B. mithilfe von Demonstrationen

Ausnahmezustand
Außerkraftsetzen von Grundrechten

Ausweisung
Verwaltungsakt mit dem Ziel, die Anwesenheit des Betroffenen im jeweiligen Land zu beenden

Autarkiepolitik
Streben nach weitestgehender Selbstversorgung

Avantgarde
Vorkämpfer neuer Ideen

B

Benelux
Sammelbegriff für Belgien, die Niederlande und Luxemburg

Bildende Kunst
Sammelbezeichnung für alle bildhaft gestaltenden Künste, wie Baukunst, Bildhauerei, Malerei und Grafik

Binnenmarkt
Handel innerhalb eines Landes

BIP
Bruttoinlandsprodukt, Wert aller in einem Land erzeugten Waren und Dienstleistungen

Bleiberecht
Recht zum befristeten oder dauerhaften Aufenthalt in einem Land

Blockade
Unterbrechung der Versorgung des Gegners

Boom
Wirtschaftsaufschwung

Boykott
→ S. 22

Bruttonationaleinkommen (BNE)
→ S. 152

Budget
Haushaltsplan

Bürgerinitiative
→ S. 92

Büttel
Veraltet für: Polizist

Bund Deutscher Mädel (BDM)
Jugendorganisation der Nationalsozialisten für Mädchen von 10 bis 18 Jahren

Bundesarbeitsgericht
oberstes Gericht, das Streitigkeiten zwischen Arbeitgebern und Arbeitnehmern entscheidet

Bundesfinanzhof
oberstes Gericht für Steuer- und Zollsachen

Bundesgerichtshof
oberstes deutsches Gericht und letzte Instanz in Zivil- und Strafverfahren

Bundeskanzler/-in
Chef/-in der Bundesregierung – bestimmt die Richtlinien der Politik

Bundespräsident
Staatsoberhaupt

Bundesrat
Teil der Legislative – besteht aus Vertretern der Bundesländer

Bundesregierung
Teil der Exekutive – besteht aus Kanzler/Kanzlerin und Ministern/Ministerinnen

Bundessozialgericht
oberstes Gericht, das in letzter Instanz Streitigkeiten z. B. bei Arbeitslosengeld, Kindergeld oder Renten entscheidet

Bundestag
Teil der Legislative – beschließt alle Gesetze

Bundesverfassungsgericht
Hüter der Verfassung, überprüft alle Akte der Staatsgewalt

Bundesversammlung
Gremium aus Vertretern des Bundestages und der Länder, wählt den Bundespräsidenten

Bundesverwaltungsgericht
oberstes Gericht für Angelegenheiten der öffentlichen Verwaltung (z. B. Entscheidungen der Gemeinden)

C

Care-Paket
von CARE (→ S. 60) verschicktes Lebensmittelpaket

Coltan
→ S. 192

D

Demontage
Abbau von Industrieanlagen

Deportation
zwangsweise Verbannung

Devisen
ausländische Währung

Dezernent
Stadtrat, höherer Beamter

Diäten
Versorgungsbezüge von Abgeordneten

Diaspora
Gebiet, in dem eine Religion in der Minderheit ist

Diktatur
unkontrollierte Alleinherrschaft einer Person

Dimension
Ausmaß

Dioxin
hochgiftige chemische Verbindung

Doktrin
Lehrsatz, Lehrmeinung

Drill
harte Ausbildung beim Militär

Dschihad
im Islam Bezeichnung für die Anstrengung auf dem Wege zu Gott; heute oft in der einschränkenden Übersetzung „heiliger Krieg" gebraucht

E

Edikt
fürstlicher Erlass

effizient
wirksam

effektiv
wirksam

Einheitsliste
Wahlliste mit Kandidaten aller Parteien, meist in kommunistischen Staaten

Eiserner Vorhang
durch Sperranlagen gesicherte Grenze zwischen West- und Osteuropa im Kalten Krieg

Emanzipation
→ S. 122

Emigration
Auswanderung, emigrieren = auswandern

entmilitarisiert
frei von Militär

Entnazifizierung
→ S. 44

Entwicklungsland
ein Land, das sich wirtschaftlich, sozial und politisch auf einem relativ niedrigen Stand befindet

Epidemie
Massenerkrankung

Euthanasie
→ S. 23

Exekutive
ausführende Gewalt

F

fanatisch
von einer Idee besessen

fiktiv
angenommen, erdacht

Föderation
Staatenbund

Fonds
Geldmittel, Anleihe

Französische Revolution
gewaltsame Veränderung der Gesellschaftsordnung in Frankreich ab 1789

Frauenbewegung
weltweite Bewegung zur Durchsetzung der Gleichberechtigung der Frauen

Freizügigkeit
das Recht zur freien Wahl des Wohnortes

Führerprinzip
Konzept des Nationalsozialismus: eine Gruppe ordnet sich einem Führer bedingungs- und kritiklos unter.

G

Gaskammern
Räume mit Einrichtungen zur Tötung von Menschen in Konzentrationslagern

Geheime Staatspolizei (Gestapo)
→ S. 14

Generalgouvernement
→ S. 30

Genossenschaft
Zusammenschluss von Personen, die gemeinsam ein Geschäft betreiben

Genozid
→ S. 200

Gewaltenteilung
Aufteilung der Staatsgewalt in → Legislative, →Exekutive und →Judikative zur Sicherung der Freiheit und Begrenzung der Macht

Minilexikon

Gewerbefreiheit
Bedeutet, dass jeder ein Gewerbe ausüben darf.

Glasnost
→ S. 96

Gleichschaltung
Vorgang der Auflösung bestehender Organisationen (Parteien, Gewerkschaften, Verbände) und ihrer Eingliederung in NS-Organisationen

Gremium
Ausschuss

Großgrundbesitzer
Person mit umfangreichem Landbesitz

Großindustrie
Bezeichnung für große Industrieunternehmen

Grundnahrungsmittel
Lebensmittel, die den Hauptbestandteil der Ernährung ausmachen

Grund- und Menschenrechte
allgemeine Freiheitsrechte, die jedem Menschen zustehen und in Verfassungen garantiert werden

Guerillataktik
Kampf im Untergrund

H

Haushalt (Etat, Budget)
Zusammenstellung der Einnahmen und Ausgaben eines Jahres

Hitlerjugend (HJ)
Jugendorganisation der NSDAP für 14- bis 18-jährige Jungen

Hochverrat
Straftat, die gegen den Bestand eines Staates oder dessen Verfassung gerichtet ist

human
menschlich

Hypothek
Beleihung einer Immobilie

I

Ideologie
→ S. 16

Immigrant
Einwanderer

Immobilien
Bezeichnung für Grundstücke und Gebäude

Imperialismus
Streben eines Staates nach Weltgeltung und Großmachtstellung

Import
Einfuhr

Impuls
Anstoß

Individuum
einzelne Person

Indochina
Region in Südostasien

Inflation
starkes Ansteigen der Preise, damit verbunden Geldentwertung

Infrastruktur
alle öffentlichen Einrichtungen, auch Verkehrswege, Strom- und Telekommunikationsnetze usw.

Innovation
Neuerung

Institution
öffentliche Einrichtung

Integration
Eingliederung

Investition
Kapitalanlage

Islamist
militanter Moslem

J

Judikative
rechtsprechende Gewalt

Jugendweihe
in der DDR 1955 eingeführt, um Jugendliche auf die Ziele des Sozialismus zu verpflichten

Juristisch
die Rechtssprechung betreffend

K

Kalifat
früher Reich eines Herrschers im Orient

Kampagne
Aktion

Kapitalismus
Wirtschaftsform mit Marktwirtschaft

Kaufkraft
verfügbares Einkommen einer Person

Koalition
Bündnis auf Zeit von zwei oder mehreren Parteien

Kollektiv
Team, Gruppe

Kommerzialisierung
→ S. 187

kommerziell
geschäftlich

kommunal
die Gemeinde betreffend

Kommunismus
→ S. 16

Kompromiss
Einigung, bei der beide Seiten nachgeben

Konflikt
Auseinandersetzung, weil Interessen oder Zielsetzungen von Personen oder Gruppen nicht vereinbar erscheinen

Konsens
Übereinstimmung

Konsultation
Befragung, Beratung durch andere

Minilexikon

Konsument
Verbraucher

Konsumgut
Verbrauchsgegenstände

Kontrollrat
höchste Regierungsgewalt der Alliierten in den Besatzungszonen

Konvention
Abkommen, Brauch

Konzentrationslager
→ S. 11

Konzession
Zugeständnis

Koordinierung
aufeinander abstimmen

Kooperation
Zusammenarbeit

Koran
heiliges Buch des Islam

Korruption
Bestechlichkeit

Kreditbrief
schriftliche Vereinbarung über geliehenes Geld

Krematorium
Anlage für Feuerbestattungen

Kreuzzüge
im Mittelalter unternommene Kriegszüge gegen Staaten oder Gruppierungen, die von Christen als Feinde des Glaubens angesehen wurden

L

Lebensraum
in der Ideologie der Nationalsozialisten benutzter Begriff zur Begründung von Gebietsansprüchen

Legislative
gesetzgebende Gewalt

Legislaturperiode
Zeitraum, für den die Abgeordneten eines Parlaments gewählt werden

Leibeigener
von seinem Grundherrn abhängiger Bauer

Lesung
Beratung im Rahmen des Gesetzgebungsprozesses

liberal
politische Grundeinstellung, die der persönlichen Freiheit des Einzelnen stets Vorrang einräumt

Liquidierung
ungesetzliche Ermordung von Personen

Luftbrücke
Versorgung Berlins mithilfe von Flugzeugen während der Blockade

M

Marktwirtschaft
Wirtschaftsform mit freiem Wettbewerb und Privateigentum an Produktionsmitteln

Marshallplan (ERP)
→ S. 66

Massenmedium
Kommunikationsmittel, mit dem viele Nutzer erreicht werden können, z. B. Zeitungen, Fernsehen, Hörfunk, Internet

Massenorganisation
Sammelbezeichnung für Organisation mit vielen Mitgliedern, z. B. Gewerkschaften

Mehrparteiensystem
Vorhandensein mehrerer Parteien mit unterschiedlichen Programmen

Migration
→ S. 170

Ministerrat
Gremium der EU, Mitglieder sind die jeweiligen Fachminister aller Mitgliedsstaaten

Monopol
ein alleiniger Anbieter einer Ware oder Dienstleitung hat ein Monopol

Montagsdemonstrationen
Massendemonstrationen, die seit dem 4. September 1989 in Leipzig jeweils montags stattfanden

N

Napalm
hoch brennbarer Füllstoff für Benzinbrandbomben

NATO
→ S. 55

Neue Kriege
→ S. 186

NGO
→ S. S. 176

Nomade
Wanderhirte

Notstandsgesetze
→ S. 94

Novemberpogrome
→ S. 26

NSDAP
Nationalsozialistische Deutsche Arbeiterpartei

O

Ökonomie
Lehre von der Wirtschaft

Oktoberrevolution
Machtübernahme durch die Kommunisten unter Lenin 1917 in Russland

Opposition
in der Politik eine oder mehrere Parteien, die nicht regieren und den Plänen der Regierung eigene Entwürfe entgegenstellen

osmanisch
zum türkischen Reich gehörig

Ostblock
Bezeichnung im Kalten Krieg für die Sowjetunion

und die von ihr abhängigen europäischen Satellitenstaaten

P

Parlamentarischer Rat
→ S. 82

Patrouille
kleine Gruppe von Soldaten mit dem Auftrag aufzuklären oder zu sichern

Perestroika
Umbau und Modernisierung des gesellschaftlichen, politischen und wirtschaftlichen Systems der Sowjetunion

Philosoph
Wissenschaftler, der nach Erkenntnis strebt

Planwirtschaft
Wirtschaftsform, in der Preise, Produktion und Löhne vom Staat zentral festgelegt werden

Politbüro
Führungsgruppe in kommunistischen Parteien

Pogrom
→ S. 119

Politischer Kommissar
im Zweiten Weltkrieg in der UdSSR Parteifunktionär bei der kämpfenden Truppe

Prager Frühling
die tschechoslowakische kommunistische Partei unter Dubcek gewährte 1968 den Bürgern mehr Freiheiten

Präsidialkabinett
in der Weimarer Republik: Regierung, die nicht vom Parlament gewählt war, sondern vom Staatspräsidenten ernannt worden ist

Privileg
Vorrecht

Proklamation
→ S. 198

Propaganda
→ S. 15

Protektorat
ein unter Schutzherrschaft stehendes Gebiet

Provisorium
vorläufige Einrichtung

Q

qualifiziert
für etwas befähigt

R

Rassismus, rassistisch
Rassendenken, das Personen aufgrund ihrer Herkunft benachteiligt und diskriminiert

ratifizieren
Bestätigung, Anerkennung von Verträgen

Rechtsakt
Vorgang aufgrund eines Gesetzes

Rechtsextremismus
Rechtsextreme wollen den Staat gewaltsam verändern und orientieren sich häufig bei ihren Vorstellungen am Nationalsozialismus.

Reconquista
→ S. 115

Regime
diktatorische Herrschaft

Reichsrat
in der Weimarer Republik: Vertretung der Länder

Reparation
→ S. 66

Rote Armee Fraktion (RAF)
linksextremistische, terroristische Vereinigung

S

SA
Sturmabteilung, nationalsozialistische Organisation

sanitär
die Gesundheit betreffend

Satire
ironisch witzige Darstellung menschlicher Schwächen

Schutzbrief
Dokument, das den Inhaber vor Verfolgung bewahrt

Schutzmacht
Staat, der einen anderen beschützt

Schwarzer Markt, Schwarzmarkt
illegale Tauschwirtschaft

Schwerindustrie
Sammelbezeichnung für Eisen- und Stahlindustrie sowie Bergbau

Seeblockade
→ Blockade

Sektor
Teil eines Gebietes

Sinti
Teilgruppe der europäischen Roma

Skepsis
leichtes Misstrauen

Skeptizismus
philosophische Lehre, die den Zweifel zum Grundprinzip des Denkens macht

Söldner
gegen Bezahlung angeworbene Soldaten

Solidarnosc
→ S. 97

Soziale Marktwirtschaft
Wirtschaftsordnung, die einerseits freien Wettbewerb zulässt, in der andererseits der Staat durch Eingriffe für sozialen Ausgleich sorgt

Sozialisierung
Abschaffung von Privateigentum an Produktionsmitteln

Spießbürger
engstirniger Mensch

SS
Schutzstaffel, nationalsozialistische Organisation
→ Waffen-SS

Stabilität
Festigkeit, Haltbarkeit

Stasi, MfS (Ministerium für Staatssicherheit)
→ S. 99

Statut
Satzung, Grundgesetz

Strafzoll
Abgabe auf eingeführte Waren, um Preisdumping zu verhindern

Subventionen
→ S. 173

Synagoge
jüdisches Gebetshaus

T

Taliban
→ S. 214

Terror
Gewalt um andere gefügig zu machen

Toleranz
Zulassen fremder Meinungen und Verhaltensweisen

Transit
Personen- und Warenverkehr durch fremdes Staatsgebiet

Treuhandgesellschaft
Einrichtung zur Verwaltung fremder Rechte und Vermögen

Trizone
→ S. 68

Tyrannei
Gewalt- und Willkürherrschaft

U

überkonfessionell
nicht auf eine Glaubensrichtung beschränkt

UNO
→ S. 198

V

Verfassungsgericht
überprüft in letzter Instanz die Übereinstimmung von Gesetzen mit der Verfassung

Versailler Vertrag
Friedensvertrag nach dem Ersten Weltkrieg

Veto
Einspruch mit verhindernder Wirkung

Vietcong
→ S. 58

Vietminh
vietnamesische Unabhängigkeitsbewegung

Visum
Ein- und Ausreiseerlaubnis

Völkerrecht
Lehre, die sich mit dem Verhältnis von Staaten befasst

Volksentscheid
Dabei entscheiden alle Wahlberechtigten, nicht das Parlament.

Volksgerichtshof
→ S. 40

Volkskammer
Parlament der DDR; ohne echte politische Macht

Volkssturm
militärischer Verband am Ende des Zweiten Weltkriegs, der aus Jugendlichen und alten Männern bestand

W

Waffen-SS
seit 1939 zusammenfassende Bezeichnung für die verschiedenen SS-Einheiten

Währungsreform
Einführung einer neuen Währung

Warschauer Pakt
→ S. 55

Weltwirtschaftskrise
wirtschaftliche Probleme aller Industriestaaten verbunden mit Rückgängen bei der Produktion und steigender Arbeitslosigkeit

Wechsel
Wertpapier, das geliehenes Geld dokumentiert

Widerstandskämpfer
Menschen, die aktiv gegen eine Diktatur vorgehen

Wiener Kongress
Konferenz europäischer Staaten nach dem Ende der Herrschaft Napoleons

Wohlfahrt
wenn alle Menschen in materieller Sicherheit leben

Z

Zahlungsverkehr
Austausch von Geld mithilfe von Barzahlungen oder Bankanweisungen

Zar
früher: höchster Herrscher in Russland

Zentralkomitee
Führungsgruppe kommunistischer Parteien

Zeugen Jehovas
christliche Religionsgemeinschaft

Zwei-plus-vier-Vertrag
Friedensregelung zwischen der Bundesrepublik und der DDR einerseits und den alliierten Siegermächten des Zweiten Weltkriegs andererseits

Textquellen

10 M1 Aus: „Der Angriff" (30. 4. 1928), zit. nach: W. Michalka, G. Niedhardt (Hg.), Die ungeliebte Republik, dtv, München 1980, 251.
M2 19 M7 Maschmann, M.: Fazit: kein Rechtfertigungsversuch, DVA, Stuttgart 1963, 17 f.

11 M4 20 M2 zit. nach: Conze, W.: Der Nationalsozialismus, Bd. 1, Klett, Stuttgart 1972, 62 f.
M6 http://www.documentarchiv.de/wr/wrv.html; Zugriff am 11. 11. 2013.

12 M2 Becker, J.: Hitlers Machtergreifung 1933, dtv, München 1983, 340.
M3 Autor: Martin Lücke.

13 M4 Michaelis, H. (Hg.): Ursachen und Folgen, Dokumenten-Verlag Wendler, Berlin o. J., 146 f.
M6 zit. nach: Conze, W.: Der Nationalsozialismus, Bd. 1, Klett, Stuttgart 1972, 65 f.

14 M2 Reichsgesetzblatt I 1934 Seite 529 I
M3 Aleff, E.: Das Dritte Reich, Fackelträger, Hannover 1970, 57.
M4 http://www.dhm.de/lemo/html/nazi/innenpolitik/gestapo/; Zugriff am 11. 11. 2013.

16 M2 Meier-Benneckenstein, P. (Hg.): Dokumente der deutschen Politik, Bd. 2, Juncker & Dünnhaupt, Berlin 1938, 18.
M3 http://dejure.org/gesetze/GG/1.html; Zugriff am 11. 11. 2013

17 M5 Hitler, A.: Mein Kampf, Eher, München 1936, 742.
M6 Hitler, A.: Mein Kampf, Eher, München 1936, 318, 324, 329.
M8 http://dejure.org/gesetze/GG/87a.html; Zugriff am 11. 11. 2013.
M9 http://dejure.org/gesetze/GG/3.html; Zugriff am 11. 11. 2013.

18 M2 Francois-Poncet, A.: Botschafter in Berlin 1931–1938, Kupferberg, Berlin 1962, 308.
M3 Weltkriege und Revolutionen 1914–1945, bearb. von Günter Schönbrunn, 3. Aufl., BSV, München 1979 (= Geschichte in Quellen, Bd. 6), 294.

19 M6 Burkhardt, B.: Eine Stadt wird braun, Hoffmann und Campe, Hamburg 1980, 142.

20 M2 Elster, H. M.: Liebe und Ehe, Rudolph, Dresden 1940, 237 f.

21 M3 Arbeitskreis Stadtgeschichte Salzgitter e. V. (Hg.): Unterrichtsheft „Jugend-Nationalsozialismus in Salzgitter", Arbeitskreis Stadtgeschichte, Salzgitter 1996, 1 ff.
M6 Soenke, J.: Die Reden des Führers nach der Machtübernahme, Eher, Berlin 1939, 176.

22 M4 Streicher, J. (Hg.): „Der Stürmer", Nürnberg 1934.
M5 Bein, Reinhard (Hg.): Juden in Braunschweig, Döring-Dr., Braunschweig 1983, 206.

23 M8 Platner, G. (Hg.): Schule im Dritten Reich, dtv, München 1983, 247 f.
M9 Hitler, A.: Mein Kampf, Eher, München 1932, S. 420.
M10 Hitler, A.: Mein Kampf, Eher, München 1932, S. 420.

24 M3 Niedersächsisches Staatsarchiv Aurich, Rep 252 Nr. 1115, 35.
M4 Reichsgesetzblatt 1935, T. 1, Nr. 100, 1146 f.

25 M5 Trudy Galetzka, geb. Wertheim, Zeitzeugengespräch in der Herderschule Bückeburg am 15. 05. 1997/ Klaus Maiwald.

26 M4 Stadtarchiv Nürnberg (Hg.): Schicksal jüdischer Mitbürger in Nürnberg 1850–1945, Stadtrat, Stadtarchiv, Nürnberg 1965.
M5 Kühnl, R.: Der deutsche Faschismus in Quellen und Dokumenten, Pahl-Rugenstein, Köln 1987, 296 f.

27 M6 Praxis Geschichte 6/95, 21.

28 M4 Vierteljahrshefte für Zeitgeschichte, Heft 2/1955, 204 ff.

29 M6 Goebbels, J.: Tagebücher 1924–1945, hg. v. Ralf Georg Reuth, Bd. 3, Piper, München 1992, 933–935.
M7 Autor: Martin Lücke.

30 M2 Vierteljahrshefte für Zeitgeschichte, Heft 2/1958, 182.
M4 Autor: Martin Lücke.

31 M6 Kühnl, R.: Der deutsche Faschismus in Quellen und Dokumenten, Pahl-Rugenstein, Köln 1975, 352.

33 M5 Boelcke W.: Wollt Ihr den totalen Krieg?, dtv, München 1969, 436 f.

34 M2 Praxis Geschichte 6/95, 5.

35 M4 Klee, E. u. a.: Schöne Zeiten, Fischer, Frankfurt/M. 1988, 69 f.

36 M2 Broszat, M. (Hg.).: Rudolf Höß. Kommandant in Auschwitz, Stuttgart 1958, 166.
M3 Knopp, G.: Holocaust, München 2000, 268.

37 M6 Roth, H. (Hg.): Verachtet, verstoßen, vernichtet, Arena, Würzburg 1995, 170.
M7 Knopp, G.: Holocaust, Bertelsmann, München 2000, 358.
M8 Knopp, G.: Holocaust, Bertelsmann, München 2000, 373.

38 M1 Text des Autors Martin Lücke.
M2 Interview des Autors M. Lücke mit A. Lücke, Hildesheim 1987.
M3 Bayer, I.: Ehe alles Legende wird, Arena, Würzburg 1995, 198.
M4 Rosenthal, H.: Zwei Leben in Deutschland, Lübbe, Bergisch Gladbach 1980, 61.

39 M6 Hofer, W.: Der Nationalsozialismus, Dokumente 1933–1945, Fischer, Frankfurt 1957, 164.
M7 Hofer, W.: Der Nationalsozialismus, Dokumente 1933–1945, Fischer, Frankfurt 1957, 333 f.
M8 Aleff, E.: Das Dritte Reich, Fackelträger, Hannover 1970, 230.
M9 Autor: Martin Lücke.

40 M2 http://www.gdw-berlin.de/de/vertiefung/biographien/personenverzeichnis/offset/144/; Zugriff 11. 11. 20.13 (Quelle bearbeitet).
M4 Ripper, W.: Weltgeschichte im Aufriss, Bd. 3, T. 1, Diesterweg, Frankfurt/M. 1976, 472.

42 M2 Hofer, W.: Der Nationalsozialismus, Dokumente 1933–1945, Fischer, Frankfurt 1957, 265 f.
M3 Hachiya, M.: Hiroshima-Tagebuch, Hyperion, Freiburg i. Br. 1955, S.1 ff.

43 M5 Klemperer, V.: Ich will Zeugnis ablegen bis zum letzten, Tagebücher Januar bis Juni 1945, Aufbau, Berlin 2006, 143.

44 M2 Cornides, W./ Volle, H.: Um den Frieden mit Deutschland, Europa-Archiv, Oberursel 1948, 58 ff.

45 M5 Der Prozess gegen die Hauptkriegsverbrecher vor dem Internationalen Militärge-richtshof, Bd. 1, Nürnberg 1947, 11 f.
M6 http://www.sueddeutsche.de/politik/kriegsverbrechen-anklage-nach-jahren-1.85956; Zugriff am 11. 11. 2013.

46 M2 http://www.hanisauland.de/lexikon/r/rechtsextremismus.html; Zugriff am 11. 11. 2013.
M4 http://www.tagesschau.de/inland/rechtsextrememordserie104.html; Zugriff am 11. 11. 2013.

49 Aufg. 4 Jacobsen, H.-A.: Kommissarbefehl, in: M. Broszat u. a.: Anatomie des SS-Staates, Bd. 2, Walter, Olten 1965, 138.

52 M1 Adams, A./Paul, W. (Hg.): Die Amerikanische Revolution in Augenzeugenberichten, dtv, München 1976, 262.
M2 Carnegie, A.: Wealth, in: North American Review 148, 665f, übers. von Klaus Langer.

53 M4 zit. nach: Altrichter, H./ Haumann, H. (Hg.): Die Sowjetunion, Bd. 2, dtv, München 1987, 109 f.
M5 zit. nach: Altrichter, H. (Hg.): Die Sowjetunion, Bd. 1, dtv, München 1986, 87 ff.

54 M2 Gasteyger, C. (Hg.): Einigung und Spaltung Europas 1942-1965, Fischer, Frankfurt 1965, 175f. (Quelle bearbeitet).
M3 zit. nach: Huster, E.-U. u. a.: Determinanten der westdeutschen Restauration, Suhrkamp, Frankfurt 1972, 338–340.

56 M1 http://www.spiegel.de/spiegel/print/d-65414148.html; Zugriff 11.11.2013.

57 M5 nach: Görtemaker, M.: Die unheilige Allianz, C. H. Beck, München 1979, 44 (Quelle bearbeitet).

60 M4 Steininger, R.: Deutsche Geschichte 1945–1961, Darstellung und Dokumente in zwei Bänden, Bd. 1, Fischer, Frankfurt/M.1983, 87 ff.

61 M9 Steininger, R.: Deutsche Geschichte 1945–

1961, Darstellung und Dokumente in zwei Bänden, Bd. 1, Fischer, Frankfurt/M.1983, 87 ff.
62 M2 Hohlfeld, J. (Hg.): Dokumente der deutschen Politik und Geschichte von 1948 bis zur Gegenwart, Bd. 6, Dokumenten-Verlag, Berlin/München o. J., 26 f.
63 M3 http://www.zeitzeugenforum.de/Krieg%20-%20Nachkriegszeit,BI/siteeckard.htm; Zugriff am 11. 11. 2013.
64 M2 Rudzio, W.: Die organisierte Demokratie, Parteien und Verbände in der Bundesrepublik, Metzler, Stuttgart 1977, 82.
65 M3 Wucher, A. (Hg.): Wie kam es zur Bundesrepublik? Politische Gespräche mit Männern der ersten Stunde, Herder, Freiburg, Basel, Wien 1968, 38 ff.
M6 zit. nach: E. Deuerlein (Hg.): DDR, 1945–1970, dtv, München 1971, 83 ff.
66 M2 Kleßmann, C. u. a.: Das gespaltene Land, C. H. Beck, München 1993.
M4 Die Welt seit 1945, hg. von Helmut Krause und Karlheinz Reif, BSV, München 1980 (= Geschichte in Quellen, Bd. 7), 370 f.
68 M2 http://www.bpb.de/geschichte/deutsche-einheit/deutsche-teilung-deutsche-einheit/43652/die-50er-jahre-entscheidungen; Zugriff am 14. 11. 2013
69 M4 Adenauer, K.: Reden 1917–1967, DVA, Stuttgart 1975, 170 f.
M5 Weber, H.: Dokumente zur Geschichte der DDR, dtv, München 1986, 167 f.
71 M5 Stern, C.: Ulbricht. Eine politische Biographie, Kiepenheuer & Witsch, Köln 1963, 231.
72 M2 Flemming, T./Koch, H.: Die Berliner Mauer, be.bra Verlag, Berlin 1999, 38.
M5 http://www.hdg.de/lemo/html/DasGeteilteDeutschland/KontinuitaetUndWandel/NeueOstpolitik/passierscheinabkommen.html; Zugriff am 14. 11. 2013.
73 M7 Interview mit der Zeitzeugin Frau Ginzel durch Schülerinnen und Schüler der Renataschule, Hildesheim 2004.
74 M2 Weber, H.: DDR, dtv, München 1986, 251.
M3 Autor: Klaus Langer.
M4 Wilharm, I. (Hg.): Deutsche Geschichte 1962–83, Bd. 2, Fischer, Frankfurt/M. 1985, 28.
75 M7 DIE ZEIT Nr. 4 vom 28. 1. 1972. http://www.zeit.de/1972/04/cdu-lehnt-ostvertraege-ab; Zugriff 14. 11. 2013.
76 M2 http://einestages.spiegel.de/static/topicalbumbackground/18281/kniefall_vor_der_geschichte.html; Zugriff 14. 11. 2013.
77 M3 http://www.mdr.de/damals/archiv/transitabkommen102.html; Zugriff 14. 11. 2013.
82 M3 Bundesgesetzblatt, S.1.
84 M4 Autor: Martin Lücke.
85 M6 DDR- konkret, Olle & Wolter, Berlin 1981, 67–71.
86 M2 Hoffmann, J./Ripper, W. (Hg.): Deutschland im Spannungsfeld der Siegermächte, Diesterweg, Frankfurt/M. 1982, 178.
M4 Kleßmann, C. u. a.: Das gespaltene Land, C. H. Beck, München 1993.
87 M6 Abelshauser, W.: Die langen fünfziger Jahre, Schwann, Düsseldorf 1987, 115 f.
88 M2 Kleßmann, C. u. a.: Das gespaltene Land, C. H. Beck, München 1993, 508.
90 M4 BRAVO 34 (1961).
91 M7 Praxis Geschichte 4 (1993), 31.
93 M6 Klein, W.: Ihr Kinderlein kommet! Dem Klapperstorch Flügel machen, in: W. Filmer/H.Schwan (Hrsg.): Alltag im anderen Deutschland, Econ, Düsseldorf/Wien 1985, 130 f.
M7 Geiling-Maul, B. u. a.: Frauenalltag. Weibliche Lebenskultur in beiden Teilen Deutschlands, Bund-Verlag, Köln 1992, 97 f.
94 M3 http://www.hdg.de/lemo/html/DasGeteilteDeutschland/NeueHerausforderungen/LinksterrorismusreaktionenDesStaates.html; Zugriff am 14. 11. 2013.
95 M5 zit. nach: Weber, H.: Kleine Geschichte der DDR, Verlag Wissenschaft und Politik, Köln 1980, 126.
M7 Der Spiegel 40 (1983). http://www.spiegel.de/spiegel/print/d-65431725.html; Zugriff 14. 11. 2013.
96 M3 http://www.fordham.edu/halsall/mod/1968brezhnev.html; Zugriff am 15. 12. 09; übersetzt von Klaus Langer.
M5 Gorbatschow, M. : Erinnerungen, Siedler, Berlin 1995, 284 und Gorbatschow, M.: Perestroika, Die zweite russische Revolution, Droemer Knaur, München 1987, 40 ff.
97 M6 http://www.dw.de/r%C3%BCckblick-vor-25-jahren-wurde-die-solidarnosc-gegr%C3%BCndet/a-1691063; Zugriff 14. 11. 2013.
M7 http://www.rp-online.de/politik/deutschland/ungarn-oeffnet-den-eisernen-vorhang-aid-1.2299391; Zugriff am 14. 11. 2013.
M8 Autor: Klaus Langer.
98 M3 BStU (Bundesbeauftragte für die Unterlagen des Staatssicherheitsdienstes der ehemaligen DDR), Archiv der Außenstelle Suhl, AKG/29 Bd. 2.
99 M4 http://de.wikipedia.org/wiki/Inoffizieller_Mitarbeiter; Zugriff 14. 11. 2013.
M5 Autor: Klaus Langer.
M6 Autor: Klaus Langer.
100 M2 Rein, G.: Die Opposition in der DDR, Wichern, Berlin 1989, 13 f.
M5 Liberal-Demokratische Zeitung vom 23. 09. 1989.
101 M7 Mitschrift von Klaus Langer des Filmbeitrages in den Nachrichten am 3. 10. 1989.
M9 Mitschrift von Klaus Langer des Filmbeitrages in den Nachrichten am 6. 10. 1989.
102 M1 Kaulfuss, W./Schulz, J.: Dresdner Lebensläufe, GNN-Verlag, Schkeuditz 1993, 201 f.
M2 www.ski-eisfasching.de/drupal/geschichte; Zugriff 14. 11. 2013.
M3 Kaulfuss, W./Schulz, J.: Dresdner Lebensläufe, GNN-Verlag, Schkeuditz 1993, 205 f.
103 M4 Kuhn, E.: Der Tag der Entscheidung, Ullstein, Berlin 1992, 28.
M6 Lindner, B./Grüneberger, R.: Demonteure – Biographien des Leipziger Herbst, Aisthesis-Verlag, Bielefeld 1992, 256.
104 M2 Thaysen, U.: Der Runde Tisch oder: Wo blieb das Volk?, Westdeutscher Verlag, Opladen 1990, 174 f.
105 M5 taz (Hg.): DDR-Journal zur Novemberrevolution, Berlin 1989, 154.
M6 http://www.chronikderwende.de/lexikon/glossar/glossar_jsp/key=10-punkte-plan.html; Zugriff 14. 11. 2013.
M8 zit. nach einem Artikel in der Frankfurter Rundschau vom 20. 3. 1990.
M9 zit. nach: Bender, P.: Deutschlands Wiederkehr, bpb, Bonn 2008, (= Schriftenreihe Band 698), 256.
106 M2 Thatcher, M.: Downing Street No. 10, Die Erinnerungen, Econ, Düsseldorf 1993, 1095 f.
M4 Interview mit George H. W. Bush vom 24. Oktober 1989, in: New York Times vom 25. Oktober 1990, entnommen: Informationen zur politischen Bildung, Der Weg zur Einheit, Deutschland seit Mitte der achtziger Jahre, Heft 250, bpb, Bonn 1996, 38 f.
M5 Gorbatschow, M.: Erinnerungen, Siedler, Berlin 1995, 717.
107 M8 http://archiv.jura.uni-saarland.de/Vertraege/Einheit/ein1_m0.htm; Zugriff 14. 11. 2013.
108 M2 http://www.helmut-kohl.de/index.php?msg=555; Zugriff 14. 11. 2013.
109 M6 http://dip21.bundestag.de/dip21/btd/14/065/1406577.pdf; zugriff 14. 11. 2013.
M8 http://www.porsche-leipzig.com/de/porsche-leipzig/warumleipzig.aspx; Zugriff 14. 11. 2013.
115 M2 Muñoz Molina, A.: Stadt der Kalifen. Historische Kreuzzüge durch Córdoba, 4. Aufl., Rowohlt, Reinbek 2007, 35.
M3 zit. nach: Hottinger, A.: Die Mauren, Arabische Kultur in Spanien, Reprint Verlag Neue Zürcher Zeitung, Zürich 2005, 49.
116 M2 Hottinger, A.: Die Mauren, Arabische Kultur in Spanien, Reprint Verlag Neue Zürcher Zeitung, Zürich 2005, 424.
M3 Muñoz Molina, A.: Stadt der Kalifen. Historische Kreuzzüge durch Córdoba, 4. Aufl., Rowohlt, Reinbek 2007, 70, 71.
117 M5 zit. nach: Hottinger, A.: Die Mauren, Arabische Kultur in Spanien, Reprint Verlag Neue Zürcher Zei-

tung, Zürich 2005, 63.
M7 Bossong, G: Das maurische Spanien, C. H. Beck, München 2007, 38.
118 M2 zit. nach: Mayer, H. E.: Geschichte der Kreuzzüge, 7. Aufl., Kohlhammer, Stuttgart 1989, 90, 91.
119 M3 zit. nach: Pernoud, R. (Hg.): Die Kreuzzüge in Augenzeugenberichten, 5. Aufl., dtv, München 1980, 101 f. (Quelle vereinfacht).
M4 zit. nach: Gabrieli, F. (Hg.): Die Kreuzzüge aus arabischer Sicht, dtv, München 1976, 49f. (Quelle vereinfacht).
120 M3 zit. nach: Gabrieli, F.: Mohammed in Europa – 1300 Jahre Geschichte, Kunst, Kultur, Bechtermünz, Augsburg 1997, 56.
M4 Stemberger, Günter (Hg.): Die Juden: ein historisches Lesebuch, C. H. Beck, München 1990, 120.
121 M6 Gidal, Nachum T.: Die Juden in Deutschland von der Römerzeit bis zur Weimarer Republik, Bertelsmann Lexikon Verlag, Gütersloh 1988, 40.
M7 zit. nach: Geschichte lernen 11/1989, 63.
122 M2 http://www.heinrich-heine-denkmal.de/dokumente/edikt1812.shtml; Zugriff 14. 11. 2013.
123 M4 Loewenfeld, R.: Schutzjuden oder Staatsbürger? Schweitzer & Mohr, Berlin 1893.
M5 Heinrich-Heine-Säkularausgabe, Nationale Forschungs- und Gedenkstätten der klassischen deutschen Literatur in Weimar/Centre National de la Recherche Scientifique in Paris (Hg.), Bd. 20, Akademie Verlag, Berlin 1984, 234.
124 M1 Autorin: Carmen Weiß.
M2 zit. nach: Gidal, Nachum T.: Die Juden in Deutschland von der Römerzeit bis zur Weimarer Republik, Bertelsmann Lexikon Verlag, Gütersloh 1988, 358.
125 M5 Gidal, Nachum T.: Die Juden in Deutschland von der Römerzeit bis zur Weimarer Republik, Bertelsmann Lexikon Verlag, Gütersloh 1988, 422, 425.
126 M3 zit. nach: Lautemann, Wolfgang/ Schlenke, Manfred (Hg.): Geschichte in Quellen, Bd. 4, Bayerischer Schulbuchverlag, München 1981, 589f.
128 M2 Kronenberg, V.: Grundzüge deutscher Außenpolitik 1949-1990, in: Informationen zur politischen Bildung Nr. 304/2009.
M3 http://www.zeit.de/2013/13/Mainzer-Republik-1972/seite-3; Zugriff 14. 11. 2013.
129 M5 http://politikbeobachter.wordpress.com/tag/kriegerdenkmal/; Zugriff 14. 11. 2013.
M6 http://www.dfjw.org/dfjw; Zugriff 14. 11. 2013.
130 M2 http://www.j-zeit.de/archiv/artikel.80.html; Autor: Uwe Scheele; Zugriff 14. 11. 2013.
134 M2 Autorin: Sonja Giersberg.
M3 Autorin: Sonja Giersberg.
135 M4 Autorin: Sonja Giersberg.
M5 Autorin: Sonja Giersberg.
136 M2 Siegler, H. (Hg.): Dokumentation der Europäischen Integration mit besonderer Berücksichtigung der Verhältnisse EWG-EFTA, Siegler, Bonn, Wien, Zürich 1961, 4 f.
M3 www.konrad-adenauer.de/dokumente/interviews/interview-kingsbury-smith (Zugriff: 4. 3. 2014).
137 M5 http://eur-lex.europa.eu/de/treaties/dat/11957E/tif/TRAITES_1957_CEE_1_XM_0174_x111x.pdf; Zugriff 14. 11. 2013.
139 M3 http://www.sueddeutsche.de/politik/militaereinsatz-in-mali-eu-beschliesst-entsendung-von-militaerausbildern-1.1602948; Zugriff 14. 11. 2013.
M4 http://dejure.org/gesetze/EU/21.html; Zugriff 14. 11. 2013.
142 M3 http://www.nzz.ch/aktuell/wirtschaft/wirtschaftsnachrichten/kampf-gegen-die-jugendarbeitslosigkeit-1.18107125; Zugriff 14. 11. 2013.
145 M4 http://www.europarl.europa.eu/news/de/news-room/content/20130606FCS11209/12/html/Parlament-verabschiedet-gemeinsames-europ%C3%A4isches-Asylsystem; Zugriff 14. 11. 2013.
M5 http://www.taz.de/1/archiv/digitaz/artikel/?ressort=au&dig=2013%2F06%2F13%2Fa0047&cHash=8ad9a0dc9e34099aac-8c1e13f69a63d5; Zugriff 14. 11. 2013.
146 M2 http://www.tagesspiegel.de/wirtschaft/die-eu-will-energie-sparen/6753042.html; Zugriff 14. 11. 2013.
147 M1 Autorin: Sonja Giersberg
M4 http://www.zeit.de/kultur/film/2013-07/eugh-urteil-fussball-bezahlfernsehen; Zugriff 14. 11. 2013.
148 M3 http://www.spiegel.de/gesundheit/diagnose/faktencheck-eu-tabakrichtlinie-was-das-neue-gesetz-bringt-a-926906.html; Zugriff 14. 11. 2013.
149 M4 http://www.krone.at/Welt/EU_praesentiert_verschaerfte_Tabak-Richtlinie-Nach_langer_Debatte-Story-344940; Zugriff 17. 11. 2013.
M5 http://www.zigarettenverband.de/pos-data/page_img/Publikationen/DZV_TPD_Folder_Homepage.pdf; Zugriff 18. 11. 2013.
150 M4 http://www.zeit.de/news/2012-11/12/arbeitsmarkt-handwerk-setzt-auf-auszubildende-aus-eu-krisenlaendern-12073607/komplettansicht; Zugriff am 18. 11. 2013.
151 M5 http://www.bundesregierung.de/Content/DE/Artikel/2011/12/2011-12-07-arbeitnehmer-freizuegigkeit-weiter-beschraenkt-fuer-rum-und-bul.html; Zugriff 18. 11. 2013.
M6 http://www.spezialitaeten-aus-niedersachsen.de/heidschnucke.html; Zugriff 18. 11. 2013.
153 M3 http://www.zeit.de/2013/28/europa-eu-haushalt; Zugriff 18. 11. 2013.
155 M4 http://www.zeit.de/wirtschaft/2012-08/griechenland-deutschland-merkel-samaras; Zugriff 18. 11. 2013.
M5 http://www.sueddeutsche.de/wirtschaft/euro-wie-deutschland-von-der-schuldenkrise-profitiert-1.1260778; Zugriff 18. 11. 2013.
156 M2 http://www.europarl.at/resource/static/files/mein-europa-30102013.pdf; Zugriff 18. 11. 2013.
157 M3 Aussagen von Elmar Brok und Johannes Kahrs; http://www.zeit.de/politik/ausland/2013-06/tuerkei-eu-beitritt-debatte; Zugriff 18. 11. 2013. Aussagen, die nicht mit Namen versehen sind: http://www.hoelzel.at/_verlag/rgw/rgw6/pdf/tuerkei_pro_kontra.pdf; Zugriff 18. 11. 2013. Alle anderen: http://www.stern.de/politik/ausland/pro-contra-der-tuerkei-streit-525073.html; Zugriff 18. 11. 2013.
162 M2 http://www.faz.net/aktuell/politik/china-spezial/wirtschaft/ein-selbstversuch-es-geht-auch-ohne-china-1546917.html; Zugriff 18. 11. 2013
164 M2 http://www.gruenderszene.de/allgemein/gadgets-apple-foxconn; Zugriff 18. 11. 2013.
165 M4 http://www.dihk.de/branchen/industrie/auslandsinvestitionen/auslandsinvestitionen; Zugriff 18. 11. 2013.
166 M2 http://m.stuttgarter-zeitung.de/inhalt.bosch-globalisierung-ist-kein-schreckgespenst.b6f-b8a71-d601-4945-95b4-2aca606a1e70.html; Zugriff 18. 11. 2013.
167 M5 http://www.spiegel.de/wirtschaft/unternehmen/produktionsverlagerung-nokia-opfert-rumaenisches-werk-a-789110.html; Zugriff 18. 11. 2013.
168 M2 http://www.focus.de/finanzen/boerse/finanzkrise/finanzkrise-schwarzer-tag-fuer-fuenf-us-banken_aid_422493.html; Zugriff 18. 11. 2013.
M4 Süddeutsche Zeitung vom 18. 8. 2007, 3.
169 M5 http://www.planet-wissen.de/politik_geschichte/wirtschaft_und_finanzen/boerse/finanzkrise_2008.jsp; Zugriff 18. 11. 2013.
M6 http://www.tagesschau.de/wirtschaft/spanien674.html; Zugriff 18. 11. 2013.
170 M2 http://bewegung.taz.de/organisationen/pro-asyl/ueber-uns; Zugriff 18. 11. 2013.
171 M4 http://www.refugeetentaction.net/index.php?option=com_content&view=article&id=220:erste-erklaerung-der-nicht-buerger-innen-des-muenchener-

protestzeltes&catid=2&Itemid=132&lang=de; Zugriff 18. 11. 2013.
M5 http://www.dw.de/syrische-fl%C3%BCchtlinge-erhalten-schutz-in-deutschland/a-17052420; Zugriff 18. 11. 2013.
172 M2 http://www.manager-magazin.de/politik/weltwirtschaft/a-905615.html; Zugriff 18. 11. 2013.
174 M2 http://www.worldbank.org/en/news/feature/2010/05/27/br-bolsa-familia; Zugriff 18. 11. 2013, übers. von Matthias Bahr.
175 M5 http://www.epd.de/zentralredaktion/epd-zentralredaktion/schwerpunktartikel/%C2%ABbrot-f%C3%BCr-die-welt%C2%BB-kritisiert-wachstumskur; Zugriff 18. 11. 2013.
176 M2 http://www.malteser.de/aktuelles/newsdetails/article/7682.html; Zugriff 18. 11. 2013.
177 M6 http://www.attac.de/aktuell/nog8/pressemitteilungen/detailsicht/datum/2011/05/27/hilfe-fuer-nordafrika-darf-nicht-an-neoliberale-auflagen-geknuepft-werden-1/?cHash=b2a42a08f78c4d87a29ca0a250b130a5; Zugriff 18. 11. 2013.
178 M1 http://www.germanwatch.org/zeitung/2008-1-ghana.htm; Zugriff 18. 11. 2013.
M2 http://www.sueddeutsche.de/wirtschaft/947/439690/text/; Zugriff 18. 11. 2013.
180 M3 http://www.zeit.de/2012/25/P-Interview-Steiner; Zugriff 18. 11. 2013.
181 M4 http://www.welt.de/politik/ausland/article111900818/Kyoto-Protokoll-wird-bis-Ende-2020-verlaengert.html; Zugriff 18. 11. 2013.
187 M4 http://www.eurasischesmagazin.de/artikel/Die-neuen-Kriege-von-Herfried-Munkler/111603; Zugriff 18. 11. 2013.
M5 nach: http://www.whywar.at/somalia; Zugriff 18. 11. 2013.
190 M3 http://www.bpb.de/politik/hintergrund-aktuell/68721/9-11-und-die-folgen; Zugriff 18. 11. 2013.
191 M6 Jan Oltmanns, zit. nach: http://www.tages-themen.de/ausland/meldung234052.html; Zugriff 3. 2. 10.
192 M2 http://www.medico.de/themen/menschenrechte/rohstoffe/dokumente/reichtum-ohne-wohlstand/4197/; Zugriff 19. 11. 2013.
M4 http://www.wissenschaft.de/home/-/journal_content/56/12054/54908/; Zugriff 19. 11. 2013.
193 M7 http://www.zeit.de/2003/36/Kindersoldaten; Zugriff 19. 11. 2013.
194 M4 http://www.oxfam.de/informieren/waffenhandel; Zugriff 19. 11. 2013.
195 M5 http://www.zeit.de/2010/40/Stuxnet-Computerwurm; Zugriff 19. 11. 2013.
M6 http://www.morgenpost.de/printarchiv/politik/article1407555/Die-heimlichen-Attacken-der-Daten-Soldaten.html; Zugriff 19. 11. 2013.
196 M3 nach http://www.sueddeutsche.de/politik/aussenansicht-sieben-kriege-und-nichts-gewonnen-1.483362; Zugriff 19. 11. 2013.
197 M5 http://www.tagesspiegel.de/kultur/arabische-jugend-zurueck-auf-die-weltbuehne/3786724.html; Zugriff 19. 11. 2013.
198 M2 Churchill, W.: Der Zweite Weltkrieg, Bd. 6, Scherz, Bern 1954, 547–549.
M3 http://www.unric.org/de/charta; Zugriff 19. 11. 2013.
199 M5 http://www.unric.org/de/charta; Zugriff 19. 11. 2013.
201 M4 http://www.welt.de/politik/ausland/article115989343/UN-Blauhelmsoldat-bei-Hinterhalt-in-Kongo-getoetet.html; Zugriff 19. 11. 2013.
204 M1 http://www.unric.org/de/charta; Zugriff 19. 11. 2013.
205 M7 http://www.younicef.de/fileadmin/Medien/PDF/2008-11_Schulen_fuer_Afrika_Feature_Malawi.pdf; Zugriff 19. 11. 2013.
M9 http://www.uno-fluechtlingshilfe.de/fluechtlinge/helfer-berichten/nothelfer-im-syrienkonflikt.html; Zugriff 19. 11. 2013.
206 M2 http://www.spiegel.de/politik/ausland/berufungsverfahren-charles-taylor-muss-50-jahre-ins-gefaengnis-a-924659.html; Zugriff 14. 11. 2013.
208 M2 http://www.bpb.de/izpb/8706/anspruch-und-last-internationaler-fuehrung-die-usa?p=all; Zugriff 19. 11. 2013.
M3 https://zeitschrift-ip.dgap.org/de/article/20247/print; Zugriff 19. 11. 2013.
209 M4 http://www.sueddeutsche.de/politik/wahlen-in-russland-putin-will-panzer-statt-reformen-1.1288597; Zugriff 19. 11. 2013.
M7 http://www.spiegel.de/politik/ausland/china-und-russland-beginnen-gemeinsames-marinemanoever-im-pazifik-a-909568.html; Zugriff 19. 11. 2013.
210 M2 http://www.nato.diplo.de/Vertretung/nato/de/04/Rechtliche__Grundlagen/Nordatlantikvertrag.html; Zugriff 19. 11. 2013.
M3 http://www.bpb.de/apuz/26873/funktionen-militaerischer-konfliktregelung-durch-die-nato?p=all; Zugriff 19. 11. 2013.
211 M5 http://www.focus.de/politik/deutschland/nato-hintergrund-die-nato-strategie_aid_387012.html; Zugriff 19. 11. 2013.
M6 http://www.nato.diplo.de/contentblob/2232930/Daten/1854798/Gipfelerkl_Strassb_Kehl_DownlDat.pdf; Zugriff 19. 11. 2013.
M7 http://www.ag-friedensforschung.de/themen/NATO/60/baf.html; Zugriff 19. 11. 2013.
212 M3 Autor: Uwe Hofemeister
M4 Nach: Ehrhardt, H.-G.: Quo vadis EU: Friedens- oder Militärmacht?, in: Margret Jo-hannsen u. a. (Hgg.): Friedensgutachten 2011, LIT Verlag, Münster 2011, S. 179.
213 M6 Nach: Jäger, U.: Pocket global Globalisierung in Stichworten, Bpb, Bonn 2004, 100–101.
M8 Nach: Wegler, P.: Die Mission der OSZE im Kosovo: was hat die OSZE geleistet? In: Wochenschau, Nr. 1/2, Jan.–Apr. B010, S. 84–85.
214 M2 http://www.bundesregierung.de/nn_246856/Content/DE/Regierungserklaerung/2009/2009-09-08-regerkl-merkel-afghanistan.html; Zugriff 19. 11. 2013.
215 M5 taz vom 12. 9. 2009, http://www.taz.de/!40551/; Zugriff 19. 11. 2013.
M7 http://www.nwzonline.de/hintergrund/mit-bomben-kein-frieden-moeglich_a_1,0,3312113566.html; Zugriff 19. 11. 2013.
216 M2 http://www.bmvg.de/portal/a/bmvg/!ut/p/c4/NY3NCoMwEITfKDGFQtublpRee_HnUqJZ4mKykX-W1Iz58I7Q7MAzMfKzu-dRbZHb0VTGSDbnU34m-14qyHuXq04TsAToKxLCig-4K0sehiS-gXJq3CJTTDiy-ADv1G_rdbM_fiTEtAQiD-dHJ8cqDERyOGSUczu2U-pitSSWcDQbc24UOt0Vpq-4KU_zPfC73trz2Z3OqH-9VTLzGWX2ROc0g!/; Zugriff 19. 11. 2013.

Bildquellen

Abenaa Design 2.18, Dresden: 192.

akg-images GmbH, Berlin: 2, 13, 14, 17, 18, 34, 36, 39, 42, 66, 67, 85, 89, 110, 121, 124, 125, 127, 198; A. Paul Weber / VG Bild-Kunst, Bonn 20xx 48; ap 58; Erich Lessing 113; Jürgen Georg Wittenstein 40; Jérôme da Cunha 118; Werner Formann 115.

Amnesty International Österreich, Wien: 176.

APA-PictureDesk GmbH, Wien: APA-Grafik, EPA 192.

Archiv des Max-Samuel-Hauses, Rostock: 26.

Ärzte ohne Grenzen e.V. / Médecins Sans Frontières, Berlin: 176.

Baaske Cartoons, Müllheim: Behrendt, Fritz 196.

Bergmoser + Höller Verlag AG, Aachen: 106, 143, 154, 154, 173.

Biblioteca de El Escorial, Madrid: © Patrimonio Nacional 117.

bpk-Bildagentur, Berlin: 4, 23, 25, 33, 37, 43, 50, 60, 61, 65, 121, 125; A. Grimm 43; Alex Waidmann 70; Arthur Grimm 9; Bayerische Staatsbibliothek 20; Deutsches Historisches Museum 23 M6; Engel, Vinzenz 63; Gerhard Kiesling 53; H. Hubmann 82, 110; Karl Sturm 35; Kurt Bosse 25; L. Aufsberg 21; Orthen, Milly 36; SMB/Kunstbibliothek 16; V. Döhring 95; W. Fischer 34.

Braunschweigisches Landesmuseum, Braunschweig: I. Simon 27.

Bredol, Martin Heinrich, Marburg: 134, 135, 135.

Bridgeman Images, Berlin: Hamburger Kunsthalle 123.

Brot für die Welt, Berlin: 176.

Bundesarchiv Berlin, Berlin: BArch DA 5/3273 85.

Bundesministerium der Finanzen/Referat Postwertzeichen, Berlin: 38; Gestaltung: Antonia Graschberger, München 38.

Bundeszentrale für politische Bildung, Bonn: BpB 150, 154.

Das Bundesarchiv, Koblenz: Bild 183-1989-1112-010// ADN/ZB/Jürgen Ludwig 100; Plak 002-008-015 127; Plak 100-015-052 65.

Deiseroth, Dieter, Niederaula: 183.

Department of Finance, Dublin 2: 141.

Deutsch-Polnisches Jugendwerk, Potsdam: Tobias Tanzyna 129.

Deutsches Historisches Museum, Berlin: 113, 131; Gerhard Gronefeld 67.

DRK, Berlin: 176.

Edinburgh University Library, Edinburgh: 119.

Erl, Martin, Ingolstadt: 190.

Europäische Kommission, Brussels: 146, 148.

European Union, Brüssel: 151.

Express Newspaper Distr. Bulls, London: Bill Caldwell 106, 110.

fotolia.com, New York: ArTo 141; John Smith 141 M2 Bild2; Lucky Dragon 141; luna 141; Minerva Studio 134; photo 5000 141.

Fredrich, Volker, Hamburg: 47, 47.

Gedenkstätte Bergen-Belsen, Lohheide: 41; Klaus Tätzler 41.

Getty Images, München: AFP/ Almeida Vanderlei 174; AFP/Stringer 189; Bettmann 61; Bloomberg 161; Fred Morley 26; Tom Stoddart Archive 175; Xinhua Press/Wu Dengfeng 209.

Göttinger Tageblatt GmbH, Göttingen: 22.

Greenpeace Deutschland e.V., Hamburg: 176.

Gruner + Jahr GmbH & Co. KG, Hamburg: 92.

Güttler, Peter - Freier Redaktions-Dienst, Berlin: 78.

Hafen Hamburg Marketing e.V., Hamburg: 161.

Haitzinger, Horst, München: 100, 111.

Haus der Geschichte der Bundesrepublik Deutschland, Bonn: Wolfgang Hicks 75.

Interfoto, München: Friedrich 92; TV-Yesterday 87; TV-Yesterday/W. M. Weber 86.

iStockphoto.com, Calgary: JacobH 141.

John F. Kennedy Presidential Library and Museum, Boston: 51.

Karto-Grafik Heidolph, Dachau: 130.

Keystone Pressedienst, Hamburg: 45.

laif, Köln: Christoph Bangert/ Stern 185; Xinhua/Gamma 181.

Landesarchiv Berlin, Berlin: Henry Ries 67.

Landeshauptarchiv Koblenz, Koblenz: 5, 112.

Langner & Partner Werbeagentur GmbH, Hemmingen: 44, 64, 110, 145.

Leibing, Peter, Hamburg: 71.

Liebermann-Shiber, Ella: 36.

Lücke, M., Hildesheim: 73.

mauritius images GmbH, Mittenwald: Nägele, Edmund 141.

Mertins, Harald, Vollbüttel, Gemeinde Ribbesbüttel: 207.

Mester, Gerhard, Wiesbaden: 206.

MISEREOR e. V., Aachen: 176.

Monacensia im Hildebrandhaus - Literaturarchiv, München: Rolf Peter Bauer 87.

nelcartoons.de, Erfurt: 111.

Niedersächsisches Landesarchiv, Wolfenbüttel: 22, 24.

OKAPIA KG - Michael Grzimek & Co., Frankfurt/M.: Döring 179.

Oster, Karlheinz, Mettmann: Titel.

Ostkreuz Bildagentur, Berlin: Hauswald 103, 111.

Picture-Alliance GmbH, Frankfurt/M.: 163, 163, 165, 171, 177, 190; afp 96 M4; AFP/AL-JAZEERA 191; akg-images 18, 90, 92, 136, 204; ANP/Koen van Weel 206; AP 203; AP Photo/Petros Giannakouris 155; AP/Adam Rountree 199; AP/Altaffer, Mary 5, 184; AP/Drew, Richard 200; AP/Kudacki, Andres 169; AP/Manu Brabo 202; AP/Sergey Ponomarev 174; DB Bundeswehr 212; dpa 90, 95, 133; dpa - Infografik 214, 217; dpa infografik 172, 175, 194; dpa-Film 59; dpa-infografik 142, 146, 152, 152, 181, 182, 188, 193, 197, 200, 208, 210; dpa-Infografik 212; dpa-infografik 216; dpa/Andreas Landwehr 162; dpa/Angelika Warmuth 163; dpa/Bernd Settnik 108; dpa/Boris Roessler 177; dpa/BRAVO 90; dpa/CNN 185; dpa/Dorian Weber 141; dpa/Frank Rumpenhorst 84; dpa/ Franz-Peter Tschauner 147; dpa/Gerig, Uwe 116; dpa/Henning Kaiser 151; dpa/Maurizio Gambarini 139; dpa/Nicolas Armer 150; dpa/Patrick Seeger 159; dpa/Roland Scheidemann 46; dpa/Rousseau 141; dpa/Schmitt, Jörg 137; dpa/Weihs, Wolfgang 105; dpa/Wilhelm Bertram 94, 111; dpa/Yannick Tylle 201; DUMONT Bildarchiv/ Clemens Emmler 183; efe/ Carlos Fernández 170; epa/ Andreea Anca-Strauss 213; EPA/J. Undro 159; epa/Jim Hollander 141; EPA/Khan, Rehan 175; EPA/Mircea Rosca 167; EPA/Mohamed Messara 186; epa/PA Ockenden 213; epa/Shawn Thew 168; epa/Stephen Morrison 179; EPA/Tragsa 180; ESTADAO CONTEUDO/Helvio Romero 204; imagestate/ HIP/Jewish Chronical 120;

JOKER/Timo Vog/est&ost 214; Leslie Illingworth/Daily Mail/SOLO Syndication 57 M4; Maxppp/hugues Leglise Bataille / wostok 197; Photoshot 142; PIXSEL/Kasap, Daniel 5, 132; Stock Pix/Pau Rigol 202; Süddeutsche Zeitung Photo/Stephan Rumpf 133; Tone Koene 215; UN/Albert Gonzalez Farran/HO 204; ZB/Stefan Sauer 109; ZUMAPRESS.com/Malavolta, Francesco 145.

Plaßmann, Thomas, Essen: 218.

Presse- und Informationsamt der Bundesregierung - Bundesbildstelle, Berlin: 69; B 145 Bildd00167040/Bundesregierung/L. Schaack 77; Siegmann 70.

REUTERS, Berlin: Handout 202; Rick Wilking 195; SANA 186, 202.

Richter-Publizistik, Bonn: C. Richter 159; Claus Richter 219.

Röderberg Verlag, Frankfurt/Main: 40.

Schwarzbach, Hartmut /argus, Hamburg: 84.

Shutterstock.com, New York: R.S.Jegg 141.

Ski- & Eisfasching Geising e.V., Altenberg: 102.

Stadt Kassel, Kassel: 46.

Stadtarchiv Braunschweig, Braunschweig: 11.

Stadtarchiv Hildesheim, Hildesheim: 9.

Stadtarchiv Nürnberg, Nürnberg: E 39/I Nr. 1747/24 24.

Stadtarchiv Stadthagen, Stadthagen: 26.

Stiftung Jüdisches Museum Berlin, Berlin: Ziehe, Jens 22.

Stuttmann, Klaus, Berlin: 167.

Süddeutsche Zeitung - Photo, München: 4, 8, 28, 28, 54, 66, 72, 94; Hans-Peter Stiebing 81; Rue des Archives/AGIP 128; Scherl 21, 33.

terre des hommes Deutschland e.V., Osnabrück: 193.

Tomasi, Juan Carlos, Barcelona: 176.

Tonn, Dieter, Bovenden-Lenglern: 48, 48, 49, 78, 78, 78, 79, 79, 110, 110, 110, 111, 111.

ullstein bild, Berlin: 13, 17, 39, 43, 60, 69, 69, 91, 124, 124; ADN-Bildarchiv 91; AISA 117; AP 59, 101; Boness/IPON 163; BPA 76; CARO/Andree Kaiser 170; D.R. Fitzpatrick 30; David Low 30; ddp 19; dpa 63, 74, 88; ecopix 168; Foto Press Hamburg 107, 111; Frentz, Walter 61; Gerig 98; Granger Collection/New York 122; Herbert Maschke 86; Imagebroker.net/N. Michalke 98; Imagno 12; JOKER/Walter G. Allgöwer/© VG Bild-Kunst, Bonn 2015 194; Jung 72; Knut Müller 215; Lengemann 128; Nowosti 96; Pachot 60; Probst 99; Reuters 129; Roger-Viollet 126; Sauerbier 101, 111; SIPA 166; Stiebing 4, 80; Sven Simon 74; Teutopress 15; The Granger Collection 32; TopFoto 25; Wolfgang Bera 72.

UNESCO, Paris: 204, 218.

UNHCR Germany, Berlin: 205, 218.

UNICEF Deutschland, Köln: 205, 218; Arjen van der Merwe 205.

Universitäts- und Landesbibliothek Darmstadt, Darmstadt: 121.

Universitätsbibliothek Heidelberg, Heidelberg: 120.

Vision Photos, Potsdam: Rainer Klostermeier 166.

Visum Foto GmbH, München: Panos Pictures 5, 160; Rudi Meisel 93; Zeitenspiegel/Pueschner 193.

WHO World Health Organization, Genf 27: 204, 218.

Wiedenroth, Götz/www.wiedenroth-karikatur.de, Flensburg: 182.

wikimedia.commons: 38; jgaray 99; UNO/gemeinfrei 199.

Wilczek, Birgit, München: 180.

© Wilhelm-Busch-Gesellschaft e. V., Hannover: Hanns Erich Köhler 75.

Wir arbeiten sehr sorgfältig daran, für alle verwendeten Abbildungen die Rechteinhaberinnen und Rechteinhaber zu ermitteln. Sollte uns dies im Einzelfall nicht vollständig gelungen sein, werden berechtigte Ansprüche selbstverständlich im Rahmen der üblichen Vereinbarungen abgegolten.

Hilfreiche Satzanfänge beim Bearbeiten von Aufgaben

Beim Bearbeiten von Karten

Benennen:
Die Überschrift der Karte lautet ... .
Die Karte stellt ... dar (informiert über ...).
Es handelt sich um eine Karte von (über) ... .

Beschreiben:
Die Karte von ... .
Die Karte informiert über (veranschaulicht)... .
Dargestellt ist ... .

Die Region erstreckte sich zur Zeit ... .
Das Gebiet liegt ... (nördlich von ...).
Die Stadt liegt (am/im) ... (strategisch günstig/ ungünstig) ... .
Das Staatsgebiet lag zur Zeit ... .
Die Grenzen verlaufen ... .

Erläutern:
Die Karte thematisiert ... .
Die Staaten liegen ... (verstreut/ gebündelt)...
... lässt sich vergleichen mit ... .
Das erkennt man vor allem daran, ...

Beurteilen:
... lässt den Schluss zu, dass ... .
Die Karte zeigt deutlich, ...
Zusammenfassend kann man feststellen, ...
Vieles (manches/ wenig) weist daraufhin, ...

Beim Bearbeiten von Bildern, Grafiken und Zeichnungen

Benennen:
Es handelt sich um ein Bild (Schwarz-Weiß-/Farbfoto/farbige Zeichnung) von ... .

Beschreiben:
Das Bild (das Foto/die Zeichnung) zeigt ... .
Im Vordergrund sieht man ... .
Im Hintergrund sieht man ... .
In der Bildmitte erkennt man ... .
Darüber (davor/dahinter/ links/rechts) befindet sich ... .
Die Bild veranschaulicht ... .
Das Bild stellt die Situation dar, in der ... .
Im Vordergrund (in der Mitte/ im Hintergrund) erkennt man ... .
Hinweise zu ... finden sich ... .

Erläutern:
Mithilfe der Bildunterschrift kann man feststellen, ...
Das Foto/das Bild/die Zeichnung verdeutlicht ... .
Die Zeichnung stellt die Verbindung zwischen ... und ... dar.
Das Bild verdeutlicht ... .
Vergleicht man das Bild mit ... .

Bewerten:
Das Wichtigste auf dem Foto/dem Bild/der Zeichnung ist ... .
Das Foto/das Bild/die Zeichnung macht deutlich, dass ... .
Die Zeichnung verdeutlicht, dass ... .

Beurteilen:
Besonders eindrucksvoll ist, ...
Das Bild zeigt die Problematik ... .